MINERVA
人文・社会科学叢書
217

国際規範はどう実現されるか
― 複合化するグローバル・ガバナンスの動態 ―

西谷 真規子 編著

ミネルヴァ書房

はしがき

　2016年は，欧州での右派勢力の伸長，イギリスのEU離脱（ブレグジット），アメリカでのトランプ氏の勝利等，既存権力（エスタブリッシュメント）に対する異議申し立てが表面化した年であった。このことは，今や，エリートや専門家だけが政治経済を動かす時代ではないことを，如実に示した。また，パナマ文書の流出は，庶民には手の届かない方法で大企業や資産家，政治家を利する制度への批判を噴出させることになった。これらの事態の根底には，新自由主義政策による格差の拡大や国内労働市場の圧迫への不満がある。格差を助長するような制度は，たとえ合法であっても不当であるという議論が広くなされたことは，現行の法・政治・経済制度と異なる規範意識が人々の間に醸成されてきていること，そして，そのような規範意識をもった人々の政治的影響力が増大していることを露わにしたのである。

　このような，いわば旧体制への挑戦は，1999年のWTO閣僚会議への大規模な抗議行動に象徴されるように，すでに90年代からグローバルな連携を見せるようになっている。これに対し，国際機構や地域機構が市民社会や民間セクターの参加を拡大する動きを推進することで，グローバル・ガバナンスの複合化が促進されてきたのである。民主的で公正なガバナンスの実現は，実務的にも学術的にも今世紀の最もホットなトピックの一つである。

　他方で，近年，多くの国家で市民社会を締め出そうとする動きが強まっている印象を受ける。とりわけここ数年，開発や腐敗防止や民主化の現場において，ロシア，中国，アフリカ等で政府と市民社会との緊張関係が高まり，市民社会の活動スペースが制限されることが頻繁に指摘されるようになった。参加型民主主義の拡大に対するバックラッシュともいえよう。

　以上の諸現象は，主権国家の絶対性を前提としたウェストファリア・システムの揺らぎを示す動きといえる。主体の多様化とそれに対する揺り戻しの動態が，移行期における調整と秩序生成のプロセスを複雑化している。新たな規範

が形成される際にも，既存の規範が実施される際にも，多様な主体が入り交じり，様々な争点が交錯し，多彩なガバナンス手法が用いられるようになった。加えて，国際政治と国内政治および地域政治との連関が過程をさらに錯綜させており，単線的な規範の進化モデルや，フォーマルな国家間合意による階統的秩序や，規範と権力との二項対立的な議論だけでは，もはや現状を的確に説明できなくなってきているのである。

　本書は，国際規範の生成と発展の過程における複合的なダイナミクスを分析することで，この挑戦に応えようとした。多様な要素間の多角的な関係性から，国際政治の実相とパターンが何かしら浮かび上がってくれば，所期の目的は達成されたといえよう。本書が，錯綜した現代の動態を捉えるための一助となれば幸いである。

　　2017 年 2 月

　　　　　　　　　　　　　　　　　　　　　　　　　　　　西谷真規子

国際規範はどう実現されるか
――複合化するグローバル・ガバナンスの動態――

目　次

はしがき

序　章　国際規範とグローバル・ガバナンスの複合的発展過程 ……… 西谷真規子…1
　1　グローバル・ガバナンスの複合性 ……………………………………………………1
　2　理論的背景 ………………………………………………………………………………3
　　　コンストラクティヴィズム（構成主義）　　グローバル・ガバナンス論
　3　本書の特徴──基本概念と研究課題 …………………………………………………7
　　　国際規範　　規範の複合的過程（complex process）
　4　各章の概要 ………………………………………………………………………………9

第Ⅰ部　規範形成・伝播の複合過程

第1章　「企業と人権」をめぐる多中心的なガバナンスの試み ……… 山田高敬…23
　　　──ステークホルダー間の知識共有と人権デュー・ディリジェンス規範の形成──

　1　企業と人権 ………………………………………………………………………………23
　　　経済のグローバル化と企業の社会的責任
　　　異なるアイデアと異なる制度を繋ぐ規範形成
　2　多国籍企業に対する国際的な規制の歴史 ……………………………………………27
　　　「国家と企業」から「人と企業」へ
　　　国連多国籍企業責任規範案とラギー・フレームワーク
　3　ラギー・フレームワークおよび指導原則の特徴と意義 ……………………………34
　　　人権を尊重する責任　　人権を保護する義務　　救済へのアクセス
　4　異なるレベルのガバナンスへの影響 …………………………………………………40
　　　他の国際機関への影響　　EUへの影響
　5　規範的脚本の形成に貢献した要因 ……………………………………………………42
　　　企業による「尊重する責任」の受容　　経済のグローバル化と制度的空白
　　　NGOの戦略転換　　CSRの専門家とCSRへの需要の増大
　　　企業の自発的なイニシアティブの限界
　　　「均衡点」としての人権デュー・ディリジェンス
　6　分断的かつ対立的な多中心的ガバナンスを超えて …………………………………50

第2章　武器貿易条約に見る規範の競合と並存 …………石垣友明…59
　　　　　――規範をめぐる合意形成の力学――

1　武器貿易条約の特徴と検討の意義 …………………………………59
2　通常兵器の移転規制に関する国際ルールの発展 …………………60
　　冷戦時代の議論の停滞　　通常兵器の規制をめぐる冷戦当時の議論
　　冷戦後の通常兵器の規制を求める議論の高まり
　　既存の国際的な枠組みとその問題点
3　ATT に内包された主要な規範群と各国の立場 …………………65
　　交渉をめぐる全般的な力学　　規範分野の概要と主要な利害関係
4　ATT 交渉における規範群の競合・並存と合意形成のプロセス ………72
　　2012 年 7 月交渉会議の失敗から 2013 年 3 月 ATT 国連最終会議までの動き
　　ATT 成立までの交渉の流れ
　　合意形成の手法(1)――共同ステートメントの活用
　　合意形成の手法(2)――規範の明確化・限定による受容の促進
5　分析――ATT 成立に際しての規範群の取捨選択 ………………80
　　ATT 交渉における規範成立の力学　　サイレント・マジョリティーの存在
　　ATT と対人地雷，クラスター弾規制の規範の相違
　　合意可能な範囲の特定を通じた規範の成立
6　規範成立のダイナミズムと実施をめぐる課題 ……………………85

第3章　紛争予防規範と平和構築規範の複合と交錯 ……庄司真理子…93
　　　　　――国連におけるマルチステークホルダー・プロセスの生成過程を例として――

1　冷戦後の紛争予防・平和構築規範 …………………………………93
2　国連規範の視座と MSP ………………………………………………94
　　国連による平和と安全の維持分野の規範
　　マルチステークホルダー・プロセス（MSP）
3　21 世紀初頭における紛争予防概念の進展 ………………………101
　　ミレニアム総会とブラヒミ・レポート
　　世界サミットまでの規範概念の詳細な検討

- 4 2005年世界サミット期の平和構築と紛争予防 …………………………… 105
  - 世界サミットと平和構築委員会の創設
  - 平和構築委員会の成立期の紛争予防
- 5 潘基文事務総長第1期の紛争予防と平和構築 ……………………… 110
  - 紛争予防に関する潘事務総長の報告書
  - 平和構築委員会初期の事務総長報告書
- 6 潘事務総長第2期の平和構築と紛争予防 …………………………… 114
  - 稼動し始めた平和構築委員会と平和構築概念
  - 紛争予防から予防外交への回帰とその制度化　2015年の報告書
- 7 MSPと紛争予防・平和構築規範 …………………………………… 121
  - 平和構築規範の特徴　紛争予防規範の特徴　両規範の序列性

第4章　日本の「抑制された再軍備」の形成過程 ………… 杉田米行 … 138
　　　　　——規範の競合という観点から——

- 1 規範の競合と「抑制された再軍備」 ………………………………… 138
- 2 日本再軍備に関する学説と本章の位置づけ ………………………… 139
  - 従来の学説　新しい分析視点
- 3 民主主義 ……………………………………………………………… 142
  - SCAPとワシントンの乖離　ジョージ・ケナンの訪日
- 4 経済的規範——自由主義的資本主義体制の確立 …………………… 146
  - 経済安定本部を中心とした生産第一主義
  - ドッジ・ライン実施による安定第一主義へ
- 5 朝鮮戦争の影響 ……………………………………………………… 150
  - 安全保障面　経済面
- 6 日米経済協力の幻想 ………………………………………………… 154
  - 防衛産業の頓挫　一兆円予算に向けて
- 7 「抑制された再軍備」 ………………………………………………… 157

第5章　グローバル開発ガバナンスの実現 ……………………… 大平　剛…166
　　　　　——UNDCF と GPEDC 間の調整をめぐって——

1　新興国の台頭と変容する開発援助分野の様相 ……………………………166
　　国際政治経済場裡における新興国の台頭　　DAC の変化
2　レジームの萌芽となる 2 つのフォーラムの競合 …………………………173
　　1990 年代半ばにおける「レジーム・コンプレックス」の解消
　　DCF の設立　　GPEDC の設立
3　2 つのフォーラムについての理論的考察 …………………………………177
　　レジーム論による分析　　規範的側面からの分析
　　レジーム間の対抗関係を回避する調整メカニズム
4　対抗レジーム回避のための東アジア 3 カ国の役割 ………………………186
　　援助供与国と被援助国の 2 つの顔を持つ中国と 2 つのフォーラム
　　GPEDC に軸足を置く韓国　　伝統的援助供与国である日本との三角協力
　　東アジア 3 カ国と 2 つのレジーム，そしてグローバル開発ガバナンスへ

第 II 部　規範履行の複合過程

第6章　多中心的ガバナンスにおけるオーケストレーション ……… 西谷真規子…201
　　　　　——腐敗防止規範をめぐる国際機関の役割——

1　多中心的グローバル・ガバナンスにおける規範発展の課題 ……………201
2　オーケストレーション——非強制的で間接的なガバナンス様式 ………203
　　O-I-T モデル　　国際機関によるオーケストレーション
　　オーケストレーション論の課題
3　多中心的ガバナンス下のオーケストレーション・モデル ………………208
　　ネットワークハブとしての中心性
　　マクロ調整——マクロ・オーケストレーション
　　水平的分業の促進——協働型オーケストレーション（collaborative orchestration）
4　腐敗防止グローバル・ガバナンスの特徴と課題 …………………………213

　　　　腐敗防止レジーム複合体　　マルチレベルの法制度
　　　　ソフトローとハードローによる相補的・相乗的規制
　　　　多元的ネットワークによる法の調和と履行促進
　　　　規範履行上の課題——協調と調和化の不足
　　5　UNODCによるオーケストレーションの条件 …………………………………223
　　　　UNODCの腐敗防止関連業務　　中心性　　能力　　起業家的組織文化
　　　　中間組織およびオーケストレーターの可用性
　　　　加盟国からの制約および締約国間の目的の相違
　　6　UNODCによる腐敗防止オーケストレーション ……………………………230
　　　　多規模かつ多目的なオーケストレーション
　　　　マクロ・オーケストレーション——腐敗防止調整グループ（IGAC）
　　　　多重オーケストレーション——UNCAC連合
　　7　規範の履行促進のための国際機関の役割 ……………………………………239
　　　　オーケストレーション論の可能性　　有効性に関する課題

第7章　内面化という虚構 ……………………………………………小川裕子…252
　　　　——国際規範の法制度化と実効性——

　　1　内面化への疑義 ……………………………………………………………………252
　　2　内面化の非妥当性 …………………………………………………………………254
　　　　内面化　　内面化の不可逆性？　　内面化≠実効性
　　3　実効性を生む制度進化 ……………………………………………………………259
　　　　開発援助規範　　制度進化　　制度進化のメカニズム
　　4　制度進化の政治過程 ………………………………………………………………266
　　　　「形式的内面化」　　非国家アクターの自律化
　　　　非国家アクターと国家アクターとの関係改善　　「実効性を伴う法制度化」
　　5　実効性の増大に向けて ……………………………………………………………273

目　次

第 8 章　規範媒介者としての NGO ……………………高橋良輔…282
　　　　　——アドボカシー・ポリティクスの理論と実践——

1　「政治」としてのアドボカシー …………………………………………282
2　国境を越える公共圏の虚と実 …………………………………………283
　　グローバルな感受性の拡大　　世界世論の限界
　　ポスト・ウェストファリア時代の課題
3　国内政治との再節合 ……………………………………………………289
　　トランスナショナル・リレーションズ研究の視座
　　アドボカシー・ポリティクスの戦術分類　　国内社会への再埋め込み
　　消滅する媒介者？
4　日本における政府—NGO 関係の史的展開 …………………………298
　　政治文化としてのコーポラティズム　　黎明期のパターナリズム
　　制度化された「対話」　　両義性の顕在化　　アドボカシーの2つのモード
5　援助規範と国益の相克 …………………………………………………311
　　全体会議という政治舞台　　援助効果をめぐるグローバル規範
　　新たな援助規範をめぐるポリティクス
　　「開かれた国益」をめぐる相乗性と補完性
6　グレート・ディヴァイドを越えて ……………………………………323

第 9 章　規範パワー EU の持続性 …………………………臼井陽一郎…335
　　　　　——政治の意思を支える制度の反復的実践——

1　規範パワー論と国際規範研究の密な関係 ……………………………335
　　危機の中の規範パワー論　　規範パワーへの意思
2　規範パワーとは——EU のアイデンティティをつかむ ……………338
　　規範パワーの定義　　背景となる研究潮流　　規範パワー論への誤解
　　規範パワー論の射程
3　EU の政治とは——2つの EU とユーロリーガリズム ………………346
　　規範パワーを成立させるもの　　二層の EU——ギデンズの見方
　　ユーロリーガリズム

ix

　　　　　ユーロリーガリズムの対外的側面——規範パワーを成立させる4つの制度的条件
　　4　EUの対外行動——一見"変わらない"規範志向性……………………354
　　　　　4つの戦略文書　　EUトルコ・ステートメント
　　5　イデオロギー批判へ………………………………………………………359

あとがき　365
人名索引　367
事項索引　370

序章　国際規範とグローバル・ガバナンスの複合的発展過程

西谷真規子

1　グローバル・ガバナンスの複合性

　本書は，国際秩序の基盤となる国際規範がどのように生成・進展・変容していくかを解明することを目的とする。国際秩序を支えるものとしての国際規範の重要性については，国際関係論の主要テーマとしてこれまで繰り返し論じられてきた。しかし，現代の錯綜した国際関係における国際規範，とりわけグローバル問題群に関わる規範の形成・発展過程は複雑であり，単純なモデルによって画一的に説明できるものではなく，また逆に，1つの事例を簡単に一般化できるものでもない。

　このことは，現代のグローバル・ガバナンスにおいて多様な要素が複合化（complexation）していることの帰結でもある。山本吉宣は，扱う問題領域（争点領域）の範囲（単一か多数か），問題解決方法の多様性（規制的ルールによるものか，慣習的な非公式対話や政策協調等も含むか），関与主体の多様性（非国家主体を含むか）によって，国際レジームが拡張されたものをグローバル・ガバナンスと捉えたうえで，各次元の位置によってグローバル・ガバナンスを8つに類型化している。そのうち，問題領域，方法，主体のどれもが多様である問題解決制度を「複合的グローバル・ガバナンス」と呼んでいる[1]。国連システムは典型的な複合的グローバル・ガバナンス・システムとされるが，1990年代以降，環境，開発，安全保障，人権等，多様な分野で，程度の差はあれ複合的なグローバル・ガバナンスが観察されるようになっている。

　複合性の軸の1つ目である問題領域の多様性は，制度間に功利的，規範的，観念的な相互作用を起こす[2]。貿易と人権（第1章），安全保障と開発や人権・人道等（第2章），民主主義と経済的自由主義（第4章），腐敗防止と組織犯罪や持

続的開発等（第6章）等，異分野間の相互作用が，規範の変容に大きな影響を及ぼしている。また，同一争点領域内でも，紛争予防と平和構築（第3章），経済成長至上主義と貧困削減（第7章）等，部分的に重複する規範的アイディアがレジーム複合体を構成し，その調整のメカニズムが重要な論点としてクローズアップされている。

　2つ目の軸である関与主体の多様性も，現代の多くのグローバル・ガバナンスに見られる特徴である。とりわけ，私的主体である市民社会および民間セクターが国際規範の策定および履行に実質的に参与することが多くなり，国家のみを正統な規範形成主体と捉える見方は現実に妥当しなくなっている。プライベート・レジームやマルチステークホルダー・レジームによる権威の多元化も珍しくない。このため，公共政策形成への非国家主体の関与メカニズムや，ガバナンス主体としての正統性等は，近年，重要性を増している論点である。

　このことは，異種ステークホルダー間の競合する利益や規範を調整しつつ，相乗作用を促進するガバナンス手法を要請することとなった。拘束力を伴わないソフトローによる規制や，非公式の行動規範や対話を通じた政策協調，社会的制裁による社会化，討議を通じた説得，さらには，規範遵守能力を欠く主体に対する能力・制度構築等が，有効なガバナンス手法として組合せて用いられるようになっている。マルチステークホルダー・プロセスに代表される，多様な属性・専門領域の主体による対等な議論を軸とした水平的な合意形成・意思決定システムも見られるようになってきた。

　以上の3つの軸に加えて，ガバナンスの多層性が，グローバル，リージョナル，ナショナル，サブナショナルの各ガバナンスを垂直的に複合化する要因となっている。欧州政治で注目されるマルチレベル・ガバナンスは，規範的側面でも妥当する。EUは，平和，自由，民主主義，法の支配，人権等のグローバル展開を推進するが，地域機構の規範的方針は加盟国の利害や権力関係によって妥協させられ，両者間の微妙なバランスによって方向性が決定されるのである（第9章参照）。このような多層性は，グローバル・ガバナンス論では比較的軽視されてきたが，国際規範と国内規範・国益との競合が国内政治に反映され，国際規範交渉および履行過程と国内の政治過程とが連動することで，マルチレベルの政治過程をとる事例は少なくない。各国や地域の規範に適合する形に国

際規範が変形されて受容される「現地化」(localization)や,国内主体が主導した規範が地域政治やグローバルな規範に挑戦するボトムアップ・メカニズムである「規範的補完性」(norm subsidiarity)[4],トランスナショナル主体の媒介によって国内政治と国際政治が連動する「規範の螺旋モデル」(spiral model)[5]の議論は,規範の伝播過程におけるマルチレベルの政治過程モデルと言えるだろう。

1990年代以降に規範研究への注目度が高まったことは,冷戦の終結とグローバリゼーションの急速な進展による秩序変動と無関係ではない。国家主権を所与としたビリヤード・モデルの特徴をもつウェストファリア・システムが多くの点で変動しているのに伴い,国家の壁を超える論理の構築が為されてきている。すなわち,国際公共財や人間を切り口として,国内レベルと国際レベルの峻別を超えた行動を可能にするような国際規範が生み出されているのである。このような規範の創出と進展が,伝統的な外交方式の枠に留まらない複合的な過程によってなされてきたこと自体が,ウェストファリア・システムの揺らぎの反映とも言えるだろう。

さらに2000年代以降には,環境・資源,人権,人道,開発等の分野で,上記各軸における複合性の進展により,権威の所在が多元化したマルチ・ネットワーク状の多中心的な(polycentric)ガバナンス・システムが顕著にみられるようになっている。

以上のような,複雑で複合的な現代の国際関係における規範の実相を的確に捉えるにはどうすればよいか。本書は,コンストラクティヴィズム(構成主義)とグローバル・ガバナンス論を基盤とした最新の理論的知見と多様な事例研究を用いて,この問いに多角的に答えようとするものである。

2 理論的背景

コンストラクティヴィズム(**構成主義**)

絶え間なき闘争を前提とするホッブズ的世界観へのオルタナティヴとして,規範は国際政治・国際関係論において最も古い論点の1つである。リアリズムとリベラリズムの対立は,アナーキーな国際関係における行為主体の行動を制

限するものとしての規範の機能，効力，内容をめぐる見解の相違に起因するといっても過言ではない。さらに英国学派は，アナーキー下の諸現象，たとえば勢力均衡システムも，規範に統制された秩序とみる視点を提供している。三者に共通するのは，国際規範とは，国際秩序を維持するために，暴力を抑制し，功利主義的行動を制御するものという考え方である。

これに対して，コンストラクティヴィズムやポスト構造主義など社会学を源流とする学派は，規範と主体とが相互に構成しあう関係にフォーカスすることで，アナーキー下の規範の抑制効果という伝統的対立軸を回避した。規範は，規制・制限する機能だけでなく，特定の行動を可能にし・促進する機能をも持つ。秩序を破壊するような行動を規制すると同時に，主体のアイデンティティや行動パターンに影響を及ぼして特定の方向に誘導するのも，規範の作用なのである。リアリズムとリベラリズムが前者の規制的側面に重点を置くのに対し，コンストラクティヴィズムは後者の構成的側面にとくに注目する。

彼らの議論は，規範的構造が主体のアイデンティティや行動パターンを構成する作用と，主体が相互主観的に規範を構築する局面とを同時に射程に置いたものである。認識論および方法論についてはコンストラクティヴィスト間に論議があるが，存在論については，存在は主体間の相互主観的な構築物であり，観念的構造（規範）と主体のアイデンティティ・利益は相互構成的であるという論理を共有している。この存在論を前提として，国際政治における規範の役割については，構造である規範が主体である国家のアイデンティティおよび国益に影響する過程，規範が国際社会に伝播・共有されていく過程，その過程における「規範起業家」やトランスナショナル・ネットワークの役割等が主なテーマとして研究されてきた。[6]

本書のテーマである規範の発展過程を扱った先行研究の嚆矢は，マーサ・フィネモアとキャスリン・シキンクによる規範ライフサイクル・モデルであるが[7]，このモデルは規範の発展過程を極端に単純化しており，いくつかの論点が不問に付されたまま残されている。第1に，単線的で累進的な進化過程を前提とし，停滞（不遵守状態の持続）や逆行の可能性，他規範との相互作用の影響を十分に考慮していないため，複線的な進展過程を説明できない。第2に，規範の発生段階におけるトランスナショナル主体の役割については論じるものの

（規範起業家），その後の過程における役割については十分に論じられていない。この点と関連して第3に，伝播および内面化段階における国内主体やトランスナショナル主体の役割について検討されていない。第4に，グローバル規範の発展における国内や地域の役割については沈黙している[8]。

以上の諸論点についてはその後研究が進められ，2000年代以降のコンストラクティヴィズムの規範研究は，複線的な発展過程を前提とし，国内主体や対抗勢力の役割に重点を置き，規範の遵守や規範の変容プロセスを解明することが主流をなしている。主な重点領域は，主体と規範の相互構成性の見直し（「適切性の論理」（logic of appropriateness）の構造バイアスに対する批判と，国家が国際規範に影響を与えるボトムアップ・プロセスの強調），規範遵守の条件，規範修正者を交えた論争（contestation）の過程，の3つに大別できる[9]。また，当初は対立するものと捉えられていたラショナリズムとコンストラクティヴィズムの統合も，今日の方法論的特徴である。これに伴い，リアリズムとの統合や，パワーの非物質的側面の研究（第9章参照）は，近年の主力テーマの1つとなっている[10]。

以上のように，コンストラクティヴィズムは観念的側面を主たる分析対象とするが，規範は主体の行為を通じて物質世界に還元されることで初めて，現実を構築することができる。規範の遵守・履行を通じた実効性（現実的な効力）が確保されて初めて，規範の拡大および深化の可能性が開かれるのである。したがって，規範の履行を確保する実施体制や，行為主体の戦略的行動等が，規範の有効性や発展過程を理解するうえで欠かせない要因となってくるのである。

グローバル・ガバナンス論

国際レジーム論を起源とするグローバル・ガバナンス論は，このような物質的な側面を含めた制度を分析対象とする。このため，コンストラクティヴィズムでは抜け落ちがちな，組織的特徴，ガバナンス方式，行為主体の合理的選択といった，規範の発展に不可欠な側面をカバーする視座を与えられる。もともと，国際レジームとは，1980年代初めのスティーヴン・クラズナーの定義では「特定の争点領域における行為主体の期待が収斂する原則，規範，規則，意思決定手続きのセット」とされ[11]，観念的要素（原則，規範）とフォーマルで物

質的（組織的）な要素（規則，意思決定手続き）の集合と理解されていた[12]。しかし，合理的選択論に基づいてフォーマルな組織的要素を重視するネオリベラル制度主義がレジーム論の主流をなすようになって，観念的含意が見えにくくなった。他方で，ジョン・ラギーやアーンスト・ハース，ピーター・ハース等は，主体の認識が観念構造を構成するというコンストラクティヴィズムの議論に基づいたレジーム論を展開することで，レジームの規範的側面や非公式な制度・共通了解の重要性，規範や知識を共有した行為主体の役割等を強調したと言えるだろう[13]。この文脈で，上記のコンストラクティヴィズムの諸論点は，グローバル・ガバナンスの動態の解明にも重要な意味を持つのである。

　グローバル・ガバナンスの複合化の進展につれて，多中心的ガバナンスの特徴を理論化する研究が増えてきたが，それらは主に四系統に分類できる。1つは，企業等の私的権威を論じたプライベート・レジーム論である。クレア・カトラー，バージニア・ホーフラー，トニー・ポーターらによって1990年代末に提示された当該理論では，プライベート・レジーム形成の条件として，グローバル・ガバナンスにおける私的権威の向上と，政府間制度の不在が挙げられることが多い（第1章参照）[14]。2つ目は，カール・ラウスティアラ，デイヴィッド・ヴィクターらによって理論化され始めたレジーム複合体論であり，レジームの重複による問題点や，レジーム複合体形成の条件等を論じている（第5章，第6章参照）[15]。オラン・ヤングを中心としたグループにより展開されてきた制度間相互作用論も同種の問題を扱っているが，制度間の関係性や効果により重点を置いている[16]。3つ目は，制度間相互作用論を受けて，デボラ・アヴァント，マーサ・フィネモア，スーザン・セルらが提示した，多様な権威者間の競合関係や協働関係に焦点を当てた，いわば権威者間相互作用論である[17]。上記3つが，国際レジーム論の系譜であるのに対して，4つ目の系譜は，国際行政学や国際機構論に親和性をもつオーケストレーション（orchestration）論であり，ガバナンス方式の多様性に着目している（第1章，第6章参照）。ケネス・アボットとダンカン・スナイダルは，多様な主体による分権的な関与を特徴とする「ニュー・ガバナンス」が散見される現状を指摘したうえで，従来型のフォーマルな規制とは異なる，ソフトな手法による間接的なガバナンス方式（オーケストレーション）が多用されていると論じている[18]。

本書は，以上のようなコンストラクティヴィズムとグローバル・ガバナンス論の交錯を理論的背景として，複雑な国際関係を規範の動態の観点から検証しようとするものなのである。

3 本書の特徴——基本概念と研究課題

上記の問題関心と理論的背景を踏まえ，本書では，国際規範の発展過程を「争点領域間，規範的アイディア間，制度間，ガバナンス手法間，主体間，ガバナンス・レベル間の重複，競合，補完，相乗，序列関係を軸とした複合的過程」と捉えることで，前節で述べた諸論点をカバーする視座を与えながら，規範の発展過程を多角的に検証する。特定の理論モデルや概念の検証は，理論的精緻さの代償として現実の複雑さを捨象するため，本書では，リジッドなモデルを事例研究によって検証する形ではなく，基本概念と研究課題を共有しながら複合的な側面を多角的に論じるという方法をとる。章によってはテーマに応じた理論モデルを使うこともあるが，本書全体としては理論的手法に縛られずに事例を分析することで，既存の理論的知見を超えて，複合性の実態が重層的に立ち上がってくることを企図している。

国際規範

本書における国際規範とは，「適切性の論理」を重視するコンストラクティヴィズムの標準的な定義を踏襲し，「国際社会における適切な行為の基準・共通了解」と包括的に定義する[19]。ただし，制度的形態も発達度合いも問わず（したがって，ハードローだけでなく，いわゆるソフトローもソフトロー未満の共通了解も含む），また，原則的規範も道具的規範も含んだ幅広い範疇として扱う。

なお，本書にはリージョナル規範や一国の規範を扱った章が含まれるが，リージョナル規範にしてもその「規範パワー」としての対外的展開の側面を捉え，また，一国の規範にしてもそれが覇権秩序を支える国際規範と同一化する局面の政治過程に焦点を当てることで，グローバルな秩序を視野に入れた国際規範として論じている。

規範の複合的過程（complex process）

本書では，規範の発展過程は複線的であることを前提とし（単線型進展はその一類型と捉え），形成（生成），伝播，履行・内面化，変容，逆行・退行，消滅を含めたすべての規範サイクルを分析対象とする。また，複合性（complexity）とは，異種の要素が結び付いて，要素間に様々な関係性を生じている状態を指す。

複合性を構成する主な次元は，第1節の議論を発展させ，争点領域，規範的アイディア，主体（国家，国際機関，市民社会，民間セクター，トランスナショナル主体等），制度，ガバナンス手法，ガバナンス・レベル（グローバル，リージョナル，ナショナル，サブナショナル等）である。ここで「制度」とは，規範と実施体制の両方を含み，政府間の公的取り決めに基づいたパブリック・レジームだけでなく，ソフトローをベースとしたプライベート・レジームも包含する。また，レジームとしての期待の収斂や実効性が十分でない，準レジームやフォーラムも含むものとする。

「レジーム複合体」は複数の制度の集合体を指し，「複合規範」は複数の規範的アイディアを要素として成り立つ集合規範である。レジームや規範の複合化は争点領域を跨ぐ場合もあれば，1つの争点領域内で複合化する場合もある。主体の複合性を制度化したものはマルチステークホルダー・プロセスやグローバル公共政策ネットワーク等であり，ガバナンス・レベルの複合性は，マルチレベル・ガバナンスや二層・三層ゲーム等の枠組みに組み込まれている。

これらの次元ごとに，複数の要素間の重複（overlap），競合性（competitiveness），補完性（complementarity），相乗性（synergy），序列性・階統性（hierarchy）といった関係性が発生する。ここで「相乗性」とは，相互の有効性を高め合い，新たな規範の創出や，別の問題にも波及するプラス効果を持ち，制度の深化と拡大をもたらすような関係性である。また，異なる規範的アイディア間の論争は，競合性の範疇に入る。

以上の概念をもとに，各次元における要素間の関係性を特定し，規範の発展における関係性の効果や，要素間の調整メカニズムを分析するのが，本書の基本的な研究課題である。しかし，関係性の効果は一義的に定められるものではない。たとえば，グローバル・ガバナンス論では，重複や競合は制度の停滞や非効率をもたらす問題要素として否定的に捉えられることが多く，したがって，

その解決方法としての調整メカニズムが重要な論点となる。他方で，競合過程は，競合を起こしている各制度の変容や革新をもたらしたり，制度的空白による新規範の勃興を促す等の，よりポジティブな面をもつこともある。このため，最初は競合していたものが，後に補完性や相乗性を持つようになるといった，関係性の時系列的な変化を伴う事例も出てくるのである。

　これに伴い，調整のメカニズムも，序列的制度により分業を構造化するといった伝統的な方法（第5章参照）だけでなく，関係性の変化を許容する緩い枠組みで補完性や相乗効果を引き出すような柔軟な方法（第1章，第2章，第3章，第6章参照）が採用されることもあれば，政治的アクター間の戦略的な妥協や協力によって調整がなされることもある（第4章，第7章，第8章，第9章参照）。このような調整メカニズムが，規範の発展過程を変化させることに繋がるのである。

　以上のような複雑なダイナミクスを，多彩な事例を通じて浮き彫りにすることが，本書の狙いである。

4　各章の概要

　第Ⅰ部は，規範ライフサイクルの上流にあたる規範の生成と伝播過程を主な分析対象としている。この過程について，コンストラクティヴィストは規範起業家の役割を重視してきたが，近年はさらに，規範起業家出現の条件として，既存規範との共鳴や，既存規範の正統性の揺らぎを分析するものも出てきている。他方で，国際レジーム論は，レジーム形成における知識や認識共同体の役割，制度の功利的役割，覇権国の役割等の蓄積が多いうえ，レジーム複合体論によって，レジームが複合化する条件やプロセスが論じられてきた。第1章から第5章までの各章は，新規範出現の条件や，規範が形成される過程の行為主体の役割，レジーム間の関係性を論じつつ，コンストラクティヴィズムやグローバル・ガバナンス論の議論に留まらない多彩な知見を提供している。

　第1章は，「企業と人権」の国連規範枠組みが構築された過程を，規範的アイディアの競合による制度的空白，企業の社会的責任（CSR）をめぐるNGOと企業との関係の変容，プライベート・レジーム間の関係性，国連による共通知識の形

成に重点を置いて描く。多国籍企業の国際的規制は，1970年代半ば以降，OECDやILOを舞台にソフトローによる投資ルールの整備が進められたものの，国連においては規範形成の試みはことごとく失敗してきた。にもかかわらず，2010年代になると，「国連企業と人権に関する枠組み（ラギー・フレームワーク）」および「国連企業と人権に関する指導原則」が採択された。これまでのグローバル・ガバナンス論では，プライベート・レジームはパブリック・レジームの代替物でしかないとの議論が主流であったが，ラギー・フレームワークおよび指導原則は，両者を補完的に位置づけるという特色をもっている。同フレームワークおよび指導原則が，欧州を中心とした地域や国家レベルで急速に受容されてきている事実に鑑みると，今や実質的な権威を伴っていると見ることができるというのが，山田の評価である。

　セクター間の相補的役割を組み込んだこのような画期的な規範はなぜ・どのように成立したのか。第1に，自由貿易と人権保護の規範間の根本的な競合により，国際法による公的規制方式よりもCSRアプローチが普及していった。競合の結果，一方が優位に立ったのでも，両規範の接合が進んだのでも，新たな規範を主導する規範起業家が登場したのでもなく，両規範を迂回する形で別の規範が優勢になっていった点が特徴的である。第2に，企業が負うべきCSRの範囲や手続きについてのアイディアが競合していたために「制度的空白」が生まれ，統一的なルールへの要請が高まった。第3に，NGOと企業の関係が協調的に変化したことに伴い，プライベート・レジームが乱立するようになり，断片化した制度の調整の必要が出てきた。第4に，多様なステークホルダーとの協議を通じて知識の共有を図り，「規範を尊重する企業の責任」という規範に収斂させる巧みなオーケストレーションが行われた。新たな規範の形成において，規範起業家や規範抵抗者が主要な役割を果たすのではなく，マルチステークホルダー間の知識共有と対話を促し，落としどころとしての規範的アイディアを形成していくオーケストレーターの役割は，従前の議論とは一線を画した知見と言えるだろう。

　国連の調整的リーダーシップの役割が際立っている第1章に対し，第2章では，特定のリーダーではなく，「合意可能な規範の外縁」を定義していく交渉方式が規範の内容を決定した事例が論じられる。石垣は，武器貿易条約

(ATT）交渉における合意形成の動態を詳細に描き，国益に基づいた戦術的リンケージによって規範の複合化が推進され，最大公約数的な包括的規範へと結実していく実態を明らかにしている。ATTは，通常兵器の移転を規制するだけの単純な規範ではなく，人権・人道規範や，開発・ジェンダー・腐敗防止をも含んだ複合規範になっているが，この過程で特徴的なのは，全体像を把握した特定勢力が一定の方向へと主導したのではなく，争点別に並行して行われた交渉の過程を通じて，全体像を明らかにしつつ最大限の賛同者を確保するプロセスであったということである。交渉当事者達は，パイの全体像を把握しないままに交渉を開始し，自国の立場を規範群のいくつかに跨って柔軟に変化させながら，複線的な交渉を通じて集合的にパイの全体像を描いていった。パッケージ・ディールの過程でパイの外縁が定義されていくプロセスは，オラン・ヤングによる「統合的バーゲニング」[20]に似ているように見える。

　コンストラクティヴィズムの分析では，特定の規範起業家や規範的リーダーの主導的役割が強調されることが多く，たとえば，対人地雷禁止条約やクラスター弾条約の形成過程では，人道的規範を強調する勢力（人道NGOと結び付いた有志国）が趨勢を決定したと言われる。しかし，ATT交渉は，規範的リーダーの主導による単線的な過程ではなかった。そもそも規範的立場が不明確な国家も多く，自国の国益に抵触しない内容になればよいという消極的立場の大多数（サイレント・マジョリティ）の意向が合意形成の鍵になったという分析は，外交の現場における規範形成の複雑な実態を示して興味深い。

　第3章では，重複する規範間の複合的関係性によって，規範的アイディアおよびそれを実現する諸制度が変化しながら構築されていく過程が描かれる。庄司は，重複する規範間のこのような関係性の変容と規範内容の変化の過程を，時系列に沿って丁寧に跡付けている。「紛争予防」と「平和構築」は，重複性がありながら，片方が優越したり消滅したりすることは無く，むしろ，重複して併存することで，それぞれに守備範囲の明確化がなされ，規範としての有用性が増すという相乗効果を生むこととなった。また，紛争予防の特徴である早期警報，信頼醸成等は平和構築に役立ち，また，平和構築活動である武装解除・動員解除・社会復帰（DDR），選挙監視等は次の紛争を予防するため，両者は補完的な関係にあると言える。さらに，両者の間には序列性も見られるが，

その関係は単純な上下関係ではなく，現場での実践的な方針としては平和構築のほうが優越しているが，法規範としては紛争予防が上位で，総合的に言えば，両者が制度的な序列関係にあるとは言えないと論じられる。

また，第1章で，マルチステークホルダー間の知識の共有が国連主導で行われたことが説明されたが，庄司もまた国連機関が主導するマルチステークホルダー・プロセス（MSP）が，規範的枠組みの枢要な部分を構成していると論じる。MSPは，参加者の組み合わせによっていくつかの種類に分かれるが，国内主体も含んだMSPは，国内不干渉原則を乗り越えて効果的な紛争予防を可能にするメカニズムとして構想されてきた。また，紛争中も紛争後も多様なステークホルダーが関与するため，関係者間の調整をし，効果的で持続的な平和構築活動を行うためには，MSPが有用である。紛争予防と平和構築の両規範は，MSPの制度化と実践のプロセスを通して発展してきたと，著者は論じている。

第4章では，国際規範間の複合的関係が，国内の政治力学と結び付いて折衷的に受容された結果として，国内政策が形成される過程が描かれる。この事例は，覇権国であるアメリカが「規範パワー」（第9章にて詳述）として，アメリカの規範を国際規範化する過程での規範の受容過程として理解することができる。杉田は，第二次大戦後の日本の再軍備政策の成立を，アメリカが推進する規範間の関係性から説明している。アメリカは，日本をアジアにおける反共主義の砦にしようとしたにもかかわらず，望むスピードと規模で再軍備を達成することができなかったのはなぜなのか。この問いを，規範の競合の観点から読み解いている。

日本の軍事化をめぐっては，2つの競合が見られた。1つは，平和主義的民主主義と反共主義的民主主義の競合である。アメリカの覇権秩序の一端を担うものとして日本にも民主主義体制が樹立されたが，冷戦の開始とともに反共主義の規範も導入されると，日本の再軍備をめぐって両者が競合するようになった。その関係は，非軍事化を推進する連合国軍総司令部と軍事化を主張するワシントンとの対立関係として表れたが，日本占領の主導権が後者に移ると，当初は軍備なしの平和的民主主義だったものが，軍事化を伴った反共主義的民主主義へと変容したのである。2つ目は，反共主義的民主主義と自由主義的資本

主義（経済的自由主義）の競合である。終戦から4年後に日本経済が世界経済と再結合されたことによって，西側のもう1つの主要規範である自由主義的資本主義が日本に導入された。当初，日本の経済を安定させることで共産主義の脅威から日本を防衛できるとの考えから，両規範は補完関係にあると見做されていた。しかし，朝鮮戦争後のインフレを懸念した金融当局が，インフレ抑制と均衡財政維持のドッジ・ラインを堅持することを選択した結果，防衛予算の大幅削減がなされた。ここに至り，自由主義的資本主義は軍事化を抑制するベクトルをもち，反共主義的民主主義と再軍備の軸において競合した結果，妥協案として，抑制された再軍備が行われることとなったのである。

　第5章では，開発援助分野における欧米秩序の衰退と新興国の台頭によるガバナンス主体の多様化に伴い，新たなレジームが構築されていく局面を描く。当該分野では，援助のアンタイド化，コンディショナリティ，援助協調等，1980年代後半に確立された規範・ルールの遵守が強化されてきた結果，OECD/DACレジームを核としたレジーム複合体が形成されてきた。しかし，OECD/DACレジームは，冷戦後の目的の喪失と援助額の縮小によって制度疲労を指摘されるようになり，他方で，BRICS等の新興国の台頭，それに伴う中国モデルや南南協力への注目といった変化が顕著になってきた。このため，OECD/DACは援助効果の議論等で主導的な役割を果たしながらも，新興国の取り込みによるバードン・シェアリングを志向するようになった。このような中，国連主導の「国連開発協力フォーラム（DCF）」と，OECD/DACの流れを汲む「効果的開発協力のためのグローバル・パートナーシップ（GPEDC）」とが2000年代に新設された。GPEDCは，オーナーシップ，包摂的パートナーシップ，相互的アカウンタビリティ，成果主義といった規範原則を明文化している。大平は，これらのフォーラムを新たな開発レジームの萌芽と見て，新興・途上国とOECD/DACレジームとのせめぎあいを軸に，今日の開発グローバル・ガバナンスの課題を考察している。

　両フォーラムは，情報交換や知識共有の場を提供したり，効果的な開発協力を目的として加盟国に指針を与えたりする点で，共通した機能を有している。また，両者は，新興国，市民社会組織，民間セクター等の多様な主体に開かれている点でも似通っている。しかし，これまで先進国が独占してきた援助ルー

ルの形成への途上国の関与度合いについて温度差があり，DCFは包摂性を，GPEDCは有効性をより重視する傾向がみられる。現在のところ両者の関係は補完的に調整されているようであるが，この協調関係が持続するか否かは，OECD/DACモデルに対抗するアジア式開発モデルを推進する中国の動きにかかっているというのが，著者の見立てである。第3章で論じられたような，重複する規範の併存が規範間の補完関係・相乗関係を促進する展開になるのかどうか，そのカギを握るのは，日中韓の協力である。著者は，被援助国の経験を共有し，パートナーシップを重視する三国が協働することで，両フォーラムの補完関係の維持と，より対等で互恵的な開発ガバナンスの形成に大きな役割を果たすであろうと結論づけている。

　第Ⅱ部では，規範が履行・内面化される段階，いわば規範ライフサイクルの下流での発展過程の課題を主に取り扱う。国際規範が批准され国内立法によって担保されたとしても，規範の内面化が自動的に進むわけではない，いわゆる遵守ギャップの問題は，2000年代のコンストラクティヴィズムの中心的な課題の1つである。規範の効果的な履行が妨げられる問題は，グローバル・ガバナンス論では，制度の断片化に伴う非効率問題として論じられてきた。重複や競合を伴う制度間の調整をどうすべきかが，大きな論点である。第6章～9章はいずれも，国際規範の履行が阻害される局面の課題に取り組んでおり，規範の履行にあたっての国内・域内政治や，市民社会，国家，国際機関等の多様な主体間の協力関係が，実効性の向上に枢要な役割を果たすことを論じている。

　第6章は，腐敗防止規範と国内不干渉原則との相克による遵守不足と，腐敗防止規範の履行を推進する主体間の調整不足によって引き起こされる非効率性の局面に照準を絞り，国際機関が他機関，政府，市民社会，民間セクターと協力して国際規範の実効性を高めるメカニズムを分析する。第5章が，レジーム複合体論に依拠して，レジーム間の調整をフォーマルな制度デザインの面から論じているのに対して，第6章は，オーケストレーション論に依拠して，主体レベルのガバナンス方式の面から調整の問題を扱っている。

　現行のオーケストレーション論は，多中心的なレジーム複合体を説明するのに不十分な理論であるため，本章ではまず「中心性」の概念を再定義した。そのうえで，「マクロ・オーケストレーション」および「協働型オーケストレー

ション」のモデルを提示し，複合的で多中心的なグローバル・ガバナンスの典型例である腐敗防止の事例で検証している。国連腐敗防止条約（UNCAC）は包括的な普遍条約でありながら，その実効性は低いレベルに留まっている。その理由は，1つには，腐敗問題は国内専管事項と捉えられてきたことから，腐敗防止規範と不干渉規範との間に競合が生じ，腐敗防止規範の履行が締約国の裁量に委ねられる面が大きいためである。2つには，国内実施を支援するための援助事業の調和化や援助機関間の協調が不足し，制度構築・人材育成支援の効率性が阻害されるためである。UNCACの事務局である国連薬物犯罪事務所（UNODC）は，これらの問題の解消のために，一方で，マクロ・オーケストレーションによって関係機関間の情報共有と協調を図りつつ，国際会議に影響を与えたり新制度を触媒したりすることで，グローバル・システムの向上を図った。他方で，市民社会との協働型オーケストレーションによって，実施過程への市民社会の関与と官民間の信頼構築を促進することで，主権の壁を迂回して国際規範の履行を促進しようとしてきたのである。オーケストレーションは，多様なガバナンス主体の自発性に基づいた関与と協調を促すことで，ガバナンス主体を強化し，システムを向上させ，国内実施を促進し，以て規範の実効性を上げる可能性を有しているといえよう。

　第7章と第8章は，開発に関する国際規範の履行および内面化過程における国内政治過程に照準を絞り，規範的アイディアの競合過程とNGOの役割を論じた。小川は，フィネモアらのライフサイクル・モデルにおける内面化段階の虚構性を批判し，制度化はされても実効性を伴わない「形式的内面化」の問題を提起する。そして，アメリカの開発援助制度が，貧困削減規範（貧困規範）の「形式的内面化」状態から，他国政府，国際機関，国際NGO等の介入無しに，「実効性を伴う法制度」へと漸進的に進化した過程を，新制度論に依拠して分析している。

　開発援助分野では，途上国の経済成長を優先する成長促進アプローチ規範（成長規範）と，貧困削減を第一目標とする貧困規範とが競合し，交互に優越するサイクルを繰り返しながら，優越した方がその時期の法制度により大きな影響を与えてきた。しかし，援助国の商業的利益に結び付きやすい成長規範は予算を獲得しやすく制度の実質化が進みやすいのに対し，商業的利益を生みにく

い貧困規範は予算確保が難しいため，貧困規範は1970年代初めに法制度化されたものの，実質化されない状態が長く続き，たびたび存続の危機に見舞われた。にもかかわらず，1990年代後半から，アメリカは貧困規範の指標である社会・行政インフラを漸増させ始め，2000年代には急増させることとなったのである。このような変化はなぜ起こったのか。著者は，国際開発庁（USAID）の正式な受託機関であり，貧困規範を推進する民間の専門家集団である「民間ボランティア組織（PVOs）」の役割に注目する。PVOsは，成長規範が優越した時代に，既得権益である貧困規範制度の実効性を上げるため，自律した政治的アクターとして政権に圧力をかけ，大統領との関係を徐々に改善していった。この結果として，法制度が漸進的に改編されていったのである。制度の実効性は運用主体の解釈や関与のあり方によって決定される余地が大きいことと，民間専門家が抜本的な改革をもたらす起爆剤となる点が，分析から得られた知見である。また，国家と非国家主体との関係が改善されたことが，制度を緩やかに変化させる主因となったという分析は，第8章の分析とも重なるものである。

第8章は，NGOを国際規範と国内規範の媒介者と捉え，国益の擁護者である公共セクターとの規範をめぐる対立と協力の関係性を論じる。高橋は，ポスト・ウェストファリア時代には，グローバル規範がナショナルな公共圏に「再埋め込み」される過程の解明が必要であると論じたうえで，日本の外務省とNGO間の「NGO外務省定期協議会」の歴史を辿りながら，「援助効果に関するパリ宣言」が国益と相克しながらも，「開かれた国益」という新たな規範的アイディアの生成によって柔軟に受容されていくプロセスを描く。この過程で，「触媒」としてトランスナショナル公共圏を活性化するNGOの役割がクローズアップされる。

援助を対外政策の手段として利用したい政府と，途上国の生活環境の改善に特化させたいNGOとの関係は，しかし，単純な競合関係ではなく，援助プロセスの民主化という面では補完性や相乗性も伴うものであった。このため，政府が利己的な国益の理念を追求する場合は，開発に関する国際規範対国益の競合がセクター間の対立として立ち現れ，対決を軸とした政治手法が採用される一方で，政府が「開かれた国益」という柔軟な国益解釈を採用した場合には，

NGO は「関係構築の政治」,「問題発見の政治」,「情報提供の政治」,「改善提案の政治」といった非対抗的な手法によって政府側と協力することで, 規範の国内浸透を進めていくのである。

　政府が体現する国益のフィルターを通して国際規範が解釈される過程は, 国際規範の「現地化」の一例とも言えるだろうが, ここで興味深いのは, 国際規範を体現する NGO との相互作用の過程で, 国益自身が柔軟に解釈し直されるという点である。これは, 単線的なライフサイクル・モデルが想定するような, 国際規範の国内への一方的浸透でもなければ,「現地化」の議論が強調するような, 国内規範と国際規範の対立による国際規範の改編とも異なる。両者が国際規範と国内規範との対抗関係を強調するのに対し, 本章で描かれるのは, コーポラティズム的な国内政治が国益の再定義を促すことで, 国際規範の国内への「再接合」がなされるという複合的なプロセスだったのである。

　以上は, 国益・組織益と国際規範との競合関係により国際規範の遵守が困難になる局面に光を当てているが, 第9章は, グローバル・レベルでの規範設定・促進者である EU 自体の規範志向性が, 実利志向性との競合によって揺らぎつつ存続する危うい過程を描く。EU は, 平和, 自由, 民主主義, 法の支配, 人権を中核とした価値を域内共通規範とすると同時に, 域外に対しても規範の受容を迫ってきた。このような対外的な規範拡大の動きが, 軍事力・経済力と並ぶ「規範パワー」という概念で捉えられるようになったのは 2000 年代初めのことであったが, それ以降 EU は一貫して規範パワーを追求してきたように見える。しかし, もともと EU は, 規範性を担保する共同体方式の超国家制度と, 実利性・効率性を担保するドイツ等主導国による政治的運営の両面をもち, 人権等の諸価値と功利性とが競合しうる微妙なバランスの上に成立している。後者が優越すれば規範パワーの存立条件が掘り崩される危険性を内包しているのであり, 近年, ポピュリズム, 難民, テロリズム, 経済的不均衡等の「実存的危機」に直面したことで, その規範志向性に揺らぎが見えるようになった。EU の規範志向性は, 域外国も加盟国も EU も同様にハードローで拘束し裁量的解釈を許さない「ユーロリーガリズム」によって担保されてきたが, それが, 拘束力の無い政治合意で問題を処理するという形で掘り崩される事態が生じてきているのである。その例が, ハードローによる法化（リーガリゼーション）を

回避した EU トルコ難民交換合意であった。しかし，それでも，EU はユーロリーガリズムの基盤をなす諸方針を文書上繰り返してきたことから，規範パワーへの志向性は未だ失っていないというのが，臼井の分析である。

ところで，EU の規範パワーの制度的条件の 1 つである「マルチアクターシップ」と「(人権・民主主義等の価値の) メインストリーミング」は，複合的グローバル・ガバナンスの特徴でもある。前者は，ガバナンスのマルチレベル化と密接な関係を持ち，後者は，争点領域の複合化と関係する。さらに，多様なガバナンス手法，とりわけソフトローや当事者間の合意に基づく非公式な運営の増大は，EU におけるリーガリゼーションの揺らぎと符合するものと言える。これらの制度的特徴が，公的で階統的なガバナンスの正統性や有効性の問題点を克服するものか，それとも撹乱するだけのものであるのかどうかを見極めることは，グローバル・ガバナンスにも EU ガバナンスにも共通する課題であろう。

注
(1) 山本吉宣『国際レジームとガバナンス』有斐閣，2008 年，168-184 頁。
(2) Olav Schram Stokke, "The Interplay of International Regimes: Putting Effectiveness Theory to Work," FNI Report 14/2001, 2001, pp.1-29. Retrieved from http://www.fni.no/pdf/FNI-R1401.pdf.（2016 年 12 月 30 日アクセス）
(3) Amitav Acharya, "How Ideas Spread: Whose Norms Matter? Norm Localization and Institutional Change in Asian Regionalism," *International Organization*, vol.58, no.2, 2004, pp.239-275.
(4) Amitav Acharya, "Norm Subsidiarity and Regional Orders: Sovereignty, Regionalism, and Rule-Making in the Third World," *International Studies Quarterly*, vol.55, no.1, 2011, pp.95-123.
(5) Thomas Risse, Stephen C. Ropp, and Kathryn Sikkink eds., *The Power of Human Rights: International Norms and Domestic Change*, Cambridge: Cambridge University Press, 1999; Thomas Risse, Stephen C. Ropp, and Kathryn Sikkink eds., *The Persistent Power of Human Rights: From Commitment to Compliance*, Cambridge: Cambridge University Press, 2013.
(6) 詳細な理論系譜のレビューについては，以下の文献が詳細かつ分かりやすい。
Emanuel Adler, "Constructivism in International Relations: Sources, Contributions, and

Debate," in Walter Carlsnaes, Thomas Risse, and Beth A. Simmons eds., *Handbook of International Relations*, 2nd ed., London: Sage Publications, 2013, pp.112-144. コンストラクティヴィズムの邦語概説書としては，大矢根聡編『コンストラクティヴィズムの国際関係論』有斐閣，2013 年；山田高敬・大矢根聡編著『グローバル社会の国際関係論』有斐閣，2006 年等を参照。

(7) Martha Finnemore and Kathryn Sikkink, "International Norm Dynamics and Political Change," *International Organization*, vol.52, no.4, 1998, pp.887-917.

(8) 規範ライフサイクルの伝播段階にあたるカスケードの発展過程が「複線的」であるとの指摘は，西谷真規子「グローバル規範形成のトランスナショナル‐国際政治」大賀哲・杉田米行編『国際社会の意義と限界——理論・思想・歴史』国際書院，2008 年，44 頁。カスケードに重点を置いた規範ライフサイクル・モデルへの批判については，西谷真規子「規範カスケードにおける評判政治（下）」『国際協力論集』16 巻 2 号，2008 年，93-120 頁。

(9) Matthew J. Hoffmann, "Norms and Social Constructivism in International Relations," in Robert A. Denemark ed., *The International Studies Encyclopedia*, volume VIII, West Sussex: Blackwell Publishing, 2010, pp.5410-5426.

(10) Samuel Barkin, *Realist Constructivism: Rethinking International Relations Theory*, Cambridge: Cambridge University Press, 2010; Janice Bially Mattern, "The Concept of Power and the (Un) Discipline of International Relations" in Christian Reus-Smit and Duncan Snidal eds., *Oxford Handbook of International Relations*, Oxford: Oxford University Press, 2008, pp. 691-698.

(11) Stephen D. Krasner, "Structural Causes and Regime Consequences: Regimes as Intervening Variables," in Stephen D. Krasner ed., *International Regimes*, Ithaca: Cornell University Press, pp.1-22.

(12) Peter M. Haas, "The Enduring Relevance of International Regimes," *e-International Relations*, 2013. Retrieved from http://www.e-ir.info/2013/01/22/the-enduring-relevance-of-international-regimes（2016 年 12 月 30 日アクセス）

(13) Peter M. Haas and Ernst B. Haas, "Pragmatic Constructivism and the Study of International Institutions." *Millennium*, vol.31, no.3, 2002, pp. 573-602.

(14) たとえば，Claire A. Cutler, Virginia Haufler, and Tony Porter eds., *Private Authority and International Affairs*, NY: State University of New York Press, 1999.

(15) たとえば，Kal Raustiala and David G. Victor, "The Regime Complex for Plant Genetic Resources," *International Organization*, vol.58, no.2, 2004, pp.277-309.

(16) たとえば，Oran R. Young, *Institutional Dynamics: Emergent Patterns in International*

Environmental Governance, Cambridge:MIT Press, 2010; Sebastian Oberthür and Olav Schram Stokke eds., *Managing Institutional Complexity: Regime Interplay and Global Environmental Change*, Cambridge:MIT Press, 2011.

(17)　Deborah D. Avant, Martha Finnemore, and Susan K. Sell eds., *Who Governs the Globe?*, Cambridge: Cambridge University Press, 2010.

(18)　Kenneth W. Abbott and Duncan Snidal, "Strengthening International Regulation Through Transnational New Governance: Overcoming the Orchestration Deficit," *Vanderbilt Journal of Transnational Law*, vol.42, 2009, pp.501-578.

(19)　Audie Klotz, *Norms in International Relations: The Struggle against Apartheid*, Ithaca: Cornell University Press, 1995; Peter J. Katzenstein ed., *The Culture of National Security: Norms and Identity in World Politics*, NY: Columbia University Press, 1996; Martha Finnemore, *National Interests in International Society*, Ithaca: Cornell University Press, 1996; Finnemore and Sikkink, op. cit.

(20)　Oran Young, "The Politics of International Regime Formation: Managing Natural Resources and the Environment," *International Organization*, vol.43, no.3, 1989, pp.346-376.

第Ⅰ部

規範形成・伝播の複合過程

第1章 「企業と人権」をめぐる多中心的なガバナンスの試み
――ステークホルダー間の知識共有と人権デュー・ディリジェンス規範の形成――

山 田 高 敬

1 企業と人権

経済のグローバル化と企業の社会的責任

　近年，「企業と人権」に関わる問題がグローバル・ガバナンスの中心的なテーマの1つになりつつある。一見すると無縁であるかのように見える「企業」と「人権」の関係にグローバル・ガバナンスの焦点が移ったのは，なぜだろうか。

　その直接的な契機の1つとなったのは，1990年代の半ば頃から顕在化した途上国における児童労働の問題である。1996年にナイキ社のロゴマークをサッカーボールに縫い付けている児童の写真がアメリカの『LIFE』誌に掲載され，パキスタンにあるナイキ社の下請工場で幼い児童が労働力として使用されていたことが明るみに出たからである。そもそもナイキ社は，アメリカ，オレゴン州に本社を構えるスポーツ用品を扱うブランド企業だが，他の類似の企業と同じく，本社が商品のデザイン，宣伝および販売を担当し，製造に関しては下請企業にOEM委託するという分業体制をとっていた。製造部門を海外に移す方がコスト面で有利だからである。このようにして，これまで多くの労働集約型の主要企業は経済のグローバル化に伴って生産拠点を海外に移してきた。しかし企業による人権侵害への関与は，労働問題に限定されているわけではない。世界各地で希少な資源を求め，採掘事業を展開する鉱物企業なども採掘事業に伴って発生する有害物質による地域の環境汚染を放置したり，そういった問題に抗議する反対勢力の弾圧なども容認したりしてきた。

　ナイジェリアで石油の採取を行ったロイヤルダッチシェル社の現地での人権侵害への関与がよく知られている代表的な事例である。[1]シェル社はナイジェリ

アの国有石油会社との合弁事業を通して石油採取事業を開始したが，石油の流出により施設周辺の土地と水が汚染され，現地の農業と漁業に深刻な影響を与えることとなった。その結果，地域住民とトラブルになり，住民による施設への損壊行為と従業員への暴行が頻発した。社会的な認可を失ったシェル社は操業停止に追い込まれたが，ナイジェリア政府は反対運動を行った地域住民を弾圧し，その指導者であった運動家のケン・サロウィワ氏を逮捕し，不当な裁判の下で絞首刑に処し，それを実行に移した。この事件は，シェル社が合弁事業のパートナーとなっていた現地政府による不当な弾圧を阻止しなかったことを「企業による共謀」と見なすべきかどうかという問題を提起する引き金となった。

したがってグローバルに事業を展開する企業は，潜在的に児童労働などの労働リスク，水源や河川の汚染といった環境リスクあるいは，反政府運動の弾圧への加担といった人権リスクなどに多かれ少なかれ直面することになる。途上国では，児童が家計を支えなければならない事情があったり，[2] 水道事業の政治的な優先順位が低かったり，あるいは企業がホスト国政府と癒着したり，という問題が付き纏う。さらに企業は，本社が直接的に現地の人権侵害や環境破壊などに関与しているわけではなかったため，これらの問題に対して責任を負うべきは，現地の下請企業であり，本社とは無関係だという立場を取り続けてきた。しかし次第に，直接的には下請企業による人権侵害や環境破壊であっても多国籍企業として何がしかの責任をとるべきだとする「企業の社会的責任（CSR）」論が市民社会の間で支持を集めるようになっていった。そのような中，2011年6月に企業の人権に関する社会的な責任を原則化した「国連企業と人権に関する指導原則（United Nations Guiding Principles on Business and Human Rights，以下，指導原則）」が国連人権理事会において全会一致で支持された（endorsed）。そして現在では，各国における人権に関するCSR政策の議論は，まさにこの指導原則をフォーカル・ポイントとして展開している。

本章では，CSRに関するグローバル・ガバナンスの国際的な動向を分析することで，国連は，なぜ2000年代に入り，多国籍企業を対象とする人権保護のための国際的な枠組みを構築することとなったのか，また新しく構築された枠組みは，その目標実現のために，どのようなメカニズムを創出したのか，さ

らに,そのことがグローバル・ガバナンスのあり方をどのように変えようとしているのか,という3つの問いに答えようとするものである。

以下で詳述するように,指導原則と,その土台となった「国連企業と人権に関する枠組み (United Nations Framework on Business and Human Rights, 以下,ラギー・フレームワーク)」が国連人権理事会において支持されたことは,国連史上画期的なことであった。なぜならば,国連による多国籍企業に対する規制の試みは失敗の連続であったからである。1977年以降始動した多国籍企業委員会 (UNCTC) での協議も1990年代初頭には事実上破綻し,その後2000年以降に本格化した国連人権小委員会による規制の試みも目の目を見る間もなく暗礁に乗り上げた。このような中で,なぜ前述の指導原則だけが各方面から支持され,「支持 (endorsement)」を得ることができたのであろうか。これは大きな謎である。

異なるアイデアと異なる制度を繋ぐ規範形成

この謎を解き明かすためには,少なくとも次の3つの理論的な問いに答える必要があろう。第1に,どのような論点をめぐって規範的なアイデアが衝突したのか。また,その規範対立は最終的にどのように解消されたのか。このような問いを立てるのは,あるアイデアが社会規範へと発展する段階においては通常異なる規範的なアイデアが競合すると考えられるからである[3]。この問いは,さらに2つの場合に分類することができよう。すなわち異なる争点領域間でアイデアが競合する場合と,同一争点領域内でアイデアが競合する場合に分けられる。しかし,異なる争点領域間であれ,同一争点領域内であれ,異なる規範的なアイデアが収斂するためには,何らかの力学があるはずである。それは,何であろうか。

第2に,異なる制度間の関係は,どのように調整されたのだろうか。人権に関しては,一方において,すでに様々な政府間取決め,すなわちパブリック・レジームが存在する。しかし他方では,1990年代以降,一定の私的な基準を企業に自発的に守らせようとするプライベート・レジームも数多く創設されるようになった[4]。ここで検討の対象とする「企業と人権」に関する枠組みは,これらの異なる制度間の関係性をどのように捉えようとしたのか。従来のグロー

バル・ガバナンス論では，プライベート・レジームは，パブリック・レジームが存在しなかったり，あるいは存在したとしても「見せ掛け」のものであったりする場合にのみ構築されると考えられてきた。つまりパブリック・レジームとプライベート・レジームの関係は代替的なものとして見られてきたのであるが，それを相互補完的なものとして捉えることができるかということを本章では問いたい。このような問いを立てるのは，パブリック・レジームとプライベート・レジームとの間で何らかの分業体制が存在する可能性を探ることが政府以外のアクターの参加を必要とするグローバル・ガバナンスの有効性を考える上で重要だと考えるからである。

第3に，ラギー・フレームワークおよび指導原則は，グローバルなレベルの枠組みであるため，当然のことながら，それが実施されるかどうかは，国や地域レベルの政策や制度に委ねられることとなる。現時点では，その実施過程が途についたばかりであるため，枠組みの実効性について最終的な評価はできない。しかし，同枠組みの地域化あるいは国内化のプロセスは既に始まっている。実際，ラギー・フレームワークおよび指導原則は，すでに，各国政府や私的アクターに影響力を有する経済協力開発機構（OECD）多国籍企業行動指針，国際標準化機構（ISO）の社会的責任ガイダンス（ISO26000）および国際金融公社（IFC）のサステナビリティ・フレームワーク・パフォーマンス基準といった国際的な基準に取り込まれている。また欧州委員会も2011年の「CSRに関する通達」の中でヨーロッパ連合（EU）内の企業と加盟国政府に対して指導原則を実践するように求めている。実際EUレベルでの「国内化」は，指導原則のすべてに関してとは言わないまでも，急速に進んでいる。また政府機関だけではなく，人権NGOなどの非国家アクターも企業による指導原則の実践を促進する様々なメカニズムを考案し，実施するに至っている。このような波及効果を鑑みると，なぜ，この規範的な枠組みが下位レベルの制度や政策に，さらには私的権威の活動に対して，これほどまでに大きな影響を及ぼしているのかという疑問が生じる。この問いは，規範の国際的な浸透プロセスを考える上で重要な問いであると言えよう(6)。

以下ではまず，第1に，多国籍企業の規制を目指す規範形成のこれまでの歴史を振り返り，国連人権理事会が「支持」した規範的枠組みの歴史的意義につ

いて考察する。第2に，ラギー最終報告書のテキスト解析を行うことで，ラギー・フレームワークおよび指導原則が持つ制度的な特徴および意義を抽出する。この作業を通して，最終的に明文化された規範的アイデアが何であったのかを明らかにしたい。第3に，そのような特徴を持つ枠組みの形成を可能にした要因について検討する。その際，上記の3つの関係性（規範的アイデア間，異なるレジーム間および異なるガバナンス・レベルの関係性）とラギー・フレームワークおよび指導原則との関係についても検討する。そして最後に，この事例研究から得られる知見を明確にしたい。とくにグローバル・ガバナンスの多中心化が進む領域における有効なガバナンスの条件とは何かという点を明らかにしたい。

2　多国籍企業に対する国際的な規制の歴史

「国家と企業」から「人と企業」へ

　多国籍企業に対する国際的な規制が最初に国際的な議題となったのは，1970年代に入ってからのことである。多国籍企業は通常，国境を跨いで営利活動を展開する企業のことをいうが，当時，資本主義世界の頂点に立つアメリカの経済的かつ政治的覇権を象徴する存在として見られていたために，アメリカによる内政干渉を嫌う投資先の国々は多国籍企業の規制を強く求めるようになった。それと同時に，多くの発展途上国は，自由主義的な国際経済秩序が先進国による途上国の搾取を許すものと認識していたため，その象徴である多国籍企業は，いわばこれらの諸国の「敵」であった。他方，先進国からすると，ホスト国政府が十分な補償もなしに多国籍企業の資産を国有化したり，制限的な投資条件を課したりしていたため，投資に関するルールの策定は優先的な政策課題となった。このような南北の奇妙な利害の一致から1970年代の半ば頃になると，国連をはじめとする国際機関が多国籍企業の活動に関するルールの策定に着手するようになった。

　たとえば，OECDは，他の機関に先駆けて1976年に「国際投資と多国籍企業に関する宣言」の附則として「OECD多国籍企業行動指針（以下，多国籍企業行動指針）」を採択した。言うまでもなく，その主眼は投資環境を安定化させるところにあった。この行動指針は，OECD諸国で操業する多国籍企業を対

象としたものであったが，法的な拘束力のない勧告として採択された。続いてその翌年には，政府，企業および労働者を対象とする「多国籍企業と社会政策に関する原則の三者宣言（以下，三者宣言）」が国際労働機関（ILO）によって採択された。三者宣言の方は，雇用に関する問題に特化するものであったが，ILOのねらいも投資環境の安定化という点でOECDの思惑と通底していた。

重要な点は，多国籍企業行動指針にせよ，三者宣言にせよ，いずれも国家と多国籍企業の関係あるいは先進国と途上国の関係を問題にするものであったという点である。しかし本章が関心を寄せる2000年以降に登場する多国籍企業に関する行動規範は，多国籍企業の活動を規制するという点では共通するものの，異なる性質を有していた。なぜならば後者の行動規範は，国家と多国籍企業の関係や国家間の関係ではなく，人と多国籍企業の関係を問題にしたからである。つまり関心の的が「国家」から「人」へと変化したのである。

では，何がこのような変化をもたらしたのだろうか。その最大の原因は，経済のグローバル化であったと言えよう。先進国では新自由主義の旗印の下，経済の自由化，民営化および規制緩和が推し進められ，その後途上国においても国際通貨基金（IMF）などの構造調整融資を通じて同様の構造改革が求められるようになった。これに伴って国際貿易制度に関しても非関税障壁の撤廃，サービス貿易の自由化および紛争解決メカニズムの強化が相次いだ。その結果，資本移動と貿易の自由化が急速に進展し，生産過程の脱ローカル化やトランスナショナル化が一気に加速していった。しかし他方では，このグローバリゼーションの進展によって環境基準や労働基準などの国家の公益に関わる規制基準の低下が懸念されるようになった。経済成長に必要な資本を呼び込むために環境規制や労働規制を緩和する誘因が生まれ，各国政府が競って，これらの基準を下げる可能性が出てきたからである。いわゆる「底辺への競争」に対する懸念である。1990年代以降，激化したNGOを中心とする反グローバリゼーション運動は，こうした視点から行き過ぎた経済自由主義とその制度的な表現としての国際経済レジームにその批判の矛先を向けたのである。

このような風潮の中，多国籍企業が関与する様々な社会・環境問題がマスコミで取り上げられるようになり，多国籍企業のイメージは，「国家」を脅かす存在から「人」を脅かす存在へと変貌していった。その結果，「人と企業」と

いう新しい視角から再度，多国籍企業の活動を規制する必要が説かれるようになったのである。OECD は，2000 年に多国籍企業行動指針を大幅に改定し，児童労働，強制労働，および職場における衛生と安全などの条項を新たに追加した。また企業が説明責任を果たす仕組みとして国別連絡窓口（National Contact Point，以下，NCP）を設置し，企業の活動が多国籍企業行動指針に違反するおそれがある場合には，その窓口を通して当事者間で調停による問題解決を図る道を拓いた。こうして，1976 年の時点では投資環境の安定のみを目指して策定された多国籍企業行動指針は，2000 年を分岐点として労働基準といった社会的な配慮を重視する行動指針へと変遷を遂げたのである。

同様に 2001 年に ILO の三者宣言の方も改正された。これは，主に 1998 年に ILO 総会で採択された「労働における基本的原則および権利に関する ILO 宣言（以下，ILO 宣言）」を反映させるためであった。ILO 宣言は，もともと結社の自由・団体交渉権といった中核的労働基準（Core Labor Standards，以下，CLS）の受諾を途上国への技術協力や自由貿易の前提条件とすべきか否かをめぐる政策論争の中から生まれたものであった。ILO は議論の末，強制的な方法ではなく，促進的な方法で CLS を普及することを選択し，ILO 宣言の採択を決意した。

このような OECD や ILO の動向と並行して，国連でも「人と企業」の問題に目を向ける動きが見られるようになった。1999 年の世界経済フォーラム（ダボス会議）で，コフィ・アナン国連事務総長が「グローバル市場に人間の顔を与えるような，価値と原則を共有するグローバルなコンパクトを開始する」と演説し，これを契機に国連と多国籍企業との対話を促進する国連グローバル・コンパクト（以下，国連 GC）が産声を上げた。その後国連 GC は，企業が人権，労働，環境，および腐敗防止に関する 10 原則と，ミレニアム開発目標（MDGs）を自発的に実施するための枠組みとして注目を集めるようになった。これに参加する企業は，これらの諸原則を日常的な業務に組み込んで実践することと，国連機関と連携しながら MDGs の実現に貢献することを求められた。また参加企業は，進捗状況を国連 GC 事務所に毎年報告する義務も課せられた。そして，国連 GC のねらいは，参加企業が対話を通じて相互に良き慣行を学習できる場を提供するところにあるため，各国ごとに参加企業を繋ぐローカル・

ネットワークが作られ、水資源の持続的利用や気候変動といった特定の問題に特化する対話の場も提供されるに至っている[17]。

国連多国籍企業責任規範案とラギー・フレームワーク

しかし国連人権委員会の人権保護促進小委員会は、法的な拘束力のない国連GCでは実効性に欠くとして、より実効的な仕組みを検討することとなった。同小委員会は、検討の結果2003年に「多国籍企業の責任についての国連規範案（以下、規範案）[18]」を採択した。この規範案は、生存権などに加えて、職場の衛生・安全や環境保護あるいは消費者保護などを重視する内容となっていた[19]。したがって、すべての人権を網羅するものではなかったが、「国際人権規約や、人権に関する条約や、各国の国内法で既に規定されている」人権基準が挙げられていた[20]。つまり規範案は、企業の活動に関連する既存の人権規範を、国家を対象とするものから企業を対象とするものに修正し、編集し直したものであったと言えよう。だが、この規範案は、世界各国の経営者団体から構成される国際雇用者連盟（IOE）ならびに、その意向を受ける加盟国政府から強硬な反対に会い、暗礁に乗り上げてしまった。親委員会である国連人権委員会（現在の国連人権理事会の前身）が国連人権高等弁務官事務所（OHCHR）との協議の上で規範案の採択を見送ったからである。

では、なぜ財界は規範案に反対したのであろうか。IOEが反対した最大の理由は、規範案が予定した監視メカニズムにあったと言われている[21]。規範案では、国連人権機関および加盟国政府が、人権基準に沿って企業が行動しているか否かを人権NGOから提供される情報などを基に判断するとなっていたからである[22]。より具体的には、企業は、まず規範案のガイドラインに沿って内部規律を制定し、職場での人権侵害の状況（自社の「影響圏」内にある下請け企業も含む）や人権侵害を受けた被害者への補償などに関する情報を開示し、内部規律の遵守を自らモニターする。そして定期的に社会影響評価を実施し、その結果を公開する。これに加えて、国連の人権諸機関は、企業が該当する国際人権条約を遵守しているか否かについて、国連加盟国に対して報告の提出を要請することができる、とした。そして、加盟国は、その国の領域内に本社機能を置く企業が人権侵害に関与した場合に、その企業に対して当該人権侵害に対する損害賠

償や刑事責任を追及できるよう法体制を整えることとなっていた。このように規範案は，ソフトローでありながら，親会社の法的責任を求める規範形成を志向していたのである。したがって財界は，企業が取引先の下請会社を通じて人権侵害に関与した場合であっても，本国において法的制裁を受ける可能性があるとの危惧を抱いたのである。企業からすれば，国際人権法の本来の法的主体は国家であるため，企業による人権侵害が生じた場合は，企業ではなく，現地の政府が責任を負うべきであるという論理となる。このような立場から，財界は，国連規範案は法的主体を国家から企業にすり替えるものであるとして難色を示したのであった。

　しかし上記の内容に関する問題もさることながら，規範案が暗礁に乗り上げた，もう1つの理由は，手続き的な瑕疵にある。なぜならば，規制の対象となる企業の利益を表出する関連経済団体が規範案の審議過程から一切排除されていたからである。とくに強制力を行使できる中央政府が存在しない国際政治システムにおいてルールを遵守させるためには，国家であれ，企業であれ，「遵守への牽引力（pull to compliance）」が不可欠となる。だが，遵守への牽引力は，義務保持者（duty bearer）自身がルールの形成プロセスに参加して初めて生まれるのである。しかし規範案は，国際人権法の専門家とNGOのみによって起草され，経済団体は起草プロセスから完全に排除されていた。その意味では「スループット正統性（throughput legitimacy）」を欠いていたものであった。これを受けて，国連人権委員会は，2005年に国際人権法の企業への適用範囲をより明確なものにするため，「人権と多国籍企業およびその他の企業の問題」に関する事務総長特別代表という役職を設置し，ハーバード大学の国際政治学者ジョン・ラギー（John Gerard Ruggie）をその職に任命した。

　ラギー特別代表は，まず既存の国際基準と実際の企業の慣行を確認するところから仕事を開始した。なぜかと言えば，企業と人権を関係づける規範のあり方を考察する上で必要となる知識が異なるステークホルダー間で十分に共有されているとは言えなかったからである。企業が関与する人権侵害には，どのようなパターンがあるのか，現行の法解釈では人権侵害に関して企業（本社）に法的義務が及ぶのか，もし及ぶとすれば，どのような場合に及ぶのか，また国家に人権保護の法的義務があるとしても，その法的義務は果たして領域外の人

権侵害にまで及ぶのか，また企業による自発的なイニシアティブはどの程度有効だと言えるのか，といったことに関してステークホルダー間で知識が共有されていなかったのである。(28)この知識の陥穽を埋めるためにラギー特別代表は，会社法および証券法と人権保護の関係，国際投資協定の人権保護への影響，人権侵害によって発生するコスト，そして域外管轄権が成立する条件などに関して，体系的な調査の実施に着手した。(29)

この現状を把握するための調査は，約3年間かけて行われた。この調査からは，次のような結果が得られた。たとえば，会社法や証券法に関しては，企業の人権尊重に関する指針が存在しないこと，取締役のステークホルダーに対する責任が規定されていないこと，人権保護に関する企業の情報開示についての基準が示されていないことなどが明らかとなった。国際投資協定に関しては，企業とホスト国政府が締結する協定（host government agreement，以下，HGA）に投資の安定性を確保するための規定があるものが多く，現地に進出する企業は事後的に制定される環境・社会法から免除されるか，あるいは法遵守に伴う追加的な費用負担を政府に対して求める権利を保証されている場合があること，そして域外管轄権に関しては，法の域外適用の妥当性が，対象となる不正行為の悪質性について国際的な合意があるかどうかによって異なることなどが確認された。

これらの調査結果を踏まえて，ラギー特別代表は，「関連するステークホルダーの期待と行動がその周りに収束し得る権威的なフォーカル・ポイント」になるような指針の起草に着手した。その成果は，まず2008年に「保護，尊重および救済の枠組み（ラギー・フレームワーク）」報告書として国連人権理事会に提出された。国連人権理事会は，次にラギー特別代表の任期を3年間延長し，この枠組みを具体化する指導原則の策定を要請した。ラギー特別代表は，精力的に各種ステークホルダー（経済団体，NGO，法律事務所など）と協議を重ね，指導原則の起草にあたった。予想されたことではあったが，異なるステークホルダー間の意見集約は決して容易ではなかった。たとえば，アムネスティ・インターナショナル（AI）をはじめとするアドボカシーNGOからは，2008年のフレームワークに較べると，指導原則案は「企業の責任があいまいで，企業を免責してしまう可能性が高い」といった懸念が表明された。(30)その一方で経営者

団体からは，人権侵害が発生する最大の原因は被出資国政府が自国の法律を十分に執行しないところにあることから本社所在国政府に法の域外適用を認めるような言い回しは避けるべきだとの批判を受けた。しかし2011年6月の国連人権理事会で指導原則が正式に支持されると，いずれの側も指導原則を支持する姿勢を示すに至った。

次節でより詳細に触れるが，ラギー・フレームワークおよび指導原則は3つの柱から構成されている。第1は，政策，規制および司法的な手段を通して人権侵害から市民を保護する国家の義務である。これは，国家が国際人権レジームの中心的な主体であることから生じる義務とされる。第2は，人権を尊重する企業の責任であり，これは企業に対する社会的な期待に由来するものとされる。とりわけ企業に人権侵害を未然に防ぎ，影響を緩和するデュー・ディリジェンス（due diligence）を義務付けているところに同原則の最大の特徴がある。第3は，人権侵害が発生した場合に必要となる救済手段である。この救済手段には，通常の司法的な手段だけでなく，OECDが推奨するNCPによる仲裁などの非司法的な手段も含まれる。そして，これらの3つの柱が相互に連動することによって，初めて指導原則は実効性を発揮するように設計されている。

上述したように，指導原則の起草過程では，人権NGOから批判的なコメントが寄せられたものの，ラギー報告書は，最終的に各国政府，企業，業界団体，投資家，そして市民社会や労働者組織などから支持され，他の関係国際機関にも多大な影響を与えることとなった。

多国籍企業の規制に関する，これまでの国連の歴史からは，このような影響力を有する規範的な枠組みが構築されることを予想することは困難であった。なぜならば，国連における多国籍企業レジームの形成の試みはことごとく失敗してきたからである。国連が最初に多国籍企業の行動規範に関する国際条約の起草作業に着手したのは，1970年代の後半であった。国連は，UNCTCを設置して，制裁機能を有する行動規範の策定を模索した。UNCTCは当初，政治，社会，経済，開発から投資家保護に至るまでの問題を射程に入れた包括的かつ義務的な国際条約の起草を目指したが，OECD諸国の支持を取り付けることができず，交渉は暗礁に乗り上げてしまった。そして妥結の糸口を摑めないまま，UNCTCは1990年代の初めに廃止され，その後多国籍企業問題の検討は，

国連貿易開発会議（UNCTAD）に引き継がれることとなった。けれども UNCTAD にとっては，国際的な投資環境を整備し，途上国を世界経済にコミットさせることの方がより重要であったため，UNCTAD は多国籍企業の規制を早々と断念し，企業の自主規制を尊重する立場に方向転換した。実は，この流れが国連 GC へと受け継がれたと見られている。そして先に見たように，この状況を是正しようとした国連人権小委員会の試みも失敗に終わったのである。

では国連規範案とは異なり，ラギー・フレームワークおよび指導原則は，なぜ成功したのであろうか。以下ではこの問いに答えるべく，ラギー・フレームワークおよび指導原則の特徴と意義を明らかにする。

3　ラギー・フレームワークおよび指導原則の特徴と意義

人権を尊重する責任

以上見てきたように，ラギー・フレームワークおよび指導原則が国連人権委員会において支持されたことによって，国際的なレベルにおいて「企業と人権」に関する基礎的な規範枠組みが形成されるに至った。では，この規範原則には，どのような特徴と意義があるのか。

この原則の最大の特徴は，企業が果たすべき責任の内容と範囲，そしてその実践方法を明確にしたところにあると言える。責任の内容に関しては，普遍的な価値を有する人権を「尊重」することと規定された。これは，既に述べたように，多国籍企業に対する規制が国家と企業の関係あるいは先進国と途上国の関係を問題にする見方から人と企業の関係を問題にする見方へと変化したことの当然の帰結であった。ここで言う普遍的な価値を有する人権とは，国内的な基準によって規定されるものではなく，世界人権宣言，国際人権規約，ILO 中核的労働基準，および国連文書が規定する先住民族，女性，民族的，宗教的もしくは言語的少数民族，子供，障害者，移民労働者などの権利，あるいは武力紛争における国際人道法といった「国際的に認められた人権」のことを指す（原則 12）。では「人権を尊重する」とは，どういうことなのか。それに関して，フレームワークおよび指導原則は，他者の人権を蹂躙しないことと規定している[34]。つまり人権保護に必要な最低限のラインを示したものと言える。

では企業の責任はどの範囲まで及ぶのか。指導原則は，その範囲を企業の直接的な活動範囲に限定せず，当該企業と取引のある企業の活動まで広げて解釈した。つまり取引関係によって間接的に生じる人権侵害についても，企業（本社）はそれを防止もしくは緩和する責任を負うものとしたのである。この背景には企業提携における変化がある。近年では，企業が，株式保有という形式ではなく，ライセンス契約や下請契約などを通して海外展開するようになってきているため，自らが保有する子会社（subsidiary）に対する責任だけではなく，契約に基づいて提携する関連会社（affiliate）に対する責任をも問わざるを得なくなってきている現状がある。つまり，企業のサプライチェーンに対する責任も問われるのである。このような企業実践の変化を反映して，指導原則は企業の責任の範囲を「取引関係を通して自己の事業，製品もしくは業務に直接的に関連づけられる人権への負の影響」に拡張し，本社は，場合によっては取引関係の停止も考慮に入れるべきであるとしている（原則19）。

それでは，企業は，どのようにして「人権の尊重」を実践するのか。指導原則は，それを実践する手段として，「人権デュー・ディリジェンス」を企業に求めている。人権デュー・ディリジェンスとは，企業が人権に対して有する潜在的な負の影響（人権リスク）を事前に評価し，当該リスクがある場合には，それを回避し，リスクが顕在化した場合には負の影響を緩和するとともに，そういった人権リスクがあるかどうか，そしてそのリスクにどのように対処しているのかを公表するといった一連の企業行動のことを意味している。したがって企業は，新しい事業や取引関係を開始する際，可能な限り早期に人権リスクを予想し，人権デュー・ディリジェンスに着手する責務を負うことになる。企業にとっても人権デュー・ディリジェンスの実施は有益である。なぜならば，人権デュー・ディリジェンスを効果的に実施すれば，訴訟リスクや規制リスクを回避できるだけでなく，評判リスクを最小限に食い止め，現地社会からの「社会的なライセンス」を獲得もしくは維持することができるからである。

より具体的には，指導原則は，次の5つのステップを想定している。第1に，企業は明確な人権ポリシーを設定する（原則17）。第2に，人権への影響に関する事前評価を実施する（原則18）。事前の影響評価がなければ，いくら人権ポリシーを設定したとしても，人権侵害に適切に対処できないからである。第

3に，企業は，影響評価の結果を「全社内部門およびプロセスに組み入れ，適切な措置」をとる（原則19）。もちろん，どのような措置が「適切か」は，人権侵害の深刻さや具体的な文脈によって決まる。第4に，企業は，適切な措置が期待された結果をもたらしたかどうかについて定期的な実態調査や監査を実施して追跡評価する。第5に，苦情処理メカニズムを用意し，苦情に対処する（原則20）。企業が，このように人権リスクに能動的に対処することで，できる限り未然に人権侵害を防ぐというのが，人権デュー・ディリジェンスの基本的な考え方である。

さらに企業は，人権デュー・ディリジェンスの一環として人権リスクへの自らの対応について情報開示しなければならない。つまり企業が展開する事業が人権に深刻な影響を及ぼすリスクがある場合，企業は，内部に対してだけではなく，外部に対してもどのような対応をとろうとしているのか，あるいは実際にとったのかを説明しなければならない（原則21）。とくに出資先のコミュニティから人権侵害の懸念が表明された場合は，情報開示はより強く求められよう。情報提供の方法としては，ステークホルダーとの直接協議や報告書の作成などがある。後者に関しては，年次報告書やサステナビリティ報告書だけではなく，財務・非財務統合報告書などもそれに含まれる。重要なことは，企業の人権への影響とその対応を適切に評価できるような項目や指標が設定され，十分な情報がステークホルダーに提供されることである。またそのような企業報告書を第三者機関が検証することができれば，その信頼性はさらに強化されることになる。この企業による情報開示は，CSRに実効性を持たせる上で重要な決め手となろう。なぜならば，情報開示は，負の影響を受ける個人や集団だけではなく，投資家や消費者に対しても説明責任を果たすための重要な道具となるからである。そして，そのようにして開示される情報に基づいて，企業の市場価値そのものが形成され，それにより企業に人権を尊重するインセンティブが付与されるのである。したがって情報開示が不十分な企業は，評判リスク，ひいては財政上のリスクをも負うことになる。

人権を保護する義務

ラギー・フレームワークおよび指導原則の第2の特徴は，このような形で企

業が人権を尊重することを奨励する義務を国家に付与している点である。これは，ラギー・フレームワークの第1の柱である「人権を保護する国家の義務（以下，保護する義務）」の一環として規定されている義務である[40]。人権を保護する義務とは，国家自身が領域内で人権侵害を引き起こさない義務を負うことは言うに及ばず，国家には自らの領域内において人権を，企業を含む第三者による侵害から守る国際法上の義務があることを意味する。それゆえ，仮に国家が人権を保護するために必要な政策措置をとらなかった場合には，国際人権法違反と判断される可能性も否定できないとしている。

　さらに国家は，領域外でも自国企業が人権侵害に関与しないような環境をつくらなければならない。まず国家は，自らが財政支援する企業（国有企業を含む）が出資先もしくは取引先で人権侵害に関与しないように仕向けなければならない。たとえば，国家は，輸出信用や投資保証を付与する条件の1つとして，あるいは政府調達の申請条件の1つとして，企業に対して人権デュー・ディリジェンスの実施を求めなければならない。したがって紛争地域において重大な人権侵害に関与した企業に対しては，輸出信用や投資保証の提供拒否もしくは停止も検討される必要がある。さらに会社法などを改正し，サプライチェーンを含めて人権リスクの情報開示を企業に義務づけることも検討事項として挙げられている。くわえて，HGAや二国間投資協定（bilateral investment treaty，以下，BIT）の改正などを通じて，被出資国政府が人権保護などの公益を十分に確保できるようにすることも国家が取り組むべき重要課題の1つとして記述されている。つまり国家は，経済政策と人権政策の「水平的な政策統合」を促進する義務を負うとされるのである[41]。

救済へのアクセス

　そして，この規範枠組みの最後の特徴は，負の影響を受ける個人や集団を救済する国家および企業の責任を定めている点にある。救済には，謝罪，原状回復，補償，罰金といった措置などが含まれる（原則25）。これらの救済措置は，苦情処理メカニズムの手続きに基づいて行われることとなるが，苦情処理メカニズムには，国家基盤型のものと非国家基盤型のものがあるとされる。

　言うまでもなく，このうち国家基盤型の苦情処理メカニズムが最終的にすべ

ての救済システムの基礎となる。とりわけ民事訴訟や刑事訴訟などを扱う裁判所が，実効性の確保という点では，最も重要な制度となる。とはいえ，企業が関与する人権侵害の被害者救済において，このような司法的なプロセスが十分に活用されているとは言い難い。なぜならば，被害者救済にとって司法制度の活用が不可欠な場合であっても，それを許さない様々な障壁が存在からである（原則26）。国の司法制度が腐敗していたり，政治権力から十分に独立していなかったりする場合は言うに及ばないが，それ以外にも法律上の障壁は多々ある。たとえば国内法において，企業の法的責任の帰属が明確に規定されていなかったり，救済を必要とする被害者に裁判請求権が認められていなかったりする場合などである。企業の法的責任の帰属に関しては，多国籍企業を構成する企業グループをどのように定義するかによっても変わってくる。前述したように，最近の国境を跨ぐ企業間の関係は，所有権に立脚するものから契約に立脚するものへと変化しつつあるため，出資を伴わない取引関係を射程に入れる必要がある。また救済を必要とする人権侵害が発生した場合に，第一義的には，その被害者は，被害が発生した国において司法へのアクセスを保証されるべきであるが，それが何らかの障壁によって妨げられる場合には，本社の所在地国において裁判請求権を被害者に認めることも検討されてしかるべきである。だが実際には，そのような裁判請求権を認めている国は少なく，その正当性は人権侵害の悪質性によると見られる傾向にある。(42)現時点では，域外請求権は戦争犯罪などに限定されているのが実情である。それにもかかわらず，指導原則が，国の領域外でその国の企業が関与した人権侵害の被害者をその国の司法制度に基づいて救済することは国際法的に禁じられていないとした点は注目に値すると言えよう。

　いずれにせよ，企業が進出する先の国あるいは本社所在地国における司法へのアクセスが不十分な状況では，非司法的な苦情処理メカニズムを活用する以外にはない。その中で国家が関与する国家基盤型のものとしては，国内人権機関やOECD多国籍企業行動指針の下のNCPがある（原則25，原則27）。これらはいずれも，仲裁や調停に基づいて紛争解決を図るための制度であるため，これらの制度がうまく活用されれば，司法的なメカニズムを補完し，被害者にとって選択肢の幅を広げることに繋がる。たとえばNCPは，通常政府内の行

政機関の中に設置されていて，多国籍行動指針の履行をめぐって被害者と企業との間で問題が生じたときに被害者もしくはその代理人がNCPに苦情を申し出ることができるようになっている。申請があると，NCPはまず，その苦情がNCPとして取り上げるべき案件かどうかを判断し，それに該当する場合にのみ当該紛争を仲裁し，当事者間での調停を図る。しかしそれでも解決に至らなかった場合には，NCPは行動指針の実施勧告を当事者に言い渡すことになっている[43]。もっともNCPの勧告は，あくまでも勧告であり，法的拘束力は持たない。

　また指導原則では，国家が用意する上記のメカニズムに加えて，非国家基盤型の苦情処理メカニズムも奨励されている。非国家基盤型の苦情処理メカニズムは，さらに企業が直接関わる事業者レベルのものと，地域的もしくは国際的な人権機関を中心とするものに分類されている。この中で即効性という観点からすると，事業者レベルのメカニズムが最も重要となる。事業者レベルのメカニズムは，企業にトランスナショナルな問題を早期に，なおかつ直接的に解決させるという点において優れているからである（原則29）。ただし，このような仕組みがうまく機能するためには，すべてのステークホルダーから信頼されるメカニズムでなくてはならないため，苦情処理メカニズムを設計・運営する際にも負の影響を受ける可能性のあるステークホルダーを直接参加させることが不可欠となる（原則31）。またこれに加えて，独立した第三者機関の関与を認めることも同時に検討されるべきである，としている（原則31）。

　以上概観したように，ラギー・フレームワークおよび指導原則を基盤とする規範枠組みは，以下の点において各アクターの役割を明確に規定した「規範的脚本」であると言える。まずラギー・フレームワークおよび指導原則は，「国際的に認められる」人権規範を尊重する企業の責任およびその範囲を明確にするとともに，その実施方法として情報開示を含む「人権デュー・ディリジェンス」という行動原則を提示した。さらに企業による「人権デュー・ディリジェンス」の実施を奨励する義務を国家にも課した。そして最後に人権侵害が発生した場合には，国家だけでなく，企業にも被害者を救済する責任があることを提示した。つまり，この枠組みは，国家と企業が，それぞれ人権を守り，尊重することにより人権侵害を未然に防ぎ，それでもなおかつ人権侵害が生じた場

合には，国家および企業がともに被害者の救済にあたる責を担うことを示したものであると言えよう。

4　異なるレベルのガバナンスへの影響

他の国際機関への影響

　しかし，いかに内容的に素晴らしい「脚本」であっても，アクターの行動に影響を与えなければ，「権威的な」制度とは言えない[44]。それでは，ラギー・フレームワークおよび指導原則はどの程度の影響力を持ったのだろうか。ラギー・フレームワークの人権を尊重する企業の責任という考え方は，すでに2011年の改定OECD多国籍企業行動指針，ISO26000およびIFCのサステナビリティ・フレームワーク・パフォーマンス基準にも取り込まれたほか，EUもラギー・フレームワークに沿って自らのCSR政策を再定義した。

　OECDは，2008年のラギー・フレームワークの発表を受けて，それを反映させるべく，OECD多国籍企業行動指針の改定作業に入った。この改定作業はOECD投資委員会で実施され，経済界の利益を代表する経済産業諮問委員会（BIAC）および労働組合の利益を代表する労働組合諮問委員会（TUAC）がその主な担い手となった。改定案は，ラギー特別代表チームからの直接的な支援もあり，比較的短期間の内にまとめられ，2011年5月に新しい行動指針として公表されるに至った[45]。この改定行動指針においてラギー・フレームワークの人権デュー・ディリジェンス概念がそのままの形で取り入れられ，企業の活動を通して人権に対して負の影響が及ばないようにする企業の責任が規定された。またこの改訂に伴って，企業が投資や取引に関する決定を行う際にステークホルダーを参加させることや，企業活動の社会的影響に関する情報をステークホルダーに対して提供することも併せてルール化された。そしてNCPの機能強化に関しても，NCPによる事案解決のタイムスケールの明確化，本国とホスト国のNCP間の協力強化やNCPプロセスの情報開示などが新たに規定された[46]。とくにNCPの対象を「投資関係」にある企業から「契約関係」にあるサプライチェーンに拡張した点および，苦情への公式な対応を政府に対して求めた点で大きく前進したと言える[47]。もちろんOECD多国籍企業行動指針が

国家の政策に影響を与えるかどうかは，国家がこの行動指針にどの程度コミットするかによるが，改訂行動指針に同意したいずれの政府も行動指針を実施する意思を表明していることから，その可能性は高いと見て良いであろう。

時を同じくして，IFC も自社の環境・社会サステナビリティ政策と，IFC の融資を受ける企業が遵守しなければならないパフォーマンス基準の改訂作業に入った。ここでも同様にラギーによる説得が行われ，企業の「尊重する責任」をサステナビリティ政策とパフォーマンス基準に盛り込むことが検討された。ただ OECD の場合と異なり，世銀グループ内では新興国および発展途上国の発言力が大きかったため，人権デュー・ディリジェンスが融資条件に追加されたり，特定の国の人権リスクが明確にされたりすることへの懸念から，交渉が長期化した。それでも最終的にはサステナビリティ政策において「尊重する責任」が参照されることとなり，またパフォーマンス基準に関しても，環境・社会リスクの評価などにおいてデュー・ディリジェンスの実施が奨励されることになった。

同様に，各国の標準化機関から成る ISO においても，ラギー・フレームワークおよび指導原則との整合性を確保することが検討された[49]。ISO は，環境マネジメントに関する認証可能な標準（ISO14000）が高く評価されたため，CSRの領域にも参入する意欲を示し，2005 年から社会的責任基準となる ISO26000 の検討作業に入った。その過程で，企業が社会的な責任を最低限遂行していると認められる共通基準を設定することは困難であるなど，様々な否定的な意見が出されたが，最終的にはラギー・フレームワークにおいて示されたアイデアが「国際的な行動規範」として ISO26000 に盛り込まれることとなった。現時点で，ISO のメンバーとなっている各国の標準化機関のほとんどが ISO26000 を採用している。

EU への影響

これらの動きと連動して，EU においてもラギー・フレームワークの規範的なアイデアは急速に浸透していった[50]。その引き金となったのが，2009 年 4 月に欧州議会の CSR 関連委員会で行ったラギーの演説であった。欧州委員会はCSR 政策に関する議論を他の地域に先駆けて開始していたが，企業の自発性

を重視すべきとする産業界の立場と，企業に対する法的な規制の必要性を主張するNGOの立場が対立し，EUでは長きにわたってCSR政策の方向性が定まらなかった。ラギーは，自発性と義務化の二者択一を迫ることは不毛だとして，その2つの要素をうまく組み合わせることの必要性を説いたのである。その主張が欧州委員会のCSR担当者の間で支持を集めた結果，欧州委員会は，2011年のCSRに関する通達において，指導原則にある人権を尊重する責任を実践するように企業に対して求め，さらにEU加盟国政府に対しても，指導原則を実施するための国別行動計画を策定することを要請した。欧州企業に対して進出先の海外において人権を尊重するように仕向けるために加盟国政府（各国の輸出信用機関など）の協力を得る必要があったからである。欧州委員会は，さらにその後，企業による人権デュー・ディリジェンスの実施を促すために域内で操業する一定規模以上の企業に対して，人権リスクと，それへの対応に関する情報開示を義務づける法案を閣僚理事会に提出し，同法案は議論の末，成立した。また域外からの司法へのアクセスに関しては，域外でEUの企業が関与した人権侵害の被害者に域内で裁判請求権を認める法改正は現時点では非現実的であるとして，その代替策としてNCPの機能強化を各国政府に強く求めた。

いずれにしても，ラギー・フレームワークおよび指導原則がOECD，IFCおよびEUの基準や政策を収斂させる効果を持ったことは確かである。その限りにおいてラギー・フレームワークおよび指導原則は，権威のある規範枠組みであると評価されてきたと言ってよいであろう。

5　規範的脚本の形成に貢献した要因

企業による「尊重する責任」の受容

既に述べたように，国連は，国連人権小委員会で規範案の策定を試みたが，財界からの反発を招き，それは日の目を見なかった。では，ラギー・フレームワークおよび指導原則は，なぜ企業を含むすべてのステークホルダーによって支持されたのであろうか。

それは詰まるところ，ラギー・フレームワークおよび指導原則の内容が規範案とは質的に異なっていたからである。規範案の方は，企業の行動を国連人権

機関が国家およびNGOの支援を受けて監視し，企業が海外において人権侵害に関与した場合には本社所在地国において法的責任を問うことができるという仕組みになっていた。しかし，それに対してラギー・フレームワークおよび指導原則は，基本的には企業の自発性を尊重した。つまり本社所在地国の政府は企業（本社）の責任遂行を促す義務を負うものの，企業（本社）に対して人権侵害への関与について法的責任を追及する仕組みにはなっていない。たしかに救済に関しては，司法的なメカニズムの活用も予定されてはいるが，その場合は企業の法的責任を明確に規定する国内法の存在が前提となる。企業が海外で人権侵害に関与した場合，基本的には，その企業が事業を展開する国の法律に基づいて救済が行われることになる。したがって企業はその国の国内法さえ遵守していれば，法的責任（民事責任および刑事責任）を問われることはないのである。ラギー・フレームワークおよび指導原則が財界から支持されたのは，企業の責任をこのように限定的に定義したからであった。

　しかし，このような観点から規範的脚本の受容を説明するにしても，そもそもなぜ企業が「尊重する責任」を主体的に受容したかを検討しなければならないであろう。以下において，「尊重する責任」の企業による受容を可能にした構造的な要因として，経済のグローバル化と，その帰結である「制度的空白」を検討し，その上でユニット・レベルの要因としてNGOの戦略変容と，その帰結であるCSRへの需要の増大を検討することとしたい。

経済のグローバル化と制度的空白

　最もマクロなレベルの構造的な説明要因としては，経済のグローバル化を挙げることができよう。グローバルな市場の形成とともに，生産の「脱ローカル化」が進み，とりわけ先進国の企業は，安価な労働力を求めて途上国に生産拠点を移すようになった。しかし，このような途上国への生産のアウトソーシングは，企業にとって新たな不確実性を生む結果となった。というのは，先進国の企業は，本国において人権をどのように守るべきかについてはある程度は理解していたが，アウトソーシング先のホスト国において人権尊重をどのように実践すべきかについてはまったく知識を欠いていたからである。[53]

　もちろん労働に関してはILOの基準が存在するが，結社の自由，団体交渉

権や児童労働の禁止といった社会領域のルールは，貿易や投資に関する国際的なルールとは異なり，グローバルな経済競争にとってむしろ足枷と見られがちである。そのため労働関連のルールを解釈し，執行する権限を国際機関に委譲することを国家や財界はおしなべて嫌う傾向にある。とくに途上国は，1970年代以降，輸出主導型の経済成長戦略を採用してきたため，輸出促進政策の一環として国内の労働基準を緩和する自由を手放そうとはしない。そのため各国は，厳格な労働基準が自国経済にとって不利になると判断すれば，そのような基準は採用しない。このため国際的な労働基準は「見せ掛けの基準（sham standards）」になる場合が多い。当然のことながら，人権NGOや労働組合の立場からすれば，このような状況を変える必要があった。アメリカ政府がILOの中核的労働基準を遵守しない国に対しては例外的に貿易制限措置の採用を認めるべきであると主張したのは，これらの社会的なアクターの意向を受けてのことであった。いわゆる貿易ルールに関する「社会条項」問題である。しかし，これに対しては，途上国政府，財界および自由主義を掲げる先進国政府が一斉に反対し，労働基準とWTOとの結合は事実上棚上げとなった。その結果，労働基準の普及・促進は，主にILOによる各国政府への説得や援助を通して行われることとなった。

　このことが，グローバリゼーションが進む中で企業にとってある種の制度的空白（institutional void）を生む結果となったのである。制度的空白とは，一定の「解釈の図式」あるいは規範を共有する組織フィールドが未発達なため，どのような行動をとるのが適切なのかが不明確である状態のことを言う。言い換えれば，所定の政策が安定的に選択され得るような規範や認識枠組みが存在しない状況が「制度的空白」である。ラギーが「企業と人権」に関する共通基準を設定する際に存在した企業の責任に関する認識のギャップとしては，次のようなことがあった。各国の会社法および証券法を見ても，人権尊重をどのように実践もしくは監督すべきかについての明確な指針はなかった。たとえば，人権侵害における「企業による共謀（corporate complicity）」や「企業の影響範囲（corporate spheres of influence）」といった鍵概念に関する共通理解はまったく存在しなかった。どのような場合に「共謀」になるのか，また出資していない現地の企業の行動に本社がどの程度の責任を負うべきなのか，一切共通認識は存

在しなかったのである。また会社の取締役が社会への配慮をどの程度，あるいはどのように実施すべきかを規定する法もなかった。さらに情報開示に関しても，人権侵害に関して企業にとって重要な (material or significant) 情報の開示を求める法は存在したが，人権侵害がどの程度であれば，「重要」と見なされるのかについての共通の基準は存在しなかった。

　このような共通認識やルールが存在しない制度的空白の中で企業は，現地の企業と取引契約を結び，生産をアウトソーシングしたり，サービスを提供したりすることになる。このため多国籍企業の本社は，どのように取引相手となる現地の下請け企業に人権規範を守らせたら良いのか，仮に取引先の企業が人権規範を守らなかった場合，どのような責任を自ら負うのか，さらに株式市場の上場している企業は，国内だけでなく，海外の人権リスクに関しても情報を開示する義務を負うのかどうか，などに関して不確定な状況に置かれることとなる。多国籍企業の下請企業が何重にも連結している場合には，なおさらのことである。そのような状況では企業の潜在的な人権リスクが一層高くなるからである。実際，本章の冒頭で紹介したスポーツ用品メーカーのナイキによる児童労働の使用などは，こうした制度的空白の中で発生した人権侵害であったと言えよう。

NGO の戦略転換

　このような制度的空白に企業はどのように対応したのか。一言で言うと，企業は CSR に取り組むようになった。その背後に NGO による厳しい責任追及があり，ブランド企業を中心に自社の評判を守る動きが芽生えたからである。[60] 企業の CSR の多くは初期段階で個別企業による自主規制という形態をとったが，その後，業界レベルの自主規制もしくは NGO との共同規制というアプローチが志向されるようになっていった。企業から見ると，後者の形態の方がより厳格であるため，信憑性も高いからである。しかしいずれの形態であっても，従来は資源の効率的配分という経済的な機能しか期待しなかった市場に社会的な機能を求めようとした点では共通している。そのため，これらの枠組みは，非国家市場主導型のガバナンス (non-state market driven governance, NSMD) あるいはプライベート・レジームなどと呼ばれる。[61] たとえば労働基準に関しては，

服飾業界の労働基準を規定した公正労働協会（FLA）や SAI（Social Accountability International）などがよく知られている。FLA は，ビル・クリントン（Bill Clinton）政権の提案で開始された服飾業界パートナーシップ（AIP）の構成メンバーだった一部の企業が，ILO の中核的労働基準の遵守を検証する監査法人を認定するために設立した公益団体である[62]。SAI は，消費者団体として知られる CEP（Council on Economic Priorities）が，小売業界の業界団体，人権 NGO および繊維業界の労働組合との協議を通じて創設した団体である[63]。

とりわけ NGO との共同規制が可能になった背景には，NGO による戦略の見直しがあった。つまり単に企業の悪行を非難するのではなく，問題解決に繋がる知識を持つ企業を社会的な公益を実現するための重要なパートナーとして位置づけるようになったのである。たとえば1980年代以降「企業と人権」の問題に取り組んできた AI は，自主的な対応を示す企業に対して「批判的・協力的アプローチ」を採用するようになったと言われている[64]。つまり企業に対して常に敵対的な姿勢で臨むのではなく，時と場合によっては企業の人権保護活動を支援するようになったのである。これは，事後的に企業を批判するよりも，企業に人権侵害を予防させる方がより効果的であると，NGO が考えるようになったからである[65]。

CSR の専門家と CSR への需要の増大

このように一部の企業が CSR に取り組むようになると，それが一種の同形化（isomorphism）のプロセスを招き，CSR への関心が拡散していった[66]。つまり「他の企業も CSR を採用しているから，わが社も採用する」という心理が働き，CSR において先行している企業を模倣する企業が続出するようになっていったのである[67]。とくに興味深いのは，CSR の取り組みに名を連ねた企業は人権リスクの高い業界に属する企業に限られなかったという点である。国連 GC やグローバル・リポーティング・イニシアティブ（GRI）に参加した企業の多くは，金融や保険業界に属する企業であった[68]。これらの企業は，自らが人権リスクを負っているからではなく，投資の回収という観点から融資先の企業の人権や環境などの CSR リスクに対して関心を持つようになったのである[69]。ここに CSR の専門家を生む契機が潜んでいたと言える。なぜならば，CSR リスクを

第1章 「企業と人権」をめぐる多中心的なガバナンスの試み

評価するためには，企業からの情報を分析するCSRの専門家が必要となるからである。そして，この専門知識に対する需要を満たしたのが，コンサルタント会社，広告会社，会計事務所あるいは格付け機関などであった。[70]

コンサルタント会社は，通常の企業経営に関するコンサルタント業務に加えて企業のリスク管理からCSR戦略の作成に至るまでの幅広いCSRサービスを提供するようになってきている。それは，これらのコンサルタント会社にとってCSRは単に倫理的に正しいというだけでなく，マネジメント・ツールの新規市場の開拓という意味合いを持っているからである。同様に広告会社も，その顧客となる企業や公的機関のPRのためにCSRに特化するようになっている。そしてサステナビリティ報告書の認証を行うプライスウォーターハウスクーパー（PwC）などの監査会社も，企業に対してCSR報告書の作成やCSRの目標設定に関する助言などのサービスを提供するようになってきている。同様に，格付け会社もアンケート調査などを実施し，対象企業が社会的信頼性と財務的健全性をどの程度持ち併せているのかを指標化し，それに基づいて企業の格付けを行うようになってきている。たとえば，代表的な格付け会社であるスイスのSAMグループは，[71]ダウ・ジョーンズ・グローバル・インデックス（Dow Jones Global Index）に含まれる企業の総数を母数として，経済，環境および，社会の3つの観点から総合的に評価し，最も優れた企業を「ゴールド・クラス」，優れた企業を「シルバー・クラス」，そして良い企業を「ブロンズ・クラス」に格付けている。[72]

これらのCSR関連企業は，CSRリスクの評価，CSR戦略の策定あるいはCSR報告書の作成などへの支援を通して，顧客となる企業が必要とするCSRの専門知識を商業ベースで提供し，企業のCSRを促進する一方で，企業のCSR関連サービスに対する需要を作り出している。とくに各企業が公開するCSR報告書や評価会社による格付けは，機関投資家による社会的責任投資（SRI）に直接的な影響を与えることになるため，企業の評判にとっては無視できない要因になりつつあると言える。したがって企業による情報開示と，それに基づく企業評価は，CSR市場における企業のCSR専門知識への需要をさらに増大させる効果を持つ。言い換えれば，企業，NGO，投資家およびCSR業界は相互に補強し合う不可分な関係を築くに至っていると言えよう。

47

企業の自発的なイニシアティブの限界

しかしCSRに関する企業の自発的なイニシアティブは，人権保護という観点から見ると様々な問題をはらんでいた。第1に，そういったイニシアティブにおいて取り上げられている人権基準に偏りが見られる。本社の所在地となる国の政治文化の違いや商業活動のターゲットとなる市場セグメントの嗜好の違い，あるいは産業セクターの違いなどによっても，重視される人権基準は異なってくる。たとえば，欧州企業は，アメリカの企業よりも保健衛生や生活水準，あるいはコミュニティへの影響に関係する基準を重視する傾向にある。また製造業は一般的に職場に関する人権保護，すなわち労働権を重視する傾向にあるのに対して，採取産業は社会的なリスクの高いコミュニティへの影響を重視する。したがって人権基準をより包括的に企業に尊重させるには，自発的なイニシアティブでは困難である。第2に，自発的なイニシアティブの拡散とともに，企業によるCSR報告も増大していることは確かであるが，GRIや国連GCの報告制度であるCOP（Communication on Progress）といった外部の制度を利用する企業よりも内部の制度を利用する企業の方が多く，第三者機関による評価を受ける企業はさらに少ない。第3に，FLAやSAIなどのプライベート・レジームに参加する企業の数も年々増えているとはいえ，普遍的であると言えないばかりでなく，異なる私的な基準が競合する状態が生まれている。とりわけ下請け企業からすると，異なる基準への対応を迫られ，それが「監査疲労」に繋がるため，報告において不正を起こしやすい状況がある。また基準が統一化されなければ，比較可能性が低くなるため，企業パフォーマンスの相対評価が困難となり，投資家の決定に影響を与えることはできない。けれども通常，多国籍企業は競争関係にあるため，基準の統合に向けた企業間協力を期待するのはきわめて難しい状況にある。

　マルチステークホルダー協議を経てラギーによって提案された規範枠組みは，まさにこのような自発的なイニシアティブに見られるガバナンス・ギャップを埋めるために提案されたのであった。それゆえ，ラギー・フレームワークおよび指導原則は，企業の自発性を尊重する立場を貫いてはいたものの，人権NGOからの支持を集めることとなったと言えよう。

「均衡点」としての人権デュー・ディリジェンス

　このように考えると，企業が人権規範を尊重する責任を受容するようになった理由を以下のように説明できる。まず第1段階として，1990年代の経済のグローバル化に伴い企業活動の脱ローカル化とトランスナショナル化が進み，その結果，進出先において人権侵害に関して制度的空白が生じることとなった。その制度的空白の中，経済の論理が倫理の論理に優り，児童労働や反政府勢力の弾圧などに代表される人権問題に企業が関与するケースが多くなった。それを受けて，第2段階では，NGOが人権侵害に関与した企業をターゲットとするキャンペーンを繰り広げるようになった。このNGOの敵対的な戦略が，企業が自発的なCSRを受け入れる直接的な動機となった。なぜならば，人権を侵害するリスクが高く，それゆえNGOによる非難を受け易い企業が自社ブランドを守るために，少しでも制度的空白を埋める必要を実感したからであった。他方NGOの方も，企業による人権侵害を防止するためには生産や物流過程の知識を有する企業の協力が不可欠と考えるようになり，従前の戦略を修正した。その結果，NGOも単に企業を攻撃するのではなく，企業と協働してCSRを推進する姿勢を見せるようになった。次に第3段階では，企業のCSRへの関心の高揚に商機を見出したコンサルタント会社や会計会社などが，企業の必要とするCSR関連の専門知識を提供するようになり，そのことが企業の自発的なイニシアティブを生む引き金となった。しかし，そうして創られたプライベート・イニシアティブには，基準が選択的であったり，厳格性や普遍性が欠如したりというガバナンス・ギャップが見られた。そこで，企業の自発性を尊重しつつも，これらの課題を克服するための規範的な脚本としてラギー・フレームワークおよび指導原則が提案されたのである。ラギーが提案した人権を尊重する企業の責任と，その核となる人権デュー・ディリジェンスがそれまで対立してきた企業と市民社会の両者に受け入れられた最大の理由は，まさにこの自発性と厳格性の絶妙なバランスにあったと言えよう。

　そしてラギー特別代表は，規範案に代わる規範的な枠組みを模索する中で，このような「均衡点」を見つけることに成功した。つまり企業と人権の分野に散在する様々な規範的アイデアの中から，各ステークホルダーとの接触を通じて基盤となる共通知識を構築し，それを最終的に「人権を尊重する企業の責

任」という概念に落とし込んだと考えることができるのではないだろうか。そこが法的な責任論に終始した，その前身の規範案と本質的に異なっていた点であろう。

6 分断的かつ対立的な多中心的ガバナンスを超えて

　以上，多国籍企業に人権を尊重させるための規範枠組みの形成過程を制度的空白，CSR の発達，および国連による共通知識の形成という観点から考察してきた。以下においては，結びに代えて，本書の課題に答える形でこの事例研究から得られた知見を整理する。

　最初にアイデア間の関係について見ることにしよう。異なる争点領域間あるいは同一争点領域内の異なるアイデア間の関係性は，どのようなものだったのか。まず CSR に関する規範枠組みの形成過程では国際通商レジームとの調整が問題となった。言うまでもなく，国際通商レジームは，貿易と投資の自由化を通して経済のグローバル化を促進することを目的とする国際経済レジームである。それに対して ILO 協定やその他の人権レジームは，基本的に人権を保護する国家の義務を規定するものである。しかし，途上国の多くは経済発展を人権保護に優先する傾向にあるため，人権レジームは実効性に欠くものとなった。そこで人権保護を主張する社会アクターは，人権レジームをより実効性の高いものにするために通商レジームに人権保護を結合しようと試みたが，途上国からの支持を得られなかった。このような経緯を見る限り，人権保護と自由貿易という2つの規範原則は交差もしくは競合していたと言えよう[74]。その意味では，非整合的なレジーム間の関係を，人権規範を基礎に「立憲化」しようとする試みは失敗に終わったと言えるであろう[75]。

　この「失敗」の経験を踏まえて，CSR が企業および NGO から支持を集めるようになっていったが，同一争点領域内で規範的なアイデアがはじめから共有されていたかと言えば，必ずしもそうとは言えなかった。むしろ異なる規範的なアイデアが競合していたからこそ，「制度的空白」が生まれたのである。つまり多国籍企業に人権規範を遵守もしくは尊重させるとしても，多国籍企業が負う責任の内容は何か，またその範囲はどこまでか，といった点に関して共通

の規範的アイデアは存在していなかった。特定の人権規範のみを尊重すれば良いのか，何をもって「尊重」というのか，取引先の現地企業が関与した人権侵害にまで本社の責任は及ぶのか，そして自社の国内外の人権リスクを包み隠さず公表すべきかどうかなど，様々な論点をめぐり各アクターの規範的アイデアは衝突した。「企業の共謀」や「企業の影響範囲」といった概念についてステークホルダー間に共通理解が存在しなかったことは，その混乱した状況を象徴していた。

次に，異なる制度間の関係性はどうか。先に述べたように，指導原則のいう「国際的に認められた人権」[76]とは，世界人権宣言，国際人権規約，ILOの労働基準あるいは様々な社会的弱者に関する国連文書などが規定する権利のことを意味していた。つまり，すでに存在する現行の国際人権レジームがその前提となっていたのである。これらは，すべて政府間合意を基礎とするパブリック・レジームであった。しかし，すでに述べたように，これらのレジームはグローバリゼーションの影響で実効性を備えていなかったので，その機能的代替物としてプライベート・レジームが出現した。企業単独のものから業界レベルのもの，そしてNGOと協働するものに至るまで様々なタイプのプライベート・レジームが登場した。そしてプライベート・レジームが乱立し，競合する状況を改善すべく，ラギー特別代表はプライベート・レジームの統合を目指した。その際にパブリック・レジームや国家の役割を無視するのではなく，あくまでも企業が尊重すべき人権は「国際的に認められた人権」であるとし，国際人権条約との整合性を重視するとともに，企業による人権デュー・ディリジェンスの実施を促進する役割を国家に期待した。つまりラギー・フレームワークおよび指導原則では，企業はパブリック・レジームが規定する人権基準を尊重するために最大限の努力を払い，国家はパブリック・レジームが規定する国家の法的義務の一環として企業の自発的な努力を政策面で後押しするという相互に補完的な関係が想定されたのである。

最後に，異なるステークホルダー間の関係，とりわけ企業とNGOの関係はどのように変化し，その過程で国際機関はいかなる役割を果たしたのか。第1段階では，たしかに企業とNGOの関係は，後者が前者の責任を厳しく追及するという点で敵対的であった。しかし人権リスクに敏感な企業が人権保護を目

的とする自主的な取り組みを始めるようになると，NGO もそれに協力するようになっていった。この新たな関係性が数々のプライベート・レジームを生む契機となった。その後 NGO は，企業に対して CSR に関する情報開示を求めるようになり，企業もその要請に応えるようになっていった。この頃から企業に対して専門的知識を提供するとともに，企業の CSR パフォーマンスを評価する監査会社やコンサルタント会社なども登場し，これらのアクターが次第に企業と社会的責任投資機関を繋ぐ役割を果たすようになっていった。しかしプライベート・レジーム間の関係は断片的かつ競合的であったため，企業間の CSR パフォーマンスの比較ができず，企業にとって CSR パフォーマンスを改善する強いインセンティブとはならなかった。

ラギー特別代表は，この限界を乗り越えるために異なるステークホルダーとの協議を通じて共通の知識基盤を構築することを目指した。この過程で企業の責任に関する規範的なアイデアが収斂し，企業の責任の内容および範囲が明確になるとともに，政府と企業のそれぞれの補完的な役割も明確化された。このように考えると，ステークホルダー間の知識の共有は，規範的なアイデアの収斂にとって重要な要因となったばかりでなく，公的なガバナンス・システムと私的なガバナンス・システムとの関係性にも無視できない影響を与えたと言って良いであろう。このことがラギー・フレームワークと指導原則に比類のない権威を与え，OECD，ISO，IFC および EU などのサブシステム・レベルの政策や制度設計に統合的な影響を与えたと見ることができよう。この意味において，ラギー特別代表が果たしたオーケストレーターとしての役割はきわめて重要であったと言えよう[77]。

注

(1) John Gerard Ruggie, *Just Business: Multinational Corporations and Human Rights* (New York: Norton & Company, 2013), pp. 9-14.
(2) 香川孝三『グローバル化の中のアジアの児童労働──国際競争にさらされる子どもの人権』明石書店，2010 年，20-21 頁。
(3) Martha Finnemore and Kathryn Sikkink, "International Norm Dynamics and Political Change," *International Organization*, 52-4 (1998), pp. 887-917；山田高敬「『複合的なガバナンス』とグローバルな公共秩序の変容──進化論的コンストラクティビズムの

視点から」『国際政治』第137号,2004年,45-65頁。
(4) 山田高敬「多国間主義から私的レジームへ――マルチステークホルダー・プロセスのジレンマ」大芝亮他編『日本の国際政治学2 国境なき国際政治』有斐閣,2008年,57-74頁；山田高敬「公共空間におけるプライベート・ガバナンスの可能性」『国際問題』第586号,2009年,49-61頁。
(5) Daniel W. Drezner, *All Politics is Global: Explaining International Regulatory Regimes* (Princeton: Princeton University Press, 2007), pp. 81-85.
(6) Takahiro Yamada, "Learning to Orchestrate: The EU's Response to the UN Guiding Principles on Business and Human Rights," paper submitted to the Annual Convention of International Studies Association, Toronto, March 27, 2014.
(7) Jennifer A. Zerk, *Multinationals and Corporate Social Responsibility: Limitations and Opportunities in International Law* (Cambridge: Cambridge University Press, 2011), p. 11.
(8) *Ibid.*, pp. 248-254.
(9) *Ibid.*, pp. 254-257; Ursula Muhle, *The Politics of Corporate Social Responsibility: The Rise of a Global Business Norms* (Frankfurt/New York: Campus Verlag, 2010), pp. 168-173.
(10) Zerk, *op.cit.*, p. 23.
(11) *Ibid.*, p. 19. このバランスの欠如を最も象徴したのが,1995年のOECDによる多国間投資協定（MAI）の起草であった。MAIの目的は,一言で言えば,貿易関連の投資の自由化にあった。すでに進行していた二国間投資協定や世界貿易機関（WTO）のサービス貿易に関する一般協定（GATS）および貿易関連投資措置（TRIMs）をさらに発展させ,内国民待遇原則および最恵国待遇原則の海外投資への適用および,ローカル・コンテンツ義務や再投資義務といった制限的な投資環境の改善を目指す内容となっていた。とくに経済のグローバル化に批判的な市民社会が問題にしたのは,投資家と投資先の国家との間の紛争解決メカニズムであった。というのは,投資先の国家がMAIに違反する政策を執ったとの疑いがある場合には直接投資を行う多国籍企業が当該国家に対して訴訟を起こすことが可能な仕組みになっていたからである。そのような権利を多国籍企業に認めることになれば,投資先の国がいかに人権基準や環境基準に配慮した規制を行おうとしても,政府は多国籍企業による訴訟を恐れ,そのような規制を断念せざるを得なくなるとの懸念が生じたのである。こうした市民社会の批判を受けて,結局OECDはMAIの採択を見送ったのである。世界銀行に対する市民社会の批判に関しては,山田高敬「共振する二つのトランスナショナリズムと世界銀行の組織変化」『国際政治』第147号,2007年,78-94頁を参照されたい。

(12) たとえば,パキスタンにおけるナイキによる児童労働の使用,アラスカ沖のエクソン・ヴァルディーズ号の原油流出事件,ナイジェリアのサロウィワ処刑事件などが有名である。Zerk, *op.cit.*, pp. 23-24.

(13) *Ibid.*, pp. 248-254.

(14) 中村正「国際労働基準と技術協力」『世界の労働』第 51 巻第 10 号,2001 年,78-87 頁;Philip Alston, " 'Core Labour Standards' and the Transformation of the International Labour Rights Regime," *European Journal of International Law*, 15-3 (2004), pp. 457-521. ILO の中核的労働基準には,結社の自由・団体交渉権のほか,強制労働の撤廃,児童労働の禁止および職業における差別の撤廃が含まれる。この中核的労働基準と,それには含まれない職場における衛生・安全基準を企業に遵守させようというのが,三者宣言改正の意図であった。

(15) 山田高敬・大矢根聡編『グローバル社会の国際関係論(新版)』有斐閣,2011 年,240-243 頁。

(16) Zerk, *op.cit.*, pp. 258-261.

(17) Catia Gregoratti, "The United Nations Global Compact and Development," in Darryl Reed, Peter Utting and Ananya Mukherjee-Reed, eds., *Business Regulation and Non-State Actors: Whose standards? Whose development?* (London and New York: Routledge, 2012), pp. 95-108.

(18) 横田洋三「『人権に関する多国籍企業およびその他の企業の責任についての規範』について」『企業と法創造』早稲田大学 21 世紀 COE「企業法制と法創造」,2006 年 9 月,5 ～ 14 頁。

(19) Zerk, *op.cit.*, pp. 261-262.

(20) 横田,前掲論文,11 頁。

(21) 同上論文,12 頁。

(22) David Weissbrodt and Muria Kruger, "Norms on the Responsibilities of Transnational Corporations and Other Business Enterprises with Regard to Human Rights," *The American Journal of International Law*, 97-4 (2003), p. 913.

(23) *Ibid.*, pp. 916-917, and p. 921.

(24) Karin Buhmann, "The Development of the 'UN Framework': A Pragmatic Process Towards a Pragmatic Output," in Radu Mares, ed., *The UN Guiding Principles on Business and Human Rights: Foundations and Implementation* (Leiden, The Netherlands: Martinus Nijhoff Publishers, 2012), pp. 85-105.

(25) *Ibid.*, pp. 90-96.

(26) Human Rights Council, *Report of the Special Representative of the Secretary-General on*

the issue of human rights and transnational corporations and other business enterprises, John Ruggie, Guiding Principles on Business and Human Rights: Implementing the United Nations "Protect, Respect and Remedy" Framework（Advance Edited Version），A/HRC/17/31, March 21, 2011.
⑵7　Ruggie, *op.cit.*, p. 129.
⑵8　*Ibid.*, pp. 130-131.
⑵9　*Ibid.*, pp. 132-141.
⑶0　AIは「人権を守る国家の義務（duty）」として，ラギー・フレームワークの第2の柱である「人権を尊重する責任（responsibility）」を企業に遂行させる義務を明記していない点に大きな不満を抱いた。寺中誠「国際人権NGOとしてのアムネスティ・インターナショナル──企業と人権の最終報告書をめぐって」『国際人権』No. 22，2011年，3頁；Amnesty International, *Comments in response to the UN Special Representative of the Secretary General on Transnational Corporations and other Business Enterprises' Guiding Principles - Proposed Outline*, October 2010, p. 1, pp. 3-4, and p. 7.
⑶1　IOE, ICC, and BIAC, *Joint IOE-ICC-BIAC Comments on the Draft Guiding Principles on Business and Human Rights*, Geneva, January 29, 2011, p. 3 and p. 5.
⑶2　Ruggie, *op.cit.*, p. 158; IOE, ICC, and BIAC, *Joint Statement on Business & Human Rights to the United Nations Human Rights Council*, Geneva, May 30, 2011.
⑶3　Muhle, *op.cit.*, pp. 178-192.
⑶4　Ruggie, *op.cit.*, pp. 90-102.
⑶5　Zerk, *op.cit.*, pp. 49-52.
⑶6　*Ibid.*, pp. 265-266. 2000年に改訂されたOECD多国籍企業行動指針でも，ややソフトな書きぶりではあるが，親会社に「取引先に行動指針に適合する企業行動の原則を適用するように奨励する」となっている。またプライベート・レジームのETI（Ethical Trading Initiative）では，参加企業は基準を執拗に遵守しない取引相手に対して契約の取消を実施することとなっている。
⑶7　指導原則は，取引を停止しなかった場合には，企業の評判が低下したり，資金調達が難しくなったり，あるいは訴訟に発展したりするリスクがあることを考慮に入れて，取引の停止も選択肢の1つとして考慮すべきであるとしている（原則19）。
⑶8　Ruggie, *op.cit.*, pp. 112-116.
⑶9　Zerk, *op.cit.*, pp. 273-274, and pp. 172-174. 情報開示に関しては，2000年の改定OECD多国籍企業行動指針においても定期的な財務・非財務報告書の作成が求められていた。CSRにおいて企業の法的責任（legal liability）の確立よりも情報開示が重視されるようになった背景には，被出資国政府（途上国政府）からの反発を招きかねな

い民事上の損害賠償や懲罰とは異なり，情報開示はそのリスクが低く，本社所在地の政府（先進国政府）の理解がその分得られやすいという面がある。情報開示を法律によって義務化すべきかどうかに関しては，依然各国間で意見が分かれるものの，企業の透明性を高めることについては先進国間でおおむねの合意があると言えよう。たとえば，欧州レベルでは，欧州委員会が「CSR 慣行の信頼性および透明性に対する必要」を CSR 戦略の中核的な原則の 1 つとして掲げている。また政府レベルでも，デンマークを筆頭に各国政府が CSR 報告の作成を企業に義務づけている。とはいえ，先進国全体として見た場合，企業による非財務報告の公表は，あくまでも自発的なものである。また現時点では報告書作成のための世界共通のベンチマーク基準があるとは言えないが，GRI（Global Reporting Initiative）ガイドラインに代表されるように，非財務報告の基準開発が急速に進展してきていることから，今後ベンチマーク基準の国際的な検討が進むのは必至であろう。

(40) Ruggie, *op.cit.*, pp. 83-90.
(41) *Ibid.*, pp. 57-60.
(42) Zerk, *op.cit.*, pp. 207-215. 米国外国人不法行為請求権法（US Alien Tort Claims Act）は例外である。現在 EU でも，欧州議会からの強い要求もあり，外国人への裁判請求権の付与が検討されている。しかし，このような法改正が実現したとしても訴訟支援制度や検察能力の欠如といった手続き上の障壁は残るであろう。
(43) *Ibid.*, p. 184.
(44) Deborah D. Avant, Martha Finnemore, and Susan K. Sell, *Who Governs the Globe?* (Cambridge: Cambridge University Press, 2010), pp. 9-14. デボラ・アヴァント（Deborah D. Avant）らは，権威を「他の人々に敬意を抱かせる能力」と定義している。そして権威は，他のアクターから委ねられたり，そのアクターの持つ地位，専門性，道義性あるいは能力に由来したりする。
(45) OECD 日本政府代表部の有吉留美女史にインタビュー，2011 年 9 月 29 日。
(46) http://oecdwatch.org/publications-en/Publication_3675, OECD Watch, *OECD Watch statement on the update of the OECD Guidelines for MNEs*, May 25, 2011（2012 年 8 月 12 日アクセス）。NCP プロセスの情報開示については，司法的なプロセスが同時に進行している場合には NCP の判断が裁判所の判断に影響を与えるなどとして，経済界が抵抗を示したと言われている。
(47) Ruggie, *op.cit.*, p. 160.
(48) *Ibid.*, pp. 161-163.
(49) *Ibid.*, pp. 163-165.
(50) *Ibid.*, p. 165.

第 1 章　「企業と人権」をめぐる多中心的なガバナンスの試み

(51)　欧州委員会雇用社会問題総局スーザン・バード (Susan Bird) 女史にインタビュー，2011 年 9 月 27 日。

(52)　同上インタビュー。

(53)　Luc Fransen, *Corporate Social Responsibility and Global Labor Standards: Firms and Activists in the Making of Private Regulations* (New York: Routledge, 2012), pp. 72–73.

(54)　山田高敬「多国間制度の不均等な法化と私的権威の台頭」『国際法外交雑誌』第 107 巻第 1 号，2009 年，52–58 頁。

(55)　Drezner, *op.cit.*, pp. 81–85.

(56)　Maarten Hajer, "Politics without Polity? Policy Analysis in the Institutional Void," *Policy Sciences*, 36–2 (2003), pp. 175–195; Fransen, *op.cit.*, pp. 70–71.

(57)　Paul J. DiMaggio and Walter W. Powell, "The Iron Cage Revisited: Institutional Isomorphism and Collective Rationality in Organizational Fields," *American Sociological Review* 48 (1983), p. 148; W. Richard Scott, *Institutions and Organizations: Ideas and Interests*, 3rd ed. (Thousand Oaks, CA: SAGE Publications, 2008), pp. 184–190.

(58)　Ruggie, *op.cit.*, pp. 132–135.

(59)　*Ibid.*, p. 58.

(60)　Fransen, *op.cit.*, pp. 127–133.

(61)　スティーブン・バーンスタインらによると，NSMD は次の 5 つの特徴を有する。(1) 国家に拠らない政策決定の権威を持つ，(2)アクターによる学習が行われる，(3)政策決定の権威は市場に由来する，(4)市場をグローバルな公共圏に取り込む，(5)基準遵守を促進する。Steven Bernstein and Benjamin Cashore, "Can Non-State Global Governance Be Legitimate? : A Theoretical Framework," a paper presented at the Annual Convention of International Studies Association, Chicago, February 28–March 3, 2007, pp. 9–11.

(62)　監査を受ける工場は FLA のスタッフによって選抜され，抜き打ちで監査が行われる。そして監査報告書は FLA に提出される。David Vogel, *The Market for Virtue: The Potential and Limits of Corporate Social Responsibility* (Washington D.C., Brookings Institution Press, 2005), pp. 83–84.

(63)　SA8000 は，ILO の労働基準に基づく児童労働，強制労働，職場の安全および健康，結社の自由などに関する検証可能な基準となっている。*Ibid.*, pp. 82–85.

(64)　Muhle, *op.cit.*, pp. 213–220.

(65)　この背景には，NGO が人権侵害に関与したとされる企業に対して訴訟を起こしても敗訴するリスクの方が高いという事情もあったとされる。寺中，前掲論文，2 頁。

(66)　Scott, *op.cit.*, pp. 151–157.「同形化（isomorphism）」とは，構造的に類似する組織形態の獲得のことをいう。

⒄ Muhle, *op.cit.*, pp. 257-278.
⒅ *Ibid.*, pp. 137-139.
⒆ *Ibid.*, pp. 141-142.
⒇ *Ibid.*, pp. 231-253.
(21) http://www.sustainability-index.com/, Dow Jones Sustainability Index HP（2013 年 2 月 23 日アクセス）。
(22) http://www.daiwa-grp.jp/csr/csr/04.html, 大和証券グループ本社 HP（2013 年 2 月 23 日アクセス），および http://www.nyk.com/release/787/NE_100209_2.html, 日本郵船 HP（2013 年 2 月 23 日アクセス）。
(23) Ruggie, *op.cit.*, pp. 72-75.
(24) Oran R. Young, *The Institutional Dimensions of Environmental Change: Fit, Interplay, and Scale* (Cambridge, Massachusetts: MIT Press, 2002).
(25) 山本吉宣「国際社会の制度化」『国際法外交雑誌』第 109 号第 3 号，2012 年，88-91 頁。
(26) Avant, Finnemore, and Sell, *op.cit.*, pp.22-24. 制度間の関係は，異なる制度間で何がしかの役割分担が成立し，協力的な関係になる場合もある一方で，同一の役割を果たそうとして競合する場合もある。とくに後者は，アクターが「フォーラム・ショッピング」する場合に頻繁に発生する。
(27) オーケストレーション概念に関しては，Kenneth. W. Abbott, et al., *International Organizations as Orchestrators* (Cambridge: Cambridge University Press, 2015) および Takahiro Yamada, "Corporate Water Stewardship: Lessons for Goal-based Hybrid Governance," in Norichika Kanie and Frank Biermann eds., *Governing through Goals: Sustainable Development Goals as Governance Innovation* (Cambridge, Massachusetts: MIT Press, 2017), Chapter 8 を参照されたい。

第2章　武器貿易条約に見る規範の競合と並存
　　　——規範をめぐる合意形成の力学——

石　垣　友　明

1　武器貿易条約の特徴と検討の意義

　2013年4月に成立した武器貿易条約（Arms Trade Treaty: ATT）は，武器の国際的な移転に関し，国連の下で成立した初めての法的拘束力を持つ包括的な規範である。ATT については，武器の移転と使用による文民への被害を防ぐ人道的な観点から国際的な非政府団体（NGO）がその成立を求める大きな役割を果たしたことから，対人地雷禁止条約やクラスター弾条約の成立プロセスとの類似性を指摘する見方も少なくない。その一方で ATT は，条約策定の目的に賛同する国々が独自に交渉を立ち上げ，条約を成立させた対人地雷禁止条約やクラスター弾条約の交渉プロセス（オタワ，オスロ・プロセス）とは異なり，国連の枠組みの中で交渉され，成立した。
　ATT，対人地雷禁止条約，クラスター弾条約の交渉過程は，兵器の使用に伴う人権侵害や，人道法違反といった人道的な側面が強調された点では類似している。しかしながら，ATT の規範の中心は，通常兵器の国際的な移転に関する共通の国際基準を設け，不法な武器の移転等を防止することであり，対人地雷禁止条約やクラスター弾条約のように特定の通常兵器の保有や移転を包括的に禁止・制限するものではない。ATT はむしろ，通常兵器の輸出入管理等についての各国共通の基準や記録・報告の制度を設けるという点において，既存の輸出管理枠組みであるワッセナー・アレンジメントや国連軍備管理登録制度（UNRCA）や国連小型武器行動計画（UNPOA）と共通する点が多い。このように ATT を対人地雷禁止条約やクラスター弾条約の単純な延長線上に位置づける見方は正確ではなく，ATT の交渉・成立過程については，他の軍縮・不拡散関連規範も含むより幅広い視点から検討する必要がある。

この章においては，ATT の成立過程における各国間の交渉の力学と競合・並存する様々な規範の選択・受容の過程を検討する。具体的には，以下の諸点に着目する。第1に，従来まで UNRCA や UNPOA のような非拘束的な文書としてしか存在しなかった国際枠組みが，ATT という法的拘束力を有する条約に発展した背景は何か。第2に，ATT が対人地雷禁止条約やクラスター弾条約のような国連の外の場で形成されなかったのはなぜか。第3に，ATT の交渉過程において，通常兵器の輸出入管理，非人道的行為や人権法違反の規制，さらには開発・ジェンダーを武器移転に際して考慮するといった多様な規範が，どのように取捨選択され，最終的な条約に盛り込まれるようになったか。そして第4に ATT の交渉経緯の検証を通じ，競合・並存する規範の内容だけではなく，規範を交渉することとなる国際的な場裡およびその意思決定方式等をめぐる各国の主張や対立が，規範の内容とその定立に大きな影響を及ぼしたことを論証する。

すなわち，ATT 交渉においては，ATT を推進する国々の一部には国連におけるコンセンサスによる意思決定方式が強固な規範の成立を困難にするとの懸念があったものの，最終的にはより多くの国々が参加する規範の普遍性が重視され，国連の場で条約が交渉・採択された。この章においては，ATT の交渉過程で国連以外の場における条約採択の可能性を示唆することが，より強固な規範を条約に盛り込むための圧力として一定の効果を有していたこと[2]，ただし，ATT を推進する国や消極的な国々のせめぎ合いの中にあって，最終的には，途上国を中心とする武器輸入国であるサイレント・マジョリティーを構成する国々が合意し得る，いわば「最大公約数」の範囲が，条約内容を規定することとなったことを示す。

2　通常兵器の移転規制に関する国際ルールの発展

冷戦時代の議論の停滞

通常兵器の規制をめぐる国際的な議論は，1990年代の冷戦終結当時までは，核軍縮をめぐる議論と比べて活発であったとは言い難い。その理由には，第1に，通常兵器が，核兵器，あるいは生物・化学兵器の拡散等とは異なり，各国

の国防・治安維持の確保のために必要不可欠と考えられていたことが挙げられる。各国，とくに自国での兵器の製造・開発が困難な輸入国にとって，兵器の調達を制限し得る国際的な規制を導入する意義は少なかった。第2に，第2次世界大戦後の国際関係において，大国間の軍縮の必要性を強調した国際連盟と比較して，国際連合は大国間の一定の勢力の均衡と集団的安全保障体制を維持するための一定の軍事力の必要性を前提としていた。

　国際連盟においては，欧州諸国による軍備拡大が第1次世界大戦での大量の破壊と殺戮をもたらしたとの反省に基づき，その主要な目的の1つに軍備の縮小が挙げられていた。また，国際秩序の安定のために軍備の縮小が重要であると主要国が認識していたことも戦間期における軍縮交渉を進展させた。[3] これに対し，第2次世界大戦後は，各国が一定の兵力を提供する集団安全保障体制が前提とされていた。また，各地における植民地独立戦争や共産主義勢力に対抗するための武器の供与や軍事訓練が東西両陣営によって行われていたため，通常兵器の取引の規制を強化する誘因が少なかった。さらに，米ソの核開発競争が拡大する中，東西両陣営および非同盟諸国も，自国の生存に直接的な脅威を及ぼす核兵器の削減・廃止の必要性を重視し，これが軍縮問題の主たる焦点となった。そのため通常兵器の議論は必ずしも活発でなく，核兵器の圧倒的な破壊力をいかに抑制し，核戦争のリスクを低減することが，国際社会にとって優先的な課題となっていたのである。

通常兵器の規制をめぐる冷戦当時の議論

　冷戦当時においても通常兵器の規制にはある程度の進展が見られた。1973年の第28回国連総会においても軍事費の削減を通じて開発のための資金を充当するという考えが取り上げられ，その後の第1回国連軍縮特別総会において国の軍事予算の国連への報告を行うことが検討された。そして1981年に国連軍備支出報告制度（UNMILEX）[4] が導入された。ただし，その内容は，自国による軍備支出の内容を自発的に報告することを通じて各国の軍事支出の動向を共有し，透明性を高めることにあり，兵器の取引そのものを制限することではなかった。[5]

　冷戦時の東西対立の下では，共産諸国が兵器や関連するハイテク技術を入手

することを阻止することが西側諸国にとって重要な問題となり，対共産国輸出統制委員会（ココム）を筆頭とする様々な輸出規制の枠組みが導入された。通常兵器，ハイテク関連の汎用品（dual use items）および関連物資・技術については，ココムの他に，ミサイル技術管理レジーム（MTCR）などがあり，また，核，生物・化学兵器の規制については，原子力供給国グループ（NSG），ザンガー委員会，オーストラリアグループ（AG）などが設立された。ただし，これらの枠組みは，いずれも西側諸国が自主的に規制の調和を図るために設けられた法的拘束力を有しないガイドラインにとどまり（「紳士協定」とも呼ばれる），その実効性は，各グループの参加国が制定する個々の国内法によって担保されていた。

　上記以外の通常兵器の規制に関しては，特定通常兵器使用禁止制限条約（CCW）[6]が存在する。CCWは，1979年のジュネーブ追加議定書の作成時に積み残した課題が交渉された結果成立したものであり，1980年以降，条約および附属書の策定により，地雷，ブービートラップや焼夷兵器など，特定の兵器の使用が制限・禁止された。ただし，CCWは，特定の兵器の使用を禁止するにとどまり，その製造や保有，国際的な取引を禁止するには至らなかった。

冷戦後の通常兵器の規制を求める議論の高まり

　冷戦終結後，米ソ両国を中心とする東西対立が一応の終焉を見た後で，通常兵器の規制をめぐる議論が高まりを見せた要因は複数存在する。

　第1に，ルワンダおよび旧ユーゴスラビアの内戦により大量の文民の死傷者が発生し，こうした紛争の苛烈さが，通常兵器の規制をめぐる議論を喚起した。2002年の小型武器に関する国連事務総長報告において，小型武器が事実上の大量破壊兵器であり，毎年50万人以上が小型武器の使用により死亡しているという指摘がなされたことも，こうした国際社会の危機感の表れであった。

　第2に，ソ連崩壊後の旧ソ連・東側諸国における経済の停滞や軍の規模・予算の削減，国境管理の脆弱性により，大量の余剰兵器が世界各地に流出し，紛争や犯罪を助長することとなった。旧ソ連に限らず，チェコ，ハンガリー，ウクライナ等の旧東側諸国で製造された兵器の流出と不法な取引も大きな問題となった。

第3に，冷戦終結に伴い，大量の兵器を保有する必要性が疑問視され，軍備を縮小すべきとの国際的な機運が高まったことも挙げられる。欧州における「平和の配当」をめぐる議論，そして欧州通常戦力（CFE）条約の交渉開始は，この流れに位置づけられる。[7]

　第4に，冷戦終結により国際社会の関心が国家間の戦争以外の紛争に移り，内戦や人権侵害型の紛争における児童・女性，少数民族等の脆弱な社会集団や個々人に対する脅威を評価すべきとの考えが生まれた。人間の安全保障や平和構築といった枠組みは，開発上の課題と武器の流通を関連づけ，敵対する武装勢力の武装解除・動員解除・社会復帰（DDR）[8]や国内における武器規制の必要性を提起した。紛争直後の国が大量の国家予算等の資源を軍事費に使用し，本来優先すべき医療や保健，福祉や教育に充当しないことへの批判も，こうした問題意識と軌を一にする。

　第5に，特定の通常兵器の使用・保有に対する人道的な批判が挙げられる。従来まで軍事的な必要性を理由に容認されていた対人地雷，クラスター弾等の保有や使用が，大量の文民被害を発生させるゆえに正当化できないと多くの国際NGO[9]によって非難され，その後の国際交渉に大きな影響を与えることとなった。兵器の非人道的な側面に関するこうした主張は，紛争発生地国や不法な武器の流入により被害を受ける国々によっても共有され，国際場裡での影響力を増大した。同時に，紛争発生地国およびその周辺国は，自衛や治安維持のための武器も必要としていたため，通常兵器による被害の非人道性と自衛・治安維持のための武器調達の必要性の2つの主張を両立させることは容易ではなかった。

　第6に，経済活動のグローバル化に伴う組織犯罪等の拡大が存在する。とくに長大な国境線を有する国や島嶼国等においては，その国境管理の脆弱性につけこまれる形で，他国への密輸等の経由地として使用される事例が増大した。このような事例は，銃器・麻薬・偽造貨幣・禁制品の密輸等の多岐にわたり，その多くには組織犯罪が介在している。こうした組織犯罪の被害国としての立場からも，各国は，武器に関する国際的な取引の規制，とくに輸出国側における適切な最終使用者の確認等の必要性を訴えたのである。

既存の国際的な枠組みとその問題点

以上のような複合的な要因により，1990年代から通常兵器の規制をめぐる国際的な議論には一定の勢いが生まれ，1991年には通常兵器に関する国際的な枠組みである国連軍備登録制度（UNRCA）が誕生した。UNRCAは条約ではない任意の枠組みであるが，各国が自国による兵器の取引を通報し，軍備に関する透明性を高め，信頼醸成を図るものである。また，2001年には国連小型武器行動計画（UNPOA）が策定された。このUNPOAも法的拘束力を有しないが，小型武器に関する各国の規制の実態を報告し，国境管理や貯蔵・管理に課題を有する国々に対する国際協力を提供する枠組みである。

国連においてはまた，2000年に国際組織犯罪防止条約を補完する規範の1つとして銃器議定書が成立し，主に警察等の法執行機関が銃の不正な製造や不法な取引を規制するための枠組みとして機能している。ただし，銃器議定書は，対象となる武器が銃器に限定されていること等を理由に，CCWと同様にNGO等からその有効性につき批判的な見方がされていた。中米，アフリカにおいても小型武器の規制に関する国際的な枠組みが締結されているが，これらについても，締約国間における国境措置をめぐる協力や具体的な執行の方法に課題があると指摘されている。

前述のCCWの改定交渉についても，国際NGO等は，対人地雷の製造・保有・使用・移転が包括的に禁止されないことは人道的に問題であると批判し，包括的な禁止を目指す一部の国々が中心となり，1999年に対人地雷禁止条約が発効した。同様の人道的な関心に基づき交渉されたクラスター弾条約も2008年に成立した。このように国連の枠外において相次いで特定の通常兵器を全廃する条約が成立した。ただし，いずれの条約についても，対人地雷およびクラスター弾の主要生産・輸出・使用国が参加していないとの問題点が存在する。

以上のように，冷戦後に成立した通常兵器の規制に関する国際的な規範は一定の意義を有していた反面，その普遍性・実効性の観点からも不十分と評価されていた。そのため，国境措置・輸出管理に関する規制，人道・人権的な規範からの規制，開発・ジェンダー等の新たな規範に基づく規制等の多様な要請に応えるためにも，新たな国際的なルール作りの必要性が求められたのである。

3　ATT に内包された主要な規範群と各国の立場

交渉をめぐる全般的な力学

　2006 年に国連総会において決議 61/89 が採択され，ATT 策定のための交渉が本格的に始まったが，ATT に対する各国の思惑は様々であった。2008 年から 2011 年にかけて開催された一連の政府専門家会合，オープンエンド会合において示された各国の考えは多岐にわたり，2012 年 7 月の国連での ATT 交渉会議の開催直前に条約の要素案が提示された段階でも，どのように条約案として収斂するかは明確ではなかった。ATT の規範として想定された要素には，(A)国境措置等の輸出入管理に関する規範，(B)人権・人道的考慮に基づく規範，(C)開発・腐敗防止・ジェンダー等のその他の規範の 3 種類の規範群が存在した。また，これらの実体面に関する一次規範とは別に，(D)条約上の義務を履行するための手続規範をめぐる議論も存在し，各規範に関する諸論点が相互に関係・交錯する形で交渉が進められた。

　以上の実体的な規範および手続規範をめぐる各国の立場の違いに加え，ATT 交渉の意思決定プロセスをめぐる意見の隔たりも交渉の帰趨に大きな影響を及ぼしていた。これは従来通りのコンセンサス形式により意思決定を行う場合，ATT の策定に消極的な国々が事実上の拒否権を行使することが強く懸念されていたためである。ATT において人権・人道，開発等を重視する国々および NGO 関係者の間では，ATT に懐疑的な国々の同意を求めるあまり，武器の移転に厳しい規制を課せない条約となるのであれば，国連以外の場での条約交渉・採択を目指すべきとの見方が存在した。こうした見方は，メキシコやノルウェー，ニュージーランド等によって主張された。これらの国々は，対人地雷禁止条約やクラスター弾条約交渉（それぞれオタワ・プロセス，オスロ・プロセスとも称される）を成功体験・模範例と見なし，一部の国がより野心的で規範水準の高い条約を採択し，その規範が普及することにより，他の国に対して影響を及ぼすべきと考えた。

　しかしながら，国連決議に基づかない，あるいは国連以外の場で交渉される軍縮・不拡散に関する枠組みは，当該枠組みに参加しない国から，国際的な正

第Ⅰ部　規範形成・伝播の複合過程

表2-1　ATT交渉を主導したグループとその重視したポイント

ATT交渉の場	重視する点	代表的な国々
国連における条約採択を重視	普遍性・包括性＞強固な規範・排他性	原共同提案国7カ国（日本，英，豪，コスタリカ等）
国連以外の場を排除しない（オタワ，オスロ・プロセスを念頭に置く）	強固な規範・排他性＞普遍性・包括性	メキシコ，ノルウェー，ニュージーランド等

当性に欠けるとして国連の第1委員会（軍縮・不拡散問題を交渉する場）等の場で常に厳しい批判にさらされていた。(18)多くの国は，自国の国家主権の中核に当たる安全保障・国防に関する事項である武器の移転・取引についての国際的なルールへの関与を当然視した。そのため一部の国が先行して武器貿易のルールを策定することについては，ATTの成立を基本的に支持する国々の多くも否定的であった。主要な武器生産・輸出国が参加する，より普遍的な規範の定立を重視した国々は，2006年のATT交渉開始を決定した国連総会決議61/89の原共同提案国7カ国等であり，その中でも日本，オーストラリア，イギリスが中心的な役割を担っていた。東欧諸国，東南アジア諸国等も，交渉の場では必ずしも声高に主張しなかったものの，一部の国のみによって武器貿易に関する規範が形成されることについては懐疑的な見方を示し，主要国（とくにアメリカ）の関与の必要性を指摘していた。

　このように国連以外の場での条約策定の可能性を排除せず，そのことを梃子により強固な規範を策定し，強固な規範に賛同しない国は排除すべきと考えたメキシコ，ノルウェー等の国々と，主要な武器輸出国の参加を得て普遍的・包括的な規範を国連で策定することを目指したATTの国連決議の原共同提案国7カ国が，それぞれATTの推進国として交渉をリードした。(19)ATT交渉を主導した2つのグループとそれぞれが重視した点を示したものが表2-1である。

　次にATT交渉における各規範の成立過程を検証する前提として，(A)から(D)までの規範をめぐる議論のそれぞれの規範群の具体的な内容および主要国の立場を紹介する。

規範分野の概要と主要な利害関係
(A)国境措置等の輸出入管理に関する実体規範

　各国が自国の防衛や治安維持のために武器を保有することは基本的には合法であり，多くの国は，ATT交渉において国連憲章第51条の自衛権の規定を援用して武器取引の必要性と正当性を主張した。そのためATT交渉において兵器の保有・取引そのものを禁止することは目的とはされていなかった[20]。その一方で交渉参加国の間では，ATTを通じ，安保理決議に基づく武器の禁輸措置や違法な武器取引をそれぞれの国内法に基づき防止し，適切な輸出管理の体制を構築することを義務づけることについては，おおむね一致があった[21]。ただしどのような規範に基づき，どのような方法による武器の移転を制限・禁止するかについての各国の見解の隔たりは大きかった。

　具体的には，(ｱ)武器の移転（transfer）の定義に輸出入以外のどのような行為を含めるのか（寄港等における積替え，通過，仲介，流用等），(ｲ)安保理決議違反以外の違法な武器の輸出入に関してどのような行為を規制の対象とするのか（組織犯罪，腐敗・汚職，テロ等），(ｳ)移転の判断基準をどのようにするのか（輸出の判断に必要となる情報の内容や基準，武器の移転によって得られる便益と誤用等されることのリスクの比較衡量の基準等），(ｴ)輸出国・輸入国等の義務の範囲（必要な国内法制度の導入・維持，情報提供，最終使用証明の確保等）などが主な争点となった。

　(ｱ)から(ｴ)までの個別の論点の詳細についても各国の立場には隔たりがあり，たとえば，「輸出入」の概念に借款や贈与等の非商業的な取引による兵器の供与が含まれるか否かが論争となった[22]。また，輸出承認時の最終使用地とは異なる目的地に武器が不法に流出される流用（diversion）や武器移転に影響力を行使する仲介（brokering）をどの程度規制するかについても議論となった。とくに流用については武器の不法輸出の経由地となるメキシコ等の中南米の国々が厳しい規制の必要性を訴えた。これに対し，中継貿易等を通じた経済成長を重視する国々は，過重な規制が導入されることで貿易手続が煩瑣になり，自国が国際競争上不利な立場に置かれることを危惧した。

　また，ATTの規制対象となる武器・関連物質・部品・技術をどの程度包括的・詳細に規定するか，とくに小型武器や弾薬を条約の規制対象の品目にする

か否かについて大きな対立が存在した。規制対象となる武器や関連物資に関し，ATT 締約国に共通の登録リスト（control list）を設けるか否かについても各国の意見は異なった。途上国の多くは，できるだけ広範・包括的な武器を規制対象にすることを望みつつも，履行確保のための自国の実施能力の不足を懸念し，各国共通の登録リストの導入といった厳格な規定を設けることには消極的であった。

(B)人権・人道的考慮に基づく実体規範

人権・人道的考慮に基づく武器移転の制限・禁止の主張は，とくに対人地雷禁止条約，クラスター弾条約をめぐる議論の中で強まり，ATT 交渉を推進する力となった。交渉の場では，どのような国際人権・人道法に関する規範の違反行為を対象とするのか，違反対象となる武器の使用の形態や程度等が議論となった。

武器の移転を制限する判断基準としてどのような人権侵害の行為（あるいは人権規範）を ATT に規定するかをめぐる議論は難航した。各種の人権条約が広範に存在する一方で，問題となる個々の行為を類型的に具体化することが容易でないとの意見が少なくなかったことがその一因である。途上国の一部は，ATT の人権規範が強化された場合，自国内の治安維持のための警察等の行動が先進国により人権侵害と捉えられ，武器の移転の不承認の口実にされることを懸念した。そのため人権規範の具体的な内容について掘り下げて交渉することには困難が伴った。

国際人道法の中でもジェノサイド，人道に対する罪等の規範は，ほとんどの国が慣習国際法化していると評価していたため，ATT 上禁止される移転の対象とすることに大きな議論はなかった。その一方で，武力紛争時における傷病者や文民の待遇を定めたジュネーブ諸条約および追加議定書の規定の範囲を超えて慣習国際法化していると考えられる規範を禁止対象に含めるかについて交渉は難航した。さらに，武器の移転を禁止する基準に関し，人道法・人権法違反を構成し得る行為について，輸出国側がどの程度の情報を事前に有している必要があるかをめぐり，各国の主張が対立した。アメリカ等は，禁止規範については，各国の裁量の余地がほとんどなく，直ちに条約違反を問われることに

なる点を踏まえれば、適用される規範に関する基準は厳格であるべきと主張した。これに対して欧州各国や日本、オーストラリアを含む他の国々は、アメリカの要求する水準は厳格すぎ、その基準を当てはめると禁止対象となる移転は事実上存在しなくなると反論した。

人権・人道的見地からの武器の移転・保有・使用の禁止は、上述の通りノルウェー、スイス等の強固な規範の形成を支持する国々がとくに重視した。これらの国々にとって人権・人道等の規範は、コンセンサスを前提とする国連の場において十分な水準の合意が得られない場合には、志を同じくする国々だけの間で条約の採択を目指すのに十分な事由となると考えられていた。

(C)開発・腐敗防止・ジェンダー等のその他の実体規範

ATT 交渉において、一部の国々や NGO は、社会開発を阻害する武器の取引を規制すべきと主張した。その背景には、軍事費の支出が医療・教育・福祉向けの予算を圧迫するとの見方だけでなく、武器調達に関連する汚職や腐敗の問題が、各国のガバナンスや社会開発に否定的な影響を及ぼしているとの見方がある。そのためイギリス等が中心となり ATT に開発や腐敗防止等に関する規定を設けるべきと主張した。これに対し、途上国の多くは、一回の汚職事件の発覚によって武器の調達が不可能となった場合、国防や治安維持に重大な支障が生じるという強い懸念を示したほか、武器輸出国が輸入国における医療や教育・福祉向けの国家予算が適切に充当されているかを判断することは内政干渉にも当たると反発した。

ジェンダーをめぐる論点についても、主に欧州諸国が、軍隊や治安機関が児童や老人、女性や社会的少数者に対する迫害や弾圧に武器を使用する事態を防止するために武器移転に際しジェンダー等の判断基準を設けるべきと主張した。これに対して「ジェンダー」は、あくまでも講学上の概念にすぎず、法的文書に規定することは不適当である（女性に対する暴力であればその旨明記すればよい）との反論がバチカン等の国々からなされた。

(D)条約上の義務を履行するための手続規範

上述の(A)から(C)までの条約上の実体規範以外にも、条約の実効性を確保する

ための手続規範についても，各国の主張が大きく対立した。具体的には，締約国による報告・通報の制度，輸出不承認の事例に関する情報提供，条約義務の不遵守の場合の対応，紛争処理手続等が議論となった。

　ATT 上の義務の履行を確保するメカニズムとして，核兵器，生物・化学兵器の不拡散を管理・検証する国際原子力機関（IAEA）や化学兵器禁止機関（OPCW）のような査察活動を行う国際機関の設置を支持する意見は少数であった。保有や移転が基本的に違法とされている核・生物・化学兵器とは異なり，通常兵器の貿易が基本的にはすべての国が実施し得る取引であることに加え，その取引量が膨大であるといった現実的な要素も存在したためである。また，武器の移転においては，各国による輸出の承認不承認の判断の適否や国境における措置の履行の確保が焦点となることから，国際機関等による現地での査察等による検証は必ずしもなじまないと考えられた。そのため，基本的にはUNRCA あるいは UNPOA において各国がこれまで実施している個別の報告・通報に基づく情報の集約，実態の把握と相互による検証が現実的な選択肢とされた。

　各国による報告を義務化するか，あるいは報告内容を公表するかについても各国の立場は異なっていた。日本や欧米諸国を含む多くの国々は，ATT を通じて各国の武器取引の実態について透明性を高める観点からも，報告・通報および公表の義務化を重視した。これに対し，途上国を中心とする各国の中には，国防・安全保障に関する軍や治安機関の装備に関する情報については機微に当たることを理由に，公表することに慎重な見方も少なくなかった。[27]

　また，武器の調達を輸入に依存する途上国の中には，輸出が不承認となった場合の結果の公表や輸出国による不承認の決定に対する異議申し立てを可能とするような紛争処理手続を規定すべきと主張する国（エジプト等）も存在した。[28] ATT 上の義務に違反する移転が行われた場合に当該移転の違法性を指摘する場を設けるか否かについても各国間で議論された。これらの点については，ATT に強固な規範を盛り込もうとする国々（主に欧州の先進国の武器輸出国）は，武器の輸出基準を恣意的に解釈する他の国（たとえばロシアや中国）を追及する重要性は認識していたものの，自国による輸出不承認の決定に輸入国側から異議を申し立てられることは避けたいと考えていた。そのため，不承認に関する

第 2 章　武器貿易条約に見る規範の競合と並存

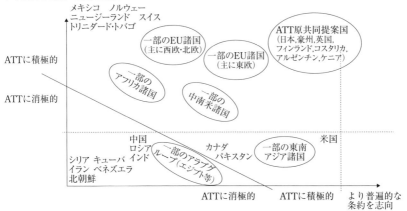

図 2 − 1　ATT 交渉をめぐる各国の基本的な主張の分布図

実績の公表や紛争処理手続に関して掘り下げた議論をすることに積極的ではなかった[29]。

　さらに、(A)の輸出管理に関する規範の実効性を確保する上で必要な能力向上のための国際協力や支援も途上国が強く要求した。こうした支援には、各国による国内措置や武器移転の実績に関する報告・通報を可能にするための協力も念頭に置かれていた。条約の実施をめぐっては、この他にも事務局の体制や検証方法を議論する締約国会議の位置づけ等の問題が数多く存在した。しかしながら、実際の交渉においては、(A)から(C)をめぐる議論に時間の大半が割かれ、(D)の手続規範については、報告および公表の義務化をめぐる議論以外が十分に行われることはなかった[30]。

　こうした各国の ATT に関する立場を図示すれば図 2 − 1 の通りである。図 2 − 1 から理解できる通り、各国は ATT の成立につき積極的か消極的かという全般的な立場だけでなく、どの程度強固な規範を成立させるべきか、国連以外の場での条約採択を厭わないか（メキシコ、ノルウェー、一部の西欧・北欧諸国等）、あるいは、より多くの国が参画する条約の成立を重視するか（ATT 原共同提案国、アメリカ、東欧諸国、東南アジア諸国等）によって立場が異なっていた。

　さらに留意すべきは、メキシコ、ノルウェー、ニュージーランド、スイス、

トリニダード・トバゴ等は,国連以外の場でもATTを採択する可能性を追求すべきという点で考えは近かったが,個別の論点をめぐる立場について一定の相違が存在したことである。たとえば,メキシコは武器の流用（diversion）の防止について独立の規定を設けること（(A)の規範）を最も優先していた一方,人道法・人権規範に関する主張（(B)の規範）はあまり活発に行わなかった。人道法に関する規範の強化は,スイスやノルウェーが重視していた。トリニダード・トバゴは流用や通過・積み替えの規定や国際協力・支援（(A), (D)の規範）の必要性を主張した。

原共同提案国7カ国についても同様の力学がグループの中に存在し,7カ国は普遍的な条約を国連で採択すべきという考えでは近かったが,個別の論点についての立場には一定の相違があった。イギリスは開発（(C)の規範）も強く主張し,日本は透明性と人道に関する規範（(D)および(B)の規範群）の交渉にとくに積極的に参加した。コスタリカも透明性と開発（(D)と(C)の規範群）について種々の提案を行った。また,イギリスとコスタリカが開発に関する規範を導入しようとしたのに対し,アルゼンチンやケニアはその導入には消極的であった。このようにATTを推進する各国は,どのような交渉の場を選ぶかという点についてとる立場と,個別論点に関する立場が異なることもあった。そのため,ATTにおける合意形成過程は,より複雑でダイナミックなものとなった。

4　ATT交渉における規範群の競合・並存と合意形成のプロセス

ATT交渉は,上述の(A)から(D)の各規範群が競合・併存する形で交渉が進むと同時に,国連の枠内・枠外のいずれの場で交渉を行うべきかをめぐる議論・交渉が交錯する形で行われた。以下に,交渉過程においてそれぞれの規範がどのように各国の間で議論され,優先づけされ,最終的な条約として受容されるに至ったかを検討する。

2012年7月交渉会議の失敗から2013年3月ATT国連最終会議までの動き

2012年7月の外交会議においては,アルゼンチンのロベルト・ガルシア・モリタン（Roberto Garcia Moritan）議長による議長テキストの提示が遅れ,アメ

リカ，インド等の主要国が議長テキストを条約案として採択するためにはさらなる時間が必要と主張したため，合意は成らず，条約は採択されなかった。そのため，ATTの成立を強く支持する国々（ATTの原共同提案国7カ国やメキシコ，ノルウェー，スイス等）の国々は，次回の交渉会議において2012年7月の条約案をベースにした上で，その内容を改善・精緻化し，一気呵成に合意に持ち込むことを重視した。ATTの成立に積極的ではない国々が，2012年7月の条約案を不服として，一から条約の内容を議論し直そうとすることにより，条約の成立を遅延・阻止すると懸念したからである。こうした背景もあり，2012年8月における第2回国連小型武器行動計画（UNPOA）運用検討会議における成果文書の採択が，次のATT交渉に向けたいわば前哨戦として重視された。また，次回交渉会議までの準備期間では基本的にATTを支持する他の国々との連携が進められた。[31]このプロセスにおいては原共同提案国7カ国とメキシコ，ノルウェー等との間の意思疎通が図られたほか，ATTを推進する国々が各地域で会合を開催した。[32]日本とメキシコも，数多くの関心国会合（meetings of like-minded States）をニューヨークで共催した。NGOも各地で次回の交渉会議に向けた会合を開催し，ATTに含まれる主要要素や2012年の交渉会議において条約案を改善すべき点を指摘し，各国への働きかけを強めた。また，アフリカ諸国，アラブグループ，中南米諸国も地域会合を開催し，次回の交渉会議に臨む準備を進めた。

　こうした中で2012年11月の国連第1委員会（軍縮不拡散を担当），同年12月の国連総会において，2013年3月のATT交渉会議の開催を決定する決議67/234Aが採択された。同決議において，次回会議は，ATTを推進する国々の発案により，次回会議においてATTを採択するという意味を込めてFinal United Nations Conference on the Arms Trade Treaty（ATT国連最終会議）と命名された。同時に，同決議には，ATT国連最終会議の終了直後に国連総会においてATTを議題とすることを可能にする一文が加えられた。[33]これは，仮にATT国連最終会議においてコンセンサスがブロックされ，条約が採択されないようなことがあった場合には，速やかに最終条約案を国連総会において採択するという，いわば次善の策（関係者の中ではプランBと呼ばれていた）を準備すべきとの考えに基づくものであった。ATTを推進する国々は，多数国間条約

交渉において合意が成立しなかった後に国連総会にて条約案を採択した包括的核実験禁止条約（CTBT）の先例を参考にしてこのプランBを練った。

ただし，ATT推進国の間でも，条約採択を目指すアプローチに一定の考えの相違が存在していた。一方においては，国連総会決議中に（対人地雷禁止条約やクラスター弾条約の交渉のような）国連以外の場での条約採択の可能性を明記し，消極的な国の譲歩を促すべきと主張するメキシコ，ノルウェーといった国々が存在した。それに対し，日本，イギリス，オーストラリア等の原共同提案国は，そのようなプランBの存在をあからさまに主張するアプローチは，ATTに消極的な国だけでなく，他の多くの国々のATTへの支持を損なうことを懸念し，国連総会における討議という一般的な形での言及に留めるべきと考えた。両者が調整し，各国に働きかけた結果成立した決議が67/234Aであった。

ATT成立までの交渉の流れ

2013年3月のATT国連最終会議を端的に形容すれば，2012年7月の条約案について，どれだけ各国の間で合意可能な規範の外縁を拡大できるかを調整するプロセス（バーゲニング）であった。「合意可能な規範の外縁」とは，ある枠組みをめぐる交渉において，当該枠組みをパッケージとして合意する際に，各国が受け入れ可能な規範の最大限の範囲を指す。ATT交渉において，この合意可能な規範の外縁は，上述の(A)から(D)までの規範群に関し，どの範囲までであればすべての国が受け入れられるかにつき，パッケージの一部として条約案に含めたいと主張する国々（推進国・賛同国）と含めることに消極的な国々（消極国・反対国）のせめぎ合い（バーゲニング）の過程で現出する。この「合意可能な規範の外縁を拡大する」というプロセスは，実際の外交交渉においても使用される「push the envelope」という表現を踏まえたものである。交渉参加国は，(A)から(D)までの規範群のそれぞれの中に重視・優先する事項があるだけでなく，(A)から(D)の中で比較・優先する規範群を有している。各国は，2週間の交渉において，自国の重視する事項が適切に条約案に反映されるように主張し，それらがどの程度反映されているかを検討した上で，最終的な条約案への賛否を決定する。(A)から(D)までの規範群に関する交渉は，会議の議長が任命した複

数のファシリテーターが同時並行で進める非公式協議において行われた。

　ATT 国連最終会議において，オーストラリアのウルコット議長は，2012 年 7 月の交渉会議の際にとくに交渉が難航した分野についてファシリテーターを任命し，ファシリテーターを介して各国の主張を聴取し，各分野における利害調整を行わせるようにした。ファシリテーターの担当分野（括弧内はファシリテーターの国籍）は，条約の前文・原則・目的規定（モロッコ），条約の対象品目（スウェーデン），仲介（日本），流用（メキシコ），積替えおよび通過（マレーシア），条約の実施に関する一般規定・他の協定との関係規定（ニュージーランド），記録および報告（オランダ），他の考慮要素（フィンランド），禁止規定（ジャマイカ），国際協力・支援（南アフリカ）であった。ファシリテーターは非公式会合や個別の協議を重ね，議長に対して各国が合意可能と考える案文のたたき台を示す役割を担った。このことにより，各分野について各国が合意可能な規範の外縁が徐々に明らかになるとともに，それぞれの国がどの分野や規範を重視しているかが，議長だけでなく，各国間でも把握できるようになっていった。

　各国が ATT の規範群の中で重視している事項，規範群間の優先順位を表したものが表 2 − 2 である。同表から理解できる通り，各国は合意形成で重視する点が共通していても，規範群の間での優先順位は異なっていたため，規範ごとに立場を近くする国々とも合従連衡を繰り広げ，自国にとってより受け入れ可能な条約案に近づけるように交渉を続けた。これも合意可能な規範の外縁を拡大するプロセスであった。

　ATT 国連最終会議の冒頭に問題となったのは，アメリカをはじめとする主要国が合意形成に向けた柔軟性を示さなかった点であり，交渉参加国の多くは，2012 年 7 月会議の議論が繰り返されることを懸念した。今回の「最終」会議において合意が形成できない場合には，国連以外の場で条約を採択する選択肢が現実的になることから，交渉の進展は急務であった。この事態を打開したのは，禁止規範をめぐる規定に関する日本の提案であった。この提案等を通じて(A)の輸出入に関する規範および(B)の人権・人道規範をめぐる規範について一定の進展が得られたことにより，交渉を前進させる機運が生じた。

第Ⅰ部　規範形成・伝播の複合過程

表2-2　各規範群をめぐる各国の立場（特徴的な点に注目したもの）

国名等	合意形成で重視する点	規範群間の優先順位（左ほど優先・重視）
	規範群の中で重視する要素	
日本	普遍的な規範の成立	(A)＞(D)＞(B)＞(C)
	透明性（記録・報告・公表の義務化）を重視	
オーストラリア	普遍的な規範の成立	(A)＞(B)＞(C)＞(D)
	議長国として合意の成立を重視	
イギリス	普遍的な規範の成立	(C)＞(A)＞(B)＞(D)
	開発に関する規範を重視	
メキシコ	強固な規範の成立	(A)＞(B)(C)＞(D)
	流用（diversion）に関する規制を重視	
ノルウェー	強固な規範の成立	(B)(C)＞(A)＞(D)
	人権・人道・ジェンダー等に関する強固な規範の成立を重視	
スイス	強固な規範の成立	(B)＞(C)＞(A)＞(D)
	人道に関する強固な規範の成立を重視	
アメリカ	普遍的な規範の成立	(A)＞(B)(C)(D)
	輸出入管理に関する国際的な基準の一致を重視	
中国・ロシア	合意成立に積極的な姿勢を示さず	(A)＞(B)(C)(D)
エジプト	合意成立に積極的な姿勢を示さず	(A)＞(D)(B)(C)
国際NGO	強固な規範の成立	(B)(C)＞(A)(D)

注：各国が個々の要素において重視している点の優先順位を図示することは容易ではないため，この表においては単純化して示している。

合意形成の手法(1)――共同ステートメントの活用

　上述の通りATT国連最終会議は，ウルコット議長が提示する条約案の改訂テキストをめぐり，合意可能な規範の外縁を一層広げようとする推進国の働きかけとそれに抵抗する消極国とのせめぎ合いであった。こうしたせめぎ合いのプロセスにおいて，各国は，争点となる各規範群に関する個別の条約案文の改訂や条約全体に関する問題点を単独あるいは複数の国々によるステートメント[39]を通じて提起し，議長や他国に対する圧力として利用した。

　各規範群に関するステートメントの例としては，アフリカ諸国等が他の地域の国々の賛同も得て行った，(A)の輸出入管理に関する規範群に関し，対象とな

る武器の品目に弾薬を加えるべきと提唱するものが挙げられる。(40)(B)の人権・人道規範に関しては，日本やスイスが，各国による妥協・合意が得られるように案文を提示した。(C)については，アイスランド等が中心となり90カ国以上が賛同した，ジェンダーに関する条文を提案する共同ステートメントが合意形成に大きな役割を果たした。(41)また，開発についても，コスタリカやイギリスが中心となり，34カ国を代表して条文の提案を行った。(42)(D)の手続規範については，日本，コスタリカ，リトアニアが連携し，2回にわたって記録・報告に関する案文の提示と共同ステートメントを実施した。(43)

交渉全体の進捗に影響を及ぼすことを目的とした共同ステートメントの例としては，会議第1週の終了時点でウルコット議長が提示した条約案の改訂版に対し，メキシコ等がより野心的かつ強固な内容の条文とすべきであると強い不満を表明した共同ステートメントが挙げられる。(44)この共同ステートメントは100カ国近くが賛同し，より強固な規範を実現する機運を高める上で一定の効果を有した。

個別の規範群および交渉全体に関して共同ステートメントを発出する手法は，最終交渉会議の開催前の準備段階における関心国会合（meeting of like-minded States）において，ATT推進国が連携して合意形成を促進するための具体的な戦術の1つとして確認されていた。(45)また，共同ステートメントへの賛同国を募るに当たっては，国際NGOも働きかけに参加し，協力した。(46)

このような一連の働きかけや圧力が奏功したこともあり，議長の改訂第2次案および最終条約案においては，弾薬の扱い等についてアフリカ諸国をはじめとする各国が前向きに評価できる折衷案を含む内容となった。とりわけ国連以外の場での条約採択の可能性を排除していなかったメキシコ，ノルウェー等が，最終条約案に好意的な反応を示したことが合意形成に大きな弾みを与えた。具体的には，輸出承認に際して実施するリスク評価の文言（7条）が改善され，武器の輸出によって得られる平和・安全上の便益と人権・人道法違反のリスクの比較衡量が明確となったことが，ノルウェーにとって重要なポイントとなった。流用に関する規制の強化について，ファシリテーターとして関連規定の文言交渉を精力的に行っていたメキシコも，最終条約案の11条の規定に満足していた。その一方で，イギリス等が重視していた開発に関する文言は，最終条

約案には含まれないこととなった。腐敗・汚職防止に関しても，ジェンダーと同程度には明確な規定とはならず，組織犯罪に関する一般的な文言に包含されることとなった。[47]

合意形成の手法(2)——規範の明確化・限定による受容の促進

　最終的にATT交渉の成否を握っていたのは，ATTの実現をめぐり主導権を争っていた推進国でもATTに消極的な国々でもなく，サイレント・マジョリティーとも呼ぶべき多数の国々であった。こうした国々は，ATTの理念そのものには賛同し，国際的な武器取引に関する法的拘束力のある規範を設立することは支持するものの，交渉において自ら積極的に提案を行ったりせず，共同提案やステートメントに賛同する程度に留まった。サイレント・マジョリティーを構成する途上国の多くにとっての最大の課題は，自国への不法な兵器の流入であった。これらの国々は，不法な武器の流入による被害者として，輸出入管理および人道的観点からの規制の必要性（(A)または(B)に関連する規範の強化）を主張した。同時に，その多くは，武器の調達を海外からの輸入に依存していたことから，先進国（武器輸出国）が武器の輸出を承認するに当たり，人権侵害や汚職・腐敗，開発政策等を理由に，自国の内政問題に干渉することを懸念していた。[48] このように，ATT交渉に参加する多くの国々は，輸出国が輸入国側の人権状況や人道法違反，開発，汚職等の内政事項を口実に輸出を不承認にする，あるいは輸出に一定の条件を課すことを強く警戒していた。[49] そのため(B)(C)の規範群の強化については，慎重な見方を崩さなかった。

　(B)および(C)の規範群の導入に慎重な立場の途上国が規範に同意する上で有効であったのは，途上国がすでに合意している他の国際規範を明示することにより規範の内容を具体化することであった。具体的には，禁止規範（6条）をめぐる議論（ジュネーブ諸条約や「自国が締約国である国際約束」と明記すること）のように，適用される条約の範囲を特定する手法である。同様の手法が汚職防止（組織犯罪条約），テロ（テロ関連条約）に関する条文についてもとられた。途上国がすでに締約国となっている条約を明記することでATTにおける義務の具体的な範囲を明確化・限定することは，途上国が懸念していた武器輸出国による恣意的な輸出の判断を排除することの保証にも繋がった。反対に，人権条約

表 2-3 ATTの最終条約案に含まれることとなった各規範群の主要な要素

規範群	含まれた内容（条文は最終条約案のもの）	含まれなかった内容
(A) 国境措置等の輸出入管理に関する規範	・対象品目：UNRCAの7カテゴリーおよび小型武器（2条），弾薬（3条：輸出に関し禁止規範，リスク評価の対象となる折衷案），部品・構成品（4条：輸出に関する規制のみが適用） ・包括的な「移転」の規制（2条，9条，10条：輸出入，通過，積替え，仲介等を含む） ・輸出に関する国内制度の導入・維持（5条） ・国内制度における管理リストの作成（5条） ・禁止規範（6条）：安保理決議違反，ジェノサイド，戦争犯罪等の実行に使用される武器の輸出禁止 ・リスク評価（7条）：（人権法，人道法，テロ関連条約等違反の可能性を考慮し，「否定的な評価を生ずる著しい危険が存在する」場合の輸出の不許可） ・輸出国による輸入国への情報提供（7条） ・流用の防止に関する規制（11条）	・弾薬（すべてが規制対象とはならない折衷案としての解決），武器に関連する技術 ・輸出入に贈与，借款が含まれること（明文規定とはならず曖昧） ・輸出に際しての最終使用証明の義務づけ ・非国家主体への武器移転の禁止
(B) 人権・人道的考慮に基づく規範	・人道法（ジュネーブ諸条約，慣習国際法化している特定の条約）違反に関する規定	・慣習国際法に関する全般的な規定 ・人権法違反に関する規定
(C) 開発・腐敗防止・ジェンダー等のその他の規範	・ジェンダーに関する規定（7条） ・組織犯罪に関する規定（7条）	・開発についての規定 ・汚職・腐敗に関する規定（組織犯罪に関する規定（7条）に含意されているほか，流用に関する規定（11条）に言及がある）
(D) 条約上の義務を履行するための手続規範	・記録・報告の義務化（12条，13条） ・国際協力・援助（15条，16条） ・一般的な紛争解決・協議規定（19条）	・公表の義務化に関する明確な規定（13条） ・輸出不承認の際の異議申し立て手続

については，対象となり得る行為が広範なことから，（とくに禁止規範については）規定を明記することが困難であったと言える。

　各国がそれぞれの立場に基づき共同ステートメントを表明し，既存の国際約束と関連づけることでATTの規範の明確化を図ることを通じ，多数の国々の支持を得る努力を続けた結果，2週間の交渉の後に条約の最終案文に含まれる

こととなった（あるいは含まれなかった）要素は，表2－3の通りである。

ATT 国連最終会議の結果，条約の案文は固まったものの，コンセンサスの成立は最後まで予断を許さなかった。2013年3月28日の交渉最終日にコンセンサスが成立しなかった結果，国連総会における ATT の採択が提案され，翌週4月2日に国連総会が開催されることとなった。これは交渉最終日になってイラン，北朝鮮（その後シリアが加わった）がコンセンサスの成立を阻止することが確実視されるに至り，ATT 原共同提案国7カ国，メキシコ，ノルウェー，アメリカ等が共同して，国連総会での条約採択を目的とした，国連総会における ATT 国連最終会議の報告を行う旨の提案を行ったためである。ATT を推進する主要な国々は，交渉の最終日に備えて事前に提案内容を用意していた。そして，4月2日の国連総会の会合までの4日間，ATT 推進国は週末を費やして会合を重ね，ATT の採択に消極的・反対する国々が総会の手続規則を利用して議事を妨害したり，採択を阻止したりすることがないように種々の対抗措置を準備するとともに，圧倒的多数で条約が採択されるように各国に対する働きかけを強めた。その結果，国連総会当日，ATT は賛成154，反対3，棄権23で採択された。その後も締約国数は順調に増加し，ATT は翌2014年12月24日には発効した。

5　分析——ATT 成立に際しての規範群の取捨選択

ATT 交渉における規範成立の力学

これまで概観した通り，ATT には(A)から(D)までの4種類の規範群が存在し，それぞれの規範群の内容をどの程度条約に盛り込むかをめぐる各国間の競合が存在した。4種類の規範群は，相互に排他的なものではなく，すべてを盛り込むことは理論的には可能であるが，それぞれの規範群の中で，個々の要素について賛否を異にする国々が存在することから，最終的には一定の取捨選択が生じる。

ATT 交渉がより複雑になったのは，規範の取捨選択の過程で自国が重視する規範群およびその要素が最終的な条約案に盛り込まれなかった国（たとえばメキシコ，ノルウェー等）が，これまでの交渉を打ち切り，国連以外の交渉プロ

セスを開始する可能性が存在したためである。国連以外での交渉プロセスを示唆することは国連での合意形成の機運を削ぐと懸念する国々（ATT原共同提案国）も存在していたため，ATT交渉は，ATTを推進する国々と消極的な国々との間の交渉だけではなく，ATT推進国の間における，国連と国連以外の場での交渉について考えを異にする国々の意見の調整という側面も有していた。

このような背景も踏まえた上で，最終的にATTに盛り込まれた各規範の内容を個別に検討すれば，国連におけるATTの成立を可能にした要因として以下が指摘できる。

サイレント・マジョリティーの存在

前述した通り，最終的にATTの成否を握っていたのはサイレント・マジョリティーとも呼ぶべき国々であった。アジア，アフリカ，中南米，東欧の途上国から構成されるこれらの国々は，ATTの趣旨については全般的に賛同するものの，その立場は一枚岩ではなく，(A)から(D)の規範について，どの程度強く支持するかも地域や国々によって差が存在した。換言すれば，「サイレント・マジョリティー」という特定の集団が存在したわけではなく，また，ATTの交渉の成立に積極的な国々（メキシコやノルウェー，あるいは原共同提案国7カ国）の間でサイレント・マジョリティーの支持を得るために競ったのではない。実際には，合意可能な外縁を拡大するための交渉の過程で各国の立場が徐々に明らかになり，結果としてこのような多数の国々の存在が現出したと言える。一連の交渉は，サイレント・マジョリティーの国々にとっても，それぞれが受け入れ可能な範囲を明確化するプロセス（合意可能な規範の外縁の拡大をめぐるバーゲニング）であった。

こうしたサイレント・マジョリティーの国々は，交渉において自国の立場を声高には主張しなかったものの，できるだけ多くの国が参加する規範の定立を重視していた（とくに東南アジア，中南米，東欧諸国の一部）。アメリカの関与に関しては，多くの国が公言こそしなかったが，世界最大の武器輸出国が参加しない条約の実効性を疑問視していたことも事実である（東欧諸国，アジア諸国）。

ATTの規範内容が，たとえば弾薬を対象品目に含めず，流用に関する規律が少ないなど，不十分なものであると判断された場合，武器の輸入国（とくに

途上国)が国連以外の場での合意形成を目指した可能性はある。しかしながら，結果的には，弾薬の扱い，流用に関する規定，人道法に関する規範に関し，一定の内容が最終条約案に盛り込まれたことにより，サイレント・マジョリティーの国々は，国連の場における ATT の採択を支持した。そうした合意形成のための環境を整えたという意味で，各国が共同ステートメントを実施し，合意の外縁を拡大しようとするアプローチは有効であった。結果的にこの交渉過程は，サイレント・マジョリティーを構成する国々にとって，上述の弾薬，流用，人道法等の規範以外の要素(ジェンダー，記録・報告等)はそれほど重要ではなく，また，開発，腐敗・汚職防止の規定は，過剰な規制と受け止められたことを示したと言える。

ATT と対人地雷，クラスター弾規制の規範の相違

国連以外の場において ATT の規範の定立を目指す手法には，上述の通り，肯定的に捉えたメキシコ，ノルウェー等の国々と，否定的に受け止めた日本等の原共同提案国が存在した。こうした評価の違いは，対人地雷やクラスター弾の禁止に関する交渉プロセスを ATT の先例として評価するか否かによって異なると言える。同時に，最終的に国連における規範の定立に大多数の国の支持が集まった理由には，ATT と他の2条約が規定する規範の特徴の相違が考えられる。

対人地雷・クラスター弾については，それまで当該兵器の使用や保有，生産・移転に関する国際的な規範が存在しないところに新たに規範を定立することが目標とされた。具体的には，これらの兵器の軍事的有用性よりも非人道性に着目し，製造・保有・移転を禁止する規範を提唱し，その趣旨に賛同する国々が集まり，規範の実現・普及を目指すアプローチがとられた。これは，いわば有志の国々による選択的なアプローチとも言える。また，兵器の特徴について言えば，対人地雷・クラスター弾について，多くの国はそもそも保有していない，あるいは保有せずとも代替手段により自国の防衛や治安の維持を確保することができた。換言すれば，対人地雷・クラスター弾は，選択する余地のある兵器(weapon of choice)であったことから，その使用や保有を選択しなかった国々は比較的容易に新たな規範の定立に参加できたと言える。規範形成

のために適当な場に関しては，国連の場における実績がない以上，国連と国連以外の場のいずれが優れていると断言はできなかったと言える。

　これに対し，ATTについては，すでにすべての国において何らかの形で通常兵器の輸出入に関する一定の国内規範が存在していた。また，一部の国においては，地域諸国間で国境を超えた武器の移転に関する国際規範も存在しており，UNRCAやUNPOAのように，法的拘束力を有しないものの，通常兵器・小型武器の国際移転に関する国連において合意された一定の国際規範も存在していた。そうした国内規範，あるいは既に存在する国際規範について，法的な拘束力を有する国際的な義務として確定することが，ATTの目的であった。このように法的拘束力を有する規範を導入するという一義的な目標があることから，すでに存在する各国の国内規範や法的拘束力を有しない規範の中でそれぞれの国が同意でき，かつ，実現可能な共通要素を抽出すること，さらにはそれを普遍化することが優先される。ATT交渉は，まず既存の規範の中で各国が同意できる実現可能な共通要素を抽出し，その上で合意可能な規範の外縁を拡大することにより規範の強化が目指されたと説明できる。

　また，ATTが規制対象とする武器は，戦車や戦艦，戦闘機から機関銃，拳銃に至るまで，ほぼすべての国が国防や治安維持のために必要と考える兵器である。これらはいわば必要に迫られて保有する兵器（weapon of necessity）であることから，ほとんどの国は，それらの武器の保有や国際的な移転を前提としない，あるいは極度に制限する規範に賛同することは困難であった。円滑な武器の調達は武器の調達を海外に依存する国にとってとくに重要であったことから，人権や人道，開発や汚職・腐敗防止，ジェンダー等の規範を根拠に武器の国際的な移転を厳しく制限する規範の成立に積極的に賛同できる国に限りがあったことは不思議ではない。

合意可能な範囲の特定を通した規範の成立

　ATTにおいては，(A)から(D)のそれぞれの規範群について，各国にとって受容可能な「最大公約数」の内容が最終的に条文に反映された。そして，一部のATT推進国が重視した規範（(B)から(D)までの人権，開発，汚職・腐敗防止，記録・報告に関する強固な規範等）を成立させるよりも，(A)を中心とする規範に関し，

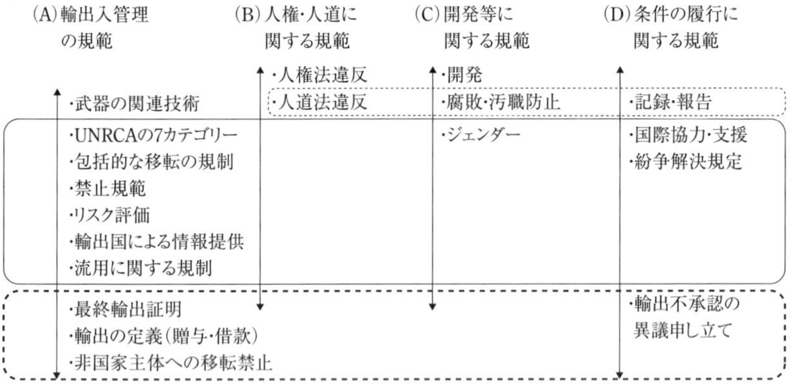

第Ⅰ部　規範形成・伝播の複合過程

(A)輸出入管理の規範	(B)人権・人道に関する規範	(C)開発等に関する規範	(D)条件の履行に関する規範
・武器の関連技術	・人権法違反 ・人道法違反	・開発 ・腐敗・汚職防止	・記録・報告
・UNRCAの7カテゴリー ・包括的な移転の規制 ・禁止規範 ・リスク評価 ・輸出国による情報提供 ・流用に関する規制		・ジェンダー	・国際協力・支援 ・紛争解決規定
・最終輸出証明 ・輸出の定義(贈与・借款) ・非国家主体への移転禁止			・輸出不承認の異議申し立て

合意形成を導いたサイレント・マジョリティーが受け入れ可能であった合意の範囲は,以上の枠内であったと考えられる。実線(――)が途上国が重視した規範の要素,点線(……)は条件付きで受け入れ可能であった規範の要素。太字の点線は(- - -)は,一部の途上国が重視したものの,最終的な条約案には含まれなかったもの。

図2－2　サイレント・マジョリティー構成国が受け入れた合意の「最大公約数」の範囲

　交渉参加国の大多数を占める途上国が支持し得る最大の範囲内で合意を成立させることが優先されたと言える。このようなATTをめぐる各国のいわば最大公約数の立場を図示したものが，図2－2である。
　ATT交渉参加国は，最終条約案に含まれた個々の規範を確認し，実現可能な最大限の内容が得られたと判断した上で，合意を支持したと考えるのが妥当である。サイレント・マジョリティーを占める国々の中でも，どの規範を支持するか，どのような規範のバランスであれば，全体として受け入れ可能な条約であるかについては，意見の隔たりがあったところ，交渉の前に図2－2のような各国が支持可能な最大の範囲を予見することは困難であった。そのため国連以外の場で強固な規範の成立を一部の国々で目指すという選択肢は非現実的なものではなかった。したがって，交渉参加国の間で合意可能な規範の外縁を特定するアプローチには一定の合理性と説得力があり，その特定のための一連の交渉プロセス（共同ステートメントの発出や規範内容の明確化を通じた条約案の修正の提示等），合従連衡の作業が不可欠であった。

6　規範成立のダイナミズムと実施をめぐる課題

　国際交渉に関し，各国の外交官に良く知られた諺に「最良の合意（妥協）とは，当事者が同程度に不満を持っている合意である」という表現がある[53]。ATTについて，最終的に今回のような条約の内容となった背景には，個々の規範群の内容だけでなく，それぞれの規定のされ方や，個々の規範の要素を各国の代表者がどの程度強く主張したかといった，その時点でしか存在し得なかった種々の要素が存在した可能性があるため，現在の条約が唯一成立し得た内容であると断言することはできない。その一方で，どのような交渉・合意形式をとったとしても，ATT交渉（あるいは他の多数国間条約の交渉）において，いかなる国にとっても自国の主張した内容をすべて反映した条約を成立させることは，困難であることは確かである。

　ATTを強く推進した国々が，どれだけ合意可能な規範の外縁を拡大しようとしても，(B)および(C)の人権，開発に関する規範については，途上国の支持が限定的であった。また，多くの国々が重視した，(A)の輸出入管理に関する規範における，条約の対象品目である弾薬の規定ぶりについても，アメリカ等の消極的な姿勢を克服して他の対象品目と同様の規定にすることも困難であった。一方で，弾薬の扱いについては，折衷案（最終的な3条）の形成により，規制の対象に関する一定の譲歩を推進国と消極国の双方に求めることが可能であった。この点が，途上国から限られた支持しか得られなかった規範（とくに開発等）と異なる。ATT交渉の過程においては，国際的な武器の移転に関する法的拘束力のある規範の成立に原則として賛成するものの，その策定に積極的に関与しないサイレント・マジョリティーの国々の賛意をどのように確保するかが鍵となった。

　このように(A)から(D)までの複数の規範群が並存し，競合しながら合意形成が図られ，加えてコンセンサスを含む意思決定方式と合意形成の場（国連の枠組みの中か外か）をめぐる緊張関係が存在した状況においては，サイレント・マジョリティーを占める国が支持可能な部分を特定できたことが，最終的な条約成立の帰趨を決したと言える。

第 I 部　規範形成・伝播の複合過程

　国際規範の成立に際しては，規範の内容とその成立に賛同する国々の圧倒的多数（クリティカル・マス）の賛同を得る必要があることは言うまでもない。ATT の成立に際しては，上述した通りサイレント・マジョリティーを構成する国々の賛同が重要な鍵を握ったが，実際に規範が実効性を有するためには，これらの国々が ATT に規定された義務を適切に履行することが不可欠である。このような実施が確保されない場合には，ATT は法的拘束力を有する条約としての地位を有していたとしても，実質面においては，その前身であり，報告の提出といった基本的な事項に関しても各国が十分実施できなかった UNRCA や UNPOA と同程度の意義しか有しなくなる。ATT は確かに複数の規範群が併存する形で包括的な規範として成立したが，真の意味での規範として意義を有するためには，個々の規範群の実効性を高めることが重要となる。

注

(1) ATT と対人地雷禁止条約，クラスター弾条約における国際 NGO の果たした役割の類似性について指摘した論考として，たとえば，福井康人「軍縮・不拡散分野の国際法立法——武器貿易条約を例として」『外務省調査月報』2013 年 2 号，11-13 頁参照。
(2) 合意可能な規範の外縁を拡大するためのバーゲニングの過程として，本章において詳述する。
(3) 第 1 次世界大戦後，ワシントン海軍軍縮条約，ロンドン海軍軍縮条約に見られる通り，いかにして主要国間の兵力を削減し，均衡を図るかが国際関係の維持における主たる関心事となっていた。第 1 次世界大戦後の戦間期の国際連盟時代の軍縮をめぐる議論を概観したものとしては，杉江栄一，『ポスト冷戦と軍縮』法律文化社，2004 年，39 ～ 57 頁のほか，Jennifer L. Erickson, *Dangerous Trade: Arms Exports, Human Rights and International Reputation*, Columbia University Press, 2015, pp. 48-51 等がある。
(4) 正式名称は，United Nations Report on Military Expenditure である。
(5) UNMILEX の導入の経緯については，杉江，前掲書，237-238 頁を参照。
(6) 正式名称は，Convention on Certain Conventional Weapons である。
(7) CFE 交渉の経緯について詳述したものとして，佐藤栄一『冷戦後の軍備管理・軍縮』三嶺書房，2001 年，143-181 頁（第 9 章　欧州通常戦力（CFE）制限条約の成立）参照。
(8) Disarmament, Demobilization and Reintegration の略称。
(9) International Action Network on Small Arms（IANSA），International Campaign to

Ban Landmines（ICBL）といった国際 NGO が，小型武器や対人地雷の国際的な規制の必要性に関する世論を喚起する上で大きな役割を果たした。IANSA については，杉江，前掲書，389-390 頁，ICBL については，同 337-348 頁を参照。

(10) 国連軍備登録制度（United Nations Register on Conventional Arms）は，1991 年に日本が欧州共同体（EC）諸国とも協力して国連総会に提出した軍備の透明性に関する決議により設置された制度である。成立の経緯に関する詳細と日本の果たした役割について，佐藤，前掲書，201-217 頁（第 11 章　武器輸出の現状と通常兵器移転登録制度）を参照。

(11) 正式名称は，「国際的な組織犯罪の防止に関する国際連合条約を補足する銃器並びにその部品及び構成部分並びに弾薬の不正な製造及び取引の防止に関する議定書」。

(12) 各地域条約（一部）の概要について，杉江，前掲書，373-399 頁および Tomoaki Ishigaki , "Defining the Future by studying the Past: A Negotiator's Perspective on the Arms Trade Treaty," *Japanese Yearbook of International Law*, 57, 2014, pp. 389-391 参照。

(13) CCW における交渉の行き詰まりと，人道的な考慮に基づく規範の定立の主張の国際的な拡大が，対人地雷禁止条約，クラスター弾に関する条約の成立を促した過程については，足立研幾『レジーム間相互作用とグローバル・ガヴァナンス——通常兵器ガヴァナンスの発展と変容』有信堂光文社，2009 年，29-153 頁に詳しい。

(14) 2008 年 8 月に事務総長に対して提出された政府専門家会合の報告について，A/63/334, 28 August 2008 参照。政府専門家会合は 28 カ国から約 30 名から構成され，日本からは，外務省の柳井啓子通常兵器室上席専門官が参加した。

(15) 2012 年 7 月の国連での ATT 交渉会議の直前に各国が提出した ATT に盛り込むべき要素を取りまとめた文書として，A/CONF.217/2, 27 June 2012 参照。

(16) 会議冒頭に議長が提示した条約に盛り込まれるべき要素案（7 月 3 日付けペーパー）は，以下を参照。http://reachingcriticalwill.org/images/documents/Disarmament-fora/att/negotiating-conference/documents/ChairPaper-3July2012.pdf, accessed on 12 September 2016.

(17) この懸念は，ATT に限らず，軍縮関係者の間では強く認識されていた。とりわけジュネーブの軍縮会議が長年にわたって停滞し，議題についても合意できずにいることの主たる要因の 1 つが，コンセンサス方式による意思決定であると考えられていたことも背景に存在する。そのため，ATT の交渉準備に当たっては，2012 年までの準備委員会において，コンセンサス方式に依らない意思決定方式を採用する，あるいはコンセンサスの意味をより柔軟に解釈しようとする議論が繰り広げられた。しかしながら，自国が望まない規範の成立を阻止できるコンセンサス方式の維持を支持する国が根強く存在したことから，ATT 交渉会議の手続規則において，会議の意思決定はコ

ンセンサスに基づくものと規定された。軍縮交渉（とくに軍縮会議）におけるコンセンサス形式による意思決定の経緯や問題点を検討した論考として，黒澤満『核軍縮と世界平和』信山社，2011年，242-244頁が挙げられる。また，軍縮交渉やATT交渉におけるコンセンサス方式をめぐる議論について概観した論考として，福井，前掲論文，5-9頁が存在する。ただし，福井の検討は，ATT交渉において合意形成が困難なことが立証されているコンセンサス方式を選定したことが「若干不可解」であると指摘しており，国連において普遍性・包摂性を確保する上での同形式を重視する国々の考えを十分認識したものとは言い難い。

(18) ココムの後身であるワッセナー・アレンジメントやミサイル関連技術の輸出管理を行うミサイル技術管理レジーム（MTCR）や弾道ミサイルの拡散に対抗するためのハーグ規範（HCOC），拡散に対抗する安全保障構想（PSI）などが，国連においては，非同盟諸国（NAM）を中心とする国々から，十分な普遍性・正当性がある枠組み・規範ではないと批判されている。

(19) メキシコ，ノルウェー等と日本，イギリス，オーストラリア等の原共同提案国7カ国の立場をNGOの観点から評価した論考として，Helena Whall and Allison Pytlak, "The Role of Civil Society in the International Negotiations on the Arms Trade Treaty," *Global Policy* 5-4, 2014, doi: 10.1111.1758-5899.12173 参照。

(20) 同様の指摘は，米国のATTの首席交渉官が行っており，ATTは軍縮条約や軍備管理条約ではなく，交渉の目的はあくまでも武器の適正な移転について共通の国際水準を定めるものであると述べている。2013年3月25日のATT国連最終会議における米国のトーマス・カントリーマン（Thomas Countryman）次官補の発言を参照。http://reachingcriticalwill.org/disarmament-fora/att/negotiating-conference-ii/statements, accessed on 12 September 2016. 同様の指摘をしたものとして，佐藤丙午「日本が武器貿易条約を支持すべき理由」『軍縮研究』5号，2014年，4頁参照。これに対し，武器貿易条約が軍縮条約に該当するという見方もある。福井，前掲論文，4～5頁を参照。

(21) 安保理決議に基づく武器禁輸措置を条約上の禁止事項に含めることについては，大きな論争はなかった（北朝鮮が2012年および2013年のATT交渉会議において，安保理決議を条約の対象に含めることについて異議を唱えたが，同様の主張をする国は他にはなかった）。

(22) 日本等が非商業的な取引も移転に含まれると主張し，中国等がそのような考え方に反対した。http://reachingcriticalwill.org/images/documents/Disarmament-fora/att/monitor/ATTMonitor6.7.pdf, accessed on 12 September 2016 参照。

(23) 最大の争点は，国連軍備登録制度（UNRCA）の対象とされる7カテゴリーの武器（戦車，装甲戦闘車両，大口径火砲，戦闘用航空機，攻撃ヘリコプター，軍用艦艇，

ミサイルおよびその発射基）に加え，小型武器と弾薬（ammunition）を ATT の規制対象とするか否かであった。小型武器を含めることについては，実効的な規制の困難さから慎重な見方をする国も少なからず存在したが，国連小型武器行動計画（UN POA）が対象としていることもあり，多くの国は ATT の対象とすることを支持していた。弾薬については，大量に生産・流通される弾薬を管理・規制することが実質的に不可能であることを理由に，米国等が ATT の対象とすることに反対した。これに対し，アフリカ等の途上国を中心とする各国が，武器の移転を規制したとしても，弾薬が無制限に流通していては犯罪や殺傷行為が野放しになり，ATT の実効性が損なわれると，その対象化を強く主張した。

(24) 具体的な人権・人道関連条約の明文規定を対象とするのか，慣習国際法上の各国の義務違反についても対象とするのか等の論点が存在した。

(25) 殺傷行為だけでなく，武器による脅迫・威嚇等を含めるのか，軍隊，警察，民兵等の武器を使用する主体の範囲等の論点が存在した。

(26) こうした問題意識は，NGO である Transparency International がイギリスの国際開発省の委託を受けて調査した以下の報告においても触れられている。http://reliefweb.int/sites/reliefweb.int/files/resources/DE39EE51A5934138492575ED00176EFC-transparency_international_(uk)_defence_corruption_in_ssa_evidence_paper.pdf, accessed on 12 September 2016.

(27) 会議の進捗を連日傍聴し，また情報収集に臨み，ATT Monitor として日々報じた NGO は，報告の義務化，公表について慎重な意見を表明した国々として，中国，北朝鮮，イラン，マレーシア，シリア，キューバ等を挙げている。http://reachingcriticalwill.org/images/documents/Disarmament-fora/att/monitor/ATTMonitor6.4.pdf, accessed on 12 September 2016 参照。

(28) エジプト等がこうした主張を展開した。http://reachingcriticalwill.org/images/documents/Disarmament-fora/att/monitor/ATTMonitor6.4.pdf, accessed on 12 September 2016 参照。

(29) 不承認の決定に関する情報・実績の公表に否定的な見解を示した先進国の例としては，オランダ等が存在する。http://reachingcriticalwill.org/images/documents/Disarmament-fora/att/monitor/ATTMonitor6.4.pdf, accessed on 12 September 2016 参照。

(30) 2013 年 3 月の ATT 交渉会議において，議長が指名した主要論点の議論を促進するためのファシリテーターについても，その大半は(A)から(C)に関する論点が分担されており，(D)および関連する論点について指名されたのは，記録および報告（とその公表）（オランダの大使が担当）と国際協力（南アフリカの参事官が担当）のみであった。

⑶ UNPOAの第2回運用検討会議においてファシリテーターを務めたオーストラリアのクレア・エライアス（Claire Elias）書記官，ガイアナのシェリザ・アリー（Sheliza Ally）参事官の指摘。Claire Elias, "2012 Declaration: Negotiation and Legacy," in *Anatomy of a Consensus: Perspective on the 2012 Conference to review Progress Made in the Implementation of the United Nations of the Programme of Action to Prevent, Combat and Eradicate the Illicit Trade in Small Arms and Light Weapons*, edited by U. Joy Ogwu. Ben Bosah Books, 2015, p. 17. およびSheliza Ally, "Negotiating the UN Programme of Action Implementation Plan for 2012-2018," *Ibid.*, p. 39 参照。

⑶ 日本は国連アジア太平洋平和軍縮センター（UNRCPD）と協力し，2013年2月にマレーシアにおいて東南アジア諸国向けの準備会合を開催した。また，オーストラリアは，2013年のATT国連最終交渉会議の議長に同国のウルコット軍縮代表部大使が任命されたことから，世界各地で主要国との意見交換・協議を活発に行った。

⑶ A/RES/67/234A, 24 December 2012, para. 8 参照。

⑶ "pushing the envelope" の意味については，様々な説明がされるが，英語辞書ではたとえば，approach or extend the limits of what is possible などと説明される。*New Oxford American Dictionary*, Third Edition, Oxford University Press, 2010 参照。もともとは航空機の性能を極限まで試そうとするパイロットが使用した表現とされ，航空機の性能を示すグラフの限界線を拡張することを含意したとされる。

⑶ 2013年のATT国連最終会議の時はオーストラリアのピーター・ウルコット（Peter Woolcott）軍縮代表部大使が務めた。

⑶ 2013年3月のATT国連最終会議における交渉の推移について，石垣友明，木村泰次郎，田辺信「武器貿易条約の成立と日本の役割」『国際法外交雑誌』112巻3号，2014年，492-502頁参照。

⑶ 最終的な条約において6条に規定されることとなった，ジェノサイド等の行為に武器が使用されることを目的としていたか否かを判断する基準についての文言が争点となっていた。石垣他，前掲論文，496頁参照。

⑶ 石垣他，前掲論文，499頁参照。米国のカントリーマン次官補も，3月25日の全体会合において，交渉第1週における日本による提案が交渉を前進する基盤となり，その後の議論が進展した旨発言している。http://reachingcriticalwill.org/disarmament-fora/att/negotiating-conference-ii/statements, accessed on 12 September, 2016 参照。

⑶ 共同ステートメント（joint statement）は，交渉会議の全体会合において，各国が読み上げ，必要に応じて配布することによって，自国の立場を周知し，賛同を求めるものである。その内容は，一般的な考えを提起するものから，ATTの具体的な条文（や

修正）を提起するものまで様々であった。
⑷₀　ガーナがアフリカ諸国を中心とする 68 カ国と共に 3 月 19 日に行ったもの（http://reachingcriticalwill.org/images/documents/Disarmament-fora/att/negotiating-conference-ii/statements/19March_Ghana.pdf, accessed on 12 September, 2016）を参照。
⑷₁　http://reachingcriticalwill.org/images/documents/Disarmament-fora/att/monitor/ATTMonitor6.7.pdf, accessed on 12 September, 2016 参照。
⑷₂　http://reachingcriticalwill.org/images/documents/Disarmament-fora/att/negotiating-conference-ii/statements/19March_CostaRica.pdf, accessed on 12 September, 2016 参照。
⑷₃　コスタリカの代表団メンバーであったマリツァ・チャン（Maritza Chan）による交渉経緯に関する記述。Maritza Chan, *The impact of civil society on global efforts to advance the Arms Trade Treaty: the Perspective of a Costa Rican diplomat, The Importance of Civil Society in the United Nations and Intergovernmental Process: Views from Four Delegates to the United Nations*, United Nations, 2015 pp. 9-10 参照。具体的な提案内容については，37 カ国が 3 月 20 日に行ったもの（http://reachingcriticalwill.org/images/documents/Disarmament-fora/att/negotiating-conference-ii/statements/20March_Lithuania.pdf, accessed on 12 September, 2016），62 カ国が交渉終盤の 3 月 26 日に行ったもの（http://reachingcriticalwill.org/images/documents/Disarmament-fora/att/negotiating-conference-ii/statements/26March_Lithuania.pdf, accessed on 12 September, 2016）を参照。
⑷₄　http://reachingcriticalwill.org/images/documents/Disarmament-fora/att/negotiating-conference-ii/statements/25March_Ghana.pdf, accessed on 12 September, 2016 参照。
⑷₅　こうした関心国会合において，たとえば，流用（diversion）についてはメキシコ，記録・報告については日本，ジェンダーについてはアイスランド等の北欧・EU 諸国，開発についてはイギリス，人道についてはスイス等が案文や提案を率先して立案することにつき，役割を分担することで一致していた。こうした事前の調整や連携の努力は，2012 年 7 月の ATT 交渉会議において，ATT に消極的な国々が原則的な立場を繰り返し表明することにより会議の進捗をいたずらに遅らせたことを結果として容認してしまったことへの反省に基づいていた。
⑷₆　ATT 交渉において，国際 NGO の果たした役割について詳述したものについて，Whall and Pytlak, *op. cit.* 参照。
⑷₇　ただし，ATT 交渉において，腐敗防止，透明性の向上を重視し，その規範の成立を精力的に働きかけた国際 NGO の 1 つである Transparency International は，ATT の成立に際し，ATT が腐敗防止について明文の規定を有する条約であると高く評価してい

る。http://www.transparency.org/news/pressrelease/20130402_transparency_international_welcomes_historic_adoption_of_un_arms, accessed on 12 September, 2016 参照。

(48) 開発をめぐる規範が，先進国による途上国の内政に介入する口実を与えるという懸念から，最終的に ATT の条文から削除されることとなった経緯について指摘したものとして，榎本珠良「武器貿易条約（ATT）交渉における対立・摩擦と条約構想の限界」『軍縮研究』5 号，信山社，2014 年，32-34 頁参照。

(49) 榎本，前掲論文，32-34 頁参照。

(50) 復活祭の週末であったため，3 月 29 日金曜日は国連の公休日となり，会議は開催されなかった。

(51) この懸念については，特定通常兵器使用制限条約（CCW）交渉の停滞ゆえに，対人地雷禁止条約，クラスター弾条約の交渉プロセスが開始されたこと，そして国連以外の場での交渉プロセスを有効であると考えた一部の国々，NGO 等が存在したことから，杞憂ではなかったことが理解される。

(52) たとえば，アフリカ諸国は，弾薬を ATT の規制対象品目に含めることに積極的である一方，東南アジア諸国は消極的であった。

(53) この諺は英語が出典であるとされるが，A good compromise leaves both sides equally unhappy/everyone angry 等の異なる表現が存在する。

［付記］筆者は，2010 年から 2013 年まで国際連合日本政府代表部参事官として安保理制裁・軍縮不拡散問題を担当し，2012 年 7 月および 2013 年 3 月の武器貿易条約交渉会議に日本政府代表団の一員として参加した。本章の内容は，筆者の個人的な考えであり，必ずしも日本政府の見解ではない。

第3章　紛争予防規範と平和構築規範の複合と交錯
――国連におけるマルチステークホルダー・プロセスの生成過程を例として――

庄司真理子

1　冷戦後の紛争予防・平和構築規範

　冷戦後，国際連合（国連）は，国連憲章に規定されていない，新たな平和と安全の維持の概念を多数創出した。本章の検討課題である「予防外交（preventive diplomacy，または，紛争予防（conflict prevention））」と「平和構築（peacebuilding）」も冷戦後の国連が，平和と安全の維持の分野で多用してきた規範概念である。これらの規範概念は，この分野の国連の活動では当然のごとく使われているが，その明確な定義，規範の適用範囲，実質的な活動内容は，確定されていない。いずれの概念も包括的であるため，冷戦後の地球的課題の多様化，国境を越えるアクターの多様化に伴って，その適用範囲を明確にすることが難しくなっている。国連の実践過程の中で多用される概念にもかかわらず，これらの規範概念を国連がいかなる意味で利用してきたかを，不問に付すわけにはいかない。

　本章では，「紛争予防」と「平和構築」という2つの規範概念が，相互にいかなる位置関係にあり，いかなる使い分けがなされてきたのか，両規範の競合および複合関係を中心に検討する。

　歴史的に見ると，防止措置（preventive measure）は，国連憲章に起草された内容であった。国連憲章起草当初から検討されていた紛争の防止（予防）[1]が，冷戦後に1992年のブトロス・ブトロス＝ガリ事務総長の報告書『平和への課題（An agenda for Peace)[2]』のなかで別の形で注目され，さらに2000年の『国連平和活動検討委員会報告書（略称，ブラヒミ・レポート)[3]』で国連の中核的活動にまで発展する。他方で，同じ『平和への課題』で紹介された平和構築概念が，2005年の世界サミットで脚光を浴び，国連の重要な機関の1つとして平和構

築委員会 (Peace-Building Commission：PBC) を創設するに至る。同じ国連による平和と安全の維持分野の規範概念でありながら，両者は時として競合し，時として重複し，時として相補関係にあり，時として相乗効果をもたらす。本章では，この2つの規範の生成，発展，展開プロセスを検討しながら，国連による平和と安全の維持活動そのものが，マルチステークホルダー・プロセス (Multi-stakeholder Process：MSP) を包摂しながら，トランスナショナルな領域に活動範囲の裾野を広げてきている過程を考察する。

2　国連規範の視座と MSP

国連による平和と安全の維持分野の規範

　本章で取り上げる国連による平和と安全の維持分野の規範とは，いかなるものを指すのであろうか。国連憲章における「紛争の平和的解決」(憲章第6章) や「集団安全保障制度」(憲章第7章) などは，多数国間条約である国連憲章に規定された実定国際法上の概念とみなすことができる。しかし，国連の実践過程で生み出されてきた「紛争予防（予防外交）」や「平和構築」などの概念は，実定国際法に規定されている法律上の概念ではない。また，これらの規範を創造した主体も，主権国家とは限らない。紛争予防，平和構築の両規範概念双方とも，冷戦後に国連事務総長ガリが『平和への課題』において提案したものである。「平和構築」概念は，実定国際法のような確立された法文書を根拠規定とするわけではないが，今日，国連の主要機関である国連総会 (General Assembly) や安全保障理事会 (Security Council：安保理) に並ぶ独自の機関，PBC を創設するにいたっている。本章で検討する規範も，その依拠する文書は，国連事務総長報告書，国連事務総長の委託による報告書，および国連総会や安保理の決議とする。(4) これらの国連文書を丹念に読み込み分析することによって，「紛争予防」と「平和構築」の2つの規範概念の輪郭を明らかにすることが本章の目的である。

　これらの国連文書以外にも，国連が発行する文書は多岐に渡る。しかしあえて国連事務総長報告書，国連事務総長の委託による報告書，および国連総会や安保理の決議を，国連規範の原拠となる文書として取り上げる理由は，以下の

第3章　紛争予防規範と平和構築規範の複合と交錯

ようなものである。安保理の決議については，国連憲章第25条に「国際連合加盟国は，安保理の決定をこの憲章に従って受諾し且つ履行することに同意する」と規定されているように，その「決定」は法的な拘束力があるとされている。しかし，国連総会決議については，憲章第10条および11条に定める通り，「勧告」をする権限しかない。このように勧告的効力しか認められない国連総会決議ではあるが，国際社会のほぼすべての国が加盟し，かつ全会一致あるいは反対なしのコンセンサスで採択された決議は，ある一定の法的効果がある文書ということができる。そのような経緯から，本章では，安保理の決議ことに決定，および，国連総会の全会一致あるいはコンセンサス決議を，規範が依拠する文書とみなす。また，『平和への課題』をはじめとする国連事務総長報告書は，その分野の活動に関する見解を示す国連の規範創造の源泉ともいうべき文書である。さらに，後述するようなブラヒミ・レポート，ハイレベル・パネル報告書などの，国連事務総長が独自にブレーンを召集して委員会を組織し，発表した報告書も，国連の規範創造の重要な源泉となっている。これも規範文書として分析の対象とする。このような国連文書のうち，国連総会決議および安保理決議は，国家間の審議の枠組みから創出される規範文書であるが，国連事務総長報告書や，事務総長の委託による委員会の報告書は，国家間枠組みではなく，国連事務局主導の規範文書である。主権国家間の枠組みから創造される国際法は，非常に重要な法的拘束力を有する規範文書であることに異論はない。しかし，主権国家間の実定国際法を中核としつつも，その周囲に国連総会決議，事務総長報告書，事務総長の委託による報告書など，法類似の国連規範文書が存在する。このような法類似の規範群がやがては法的確信を得るにいたって法に昇華する場合もあれば，実定法としては成立しなくとも，国際社会では確立された規範として認知され運用される場合もある。本章の扱う「紛争予防」および「平和構築」も，実定法規範と呼びうる確立された法概念ではないが，国連では一定の地位を得た規範概念と言えるだろう。

　以上，本章の扱う規範の依拠する文書は，国連による平和と安全の維持分野の規範であるため，主として前述したような国連文書ということになるが，さらにここで，紛争予防，平和構築の規範の射程範囲を説明しておきたい。これらの規範は，時代によって，その呼称，意味する活動内容などに変化が見られ

る。それゆえ，1つの実定法で明確に定義づけられる法概念とは様相を異にするものである。たとえば，紛争予防は，予防外交，予防行動，防止措置，防止外交など，呼称もまたその概念が意味する具体的な国連の活動内容も時代によって変化している。平和構築についても同じことが言える。それゆえ，本章の検討対象とする規範は，時間とともに生成，発展，変化，改変していくものと言える。紛争予防や平和構築規範は，時間軸の面でもある一定の変容の幅を示す。また，具体的な活動内容といういわば空間軸の面でもある一定の幅を示す。すなわち本章の扱う規範は，特定の活動を点で指し示すものというよりは，一定の特色を共有する国連の平和と安全の維持に関わる活動群を総称する幅を持った概念としてみる必要がある。その意味で，紛争予防や平和構築などの規範は，その射程を，時間軸の側面でも空間軸の側面でもある程度変容する可能性を持つ幅を持った概念として捉えることが妥当であると考えられる。これらの文書を分析することによって，国連において今日多用されている「平和構築」および「紛争予防」概念の輪郭を，少しでも明らかにしておく作業は必要であろうと思われる。

マルチステークホルダー・プロセス（MSP）

「紛争予防」と「平和構築」という2つの規範概念の発達の背景に，冷戦後の世界，グローバル化，それに伴う現象としてマルチステークホルダー・プロセス（MSP）がある。MSPの示す，マルチとは何を意味するだろうか。まずはマルチラテラリズム（Multilateralism）の意味を読み解くことから始めたい。当初，ロバート・コヘインらは，マルチラテラリズムを二国間主義（Bilateralism）に対置する言葉，すなわち多国間主義として議論していた[7]。この場合のマルチ（Multi）は，二者間のバイ（Bi）に対する三カ国以上の意味で使われていた。ここではとくにアクターの質を問わず，同質の国家主体が三者以上関わっていること，すなわち「数の多数性」あるいはマルチナショナリズム（Multinationalism）とも言い換えることのできる意味で使われていた。これに対して，ジョン・ラギーは多国間主義の質を問題として，多数国同盟とは異なる多国間協調主義ともいうべき相互的，制度的，かつ合意による多数国間の協力関係をマルチラテラリズムと呼んだ[8]。さらに，ルク・バン・ランゲンホフは，

多様なアクターに開かれたマルチラテラリズム 2.0 を提唱し，ジュリア・モースとコヘインは，競争的マルチラテラリズム（Contested Multilateralism）によって，国家主体であるか否かを問わず，既存のレジームに対して，それに異議を唱えるために連携した主体が，競争的にレジーム・チェンジに挑戦することを議論した。ここにきて，マルチラテラリズムの意味が多国間主義から多様な主体主義に変容したとも言いうる。マーク・レイモンとローラ・デナルディスは国家主体のみならず，国際機構，NGO，企業，個人など多様な主体が関わるマルチラテラリズム，すなわち「種類の多元性」を唱えた。MSP の意図するマルチも，厳格に定義するならば，「種類の多元性」が求められるだろう。しかしグローバル化への移行期にある今日，「種類の多元性」への移行段階として，広義には「数の多数性」も含めて考えることができる。ところで MSP の定義も様々ある。いくつかの議論から導き出される MSP の定義の共通項は，次の3点と言えよう。(1)国際的，国家的，国内的に多様なステークホルダーが参画し，(2)長期的なコミットメントのもとにパートナーシップを組み，(3)共通利益を持つパートナーとの共同の努力である，という点である。

いくつかの MSP に関する定義から導き出される共通項は，グローバル化の進む今日における意思決定の方法を示唆している。また，これまで国際的な争点に関する意思決定は，主権国家間の枠組みで決定されてきたが，MSP では，共通の関心や利害関係を持つ，国家のみならず，多様な非国家的主体が，パートナーシップを組んで協力をし，必要な場合には決定をすること，と定義することができる。

ここでまず，MSP の類型化を確認しておきたい。各国政府，国際機構，NGO，企業などが参加しうる会議形態ということになると，それら4つのステークホルダーの組み合わせとして，表3-1の A～O に示すような15のプロセスが考えられる。厳密に MSP を定義するならば，K から O のような3種類以上の主体の組み合わせは，「種類の多元性」を示している。最も多元性を有する組み合わせは O ということになる。他方で，MSP の原初的段階として，広義のマルチラテラリズム，すなわち「数の多数性」を出発点として位置づけることができる。レイモンとデナルディスは，MSP が発生するのは，異種混成の多頭制（heterogeneous polyarchy）および同質的な多頭制（homogeneous

第 I 部　規範形成・伝播の複合過程

表 3－1　マルチラテラリズムから MSP への組み合わせ

	A	B	C	D	E	F	G	H	I	J	K	L	M	N	O
国　家	○				○	○	○				○	○	○		○
国際機構		○			○			○	○		○	○		○	○
NGO			○			○		○		○	○		○	○	○
企　業				○			○		○	○		○	○	○	○

出所：筆者作成。

polyarchy）の場合であると指摘する。MSP の原初的な段階は，同質的な多頭制，すなわち A から D にみられる「数の多数性」から始まる。そこには，A 型のように多国間主義と呼称することが相応しいもの，B 型のように国際機構間の調整メカニズム，E 型のように通常の国際機構の会議形式という呼称が適切なタイプもある。さらに E から J のような 2 種類の主体の異種混成であっても，三者以上の主体が集まれば，これを MSP と呼ぶことができる。また H, I, N などは，異種混成の多頭制ではあるが，形としては一国の政府が民間団体を招集して実施する国内的なプロセスとも重なる。

　次に，国家間の取り決め，すなわち条約などの国際法であれば，法的拘束力をもって締約国に実効性のある法的措置をなしうるが，MSP のように多様なステークホルダーが関与したプロセスの場合，そこで決まったことをどのようにして履行するのか。トーマス・ヘールとディビッド・ヘルドは，MSP の多くがプロジェクトの参加者に対するモニターのメカニズムを持ち，約束を破ったものに対して「名指しで名誉を傷つける（naming and shaming）」ことによって，履行を確保することを意図している。また，トランスナショナルなステークホルダーが，何らかのグローバルなルールを策定する際に，その策定プロセスに参加していなければ，策定されたルールに対して，何のコミットメントもなく，それに従うこともしない可能性がある。

　その意味で，規範策定過程における MSP の適用は，策定されたルールの履行を確保するために必要なことと言えよう。

　MSP の履行確保に繋がる論点として，透明性（transparency）とアカウンタビリティ（accountability）についても言及しておきたい。ミヌ・ヘマティは，MSP を，以下のように説明している。「＊特定の争点について，あらゆる主要

第3章　紛争予防規範と平和構築規範の複合と交錯

なステークホルダーがともに，新しい形の意思伝達手段に基づいて決定を見つけ出す。＊ステークホルダー間の意思伝達において衡平とアカウンタビリティを達成することに重きをおくという了解に基づいている。3つかそれ以上のステークホルダー・グループからの衡平な代表あるいは彼らの意見が加えられている。＊透明性と参加という民主主義の原則に基づいている。＊ステークホルダー間のパートナーシップを発達させ，ネットワークを強化する目的を持つ」(19)とし，さらに「MSP の文脈では，アカウンタビリティとは透明であることを意味する」(20)と明確に言い切る。また同様の指摘としてマクドナルドは，「アカウンタビリティとは，透明性のメカニズムに組み込まれている」(21)と述べる。

　要するに，前述の定義に加えて，MSP は，多様なステークホルダーの組み合わせによって，数の多数性から種類の多元性まで多様な形態のパートナーシップがありうること，MSP の履行確保においては，透明性とアカウンタビリティのメカニズムが設定されることが望ましく，そのメカニズムを利用して，「名指しで名誉を傷つける」戦略などの評判政治（reputational politics）(22)がなされることが指摘できる。

　MSP の理念の起源についても検討しておきたい。その起源を国連憲章第71条の非政府組織との協議条項にあるとする見解もあるが，これは単なるきっかけに過ぎず，例外的にであっても政府代表以外の国際会議への参加を認めたものは，1972年にストックホルムで開催された国連人間環境会議（UN Conference on the Human Environment）に始まる。(23)その後，NGO の参加は，会議の準備，政策決定，その履行などの分野に徐々に広がっていき，MSP が始動し始める。NGO の参画は，政府代表会議と NGO 代表会議の二院方式の世界会議でなされるようになる。この方式は，政府代表と NGO 代表とを分離することによって，多様な主体が共に同席して話し合う形式からは，むしろ乖離する結果となった。他方で，グローバルなレベルでの多様な非国家主体が関与するガバナンスへの要請は，1995年のグローバル・ガバナンス委員会の言質からも高まっていった。(24)政府代表と NGO 代表の二院方式ではなく，国連が主催する1つの会議に一堂に会する方式について，キャサリン・ベーリングは，2001年の「国連総会決議56/183において，情報に関する世界サミット（World Summit on the Information Society：WSIS）が非国家主体を公式に招請したときが

99

最初であった」と指摘する。また，IT（インターネット）技術の分野は，専門家や関連産業の参画なくしてガイドラインを策定することは難しく，インターネット・ガバナンス・フォーラム（the Internet Governance Forum：IGF）という形で，MSPが国連のメカニズムに組み込まれる形となった。

ところで，「紛争予防」と「平和構築」の分野では，MSPはいかなる発展を遂げたのであろうか。ガレス・エバンスの協調的安全保障（Cooperative Security）理論が，包括的で，多元的であり，安全保障システムにおいて国家を主要アクターとするが，非国家主体も重要な役割を果たすことを指摘し，MSPの発想の先鞭をきった。国連では，1988年にハビエル・ペレス・デクエヤル（Javier Pérez de Cuéllar）事務総長が，予防外交のための早期警報システム強化のために事務局内の情報調査収集部（Office for Research and the Collective of Information：ORCI）を設置した。ORCIは，加盟国，地域機構，専門機関，NGO，個人など多様な主体が，情報の発信者，収集者，受信者となる情報の集中管理システムを指向していた。

国連が国内事項不干渉原則の壁を乗り越えて，多次元的かつ非国家的主体も含む多様な主体によって予防外交活動を展開するために，これらを調整する要となる機関が必要となってくる。1998年にコフィ・アナン（Kofi Annan）事務総長は，国連内の政務局（Department of Political Affairs：DPA）を，予防外交のフォーカル・ポイントとすることを提案する。同年の「紛争予防活動の強化における事務総長と国連システムによる最近のイニシアチブ」と題するレポートは，まさに国連のMSPの萌芽的段階として数の多数性を説明している。同レポートは，DPAを中心として，平和維持活動局（DPKO），人道問題調整局（OCHA），国連開発計画（UNDP），国連難民高等弁務官事務所（UNHCR），国連児童基金（UNICEF），国連食糧農業機関（FAO），国連世界食糧計画（WFP）および世界保健機関（WHO）などの国連システム内の多様な機構の活動を調整するために，調整のための部局間枠組みチーム（Inter-Agency / Interdepartmental Framework Team）を設置することを提案している。また，UNICEF，UNDP，WFP，DPKO，OCHA，国連人権高等弁務官事務所（OHCHR）その他の代表で構成される平和と安全に関する高級執行委員会（the Executive Committee on Peace and Security：ECPS）が毎月1回会合を開いて相互の意思疎通を図ること

も進められた。これらの改革は，MSP の初動段階であったが，国連システム全体を俯瞰する調整枠組みであり，形としては表3－1のBの型にとどまっていたが，その後のブラヒミ・レポートの示唆する部局間を超えた包括的な平和活動へと発展していく。

その後，現地の調整機関も必要とされたことから，1998 年，リビアに最初の現地型の平和構築支援事務所（PBSO）が，翌 1999 年には，ギニアビサウに現地型の PBSO が設置された。この現地密着型の PBSO が設置されることによって，現地の NGO その他の市民社会の団体と接点を持った平和構築の可能性が開けた。これは L 型から O 型の原初的形態であり，このことが，MSP における平和構築概念の優位性や具体性を示すこととなる。

本章の問題意識は，紛争予防と平和構築規範の関係がいかなるものであるかを，MSP の発展プロセスの下におきながら考察することである。具体的には，時として重複性も指摘される両概念の射程や相違を明確化すること，また，両者の規範としての複合的関係性を検討すること，さらに両規範概念の発展過程において生起してきた MSP について検討することを目的とする。以下では，時間軸を追って両概念の変遷を分析する。

3　21 世紀初頭における紛争予防概念の進展

21 世紀初頭のこの分野の重要な報告書は，ブラヒミ・レポートである。同レポートによって，紛争予防，平和維持，平和構築の3つの規範が平和と安全の維持分野の柱となる。その後，世界サミットに至るまで，国連は紛争予防に力を入れて検討を進める。

ミレニアム総会とブラヒミ・レポート

21 世紀を迎えようとしている国連が，新たな平和と安全の維持の体系を組もうということで，国連ミレニアム報告書が準備された。同報告書は，「恐怖からの自由」すなわち平和と安全の維持分野のみならず，「欠乏からの自由」も含めて，包括的に 21 世紀の国連のあり方を再検討した報告書である。報告書は，「安全保障は予防から始まる。…予防が成功するための戦略として，過

去の紛争が再燃しないことを確保すること。そして紛争後平和構築のために必要な支援を提供することである」として、平和構築が紛争予防の重要な一端を担っていると指摘する。また報告書は、MSPの理念を明確に反映させ、透明性および「名指しで名誉を傷つける」戦略を紛争の最善の予防戦略として位置づけた。MSPの履行に関して政府と安保理のみならず、市民社会アクターやグローバルな企業の社会的責任も甚大な役割を負っていると述べる。[35] 同報告書は、国連の活動を包括的に論じた内容のため、紛争予防と平和構築については、漠然と後者が前者に含まれる包含性を指摘したにとどまった。

同年8月に公開されたブラヒミ・レポートは、国連事務総長が、平和と安全の維持に関する専門家を集めて作成させた、いわばブレーンによる報告書として注目された。ブラヒミ・レポートは、紛争予防と平和創造、平和維持、平和構築の3つの要素からなる平和活動を提案し、これまで相互に連関性がなく、独立してなされていたこれらの活動を、一連のものとして捉えて連続性（sequence）を持たせることを意図していた。また、連続性の理念に基づき、ECPS、部局間枠組みチーム、現地型のPBSOなどの協働による国連メカニズムの多元的展開をも示唆する。

ブラヒミ・レポートにおける平和構築と紛争予防規範の関係は、上位・下位の包含関係から、並立の対等な規範という位置づけに変化した。また、以前は紛争予防の範疇に含まれていたような広範な活動が、紛争後平和構築という規範を前面に押し出すことによって具体化されてきた。レポートは、多次元的な平和構築にとって次の5点がとくに重要であるとする。すなわち、(1)即効性がある支援事業（quick impact project）、(2)「自由で公正な」選挙、(3)文民警察、(4)平和活動の人権部門、(5)武装解除、動員解除および社会復帰（disarmament, demobilization and reintegration：DDR）である。平和構築はこれに加えて、「腐敗との闘い、人道的地雷除去計画の実施、人免疫不全ウイルス／後天性免疫不全症候群（HIV/AIDS）教育と管理の強調、その他の流行病に対する行動への支援を含む」として、幅広い活動を意味するようになった。他方で、予防外交もまた、その守備範囲を拡張した。短期予防と長期予防に分け、前者は事務総長による事実収集使節団の派遣、周旋活動などをその内容とする。また後者の「長期紛争予防は、平和のための手堅い基礎を築くために、紛争の構造的根源に取

り組むものである」として，貧困削減，人権促進，マイノリティの権利の擁護，政治的取り決め，広範な基盤の経済発展の達成，および人道支援や開発援助も「紛争予防のレンズ（視点）」からなされると説明する[36]。紛争予防と平和構築は，その活動内容の重複，内容の組み換えがなされるプロセスで，相互に補完しあい相乗効果を発揮するものとなっていった。それと共に，規範概念としては，その重複と競合によって相互に磨きがかけられ発展する契機となった。

世界サミットまでの規範概念の詳細な検討

2001年に『戦略なくして出口なし：安保理の意思決定と国連平和維持活動の終結または移行（出口戦略報告書）[37]』と題する事務総長報告書が発表される。報告書は「平和構築は平和活動に取り込まれる必要がある。平和構築の目的は社会的，経済的，政治的制度と体制の構築である。事実上，平和構築は予防行動の最前線のものである。この活動は戦略的なものでなければならない[38]」として，紛争後の社会にとって何が必要かを明確にリスト・アップした。平和構築規範の重要性が明確になってくる理由は，何よりも活動内容の具体性，そして成果が目に見えやすいものであるということである。

他方でこの時期，事務総長は紛争予防に特化した報告書を多数発表している。一連の報告書は，2002年までは構造的アプローチ，2003年は機能的アプローチをとる。2001年「武力紛争の予防」報告書[39]は，「予防の文化[40]」を主軸におき，国連のあらゆる機関，あらゆる活動，および地域的取極や非政府組織，市民社会，民間セクターにまで，いかにして「予防の文化」を浸透させるかを検討している。また，紛争予防のための10原則を提案し，その第1項目が「紛争予防の義務[41]」であった。2002年の報告書[42]は，9.11テロ後ということもあり，対抗措置の文化から予防の文化への移行を，単なる修辞としてではなく，システム全体の具体的行動とする必要性を訴えた[43]。

またこの時期国連総会も，武力紛争の予防の重要性を指摘する決議を繰り返した[44]。2003年7月の総会決議[45]は，「紛争予防の第一義的責任は加盟国にある」，「国連憲章に規定された義務に厳格に従うことを加盟国に要請する[46]」などの強い表現で紛争予防規範の重要性を指摘し，反対なしのコンセンサス決議で採択されている。

2003年の事務総長報告書は、機能的アプローチ、すなわち活動内容ごとに構造的予防戦略を検討した。このアプローチをとると、平和構築の活動内容と重なるものが多い。報告書のテーマは紛争予防であるが、規範としての平和構築との重複性が見られるようになった。

これら一連の紛争予防報告書は、MSPの観点からも重要な指摘をしている。包括的かつ首尾一貫性のある紛争予防戦略（comprehensive and coherent conflict prevention strategies）をたてるために、国連の調整機関の役割を重視したり、アフリカ諸国に関するアドホック諮問グループ（ad hoc advisory group on African countries emerging from conflict）を設置し、アフリカの紛争予防作業グループと協力しながら活動したり、国連の調整のための最高執行委員会（United Nations System Chief Executive Board for Coordination：CEB）を組織したり、国連および地域機構間の高官級協議（High-level Meeting between the United Nations and Regional Organizations）を開催したりして、国連活動の調整と首尾一貫性の確保に努めている。

ブラヒミ・レポートによって、平和構築と紛争予防は、規範概念としては、内包外延の包含関係にはない並立対等の位置づけが明確に確認された。さらに2001年の出口戦略報告書は、平和構築を出口戦略にとって最重要課題であるとして位置づけ、平和構築活動の内容を具体的に明確にした。他方でこの時期の国連は、紛争予防の研究に最も力を入れていた。2001年の紛争予防報告書は、「予防の文化」を主軸におくことによって、紛争予防規範を心理的次元にまで拡大した。常に紛争の原因を政治的意思の欠如とするアナンにとって、「予防の文化」は無視できない重要な規範であったと言えよう。さらに、平和維持活動の活動内容に、紛争予防や平和構築が加わる。ここには、平和維持の包括性と、これと重複する側面のある紛争予防および平和構築規範の併存がみられる。2001年の紛争予防報告書は、10原則を提示し、加盟国、国連諸機関、地域機構に検討を要請する。2003年の総会決議は紛争予防規範を、法的に実効性ある義務とまでは断言できないとしても、それに近い規範的価値を認めるものとなった。つまり、この時期の平和構築と紛争予防には重複性が指摘される。平和構築が具体的な現地活動を示すのに対し、紛争予防はその現地活動の背景をも包み込む幅広い機能として包括的であり、その結果として、活動内容

は重複性を示すことになる。さらに紛争予防は，予防の文化，女性性の重視など，思考様式や心理的次元にまで広がる幅の広い規範概念となる。すなわち，国連の実践活動としては，「平和構築」が具体性を帯びて，より明確にその輪郭を現してきたのに対して，「紛争予防」は，国際社会全般に浸透する規範として，一般性や包括性をその特色として示していくこととなる。

4 2005年世界サミット期の平和構築と紛争予防

2005年の国連60周年記念総会（世界サミット）に向けて，国連の平和と安全の維持のあり方が再び検討された。平和構築概念が一躍脚光をあび，世界サミット成果文書(52)では，国連の主要機関として独立のPBCを創設するに至る。平和構築が紛争予防と比較して，どのような経緯でこれだけ国連のこの分野で脚光を浴びるに至ったか。またその際の紛争予防の規範としての位置づけはどうなったかを，以下に検討する。

世界サミットと平和構築委員会の創設

PBCの創設を正面から検討したのは，2004年12月に発表された『より安全な世界へ：われわれの共通した責任(53)』という報告書であった。これは世界サミットに備えて，事務総長が専門家を召集して「脅威，挑戦および変革に関するハイレベル・パネル（High-level Panel on Threats, Challenges and Change）」を組織し，国連の平和と安全の維持に関する改革案の検討を依頼したものであった。同報告書がMSPの特徴を指摘した点として，シエラレオネやアンゴラでは，紛争ダイアモンドの販売を規制するために，不法な貿易を行った個人や企業を，安保理や市民社会組織（civil society organizations：CSO）が「名指しで名誉を傷つける」戦略によって規制し，これが内戦を終結させることになったことが挙げられる(54)。国連は，国家の当局，国際金融機関，CSOおよび民間セクターと協働して，紛争の危険のある国の天然資源の管理に適用される規範を開発するべきである，とされた。また，これまでの紛争予防のためのDPAを中心とする調整機関を設置する考え方は，同報告書においては，平和と安全の維持分野のあらゆる主体の調整と連続性の確保のために，PBCと事務局によるPBSO

の設置提案に発展した。すなわち，この分野のMSPのフォーカル・ポイントは，当初は紛争予防のために検討されていたが，これが具体化する段階にいたって，2004年の同報告書以降，平和構築のためのフォーカル・ポイントに読み替えられた。

同報告書は平和構築について，「集団安全保障と武力行使」の節で取り上げ，明確に予防とは別の規範として位置づけている。平和構築の核になる任務は，効果的な公的な制度の確立，法の支配による統治のための合意による枠組みの確立，警察，司法，法の支配改革，人権と和解のための現地の能力構築，現地の公的部門のサービス提供の能力構築などで，すでに具体的に紛争後の現地のPBSO[55]などを中心に活動していることを説明している。具体的な実践活動が展開されていることが，平和構築規範の重要性を指摘する要因となっていると言えるだろう。同報告書を境に，国連における紛争予防と平和構築規範の力点は，後者に移動した。2003年まで集中的に紛争予防を検討してきた事務総長報告書等の国連文書が，平和構築に力を入れるようになる。[56]

ハイレベル・パネル報告書の内容を受けて，2005年3月に国連事務総長が国連60周年記念総会に向けて提示したものが，『より大きな自由を求めて：すべての人のための開発，安全保障および人権』と題する報告書である[57]。事務総長はまず，「国連にとって破壊的な紛争を予防し解決すること以上に重要な任務はない。論証するのは難しいが，国連は紛争を平和的に解決するために，事務総長の『周旋』を利用して明らかに戦争を防止してきた」として紛争予防の重要性を強調する。政治的意思を重視するアナンの見解として，最も強調したいところは「予防の文化」に基づく紛争予防の重要性であった。

他方で，平和構築については「紛争から永続的な平和への移行」と位置づけた。事務総長は，PBCが対象とする平和構築を「紛争後の活動」に限定し，この「紛争後」を，紛争終結直後から中期的な復興に関わる幅広い時間軸で考えた[58]。

この報告書が，その後のPBCやPBSOの役割を明確化したことは意義あることであったが，加えて平和構築と紛争予防の違いを，紛争後とそれ以前という時間区分で明確化したこと，および早期警報や周旋を紛争予防に特徴的な活動として平和構築の活動ではないと明言したことにも意義がある。ともすれ

第 3 章　紛争予防規範と平和構築規範の複合と交錯

ば規範の認識が混同されがちなこの分野で，違いを明確化することはある程度重要な作業だろう。

　これら一連の報告書を受けて，2005 年に開催された世界サミットは，成果文書を発表する。同文書は，法的拘束力ある国際条約として成立したものではない。しかし，国連の 60 年の歴史の中で，国連を大幅に組織改変するほどの大きな規範的効力を有する文書である。同文書に基づき，実際に PBC のみならず，人権理事会も創設され，機能している。同文書は，実質的にも，かつ実定法ではないとしても，規範の側面からも平和構築アーキテクチュア（Peacebuilding Architecture）の設立根拠文書となった。すなわち，同文書に基づいて，PBC が創設され，PBSO，平和構築基金（Peacebuilding Fund：PBF）が創設されるなど，平和構築分野の目に見える進展がなされた。

　PBC は，平和と安全の維持分野の活動の調整，一貫性，統合性を確保するために設置された。この分野は，紛争の平和的解決，集団安全保障，平和維持，紛争予防，平和構築と，数多くの規範が創出されているにもかかわらず，それぞれがばらばらに適用され，規範相互の重複や間歇が存在し，統一性や一貫性が確保されていない。成果文書は，このような問題に対処するための改革案として，PBC に期待をかけたと言えよう。

　成果文書を受けて，2005 年 12 月 20 日に「PBC 設置のための安保理決議」が採択された。同決議によって，PBC，PBSO，PBF の 3 者で構成される国連の平和構築アーキテクチュアの骨格が明確となる。

　PBC は，加盟国を中心とした審議機関であるが，以下にみるように MSP をも包摂する可能性を示唆している。PBC には，国別委員会と組織委員会の 2 つの委員会があるが，前者の国別委員会は，国連の MSP の発展にとって重要な意義のある構成となっている。メンバーは，(a)当該国，(b)地域的および準地域的な機構，(c)軍事・文民要員派遣主要国，(d)シニアを含む現地国連代表，(e)地域および国際金融機関，で構成される。さらに PBC は，平和構築に関わるすべての関係者を一堂に集めることを旨とする。議事はすべてコンセンサスで決定されるために，安保理のような表決方式による参加者間の不平等は生じない。ジェンダーの視点を重視し，女性が平等に平和構築に参加することも考慮に入れる。NGO を含む民間セクターの意見も取り入れるために，これと協議

することも定められた。さらに，NGO や企業を包摂する可能性があるため，MSP の観点から見ると PBC は国連において表3－1の O 型への発展可能性の道を拓くこととなった。

　PBC は，国際社会のすべての事例を審議するわけではなく，適切と判断した事例のみを集中的に1つずつ審議していく方式をとっている。平和構築規範を法規範としてしまうと，平和構築が求められるすべての国について，国連が責任を負う必要も出てくる。平和構築を法規範未満ではあるが，国連にとって重要な規範として位置づけることによって，国連の許容能力と規範の実効性とのバランスをとっているとも言えよう。

　上述 PBC 設置のための安保理決議は，PBC の活動のみならず，国連の平和構築アーキテクチュア全体に関わる重要な概念も示している。1つは，一貫性のある統合されたアプローチをとるための「統合戦略」である。国連のこの分野の活動は規範相互の重複や間隙が存在し，統一性や一貫性が確保されていないため，「統合戦略」は国連改革にとって非常に重要な位置づけを持つ。いま1つは，「国の主体的取り組み」の尊重である。後述するが，平和構築規範は，国連が国家主権の壁を越えて平和と安全の維持の業務活動を提供するビジョンとなっているが，これをあくまで国家の主体性を尊重しつつ行うところに，平和構築規範の優位性が示されることとなる。

平和構築委員会の成立期の紛争予防

　2005 年の成果文書において，平和構築の概念は注目を浴び，平和構築アーキテクチュアの創設などの目に見える進展があった。他方，紛争予防については，成果文書に一部言及されたに過ぎず，注目されなかった。紛争予防と平和構築は，規範として重複性や競合性が指摘されており，国連は平和構築に重点を移したとの見方もある。しかし不思議なことに，2005 年9月 14 日，総会議場での世界サミットと並行して開催された安保理の会合で，紛争予防のみに注目した安保理決議が採択された。その内容は，「特にアフリカの紛争予防に関する安保理の役割の有効性の強化」を目指したものである。安保理は，そのための宣言を付属書として添付し，これを決定している。

　ブラヒミ・レポート以降，2005 年の世界サミットまでの間，国連は数々の

第3章　紛争予防規範と平和構築規範の複合と交錯

紛争予防に特化した決議や報告書を発表してきた。ところが世界サミットの折に設置されたのは，PBCであって紛争予防委員会ではなかった。紛争予防は，平和構築と比較して，費用対効果も高く，紛争の現地に痛みが生じる前にこれを防止するため，最も理想的な紛争への対処方法のはずである。しかし実際には，実行の難しい紛争予防より，「できることからはじめる」という観点から，現実に紛争が発生した際の平和維持活動や，紛争終結後の平和構築という実行可能性の高い分野に優先順位がおかれてしまった。そのことが紛争予防の重要性を減じることにはなっていない。

　2006年の事務総長による「武力紛争の予防に関するプログレス報告書」[66]は，2003年の報告書と比較しても，国連による紛争予防をさらに深く検討した洗練された内容となっている。報告書はことにMSPの重要性を指摘する。紛争予防が必要とされる多くの紛争は国内紛争かトランスナショナルな紛争である。そのためのメカニズムにはあらゆるステークホルダーが接近可能である必要がある。国家や社会が自分たちの問題を処理するのに最も適切な方法を用意できるかどうかが鍵となる。

　その鍵となるのが国連事務総長による周旋である。DPAと協力して，仲介に加えて事実収集や信頼醸成措置なども担当する仲介支援部署（Mediation support unit）の能力を強化した。人道危機時の早期警報措置も重要である。食糧安全保障や，武力紛争における子どもの保護など，人道共同体がクラスター・アプローチ（Cluster approach）を採用してこれに取り組んでいる[67]。

　各国別の国内の組織構造に関わる活動として，国連民主主義基金（United Nations Democracy Fund）が設置された。また民主主義と関連して，対話の重要性が各所で指摘されている。紛争を平和的に処理するのは活力ある市民社会である。そこにはNGOや自由なマスメディア，宗教指導者が含まれる。平和的にかつ建設的に緊張を処理するためには開かれたコミュニケーションと対話が欠かせない。その際にすべてのアクターが含まれている必要がある。さらに，対話は国境の内側同様に国家間や文化にとっても重要なもので，紛争が暴力にエスカレートすることを防止する手段となる。そのためにも国連事務総長の周旋は，常に加盟国にとって利用可能なものであると指摘する[68]。

　世界サミットを境に，この分野の実践的な活動における紛争予防と平和構築

第Ⅰ部　規範形成・伝播の複合過程

表3－2　紛争予防と平和構築の4次元

	時間軸	空間軸
紛争予防	早期警報および長期予防	トランスナショナル
平和構築	紛争後	国内

出所：筆者作成。

　の関係は逆転した。1990年代の報告書は，平和構築を紛争予防に包含されるものとして説明していた。2000年のブラヒミ・レポートに至って，明確に平和構築と紛争予防は，並立対等の位置づけが確認された。さらに2004年のハイレベル・パネル報告書では初めて，PBCの提案がなされ，平和構築規範がクローズアップされてくる。2005年の世界サミット成果文書ではPBCをはじめとする平和構築アーキテクチュアが提案され，創設された。国連の実践活動の分野では，平和構築に注目が集まり，より優先順位の高い活動として位置づけられるようになる。しかし平和構築は「紛争後の活動」に限定された。平和構築概念にとって，この範囲の限定は，かえって概念の明確化に繋がった。平和構築と紛争予防を比較すると，表3－2に示したように，平和構築は，時間軸では紛争後に限定され，空間軸では紛争後の現地に限定される。他方で紛争予防は，時間軸の観点からは，ブラヒミ・レポートで指摘されたように早期警報から長期予防までの長い時間が想定され，空間軸では，一国内にとどまらずトランスナショナルな視野が求められる。

　また，紛争予防規範も，2003年の国連総会決議に引き続き，2005年の安保理決議，2006年の紛争予防報告書などで，紛争予防を国連憲章上の義務とするような強い表現を用いて強調するようになる。両者の関係は，実践活動の分野では，平和構築が優先されるという序列性を示す一方で，紛争予防は法的効力に近い一般性と規範性を示すようになる。

5　潘基文事務総長第1期の紛争予防と平和構築

紛争予防に関する潘事務総長の報告書

　アナン国連事務総長の時代に，紛争予防の概念は，単なる概念から，具体的な国連の平和と安全の維持のためにとりうる措置として，発展を遂げた。この

ような進展を，2007年より事務総長の座についた潘基文国連事務総長は，どのように考えているのだろうか。潘の考え方は，2008年に安保理に提出された「特にアフリカの紛争予防に関する安保理決議1625 (2005) の履行に関する国連事務総長報告書」で明らかにされた。報告書から言えることは，次の3点である。

　第1に「予防の文化」を強調し，これを中心に紛争予防を考えている点はアナンの考えを引き継いでいる。アナン事務総長の行っていた紛争予防を，体系的に整理し，しっかりと受け継いだことを国際社会に表明する意味がある。このことが国際社会からの信頼を得ることに繋がり，次のステップに発展する礎石となる。第2に，潘事務総長の紛争予防は，特にアフリカに焦点を置いている。これは2005年の安保理決議を引き継いだものとも言える。さらに国連はアフリカに地域事務所を設置し，事務所が直接加盟国，地域機構その他の機関を支援することを考案している。第3に，潘事務総長の報告書は，能力構築をその基本方針にすえている。紛争に陥る可能性の高い国の国内の能力構築，およびそれを取り巻く地域機構の能力構築である。ことにアフリカは，紛争地および政治的に脆弱な国が多く，それを包摂する地域機構や準地域機構も脆弱なことが多い。これらの能力のボトム・アップが紛争予防に貢献することはいうまでもない。国内の予防能力の構築のための具体的な活動は，法の支配の確立，安全保障と組織の確立，グッドガバナンス，選挙支援など，平和構築の具体的な活動と重複している。最後に，PBCとの関係について報告書は，「PBCの支援の下にブルンジの平和構築のための戦略的枠組み，シエラレオネの平和構築協力枠組みなどが設置された。これら地域事務所は，価値のある早期警報能力を提供したり，予防努力に関する言質のプラットフォームを提供したりして，ますます重要になってきている」，と言及して，PBCの存在が紛争予防にとって相乗性をもたらすことを指摘している。ここでは両規範の重複性と相乗性が確認された。

平和構築委員会初期の事務総長報告書

　2005年から3年間の国連の平和構築活動は，PBCを中心とするアーキテクチュアの組織作りに力を注いでいた。2009年にいたってようやく，平和構築

概念を明確化するような包括的な事務総長報告書が発表された。その後2009年から10年にかけて，3つの報告書が発表されている。2009年の国連事務総長報告書[73]，2010年の国連事務総長報告書[74]，および2010年の「女性の平和構築への参加」に関する事務総長報告書[75]である。これらの報告書を概観すると，PBCのMSPのハブとしての重要性が浮かび上がる。

第1の論点として，一貫性のある統合されたアプローチをとるための「統合戦略」をとるために次の3点が重要だとしている。

1つ目の点として，まず優先事項を定める上での平和構築活動の具体的内容は次の順となる。(i)基本的な安全のための支援，(ii)政治プロセスの支援，(iii)基本的サービスの提供，(iv)中央政府の機能の回復，(v)経済再活性化，(vi)基本的なインフラストラクチュアの回復，である。平和構築がかなり具体的かつ現地における方法論が精緻に検討されたものとなってきている。

2つ目の点として，次の段階に統合戦略の枠組みを構築することが必要となる。報告書はこの一貫性確保のための鍵となるメカニズムがPBCであるという。また，現地で一貫性確保のために重要な役割を果たすのが，常駐調整官，人道調整官である。さらに国連機関相互の初期復興クラスター・ネットワークも一貫性確保に貢献する。

最後の点として，一貫した統合戦略枠組みを実施するための指導力も重要な鍵となる[76]。2010年の報告書では，統合ミッション計画プロセス（Integrated Mission Planning Process）のための国連システム全体の新たなガイドラインで示された2つの大きな変化を挙げている。1つ目は，統合過程を直接監督するためのシニアの指導者チームを要請することであり，2つ目は，個々の機関や使節団の役割や責任を明確化することによって，相互のアカウンタビリティを促進するような統合戦略枠組みを開発することである[77]。ことに本部においても現地においても，シニアの指導者チームは，一貫した統合戦略枠組みにとって重要な役割を果たす。

第2の論点として，人的，財政的支援のあり方については，次の数々の指摘をしている。その主な点として，1つは国連システム内では国際支援について，クラスター・アプローチが利用されている。また機関間調整メカニズムなどの複数の国連システムの機関が協力調整して活動がなされている。

いま1つ国連が効率よく国際支援をするためには，国連の常設および予備の文民能力に依拠することが望ましい。また専門家登録制度やグローバル・サウスからの登用，女性の文民専門家の採用などの人的資源改革パッケージが検討されている。[78] 現地と本部を統合するような職員規則や契約規則を検討すると共に，家族同伴が許されていない赴任地の職員任用に関する調査も国際人事委員会によってなされている。[79]

　3つの事務総長報告書は，基本的には2005年の世界サミット成果文書とPBC設立安保理決議の線に沿った活動内容を報告している。結論部分では，いずれも国連の活動の一貫性の確保のために，加盟国，地域機構，市民社会，民間セクター，国際金融機関などが強いパートナーシップに基づいて集団的に努力する，すなわちMSPを要請している。高い理想にも思えた2つの国連決議を，現実のものとして履行し運用した努力の積み重ねが報告書には示されている。今後も改善するべき点は多々あるだろうが，2005年のPBC設立要請決議から5年の間に，PBCは国連の重要な活動機関として定着しつつある。

　PBCは，実質的な活動内容もさることながら，組織構造などの運営方法も構築段階にあった。事務総長の報告書のみならず，視点を変えた加盟国側の報告書も興味深い。[80] 特徴は次の2点である。

　第1に，平和構築活動の一貫性や統一性の確保のための連続性アプローチの盲点についてである。一貫して統一した統合戦略が，ただ前向きにのみ計画されることによって紛争への逆戻りを想定しない，すなわち紛争予防の視点を欠いた平和構築になってはならないことを忠告している。PBCも一貫性，統一性の確保にとって重要な機関である。国際金融機関，国連ファミリー，地域機構，議題対象国など様々な主体の間に，統一のとれた平和構築活動がなされるために，PBCが単に，会議場を提供して参加者を招集するのみならず，アクティブにステークホルダーに声をかけ，彼らの関心を喚起し，ネットワークを活性化することを期待している。

　第2に，要所要所にアカウンタビリティの問題が出てくる。[81] 平和構築アーキテクチュアは，政治的なシステムであって，法的な裁断や審議がなされる機関ではない。しかし政治的な対話の場であるからこそ，参加しているステークホルダーのアカウンタビリティが求められる。ここでいうアカウンタビリティは，

法的責任とまで言えないまでも，法的な執行能力に近い，多様な参加主体相互のパートナーシップに対する責任として，各ステークホルダーにモラルプレッシャーをかけることとなろう。

このように事務局サイドからだけではなく，加盟国などの多様なステークホルダーから平和構築の議論が提示されると，さらに議論は深まるだろう。

潘事務総長の第1期の紛争予防活動は，平和構築を補完するものとなった。平和構築が上位，紛争予防が下位の序列性を示すとも言えよう。他方で，紛争予防は，予防の文化，女性性の重視など，心理的な次元での国際社会の思考様式の変革を迫る広範な理念と，紛争勃発前の事実収集，早期警報および事務総長の周旋活動などの具体的かつ限定的活動に分けられる。また多くをアフリカなどの現地に近い地域機構に任せ，その支援のために国連の地域事務所を設置する形に変化した。他方で平和構築については，具体的な現地活動の研究や検討が進められる。活動にあたって重要なことは一貫性や統一性を確保するための統合戦略である。平和構築には多様なアクターやステークホルダーが関わる。多様で多次元的活動であればあるほど，それを統合するフォーカル・ポイントとしての平和構築アーキテクチュアの重要性は高まる。またフォーカル・ポイントは，決して中央集権的に関係主体を支配するのではなく，多次元的活動を活発化する触媒として機能し，支援を受ける国家のみならず参加主体すべての主体性とアカウンタビリティを促す分権的指向性を持つ必要があるだろう。

6　潘事務総長第2期の平和構築と紛争予防

潘事務総長は，第1期が2007年から2011年まで，再選されて2012年から2016年が第2期である。2期目の時期に入ると，平和構築委員会も制度創設期から，実働期に入る。国連の実践活動として動き出した平和構築と紛争予防の関係は，いかなる展開を示すだろうか。

稼動し始めた平和構築委員会と平和構築概念

制度構築期を経て，実際に稼動し始めた平和構築委員会および国連の平和構築活動に関して，潘事務総長は，次の2つの報告書を提示している。2012年

と2014年の『紛争後の平和構築：事務総長報告書』である。平和構築委員会は，ブルンジ，シエラレオネ，ギニアビサウ，中央アフリカ，リベリア，ギニア（2011年より）について，詳細な平和構築の審議がなされており，これらの経験から導かれた報告書である。報告書は，平和構築活動の実践過程における3つのキー概念を指摘した。

第1のキーは，包括性（inclusivity）である。その意味するところは，和平プロセスに，紛争当事者のみならず，その他のステークホルダーも含まれる必要があるという参加主体の包括性を意味する。女性，若者，犠牲者，周辺に追いやられたコミュニティの代表，コミュニティや宗教集団の指導者，市民社会アクター，難民や国内避難民などが和平プロセスに参加し対話することによって，社会の団結力を高め，国家の主体性を高めることに繋がる。それゆえ，多様な主体の参加，すなわちMSPは，紛争後の国内社会の平和構築においても，キー概念と言える。国内のMSPのためのメカニズムの創設，コミットメントの表象，代表政治，参加型対話などが平和構築のできるだけ早い段階でなされる必要がある。

第2のキーは，制度構築（institution-building）であり，これが持続的な平和にとって中心的な柱であると指摘する。国内の制度構築にとっては，安心と安全保障，司法，包括的政治プロセス，中心となる政府の機能性および経済の再活性化の5つの鍵となる能力ギャップの分野に対して支援を強化する必要がある。長期的な制度構築と，早期に具体的な制度構築が必要な分野のバランスも大切である。また，公的な政府や市町村役場などの制度構築のみならず，その正統性に注意を払いながら，NGOやCSOなどの非公式の制度構築も重視する必要がある。基本的人権尊重のための非公式の組織は，そのサービスの重要な提供者となったり，紛争解決や暴力的紛争の緩和の手段となったりする。2014年のギニア，リベリア，シエラレオネのエボラ出血熱の大発生は，影響を受けた国々の組織の脆弱性と，国家的枠組みとシステムに対する長期的安定に欠かせない持続的支援の必要性とを浮き彫りにした。そのために国連は包括的アプローチ（comprehensive approach）をとる必要がある。

第3は，持続的な国際的支援とアカウンタビリティ（Sustained international support and mutual accountability）で，そのためには，持続的な国際社会による政

治的かつ財政的支援を必要とする。その支援のために、紛争後の環境において、加盟国は、合意された戦略的目標と相互のアカウンタビリティを伴った移行のためのコンパクト（transition compact）を開発し、その利用を支援するように事務総長は奨励している。国連の現地駐在は、国内のカウンターパートと協働して包括的で参加型のプロセスを通して、これらの公約を開発し実行するよう支援する。アカウンタビリティ概念は、支援のドナーと被援助国政府の間により均衡の取れたパートナーシップを作る手段として流布している。相互のアカウンタビリティは、国際社会が、国内の計画やその優先順位を補完し、支援し、予見可能な国際的な支援を持続させるための強固な土台を提供することを保証するのに役に立つ。国内のアカウンタビリティのシステムが社会的な公約や、幅広い国家の主体性を確認するように、それは平和構築のより大きな包括性や主体性をも育てる。

この時期の平和構築概念は、包括性および女性の参加などを重視することによって、MSPを確保する概念として位置づけられている。ことに、それまで国連の側から表3-1のE型のような形で理念的に要請されてきた平和構築規範が、国連側の平和構築委員会の組織づくりから、紛争後現地の平和構築、すなわち表3-1のO型へと移行するべく、MSPの現地化が図られている。また、国内社会の平和構築の骨組みとも言うべき、制度構築に焦点をあてている。すなわち平和構築規範は、国連や国際社会の側から理念的に発信されて、紛争後現地への現地化、内面化が進み、結果的にE型とM型を包摂するO型に発展したと言えよう。さらにアカウンタビリティ概念と国際的支援を、コインの裏表の概念として扱っている。すなわち支援を提供する側のアカウンタビリティと、支援された側がこれを適切に運用するというアカウンタビリティとの接点として認識されている。今後のアカウンタビリティ概念を検討する上で重要な指摘と言えよう。

紛争予防から予防外交への回帰とその制度化

2011年7月、「紛争の平和的解決、紛争予防と解決における仲介の役割を強化すること」と題する総会決議が投票なしのコンセンサス決議で採択された。これは紛争予防概念の制度化に向けての大きな転機となる。ことに同決議の本

第3章　紛争予防規範と平和構築規範の複合と交錯

文第1項は，重要であるため，以下に記す[90]。

1. すべての加盟国は，紛争の平和的解決，紛争予防と解決を含む国連憲章に規定された義務を厳格に守らなければならないことを繰り返し表明する。

同決議をみると紛争予防概念は，もはや，「紛争予防」単独で示されるのではなく，「紛争予防と解決」という形で，紛争解決とセットとなって表されるようになる。すなわち，「紛争予防」規範が，「紛争の平和的解決」規範の文脈に併記されることによって，前者は加盟国の義務と同列と解釈される位置づけを与えられることとなった。

同決議を受けて，2011年8月，事務総長は安保理にこの問題を検討した報告書を提出している。『予防外交――期待に沿った結果を出す』[91]と題する同報告書は，紛争予防と解決に関与する多様なアクターの役割を，(1)総会，(2)安保理，(3) PBC，(4)事務総長の周旋，(5)使節，(6)地域事務所，(7)常駐政治ミッション，(8)平和維持活動，(9)事務総長の友人グループとその他の外交的な支援[92]，(10)安保理，人権理事会または事務総長から要請された事実収集・審査・調査団，(11)国連カントリーチームなど11のアクターにわけて，それぞれの役割を分析している。多様なアクターによって多角的視点から紛争を予防するというまさにMSPの必要性を指摘している。

さらに同報告書は，紛争の平和的解決，紛争予防と解決における仲介にとって，成功するための鍵となる課題と要素を，次の6つの機能から分析し，その後の発展の可能性を模索している。6つの機能とは，(1)早期警報，(2)柔軟性，(3)パートナーシップ，(4)持続可能性，(5)評価，(6)資源であり，この内容は，2011年以降の紛争予防概念を理解する上で重要な内容であるため，ここに詳述しておく。

(1)早期警報：国連の早期警報に関する協力は向上した。OHCHRならびにジェノサイドおよび大量殺戮の防止特別顧問事務所（the Office of the Special Adviser for the Prevention of Genocide and Mass Atrocities）が人権侵害やヘイト・スピーチが危険な指標のパターンとなるかどうか，情報を取捨選択し，

注意を喚起する上で重要な役割を担っている。また，国連と地域機構，具体的にはアフリカ連合や西アフリカ諸国経済共同体（Economic Community of West African States: ECOWAS）などとの協力が，早期警報として機能すると共に，より良いデータの確保を確実にする。国連や地域機構は，市民社会，議会，ビジネス共同体，影響力のある学術組織，現場のシンクタンクなどとますます緊密に協働するようになる。その意味で早期警報はMSPによって推進される。「警報から行動への連続性」は国際社会にとって最も難しい挑戦である。しかし，たとえ執られる措置が小さなものであったとしても，たとえば，安保理の声明，事務総長による事実収集使節団あるいは時宜を得た措置などは，より重要な影響を与えることが出来る。

(2) 柔軟性：とくに予防外交に必要なことは順応性である。いかなるアプローチがなされ，誰がそれを実行しようとも，目的が明確な一方で，現地の優先事項を考慮し，柔軟でさえいれば，その取り組みはますます成功する。

(3) パートナーシップ：準地域機構相互の紛争予防および仲介の協働がなされ，その重要性が増している。合同トレーニング・プログラムも可能となった。世界銀行その他の国際金融機構との協力も増えてきた。独立の仲介者の役割も益々重要となる。シニアの団体，CSO，女性団体，シンクタンク，学術団体，メディア，ビジネス共同体などが平和的変更に責任を負う。最後に，国連システム内部のパートナーシップも改善する必要がある。パートナーシップのあり方を改善することは，MSPに基づく紛争予防にとって欠かせない。

(4) 持続可能性：まず紛争後の仲介にとって最も重要なことは，和平合意の永続性である。長期的には，国内のメカニズムや組織のみが暴力的紛争の予防を持続的に行いうる。ここで重要なことは，「平和の国内的基礎構造（national infrastructure for peace）」，すなわち対話を擁護し，紛争の平和的解決のためのフォーラムを提供することによって紛争を予防できる現地の組織が構想されて存在することである。まさに紛争予防規範の国内への現地化と言えよう。これに加え，規範の内面化を強化する意味で，「静かな国際的また地域的な意思疎通」も必要である。和平合意の永続性のために，予防外交がトラックⅠ，Ⅱ，Ⅲと幅広くなされる必要がある。

(5)評価：我々は予防外交が有効なときは分かるが，それを経験的に立証するのは難しい。静かな外交は，そのほとんどが口頭での伝承であって，紙に書かれたものではない。この取り組みを詳細に記録し，教訓を分析し，見込みのある行動を書き留める努力をしはじめた。
(6)人的資源：外交はひとえに人が作り上げるものであって，最も価値ある資源は人である。シニアの特使，仲介者，専門家で平和の基盤が脆弱な現地に派遣できる「予防外交官（preventive diplomats）」の登録制度の開拓に努力をしてきた。

潘の2期目においても，予防外交は引き続き国連の重要な優先順位を与えられるものである。[93]

2011年の報告書に基づき事務総長は，2012年6月には，『「紛争の平和的解決，紛争予防および解決における仲介の役割の強化」に関する事務総長報告書』[94]を発表し，その意気込みを示している。同報告書から読み取れるのは，[95]紛争予防および解決の活動内容を，「仲介」に特化して検討していることである。「仲介」という伝統的な紛争処理手段を再検討するうえで，紛争予防（予防外交）概念を「仲介」概念に取り込む作業が，同報告書においてなされている。伝統的な「仲介」では処理しきれない性格を持つ今日の紛争に対して，紛争予防（予防外交）概念は補完的に機能する。多様な様相を呈する紛争，多様なアクターが関与する紛争，多次元的解決を必要とする紛争，仲介者同士のネットワークの必要性，女性の起用，他の国連使節団とのパートナーシップなど，グローバル化に伴って変化した社会に対応した紛争処理規範として予防外交は，仲介概念に取り込まれたと言えよう。その意味で，「仲介」と「予防外交」の融合が相乗効果を発揮しているとみることができよう。

同報告書を受けて，2012年9月には，「紛争の平和的解決，紛争予防と解決における仲介の役割を強化すること」の決議が国連総会において採択された。[96]同決議は，事務総長が総会に提示した前述の2012年6月の『仲介の役割の強化に関する事務総長報告書』[97]を活用して仲介活動を行うことを，加盟国，国連，地域的および準地域的機構に対して奨励した。また事務総長に対して自己の仲介活動を加盟国に説明することを要請し，この問題を継続して検討することを

決定した。[98]

　その後，2014年には，紛争予防の規範的性格を特徴付ける2つの国連決議が採択される。2014年8月13日の総会決議[99]と2014年8月21日の安保理決議[100]である。

　前者は，「紛争の平和的解決，紛争予防と解決における仲介の役割を強化すること」と題するもので，紛争予防概念が紛争の平和的解決義務に取り込まれたことを，反対なしのコンセンサス決議で採択して再確認した。[101]

　後者は，このような国連総会の動きを受けて，安保理が紛争予防の重要性を確認したものである。国連憲章第6章第33条の紛争の平和的解決義務の一環として紛争予防を捉えるようになったことを決意している。「決意 (determination)」の語が使われ，「決定 (decision)」という言葉は用いられなかったものの，平和的解決規範と紛争予防規範の融合を，安保理が法的拘束力ある決定に近似した表現で強調していることが分かる。

　潘事務総長の2期目の紛争予防は，アナンの時代に出された2006年の武力紛争予防プログレス報告書が広範な活動内容を紛争予防の範疇に含めていたことと比較すると，その定義が，早期警報，事実収集，審査，周旋，仲介などに限定し収斂してきた。これは紛争予防概念の守備範囲を明確にするという意味で，規範の明確化と発展と捉えることもできる。また，予防外交（紛争予防）規範は，予防外交の呼称を強調することによって紛争の平和的解決の一貫として捉えられ，国連憲章上の法的義務に限りなく近い規範的地位を獲得するにいたった。

2015年の報告書

　2015年には，この分野で特筆するべき3つの報告書が出された。東ティモールのホセ・ラモス・ホルタ（José Ramos-Horta）を議長とする独立委員会による平和活動に関するハイレベル独立パネル（HIPPO）報告書[102]，それに対する事務総長の見解[103]，パートナーシップ文書[104]である。

　HIPPO報告書は，次の4つの点で特徴的である。(1)政治に力点を置いている。軍事的・技術的な能力よりも，政治的解決に第一義的な重要性を置き，紛争予防，平和的な解決などを重視している。(2)ブラヒミ報告を髣髴とさせる平

和活動を提案し、そこに平和維持、平和構築、紛争予防など、すべての平和と安全の維持に関する活動を包括的に捉えるという内容のものである。これら規範が相互に分別しがたく、相乗性や重複性を示していることが観察される。ことに HIPPO 報告書は、紛争予防および予防外交を最も重視している。文書内での予防への言及は 78 回に対して、平和構築は 15 回に留まっていることからも力点が予防に置かれていることが看取される。(3)グローバルおよび地域的に強力なパートナーシップを重視する。(4)紛争の現地に焦点を絞った人間中心のアプローチを重視する。すなわち(3)において地域とグローバル・レベルのパートナーシップである表 3 - 1 の E 型を指向しつつ、(4)によって平和活動の現地化を図り、総体として O 型となることを目指している。

　HIPPO 実施に向けた事務総長の報告書は、前述の(3)は取り入れつつも、(4)は正面から捉えきれていない。他方で平和活動の計画と運営については、迅速に、かつ紛争状態にある国や人々にアカウンタブルであることを目指す。事務総長が最も重視していることは予防と仲介である。予防 24 回、平和構築 8 回という言及回数からも、力点の置き方は明瞭である。

　パートナーシップ文書は、主に、PKO 活動における国連とアフリカ連合（AU）および欧州連合（EU）などの地域機構との協力をテーマとしている。戦略的協力のみならず、業務活動の調整が必要であり、調整のためのメカニズムを示唆する。また、テーマごとに、文民の保護、女性と平和と安全、警察力、治安部門改革（SSR）、DDR、PKO のトレーニングなど、具体的なパートナーシップが必要であると指摘する。しかし同文書の指摘は、表 3 - 1 の E 型に留まっている。

　HIPPO が平和活動の現地化を志向したのに対し、事務総長の取り組み報告書、パートナーシップ報告書は、トップ・ダウンの E 型に留まっている点が看取される。

7　MSP と紛争予防・平和構築規範

平和構築規範の特徴

　以上、紛争予防と平和構築規範の複合と競合を歴史的にみてきた。2005 年

のPBC創設は，あたかも紛争予防規範を後景に退け，平和構築規範にシフトしたかにみえる。まずはその理由を検討したい。

　第1に，活動内容の具体性が挙げられる。紛争予防は，失敗した場合には目に見える紛争再発防止が見られるが，成功した場合に，どの時点が成功のメルクマールとなるのか分かりにくい。結果が見えにくいと，それに対する努力も摑み所のないもののように思える。他方で平和構築は，紛争後の疲弊した社会が必要とする具体的なサービスを提供するため，その成果は分かりやすい。活動の具体性と成果の分かりやすさが，平和構築規範を比較的優位な立場に置いていると言えよう。

　第2に，国内事項への関与の問題がある。紛争予防の場合，紛争勃発以前の段階で，人道，人権などの国内問題に国連が関与しなければならない。ここには国内事項不干渉原則の壁が立ちはだかる。紛争が発生していない段階での予防的な介入は，ホスト国の要請がない限り難しい側面がある。それゆえ，PBCやPBSOに対して紛争予防の1つである早期警報能力を持たせることも，先進国による力の押し付けを増やすことに繋がるのではないかと途上国は懸念していた。本来であれば紛争予防の段階で，紛争の萌芽を摘んでしまうことが費用対効果としては最も望ましいことは事実である。しかし，国家間組織である国連が，これに積極的に関与することは，過度な干渉の原因ともなりかねない。また，国連と国際社会は，すべての紛争に予防的に関与しうるほど資源も能力もあるわけではない。他方，紛争後の平和構築であれば，正統政府が確立していなくとも，国際社会が手を差し伸べることも可能であり，またそのような支援を必要とする状態にある。

　第3に，国家主権と国家の主体性の問題が挙げられる。紛争予防の場合，紛争勃発前の主権国家の内側から紛争の萌芽を見つけ出すことは，前述の国内事項不干渉原則に触れる危険性がある。他方で平和構築は，紛争後国家の国内問題に関与して支援する性格をもつ。平和構築における「国家の主体性の尊重」という用語は，「国家主権の尊重」と「国連の国内問題への関与」の双方のまさに妥協点に位置づけることができよう。すなわち国連が，あくまで国家の主体性を尊重しつつ，国家の対外主権のみならず，対内主権も揺るぎのない確固としたものとするために支援することは，まさに紛争後国家の移行期にとって

重要かつ必要なことと言えよう。今後の課題として同じ方法論が紛争予防にも検討されてしかるべきであろう。

　第4に、「国家の主体性の尊重」とコンディショナリティ（Conditionality）の関係をいかに考えるかが問題となる。コンディショナリティとは、世銀などの国際金融機関が、融資や「貸付に際して途上国政府に対して経済の広範な改革を条件（コンディショナリティ）として付すものである」。平和構築、復興支援にあたって、武器の解除などのコンディショナリティを課して支援をすることについて、国連は慎重な姿勢を示すようになってきている。2005年3月に開かれた「援助の有効性に関するパリ宣言」では、援助対象国の主体性を尊重することの重要性が確認された。強制的にコンディショナリティを課してガバナンスの改善を迫ることよりも、PBCと議題対象国との協力とコンセンサスに基づく相互作用が基礎となるべきである。国連の平和構築が目指すべき方向性は、長期的な展望にたって国家の主体性を促して、そのアカウンタビリティを確保しつつ、協力とコンセンサスのメカニズムを用意することとなる。

　本章の考察から、紛争予防と平和構築規範は、その具体的な活動内容に重複性が見られ、たとえば、ガリの1995年の『平和への課題：追補』では、予防外交として語られていた非武装化、組織改革、警察・司法改革、人権の監視、選挙改革、社会・経済発展なども、2001年の出口報告書、2004年のハイレベル・パネル報告書を経て、平和構築の具体的な活動内容として語られるようになる。ここに規範概念の組み換えや読み替えがなされている。紛争予防と平和構築の両規範概念は、その時々によって、境界領域が不明確であり重複性を示す。しかしこのような規範概念の重複と混乱が、両者の規範としての発展にも繋がっている。また、具体的活動内容の側面でも、両概念は相互に重複し、かつ、活動としては補完性を示す。たとえば紛争予防に特徴的と思われる早期警報、信頼醸成、予防展開が、平和構築にも貢献する。DDR、人権監視、選挙監視など、今日、平和構築の活動内容として認知されている活動も、そのほとんどが、次の紛争の再燃を予防する意味で、紛争予防を補完する活動となっている。

　紛争予防と平和構築はいずれも、冷戦後の多様化した性質の紛争に対処して、国連が、国家間紛争処理の枠組みを越えて、国内の紛争にも関与する可能性を

模索した規範であった。PBC をはじめとする平和構築アーキテクチュアの創設によって，平和構築規範は一躍，国連のこの分野の中核的活動と認識されるようになる。

紛争予防規範の特徴

他方で，歴代の事務総長は，頻繁に事務総長報告書を出すことによって，紛争予防（予防外交）の重要性を訴えている。本章が主な検討対象とした安保理決議，総会決議，事務総長報告書は，表3－3に示したとおり，紛争予防に関する文書が 33 に対して平和構築は 26 に留まっている。なぜ，ここまで国連および事務総長は，紛争予防概念の規範としての発展に力を注ぐのだろうか。

1つには，紛争は，勃発する前に食い止めることが最も費用効率が高く，被害も最小限に抑えられるという，自明の理からであろう。また，国内事項不干渉原則を乗り越える試みとして，紛争予防（予防外交）は，当初から包括的アプローチに基づく MSP を指向しており，ここに国内のアクターも含まれている。MSP は平和構築でも重要な概念であるが，表3－1のO型を指向しつつも，実施段階では 2015 年の3つの報告書が示すように資源としての限界がある。他方で，理念として提示された紛争予防は，当初から O 型を念頭においた規範であり，そのことが，国家の主体性のみならず，国内アクターの主体性をも尊重する枠組みを提供していると言える。潘事務総長の時代になってから，紛争予防活動の具体的事例を国連のウェブページ上で列挙するようになり，「紛争予防は失敗した場合には目に見えるが，成功した場合は何も起こらないから目に見えない」とされていた見解をくつがえす努力がなされている。

紛争予防と平和構築の文脈では，いかにして表3－1のO型のように多様なステークホルダーが参画するシステムを国連に導入するかが，大きな焦点となった。当初は，デクエヤルの時代に，早期警報システムという紛争予防のための情報収集のために，多様なアクターの参画が求められた。これを具体化する段階に至って，組織としては，平和構築委員会が創設され，平和構築の現地化のために多様なステークホルダーを巻き込むことが模索されている。紛争は，予防するためにも，紛争後平和構築をするためにも，国家主体のみが合意をすれば解決できるというような簡単な時代ではなくなってきた。紛争に関わる多

第3章　紛争予防規範と平和構築規範の複合と交錯

表3－3　平和構築と紛争予防（予防外交）に関する国連文書

	紛争予防	平和構築
1945年6月,『国連憲章』, The Charter of the United Nations, signed on 26 June 1945, in San Francisco, at the conclusion of the United Nations Conference on International Organization, and came into force on 24 October 1945	○	
1959年6月, ダグ・ハマーショルド,『事務総長報告書』, Dag Hammarskjöld, Introduction to the Annual Report of the Secretary-General on the Work of the Organization, 16 June 1959	○	
1989年, ペレス・デクエヤル,『事務総長報告書』, Javier Pérez de Cuéllar, Report of the Secretary-General on the work of the Organization, 1989, Anarchy or Order, Annual Reports 1982-1991, United Nations/NewYork, 1991	○	
1992年6月, ブトロス・ガリ,『平和への課題』, Report of the Secretary-General on An Agenda for Peace, Preventive Diplomacy, Peacemaking and Peace-keeping. A/47/277-S/24111（17 June 1992）[reprinted: DPI/1623（95.I.15）]	○	○
1995年1月, ブトロス・ガリ,『平和への課題』追補, Supplement to an Agenda for Peace: position paper of the Secretary-General on the occasion of the fiftieth anniversary of the United Nations（A/50/60-S/1995/1,25 January 1995）	○	○
1995年12月,『JIU報告書』, H.L.Hernandez & S.Kuyama, Strengthening of the United Nations System Capacity for Conflict Prevention, Joint Inspection Unit, A/50/853, 22 December 1995	○	
1996年10月, ブトロス・ガリ,『創設50周年記念年次報告書』, The 50th anniversary annual report on the Work of the Organization, DPI/1821, ISBN:92-1-100615-5, October 1996.	○	○
1997年, コフィ・アナン,『国連改革に関する報告書：移行の中の再生』, Renewal Amid Transition; Annual Report on the Work of the Organization, A/52/1（DPI/1927）, September 1997.	○	○
1998年4月, コフィ・アナン,『アフリカにおける紛争の原因，および，永続的な平和と持続可能な開発：国連事務総長報告書』, The causes of conflict and the promotion of durable peace and sustainable development in Africa, Report of Secretary-General, A/52/871-S/1998/318, 13 April 1998.	○	○
1998年5月, 安保理決議,「アフリカの事態に関する決議」, Security Council, Resolution, S/RES/1170（1998）, 28 May 1998.	○	
1999年, コフィ・アナン,『戦争と災害の予防：増える地球的課題』, Preventing War and Disaster, A Growing Global Challenge, Report of Secretary-General, ISBN:92-1-100826-3, 1999.	○	○
2000年9月, コフィ・アナン,『国連事務総長ミレニアム報告書』, Kofi A. Annan, Secretary of the United Nations, We the peoples: The Role of the United Nations in the 21st Century, Published by the United Nations, Department of Public Information, 8 Sept. 2000, New York, NY 10017, www.un.org, Copyright ⓒ 2000 United Nations, Sales No.: E. 00.I.16, ISBN: 92-1-100844-1	○	○
2000年8月,『国際連合平和活動検討委員会報告書（略称，ブラヒミ・レポート）』, Report of the Panel on United Nations Peace Operations, United Nations,		

第Ⅰ部　規範形成・伝播の複合過程

文書		
A/55/305-S/2000/809, General Assembly-Security Council, 21 August 2000.	○	○
2001年4月，コフィ・アナン，『戦略なくして出口なし：安保理の意思決定と国連平和維持活動の終結 または 移行』, No Exit without Strategy: Security Council Decision-making and the Closure or Transition of United Nations Peace-keeping Operations, Report of the Secretary-General, S/2001/394, 20 April 2001.		○
2001年6月，コフィ・アナン，『武力紛争の予防報告書』, Report of the Secretary-General; Prevention of armed conflict, A/55/985-S/2001/574, June 7, 2001.	○	
2002年11月，コフィ・アナン，『武力紛争の予防：国連システムの各機能，機構，機関の見解』, Prevention of armed conflict; views of organs, organizations and bodies of the United Nations system, Report of the Secretary-General, A/57/588-S/2002/1269, November 5, 2002.	○	
2003年，コフィ・アナン，「武力紛争予防」国連総会決議, "Prevention of armed conflict", General Assembly resolution, A/RES/57/337, July 18, 2003.	○	
2003年9月12日，コフィ・アナン，『武力紛争の予防に関する事務総長中間報告書』, Interim report of the Secretary-General on the prevention of armed conflict, A/58/365-S/2003/888, September 12, 2003.	○	
2003年12月22日，コフィ・アナン，国連事務総長報告書『紛争予防，その管理と紛争解決，および 紛争後平和構築における女性の平等参加』, Women's equal participation in conflict prevention. Management and conflict resolution and in post-conflict peace-building; Report of the Secretary-General, E/CN.6/2004/10, December 22, 2003	○	○
2004年12月，『より安全な世界へ，われわれの共通した責任』報告書, A more secure world: Our shared responsibility, Report of the High-level Panel on Threats, Challenges and Change, A/59/565, 1 December 2004.	○	○
2005年3月，コフィ・アナン，『より大きな自由を求めて：すべての人のための開発，安全保障および人権』事務総長報告書, Kofi Annan, In Larger freedom: Towards Security, Development and Human Rights for All, published by the United Nations Department of Public Information, March 2005.	○	○
2005年,『世界サミット成果文書』, 2005 World Summit Outcome, General Assembly Resolution, A/RES/60/1, 24 October 2005.	○	○
2005年9月14日，安保理決議「特にアフリカの紛争予防に関する安保理の役割の有効性の強化」, Strengthening the effectiveness of the Security Council's role in conflict prevention, particularly in Africa, Security Council Resolution, S/RES/1625 (2005), September 14, 2005.	○	
2005年12月20日,「平和構築委員会設置のための安保理決議」, Security Council Resolution, S/RES/1645 (2005), December 20,2005.		○
2006年，コフィ・アナン,「武力紛争の予防に関するプログレス報告書」, A progress report of the Secretary-General to the General Assembly on the prevention of armed conflict, Report of the Secretary-General, A/60/891, 18 July 2006.	○	
2008年1月，潘基文,「特にアフリカの紛争予防に関する安保理決議1625の履行に関する国連事務総長報告書」, Report of the Secretary-General on the implementation of Security Council Resolution 1625 (2005) on conflict prevention, particularly in Africa (S/2008/18)	○	

2009年4月，潘基文，「仲介とそれを支援する活動能力を高めるための事務総長報告書」，Report of the Secretary-General on enhancing mediation and its support activities (S/2009/189)	○	
2009年6月，潘基文，『紛争直後の平和構築に関する国連事務総長報告書』，Report of the Secretary-General on peacebuilding in the immediate aftermath of conflict (A/63/881-S/2009/304).		○
2010年，潘基文，『女性の平和構築への参加に関する事務総長報告書』，Women's participation in peacebuilding; Report of the Secretary-General (A/65/354-S/2010/466)		○
2010年7月，潘基文，『紛争直後の平和構築に関する国連事務総長プログレス報告書』，Progress report of the Secretary-General on peacebuilding in the immediate aftermath of conflict (A/64/866*-S/2010/386)		○
2010年，加盟国側の『平和構築アーキテクチュアに関する報告書』，Review of the United Nations peacebuilding architecture (A/64/868-S/2010/393) July 21, 2010.		○
2011年2月，『紛争直後の文民の能力に関するシニア諮問グループによる独立報告』，Civilian capacity in the aftermath of conflict: Independent report of the Senior Advisory Group (A/65/747-S/2011/85)		○
2011年8月，潘基文，『「紛争予防：結果を出す」事に関する国連事務総長報告書』，Preventive diplomacy: Delivering results: Report of the Secretary-General (S/2011/552)	○	
2012年6月，潘基文，『「紛争の平和的解決，紛争予防および解決における仲介の役割の強化」に関する事務総長報告書』，Strengthening the role of mediation in the peaceful settlement of disputes, conflict prevention and resolution, Report of the Secretary-General (A/66/811)	○	
2012年12月，潘基文，『紛争直後の平和構築に関する国連事務総長報告書』，Peacebuilding in the aftermath of conflict: Report of the Secretary-General (A/67/499-S/2012/746)		○
2014年8月13日，総会決議 68/303,『紛争の平和的解決，紛争予防および解決における仲介の役割の強化』，Strengthening the role of mediation in the peaceful settlement of disputes, conflict prevention and resolution (A/RES/68/303)	○	
2014年8月21日，安保理決議 2171『国際の平和と安全の維持—紛争予防』，Maintenance of international peace and security-Conflict prevention, (S/RES/2171)	○	
2014年9月，潘基文，『「紛争後の平和構築」事務総長報告書』，Peacebuilding in the aftermath of conflict, Report of the Secretary-General (A/69/399-S/2014/694)	○	○
2014年12月，『平和構築アーキテクチュアの再検討』，Ten-year review of the peacebuilding architecture, 2015 (31 October 2014) (A/69/674-S/2014/911)		○
2015年4月，潘基文，『「平和のためのパートナーシップ：パートナーシップ平和維持への前進」事務総長報告書』Partnering for peace: moving towards partnership peacekeeping, Report of the Secretary-General (S/2015/229)	○	○

第 I 部　規範形成・伝播の複合過程

2015 年 6 月,『国連平和活動に関するハイレベル独立パネル報告書』,*Report of the High-level Independent Panel on Peace Operations on uniting our strengths for peace: politics, partnership and people* (HIPPO) (A/70/95-S/2015/446)	○	○
2015 年 6 月,『持続可能な平和の課題：平和構築アーキテクチュアの再検討』,*Challenge of sustaining peace; Report of the Advisory Group of Experts on the Review of the Peacebuilding Architecture* (A/69/968-S/2015/490)		○
2015 年 4 月, 潘基文,『将来の国連平和活動；HIPPO 勧告の実施』,*The future of United Nations peace operations: implementation of the recommendations of the High-level Independent Panel on Peace Operation*, A/70/357-S/2015/682, 2 September, 2015.	○	○
	33	26

出所：筆者作成。

様なステークホルダーが，関与しなければ事態は後退する危険性もはらんでいる。他方で紛争予防や平和構築にうまく MSP を導入することができれば，建設的な糸口も見えてくる可能性があるだろう。

　主権国家のみならず，国際機構，地域機構，NGO，企業など，多様なアクターが国境を越えて紛争に関与するようになった今日，MSP の持つ意味をさらに深く検討する必要が出てくるだろう。

両規範の序列性

　さらに規範の序列性の観点から，両規範の関係に言及しておきたい。「紛争予防」と「平和構築」の関係では，法的効力の観点からいうと，前者が法規範としては優位に位置づけられるだろう。すでにみた，2001 年の国連事務総長による「武力紛争の予防」に関する 10 原則は，「紛争予防の義務」を第 1 原則とした。反対なしのコンセンサス決議で採択された 2003 年の「武力紛争予防」に関する総会決議は，「加盟国の第一義的責任」に言及した。また，2005 年の「特にアフリカの紛争予防に関する安保理の役割の有効性の強化」に関する安保理決議は，「決定する」との表現を用いて，国連憲章第 25 条に基づく法的拘束力が推定される内容となった。さらに，2014 年 8 月の総会決議と安保理決議において，予防外交（紛争予防）規範は，紛争の平和的解決義務規範と並記されることによって，国連憲章上の法的義務に限りなく近い規範的地位を獲得するにいたった。法規範はその性格上，包括性や一般性を指向する。法的規範の観点から見る限り，平和構築規範に比べて，紛争予防規範のほうが，包

第3章　紛争予防規範と平和構築規範の複合と交錯

表3－4　規範としての紛争予防と平和構築の相違

	法的性格	機能面（業務的活動）
紛争予防	一般性・普遍性	多様な活動を含む
平和構築	事例ごとに対応	現場の具体的活動

出所：筆者作成。

括性，一般性は高い。この背景には，「予防の文化」を旗印に，常に紛争の根本原因を，政治的意思の欠如と考えるアナン国連事務総長の思考が，少なからず影響していると言えよう。国際社会の政治的意思の向上のために，アナンは，紛争予防の包括性や一般性を追及した。また，潘事務総長は，紛争予防概念の定義を，早期警報，事実収集，審査，周旋，仲介などに限定し守備範囲を明確にすることによって，平和的解決義務と同等の規範的位置づけを目指した。

他方で，平和構築の場合，一般性よりは，ケース・バイ・ケースで紛争後の現地に適用されることを重視した。先に見たごとく理事会レベルの主要機関であるPBCの設置が決議され，平和構築アーキテクチュア（PBC，PBSO，PBF）が具体的に稼動している。PBCの活動は，国別審議であって，法規範としては，説明できない選択的活動となっている。国連の業務活動のための実践的な規範は，選択的であったとしても実効性が求められる。この観点から規範の序列性を考えるならば，国連の業務的活動の中では，実態としては平和構築概念が優位を占めることになる。

紛争予防と平和構築という2つの規範の関係を序列性の観点から見る場合，法規範としての序列性と，実践活動としての序列性を分けて考える必要がある。一般性や包括性を必要とする法規範の観点からは，紛争予防が優位の序例に位置づけられる。他方，平和構築は選択的な活動であったとしても実効性を求める意味では紛争予防より優位に位置づけられる。すなわち両者の序列性は，法規範の観点と，実践活動の観点で，逆転した位置関係にある。また，このことは業務的活動と法規範という異なった角度からの規範の序列性の考察であり，表3－4のマトリクスで整理してみると，相互の位置関係が理解しやすくもなるだろう。

紛争予防と平和構築は，国連の中で，当たり前のごとくに利用される規範概念である。しかし，両規範の相違を明確に説明することは困難を極める。両概

念の，国連での規範としての変遷は，一方で，この分野の活動を，相互に補完しあい，かつ相互に相乗効果を保ちながら利用されている。他方で，両者は，重複し，競合しあう関係にもある。このような両者の競合が，一面で混乱を招く要因ともなるが，他面で規範に新たな発展や展開をもたらすことにも繋がる。

　本章は，国連文書を丹念に読み込むという分析手法から，「紛争予防」と「平和構築」を国連が，どのように定義し，また両者の関係をどのように考えているかを考察した。この種の規範は，ある意味で生き物である。クリアにその輪郭を描くことは難しい。「侵略の定義」などの議論にも見られるように[(20)]，規範は，その意味や定義を常に再検討し続けることに意義がある。だからこそ，「紛争予防」「平和構築」とは何かを常に問い続ける必要があるだろう。

注

(1)　予防外交の初期の規範については，拙稿「国連における予防外交の概念に関する一考察」『環境情報研究』第 5 号（1997 年 4 月）；拙稿「国連の予防外交」吉川元編著『予防外交』三嶺書房，2000 年；拙稿「予防外交と国連改革」『敬愛大学国際研究』第 7 号（2001 年 3 月），を参照のこと。

(2)　Boutros Boutros-Ghali, *Report of the Secretary-General on an Agenda For Peace*, A/47/277-S/24111, 17 June 1992, [reprinted: DPI/1623 (95.I.15)].

(3)　Kofi Annan, *Report of the Secretary-General: Prevention of Armed Conflict*, A/55/985-S/2001/574, 7 June 2001.

(4)　これら国連文書の規範としての重要性については，拙稿「国連における規範創造の新局面」『海外事情』第 54 巻第 9 月号（2006 年 9 月）において論じている。

(5)　国連総会決議の法的効果を論じた研究として次のものがある。竹本正幸「総会決議の効力」『国際連合の研究』第 2 巻，有斐閣，1963 年；水上千之「国際法の発達における国際連合総会決議の役割」『海上保安大学校研究報告書』第 17 巻 1・2 号（1971 年）；吾郷真一「実施の観点からみた国連決議」『埼玉大学教養学部紀要』第 13 巻別冊（1978 年）；Jorge Castañeda, "The Underdeveloped Nations and the Development of International Law," *International Organizations*, Volume 15, Issue 1 (December 1961)；吾郷真一「Follow-up of the United Nations Resolutions」『法政研究』第 61 巻 3・4 下巻（1995 年）。

(6)　このような実定国際法未満，単なる社会道徳以上の規範を「ソフトロー」と総称する場合もあるが，本章が分析対象とする「紛争予防」「平和構築」概念については，グローバルに適用される規範として位置づけられたとしても，これをソフトローなる

第3章　紛争予防規範と平和構築規範の複合と交錯

用語で説明することは避けたい。

「法典主義の大陸法系では，国際法の法源と呼べない規範をソフトローとして説明を試みるが，判例主義の英米法系ではあえてソフトローの語に言及する必要がないだろう。」2006年7月元ドイツ連邦行政裁判所判事グンター・ゲンチュ（Günter Gaentzsch）氏へのインタビューによる。たしかに法典主義の大陸法系では，国際法の法源と呼べない規範を法ではないということで，すべての文脈で切り捨てるわけにもいかず，あえて「ソフトロー」として説明を試みるが，判例主義の英米法系ではルールの文化（culture of rule），あるいは規範の文化（culture of norm）ともいうべきものがあり，法源との間の明確な境がないため，法類似の規範を法に取り込みやすい文化（culture）があるともいえる。国際司法裁判所は判例主義を排除しているため，国際法学の基本は大陸法系の法典主義に立脚しているとも考えられるが，グローバル化が進む今日，また英語が世界共通語のように流通し，国際的な商慣習はほとんど英米法に立脚していることを考えると，大陸法と英米法を止揚したところに，グローバルな規範やソフトローなどが位置づけられていくのではないだろうか。ちなみに筆者は，ソフトローを否定する立場ではない。すでに日本においてもソフトローに関する優れた研究が数多く出されている。中山信弘編集代表，小寺彰・道垣内正人編『国際社会とソフトロー』有斐閣，2008年。ただし，本章の文脈において，「平和構築」および「紛争予防」を，ソフトローとして位置づけるか否か，および，実定法未満かつ社会道徳規範以上のこのような国連規範の位置づけと類型化は別稿に譲りたい。

(7) Robert O. Keohane, "Multilateralism: An Agenda for Research," *International Journal*, 45 (Autumn 1990), p.731.

(8) John Ruggie, "Multilateralism: The Anatomy of an Institution," *International Organization*, Vol.46, No.3, 1992, p.566. ラギーは，帝国主義のように多国間でありながら覇権国一国が支配する状態は，多国間主義ではないと指摘する。

(9) Luk Van Langenhove, "The Transformation of Multilateralism Mode 1.0 to Mode 2.0," *Global Policy*, Vol.1, No.3, 2010, pp.263-270.

(10) Julia C. Morse, Robert O.Keohane,"Contested multilateralism," *Review of International Organizations*, Vol.9, No.4, 2014, pp.388-398.

(11) Mark Raymond & Laura Denardis, "Multistakeholderism: anatomy of an inchoate global institution," *International Theory*, Vol.7, No.3, 2015, pp.572-616.

(12) Michael Brzoska, Hans-Georg Ehrhart, Jens Narten. eds., *Multi-Stakeholder Security Partnerships: A Critical Assessment with Case Studies from Afghanistan, DR Congo and Kosovo*, Nomos Verlagsgesellschaft, 2011, p. 7.

(13) テリー・マクドナルドは，これまでのデモクラシーのあり方は，国境に閉ざされた

ものであるか,その他の制度的な境界に区切られたものであることを指摘し,この2者とは異なり,MSP は,グローバルなイシューに利害関係を有する個人または NGO, 企業,国際機構などの団体が参加して決めることを意図している。Terry MacDonald, *Global Stakeholder Democracy: Power and Representation Beyond Liberal States*, Oxford University Press, 2008, pp.139-143.

(14) MSP を多頭的(polyarchic)な権限関係としてみなす。Mark Raymond and Laura DeNardis, "Multistakeholderism: Anatomy of an Inchoate Global Institution," *International Theory*, Volume 7, Issue 03 (November 2015), p. 573.

(15) Thomas Hale and David Held, *Handbook of Transnational Governance: Institutions and Innovations*, Polity Press, 2011, pp.16-17.

(16) Raymond and DeNardis, *op.cit.*, pp. 580-584. 彼らは,序列制(Hierarchy),異種混成の多頭制(Heterogeneous Polyarchy),および同質的な多頭制(Homogeneous Polyarchy),無秩序(Anarchy)の4種に分類している。同質的な多頭制とはたとえば,主権国家という同質の存在から構成される国際法システムなどを指す。他方で異種混成の多頭制とは,参加するアクター間で権威の配分があるが,相互に重大な制度的相違がある場合を指す。*Ibid.*, p. 582.

(17) レイモンとデナルディスはこれをバイステークホルダーと呼ぶが,バイとマルチは明確に区別するべきだろう(*Ibid.*, p.575)。マルチで重要な要件は3者以上という数の多数性である。種類の多元性は,厳格には峻別し難い場合がある。たとえば,赤十字国際委員会(官と民の中間),バングラデシュのブラック(BRAC;NGO と企業の中間)。

(18) Hale and Held, *op.cit.*, p.17.

(19) Minu Hemmati, *Multi-stakeholder Processes for Governance and Sustainability: Beyond Deadlock and Conflict*, Earthcan Publications Ltd., 2002.

(20) *Ibid.*, p. 63.

(21) MacDonald, *op.cit.*, p. 185.

(22) 評判政治について,詳しくは,西谷真規子「規範カスケードにおける評判政治(上)」『国際協力論集』第12巻第3号(2005年),153-161頁。

(23) Louis Emmerij, Richard Jolly and Thomas G. Weiss, *Ahead of the Curve? UN Ideas and Global Challenges*, Indiana University Press, 2001, pp. 80-119.

(24) The Commission on Global Governance, *Our Global Neighborhood*, Oxford University Press, 1995, p. 335.

(25) Kathrin Böhling, "Multistakeholder Involvement in UN Conferences," in Hale and Held, *op.cit.*, pp. 198-199.

(26) Gareth Evans, *Cooperating Peace: The Global Agenda for the 1990s and Beyond*, Allen &

UNWIN, 1993, p.16.
⑵⑺　GA Res. 43/51, Dec. 1988.
⑵⑻　拙稿「予防外交と国連改革」『敬愛大学国際研究』第7号（2001年3月），130-131頁。
⑵⑼　Kofi Annan, *Report of the Secretary-General: The Causes of Conflict and the Promotion of Durable Peace and Sustainable Development in Africa*, A/52/871-S/1998/318, 13 April 1998, para. 69.
⑶⑽　Tapio Kanninen, "Recent Initiatives by the Secretary-General and the UN System in Strengthening Conflict Prevention Activities," paper presented at *Max van der Stoel Symposium*, Lund, Sweden, 3-4 December 1999, pp. 8-9.
⑶⑴　A/52/871-S/1998/318, paras. 63-65.
⑶⑵　*Ibid.*, para. 69. なお，平和構築の現場に設置された現地のPBSOと，2005年の世界サミットで提案された国連本部事務局内のPBSOとは性格を異にするものである。
⑶⑶　Kofi Annan, *Report of the Secretary-General on the Work of the Organization*, A/54/1, 31 August 1999, para.104.
⑶⑷　Kofi A. Annan, *We the peoples: The Role of the United Nations in the 21st Century* (United Nations, Department of Public Information, 2000).
⑶⑸　*Ibid.*, pp. 44-45.
⑶⑹　A/55/985-S/2001/574, paras.10-42.
⑶⑺　Kofi Annan, *Report of the Secretary General: No Exit without Strategy: Security Council Decision-making and the Closure or Transition of United Nations Peacekeeping Operations*, S/2001/394, 20 April 2001.
⑶⑻　*Ibid.*, paras.10-13.
⑶⑼　A/55/985-S/2001/574, 7 June 2001.
⑷⑽　「予防の文化」について国連文書で格別に定義しているわけではない。1997年の国連総会において，2000年を「平和の文化国際年」とすることが定められ，平和の土壌を育む（cultivate peace）ことの重要性が指摘された。「平和の文化（culture of peace）」とは個人・集団・国家のあらゆるレベルにおける平和を尊重する価値観，態度，慣例，行動様式および生活様式である。「予防の文化」の用語も，この文脈で予防の土壌を育むことの重要性として指摘されたと考えられる。
⑷⑴　10原則についてはA/55/985-S/2001/574を参照のこと。
⑷⑵　Kofi Annan, *Report of the Secretary–General: Prevention of Armed Conflict: Views of Organs, Organizations and Bodies of the United Nations System*, A/57/588-S/2002/1269, 5 November 2002.

第Ⅰ部　規範形成・伝播の複合過程

(43) *Ibid*., paras. 5-8.
(44) GA Res. 55/281, 13 August 2001.
(45) GA Res. 57/337, 18 July 2003. 決議の論点については，拙稿「21世紀における紛争予防規範の展開」『敬愛大学総合地域研究』第6号，2016年3月，48-49頁を参照のこと。
(46) GA Res. 57/337, 18 July 2003, item 6.
(47) Kofi Annan, *Interim Report of the Secretary-General on the Prevention of Armed Conflict*, A/58/365-S/2003/888, 12 September 2003.
(48) A/55/985-S/2001/574, para.161.
(49) GA Res. 55/281, Annex II.
(50) A/57/588-S/2002/1269.
(51) GA Res. 57/337, paras. 20-22.
(52) GA Res. 60/1, 24 October 2005.
(53) *A More Secure World: Our Shared Responsibility, Report of the High-level Panel on Threats, Challenges and Change*, A/59/565, 1 December 2004.
(54) *Ibid*., para. 91.
(55) *Ibid*., paras. 229-269.
(56) 2005年の世界サミットで設置された国連本部事務局のPBSOとは別に，すでに紛争後の現地に国連のミッションとして，多数のPBSOが設置されている。たとえば，以下の例が挙げられる。United Nations Peacebuilding Support Office in Liberia (UNOL), United Nations Peacebuilding Support Office in Guinea-Bissau (UNOGBIS), United Nations Peacebuilding Support Office in the Central African Republic (BONUCA), http://www.un.org/en/sc/repertoire/subsidiary_organs/special_political_complete.shtml, (Access date: 2 September 2014).
(57) Kofi Annan, *In Larger Freedom: Towards Security, Development and Human Rights for All* (United Nations, Department of Public Information, March 2005).
(58) *Ibid*., paras.106-115.
(59) GA Res. 60/1.
(60) SC Res. 1645, 25 December 2005.
(61) *Ibid*., preamble & para. 100.
(62) *Report of the Special Representative of the Secretary General for Children and Armed Conflict*, A/60/335, paras.97, 98; SC Res. 1645, preamble.
(63) SC Res. 1645, para. 10.
(64) 成果文書において，一般的に武力紛争の予防の文化の重要性が指摘され，アフリカ

などの地域機構による紛争予防を国連が支援する旨が指摘され，かつ紛争予防と解決における女性の役割の重視が指摘されたが，平和構築のごとくに具体的な組織の設置，活動の提案などは，とくになされず，一般的に紛争予防の重要性について言及するにとどまっている。GA Res. 60/1, paras. 74-170.

(65) SC Res., S/RES/1625, 14 September 2005.

(66) Kofi Annan, *Report of the Secretary-General: A Progress Report of the Secretary-General to the General Assembly on the Prevention of Armed Conflict*, A/60/891, 18 July 2006.

(67) *Ibid.*, paras. 6-36. クラスター・アプローチとは，食糧安全保障，児童の保護など，対処すべき問題のクラスターごとに別の国際機構や NGO などが集まって対処する活動方法である。

(68) *Ibid.*, paras. 51-60.

(69) Ban Ki-moon, *Report of the Secretary–General on the Implementation of Security Council Resolution 1625（2005）on Conflict Prevention, particularly in Africa*, S/2008/18, 14 January 2008.

(70) *Ibid.*, paras. 2-4.

(71) *Ibid.*, paras. 24-29. DPKO は，スーダン，東アフリカ，西アフリカ，大湖地域の 4 つの統合活動チームに分けて，アフリカの準地域機構の活動をサポートしている。

(72) S/2008/18, paras.35-41.

(73) Ban Ki-moon, *Report of the Secretary–General on Peacebuilding in the Immediate Aftermath of Conflict*, A/63/881-S/2009/304, 11 June 2009.

(74) Ban Ki-moon, *Progress Report of the Secretary-General on Peacebuilding in the Immediate Aftermath of Conflict*, A/64/866-S/2010/386, 16 July 2010.

(75) Ban Ki-moon, *Report of the Secretary-General: Women's Participation in Peacebuilding*, A/65/354-S/2010/466, 7 September 2010.

(76) A/63/881-S/2009/304, paras. 17-37.

(77) A/64/866-S/2010/386, para. 20.

(78) A/63/881-S/2009/304, paras. 51-70.

(79) A/64/866-S/2010/386, paras. 49-55.

(80) *Review of the United Nations Peacebuilding Architecture*, A/64/868-S/2010/393, 21 July 2010. これは，アイルランド，メキシコ，南アフリカの国連常駐代表部が協力してリーディング・カントリーとなってまとめた報告書である。

(81) *Ibid.* pp. 24-25.

(82) Ban Ki-moon, *Report of the Secretary–General: Peacebuilding in the Aftermath of Conflict*, A/67/499-S/2012/746, 8 October 2012; Ban Ki-moon, *Report of the Secretary-Gener-*

al: Peacebuilding in the Aftermath of Conflict, A/69/339-S/2014/694, 23 September 2014.
(83) A/69/339-S/2014/694, paras. 34-39.
(84) A/67/499-S/2012/746, paras. 35-50.
(85) A/69/339-S/2014/694, para. 53.
(86) A/67/499-S/2012/746, para. 51.
(87) A/69/339-S/2014/694, para. 68.
(88) A/67/449-S/2012/746, paras. 54-58.
(89) GA Res.65/283, 28 July 2011.
(90) 本文第2項以下の18項目については，拙稿「21世紀における紛争予防規範の展開」55-56頁を参照のこと。
(91) Ban Ki-moon, *Report of the Secretary-General: Preventive Diplomacy: Delivering Result*, S/2011/552, 26 August 2011.
(92) ハビエル・ペレス・デクエヤル事務総長の時代に考案された仲介方法。事務総長に協力する各国政治家などで構成される紛争の仲介グループのこと。志村尚子「冷戦後の安全保障と国連の役割（焦点／冷戦後の安全保障）」『国際問題』436号，1996年7月，57-58頁。
(93) S/2011/552, 26 August 2011, paras. 45-72.
(94) Ban Ki-moon, *Report of the Secretary-General: Strengthening the Role of Mediation in the Peaceful Settlement of Dispute, Conflict Prevention and Resolution*, A/66/811, 25 June 2012.
(95) *Ibid.*, paras. 21-73.
(96) GA Res. 66/291, 15 October 2012.
(97) GA Res. 66/811, 25 June 2012.
(98) GA Res. 66/291, paras. 5-6.
(99) GA Res. 68/303, 13 August 2014.
(100) SC Res. 2171, 21 August 2014.
(101) GA Res. 68/303.
(102) *The High-Level Independent Panel on Peace Operations (HIPPO)*, A/70/95-S/2015/446, 17 June 2015.
(103) *The Future of United Nations Peace Operations: Implementation of the Recommendations of the High-level Independent Panel on Peace Operation*, A/70/357-S/2015/682, 2 September 2015.
(104) *Partnering for Peace: Moving towards Partnership Peacekeeping*, S/2015/229, 1 April 2015.

第3章　紛争予防規範と平和構築規範の複合と交錯

(105)　A/70/95-S/2015/446, pp.26-29.
(106)　A/70/357-S/2015/682, pp. 16-27.
(107)　S/2015/229, paras. 23-57.
(108)　Annan, *In Larger Freedom*, para. 17.
(109)　大芝亮編著『国際政治学入門』ミネルヴァ書房，2008年，119頁；大芝亮『国際組織の政治経済学——冷戦後の国際関係の枠組み』有斐閣，1994年。
(110)　http://www.oecd.org/document/18/0,3343,en_2649_3236398_35401554_1_1_1_1,00. html#Paris,（Access Date: 10 March 2012）.
(111)　Rob Jenkins,"The UN Peacebuilding Commission and the Dissemination of International Norms," *Working Paper* 38, Crisis States Research Centre, Deskin Development Studies Institute, London School of Economics and Political Science, June 2008, p. 9.
(112)　Boutros Boutros-Ghali, *Supplement to au Agenda for Peace: Position Paper of the Secretary-General on the occasion of the Fiftieth anniversary of the United Nations*, A/50/60-S/1995/1, 25 January 1995.
(113)　国連事務局では，紛争予防の規範文書として，SC Res. 1960; SC. Res. 1889; SC Res. 1888; SC Res. 1820; SC Res. 1325 などの一連の女性と平和と安全に関する決議を加えている。http://peacemaker.un.org/resources/key-un-documents（Access Date: 10 April 2015）。平和構築については，国連事務局によると事務総長報告書4点のみが指摘されている。http://www.un.org/en/peacebuilding/pbso/pbresources.shtml（Access Date: 10 April 2015）。他方で，国別の平和構築活動の進捗状況に関する事務総長報告書を加えた場合，多岐にわたり，平和維持活動等の報告書とも重なるため，その判別は難しいが，総数は紛争予防の活動報告書を大幅に上回る。
(114)　http://www.un.org/wcm/content/site/undpa/main/issues/preventive_diplomacy/qa_preventive#recent_cases（Access Date: 10 April 2015）; http://www.un.org/wcm/content/site/undpa/main/about/field_operations（Access Date: 10 April 2015）．
(115)　A/55/985-S/2001/574, 7 June 2001.
(116)　GA Res. 57/337, 18 July 2003.
(117)　SC Res. 1625, 14 September 2005.
(118)　GA Res. 68/303, 13 August 2014.
(119)　SC Res. 2171, 21 August 2014.
(120)　土屋茂樹「国際連合に於ける侵略の定義」『国際法外交雑誌』第58巻第6号（1960年），57-59頁。

第4章　日本の「抑制された再軍備」の形成過程
──規範の競合という観点から──

杉田米行

1　規範の競合と「抑制された再軍備」

　国際規範の発展過程を論じる本書において，本章の主旨は規範の競合が一国の政策を規定する過程を論じることである。具体的には，第2次世界大戦後，日本を「アジアにおける共産主義の防波堤」にしようとしたヘゲモニー国家であるアメリカが，自らが期待したようなスピードと規模で日本に再軍備をさせることができなかったのはなぜか，ということが本章の課題である。戦後日本において，再軍備および防衛問題は最大の政治争点となっており(1)，戦後日本の発展を理解する上において重要な論点である。本章ではその原因が，第2次世界大戦後の東アジアにおけるアメリカの規範の競合にある，という仮説を立て，検証する。

　第2次世界大戦終戦後は戦後新秩序の形成期であり，アメリカはヘゲモニー国家として規範を形成できる立場にあった。ヘゲモニーとは，生産・科学技術・金融を含めた経済面全般，軍事面，イデオロギー面等において他の列強を寄せ付けないほどの卓越した権力のことを指し(2)，ヘゲモニー国家とは，そのような絶大な権力を背景にして，世界全体の秩序を維持していくことに自国の利益を見出す国家のことである。まさに，アメリカの規範が国際規範となった時代である。

　戦後アメリカの規範は，民主主義体制の樹立と自由主義的資本主義体制の確立であり，それは世界において共有されるべきものと考えられていた。占領下という特殊な状況下で，世界経済から隔離されていた日本では，当初，民主化と非軍事化を中核とする民主主義体制の樹立という規範だけが進められていた。その結果，世界規模での米ソ対立が進むにつれて，反共主義規範との競合が起

こるようになった。すなわち、非軍事化と表裏一体をなす平和主義的民主主義と、共産主義陣営の直接的・間接的浸透に対抗する反共主義的民主主義との競合過程だった。この競合関係は日本占領のイニシアティブが連合国軍総司令部（SCAP）からワシントンに移るに従い、後者の方が力を強めていった。

　他方で、アメリカが推進したもう1つの規範が自由主義的資本主義体制の確立だった。日本の1949年度予算において、デフレ的な財政・金融政策であるドッジ・ラインが断行されたことで、インフレーションが収束し、1ドル360円という単一為替レートが設定された。こうして日本経済が世界経済にリンクされることとなった。アメリカの援助や日本政府の補助金に支えられた計画経済から、均衡財政を基軸とした競争に基づく経済へと変化していった。

　このようにして、1949年頃から、アメリカは反共主義的民主主義の樹立と自由主義的資本主義体制の確立をコインの裏表のように推し進めた。しかし、「日本の再軍備」という軸で考えると、これら2つの規範は競合関係にある。他方、占領下および独立直後で弱い立場にある日本には、他国も共有すべきような確固たる理念や規範を主張することはなく、政治的・経済的な現実的要請に基づいて、国際情勢の変遷に柔軟に対処するという現実的な方法に徹した。日本のこのような態度によって、これらアメリカの2つの規範の競合関係は強まった。当時の日米関係は、両国の異なる規範間の競合、相乗、補完というよりは、アメリカの規範の変遷と競合に対し、日本が現実に合わせて柔軟な対応をすることによって、その競合を増幅させるという構図だった。このような平和主義的民主主義、反共主義的民主主義、自由主義的資本主義というアメリカの規範間の複合的関係による妥協の産物として結実したのが「抑制された再軍備」である。

2　日本再軍備に関する学説と本章の位置づけ

従来の学説

　日本再軍備に関して、アメリカがいつごろから望むようになり、また日本がいつごろから実施したかという時期が1つの論争点である。1950年6月に朝鮮戦争が勃発し、8月には警察予備隊が設置された。しかし、アメリカ政府内

で日本再軍備に関する意見の一致が見られなかったため，この警察予備隊は従来の警察力の強化策にすぎず，日本で本格的に再軍備が進められるのは朝鮮戦争終結後だという説がある。これには反論もある。朝鮮戦争の勃発によって在日米軍が朝鮮半島に送り込まれる中，日本の安全保障も喫緊の重要問題となった。そこで，7月8日にダグラス・マッカーサー連合国軍最高司令官は，国家警察予備隊創設と海上保安庁の拡大を指令した書簡を吉田茂首相に送った。国会審議や決定を経ずにマッカーサーの指令という専制的方法で断行されたのが日本再軍備の始まりだという解釈もある。いずれにせよ，朝鮮戦争が日本再軍備にとって重要な転機だと考えている研究が主流である。ところが，アメリカの規範の競合という観点から分析すると，朝鮮戦争というよりも，むしろ，1949年に実施されたドッジ・ラインが大きな転換点だった。

日本の再軍備を分析する上で，ケーススタディを用いる研究も多い。1951年1月から2月にかけて行われた吉田首相と講和担当のジョン・フォスター・ダレス特使との交渉に焦点を当て，その意義をめぐる論争がある。たとえば，アメリカが最も望んでいた講和後の米軍駐留と基地の自由使用権を吉田が交渉材料に使わず，簡単に与えてしまったことを批判する研究がある。それとは逆に，兵力20万人構想を持ちながらも，交渉では5万人以上の譲歩をしなかった吉田の力量を高く評価する研究も存在する。吉田にとって基地提供は，超大国アメリカが日本に安全を提供する根幹的重要性を持つもので，当初より交渉の道具にする意図はなかったという説もある。吉田首相はアメリカとの講和交渉において，再軍備そのものを断ることはできなかったが，ゆっくりとしたペースでしか再軍備を行うことができないという主張は貫いた。したがって，吉田が交渉に失敗したわけではなく，むしろ当時の日本の状況を考慮に入れると，交渉はおおよそ成功したと吉田を高く評価する研究がある。これと関連した，いわゆる軽武装・経済成長最優先を唱えた吉田ドクトリンや吉田の安全保障政策の評価をめぐる研究は多い。また，この会談を分析した従来の研究が，日本再軍備をめぐる要求・抵抗・譲歩という側面のみを強調してきたことに疑義を呈し，再軍備に関して，交渉相手からどれだけの譲歩を得たかということよりも，この会談で吉田とダレスが互いの安全保障観を交錯させたことが真の意義だとする研究も出ている。

第4章　日本の「抑制された再軍備」の形成過程

　吉田ドクトリンは虚構である。たしかに，戦後日本において，経済に大きな支障が出るほど軍備を増強することはなく，経済成長が最優先課題であり，吉田ドクトリンが目指した状況と言える。しかし，これはあくまでも結果としての状況であり，戦後日本の状況を後から振り返り，その状況を説明するために，吉田ドクトリンという概念が後付で付されたにすぎない。吉田ドクトリン概念には，敗戦国日本が，ヘゲモニー国家であるアメリカの意向に関わりなく軽武装・経済成長最優先という方針を推し進めることができた，という前提がある。占領下においても日本はアメリカと対等に交渉し，主体的に進むべき方針を定めることができた，という戦後日本人の自尊心をくすぐり，ナショナリズムを満足させる暗黙の前提である。だが，実態はそうではなかった[13]。実際には，アメリカが打ち出した規範の競合によって，戦後日本に軽武装・経済成長最優先の方針がもたらされたのである。

　これらの研究は主に日米関係の文脈の中で日本再軍備を分析している。しかし，日米二国間関係だけではなく，アジア情勢やアメリカのアジア戦略との関連において，より幅広い視野で日本の再軍備問題を分析する研究もある[14]。逆に日本の国内状況に焦点を絞り，日本の平和憲法に照らし合わせて，再軍備が合憲か違憲かという憲法問題として分析する論考がある[15]。また，1950年代の防衛政策に対する大蔵省の影響力の強さを強調する分析もある[16]。

新しい分析視点

　このように，日本再軍備に関する貴重な研究は多く，分析方法も広がりを見せている。本章はこれまでの研究蓄積を土台にしながら，吉田ドクトリンの暗黙の前提を批判し，ヘゲモニー国家アメリカの規範の競合という分析視点を導入することで，なぜヘゲモニー国家であるアメリカが，アメリカの望むスピードと規模で対日再軍備政策を貫徹できなかったのかを明らかにしたい。

　この分析視点の導入は3つの点で重要である。(1)従来の研究では，朝鮮戦争が日本再軍備の転機であると考えられることが多いが，「アメリカの規範の競合」という視点を導入することで，1949年に実施されたドッジ・ラインの重要性が浮かび上がる。本章では，ドッジ・ラインを日本再軍備の転機と捉えている。そして，これを契機として，日本経済の牽引役として日本銀行・大蔵省

等の金融当局の勢力が拡大していった。この日本の情勢が、均衡財政を基盤とする自由主義的資本主義体制の確立という規範の強化に繋がったのである。(2)緻密な実証研究によるケーススタディを積み重ねることも重要な作業だが、他方、各々のケースの底流を為すアメリカの規範を分析することは、全体像を捉える上で欠かせない。ケーススタディが点の作業とするならば、その底流にある規範の分析は面の作業と言える。(3)当時の日本の政策やアジア太平洋情勢は日本再軍備に大きな影響を与えたのは間違いなく、このような国際環境の重要性を否定するわけではない。しかし、基本的には、そのような国際関係よりも、ヘゲモニー国家であるアメリカが提起した2つの規範の競合関係こそが、日本の「抑制された再軍備」という曖昧な妥協の産物を導き出した。それほどヘゲモニー国家の影響力は絶大なものだったのである。

3 民主主義

SCAPとワシントンの乖離

　第2次世界大戦後におけるアメリカの政治面での規範は、民主主義体制の樹立だった。ただし、民主主義の具体的な内容は各国の国情によって異なっていた。SCAPが大きな裁量を握っていた占領初期、アメリカはまず、日本に民主主義体制を樹立するために民主化と非軍事化を進めた。民主化の一環としては日本共産党の合法化、日本社会党を中心とした政権の樹立、労働組合の伸長と労働運動の支援等を積極的に推し進め、非軍事化の一環としては憲法9条を制定した。

　一方、アメリカでは情勢が異なっていた。1946年2月22日付で、駐ソアメリカ大使代理ジョージ・ケナンはソ連の行動様式を分析した長文の電報をワシントンに送付した。この中で、ケナンは「ソビエト権力の安泰のためには、われわれの社会の内部調和がかき乱され、われわれの伝統的生活様式が破壊され、わが国の国際的権威が打ち砕かれることが望ましく、また必要だという、そんな信念を狂信的に信奉する政治勢力」とソ連政府を描写した。つまり、ケナンは「国際共産主義は、病気の細胞組織の上にのみ繁殖する悪性の寄生菌」だと考えていたので、その対策法は「われわれ自身の社会の内部問題を解決し、わ

第4章　日本の「抑制された再軍備」の形成過程

れわれ自身の国民の自信と規律と士気と共同精神を高めること」だと提唱したのだ。この長文電報はワシントンで「センセーショナルな」旋風を巻き起こした。これに大きな影響を受けたクラーク・クリフォード大統領補佐官は、「共産主義対資本主義の最後の闘争という理論に立脚する現在の外交政策をソ連政府がとるかぎり、アメリカはソ連が二つの目的すなわち共産主義の支配する領土の拡張と資本主義の潜在敵の弱体化のためにいつでもたたかう可能性があるとの前提に立たなければならない」と対ソ強硬論を表明した。1947年3月12日には、ハリー・S・トルーマン大統領が「トルーマン・ドクトリン」を発表した。「現瞬間においては、ほとんどすべての国民が…生活方式の二者択一に迫られている…一つの生活方式は［民主主義体制下で］多数者の意思にもとづき、自由な政体、代議政府、自由選挙、個人的自由の保障、言論、信教の自由、政治的抑圧からの自由をその特長としている。これに反し、第二の生活方式は［共産主義体制下で］多数者にたいして、強制的に加えられる少数者の意思にもとづいており、その手段はテロ、弾圧、出版ならびに放送にたいする統制、選挙干渉および個人自由の抑制である」と、単純明快な善悪二元論に基づく米ソ対立図式を米国民に示した。同年9月、世界情勢を分析したアメリカ中央情報局（CIA）は、直接アメリカを攻撃できるだけの能力はソ連にはないが、欧州、近東、中国北部、朝鮮に脅威を与える能力は十分にあると結論づけた。このころからアメリカ政府内では、際限なく膨張する病原菌のような共産主義というイメージができあがっていき、この心理的要因に根差した反共主義（冷戦メンタリティ）が徐々に浸透していった。

　トルーマン・ドクトリンが発表されたわずか5日後の3月17日、マッカーサーは、日本には「デモクラシー…の基礎は完全にできあがっている」という認識の下、「遅くとも一年とたたないうちに」対日講和条約交渉を始めるべきだと記者会見で述べた。19日には、講和条約の時期に関して、「できるだけ早急にと言いたい」とマッカーサーは述べている。たしかに、アメリカ政府も対日講和条約を考慮していたので、マッカーサーの声明は必ずしも突飛だとは言えない。ただし、ワシントンでは冷戦メンタリティが浸透し、米ソ対立を前提とした論を立てていたのに対し、マッカーサーは米ソ協調体制が可能という前提のもとに早期講和条約を提唱したという相違がある。

143

ニューズウィーク誌外信部長のハリー・カーン，同誌東京支局長のコンプトン・ペッケンハム，駐ソ大使や商務長官を歴任した W. A. ハリマンなどを主要メンバーとし，日米経済関係に大きな関心を寄せる「ジャパン・ロビー」は，民主化の名の下に経済集中排除等を進める SCAP の経済政策に疑問を抱いていた。1947年8月，「ジャパン・ロビー」は実情精査のために，日本通の弁護士であるジェームズ・リー・カウフマンを日本へ派遣した。すでに連合国極東委員会に5月12日に提出されていた極秘の FEC230 文書（日本の過度経済力集中に関する政策）を入手したカウフマンは，SCAP が実際に日本で進めようとしている経済政策が急進的だと非難し，早急な修正の必要性を訴えた。(25)

ワシントンは，マッカーサーの目を通してしか日本の状況を把握していなかったので，独自に日本の状況分析をする必要があった。日本に対する賠償も，終戦直後は対日悪感情を反映し，SCAP は非常に厳しい賠償を要求していた。ところが，ワシントンで冷戦メンタリティが浸透してくるにつれて，見直しが検討されるようになった。1947年1月28日，厳しい日本への賠償請求を精査するために，陸軍省の依頼により，マックグロー・エンジニアリング社社長のクリフォード・ストライクを団長とする使節団が来日した。2月18日に提出された報告書では，その当時 SCAP が進めていた賠償計画をそのまま実行すると，日本経済に壊滅的打撃を与えると批判している。それよりも，日本からの産業施設を賠償として除去することが日本の生産能力の低下に繋がらないようにすべきだと勧告した。(26) 米陸軍省の委託を受けたストライクは8月10日，再度調査団をひきつれて来日した。1948年2月に提出された第2次ストライク調査団報告書では，賠償の減額を勧告した。(27) ウィリアム・ドレーパー陸軍次官や元ケミカル・バンク会長のパーシー・ジョンストン等をメンバーとする経済使節団が3月20日に来日した。5月18日に発表された報告書では，「日本の［経済］復興は東洋の経済にとって決定的に重要」と結論づけ，賠償の緩和，貿易制限の緩和，インフレーションの克服，外資導入，単一の為替レートを設定することの必要性等を勧告した。(28)

ジョージ・ケナンの訪日

ワシントンは日本の現状分析およびマッカーサーとの意見調整のために，国

務省政策企画室室長のケナンを日本に派遣し，3月1日，マッカーサーとケナンが会談した。ケナンが記した覚書によると，日本人は自由と民主主義の良さを体験しており，共産主義を受容することはなく，日本共産党員等の共産主義者も脅威ではない，というのがマッカーサーの持論だった。3月21日には，ケナンは日本に来ていたドレーパー陸軍次官を交えて再びマッカーサーと会談を行い，日本再軍備に関して意見を交わした。マッカーサーは一貫して日本再軍備絶対反対の立場だった。その理由として以下の5つを挙げた。(1)アメリカの国際公約に反するものであり，近隣諸国も反発する。(2)占領開始以降SCAPが進めてきた非軍事化という大原則に反するものであり，この原則を今放棄してしまうと，SCAPの威信に関わる。(3)たとえ再軍備を実施しても，日本は五流の軍事国家にしかなれない。(4)日本の困難な経済状況では再軍備は難しい。(5)日本人は軍隊を容認しない。沖縄に空軍基地を配備すれば，日本の安全保障を確保できると主張した。

　ケナンとマッカーサーの間では，日本に対する評価が大きく異なっていた。マッカーサーは，ソ連の政治的浸透による間接侵略を心配しておらず，日本人は共産主義を嫌悪していると楽観的に考えていた。これに対しケナンは，日本の社会が脆弱で，共産主義の浸透に抵抗できないと判断していた。ケナンにとって民主主義とは反共主義であり，共産主義の浸透に対抗できる強固な社会体制を意味する。この意味では，日本に未だ民主主義は根付いていないと考えていた。したがって，共産主義の浸透に対抗し日本の安全保障を確保するためには，軍隊を日本に駐留させるか，日本の再軍備を許容すべきだと反論した。

　マッカーサーとの会談を基に，最終的にケナンは，3月25日付で提言（PPS28）をまとめ，ジョージ・マーシャル国務長官に提出し，SCAPがこれ以上日本で社会改革を進めるべきではなく，「今後，経済復興をアメリカの対日政策の主要目的にすべきだ」と提唱した。また，国務省が独自の大使級ポストを日本に常設し，SCAPを通さずに国務省と直接コミュニケーションがとれるようにし，対日占領政策の推進をSCAPに任せず，ワシントンがイニシアティブをとるべきだと進言した。ただし，日本再軍備に関しては，マッカーサーが絶対反対の立場を固持し，それを受けてワシントン内でも意見がまとまっていなかったので，言及されていない。10月7日，アメリカの安全保障政策決定

過程における最高諮問機関である国家安全保障会議は，対日政策に関するPPS28を基本方針としたNSC13/2を採択し，2日後の10月9日，トルーマン大統領はこれを承認した。[33]

このように1947年以降，ワシントンは様々な分野における調査のために，次々と使節団や政府要人を日本に派遣し，独自の情勢分析に必要な情報を収集していった。その結果，SCAPの初期占領政策を批判しながら，徐々にSCAPから対日占領政策の指導権を奪っていった。そして，1949年までには，平和的民主主義を樹立するために民主化と非軍事化を強調するSCAP路線から，民主主義を守るために反共主義と安全保障を強調するワシントン路線に転換していった。民主主義体制の樹立という規範は変わらなかったが，その中身が変化していったのである。

4　経済的規範——自由主義的資本主義体制の確立

経済安定本部を中心とした生産第一主義

アメリカは，国際社会の安定と繁栄のためには，自由主義的資本主義体制の確立が不可欠であると考えていた。終戦後，アメリカの最優先地域は，世界資本主義体制の中心と考えていた欧州の経済復興だったので，当初，ワシントンの日本占領政策への直接関与は少なく，マッカーサーの裁量に任せるところが大きかった。マッカーサーは日本の貿易をSCAPの管理下に置いたため，日本経済は荒波にもまれることなく世界経済から隔離され，連合国の保護下で経済的温室内にいるようなものだった。日本は多大の貿易赤字が出ても，アメリカからの援助で穴埋めされていた。この援助額は1947年には4億400万ドルで輸入額の92％，1948年には4億6100万ドルに達し輸入額の75％を占めていた。日本の貿易は1937年より下降傾向にあったが，SCAPによる管理貿易で貿易活動は活発になり，日本の商品輸出は，1946年から1950年までの4年間，毎年50％から90％の割合で増加した。[34]

日本はこのように隔離され，保護された状態に置かれたので，国内経済政策に集中できた。まず，1946年8月に設立された経済安定本部が中心となり，通貨の安定よりも生産第一主義を基礎とした計画経済が推し進められた。これ

を金融面で支えたのが，1947年1月に政府が資本金を全額出資して設立した復興金融金庫で，資金調達のために復興金融債を発行し，その大半を日本銀行が引き受けることとなった。日本銀行は，1946年度に復興金融債発行額の94％，1947年度には76％を，1948年度には64％を引き受けていた。また，政府は終戦後も臨時軍事費を払い続け，その額は急増していった。さらに政府は当初，日本銀行から借り入れたり，国債を日本銀行に任せたりすることによって，財政赤字を埋め合わせていた。1946年7月には石橋湛山大蔵大臣が，生産再開のためには赤字財政もやむを得ないと主張した。このようにして，1946年から1948年末にかけて日本銀行券残高が激増し，戦後インフレーションをもたらす1つの要因となった。

経済面でワシントンの関与が深まるにつれ，計画経済から自由主義経済（市場経済）への転換が進められた。非軍事化と民主化が予想以上に順調に進んだため，これ以上改革を進めるよりも，これまでの改革の成果を日本社会に根付かせることが必要になり，そのためにも，経済復興が不可欠だったのである。

経済復興最大の障害はインフレーションだった。1934～36年の卸売物価ベースでみると，1945年8月から1949年までに，約220倍という超インフレーションに見舞われていた。1948年10月に大統領が承認したNSC13/2は，「対日政策で，安全保障の次に重要なものとして，経済復興を主要目的とすべきである」と提唱している。「国際通貨金融問題に関する全国諮問委員会」（NAC）という1945年7月のブレトン・ウッズ協定の下でアメリカ議会によって設立された，外国への借款，為替，国際通貨政策に関するアメリカの政策を調整する委員会がある。1947年6月5日に発表された欧州経済復興のためのマーシャル・プラン発足以降，アメリカの対外援助はすべてNACで審議された。NACは，対日経済援助を効率的にするためには，緊縮財政を基調とした日本の経済安定が不可欠だと主張し，陸軍省もこれに同意した。そこで1948年12月，NACは，日本における経済安定が達成されていないという理由で，1950年度用のエロア基金（占領地域経済復興基金－日本等の占領地の経済を復興させるための援助を行うための基金）からの対日援助を拒否した。アメリカはSCAPの緩慢な対日経済政策を批判し，日本の経済安定を最優先事項にすべきだと進言した。NACの助言を受け入れたトルーマン大統領は1949年1月，デトロイト銀

行頭取ジョセフ・ドッジをSCAPの財政アドバイザーに任命し，日本に派遣した。[43]

ドッジ・ライン実施による安定第一主義へ

　2月に来日したドッジは，日本の1949年度予算として，一般予算，特別会計，その他の政府関係機関，地方自治体予算などを統括した総合予算で赤字を出さない，厳格な緊縮財政予算を日本政府に実施させた。このデフレ的な財政・金融政策（ドッジ・ライン）の実施により，日本経済は急速に安定化に向かった。日本政府は，戦後初めて生まれた黒字（1567億円）を主に国債の償還に充当した。インフレ率は1948年の80％から1949年には24％へ，通貨量は1948年の1000億円から1949年の200億円へと激減している。[44] さらに，ドッジが，1949年4月に1ドル360円という単一為替レートを設定し，実施したことで，それまでの世界経済からの隔離状態に終止符が打たれ，自由主義的資本主義を基礎にした日本経済が世界経済にリンクされることとなった。つまり，日本経済は連合国に保護された温室内にいるのではなく，世界市場で競争にさらされることになり，均衡財政を維持することでインフレーションを抑え，輸出競争力を高めていかざるを得なくなったのである。

　ドッジ・ラインの実施は，それまでSCAPが進めてきた経済安定本部と復興金融金庫による生産第一主義を転換し，安定第一主義に路線を変えた。日本政府内では，インフレーション対策より生産第一主義を唱える経済安定本部と，均衡財政を唱える大蔵省が対立していた。池田勇人大蔵大臣はドッジと協力することで均衡財政政策を推し進め，経済安定本部の影響力を削ごうとしたのである。そこで，池田はインフレーションの最大の原因と考えられていた復興金融金庫の息の根を止めるために，金庫は「すべての新規融資を止め，現在の融資を取り立てることに業務を集中させるべきだ」と勧告した。これに対してドッジは以下のように述べている。「池田氏の提案は，ある面では私たちの政策よりも厳しいものだ。たとえば，私たちは復興金融金庫の拡大は認めていないが，回収したものを融資に回すことは許可していた。池田氏は金庫による新規融資は一切認めないという態度だ。つまり，復興金融金庫の解散を意味していることになる。」[45]

第4章　日本の「抑制された再軍備」の形成過程

　日本政府は特別会計を含めた均衡予算を堅持し，財政の黒字を政府債務の償還にあてた。さらに，1949年3月，復興金融債の発行を打ち切り，10月には新規融資が完全に停止され，翌1950年3月末までには復興金融債全額が償還された。復興金融金庫が産業資金を供給できなくなったのである。日本銀行と市中銀行が復興金融債を保有していたため，償還が進むことによって，これらの金融機関がより多くの資金を得ることになり，産業資金の供給は，原則として，民間金融機関の市場経済に基づく合理的判断に委ねられることとなった。日本銀行は民間金融機関の企業融資を増加させるために，買いオペレーション，日本銀行貸出の増加，融資斡旋等の金融緩和政策を行った。こうして民間金融機関に対する日本銀行の影響力が強まるとともに，インフレーションを抑えながら産業資金の融資先を厳選する金融当局が日本経済において重要な役割を果たすようになっていった(46)。

　ワシントンから派遣されたドッジが一気にドッジ・ラインを推し進めた。これは，対日占領政策におけるSCAPの地位の低下を如実に示すものだった(47)。つまり，対日占領政策のイニシアティブがSCAPからワシントンに移っていったのである。こうなると，アメリカの経済面での規範である自由主義的資本主義体制の確立が前面に押し出されるようになった。インフレーションを抑制し，均衡財政を維持することで経済を安定させ，輸出産業の競争力を高めて貿易を振興するドッジ・ラインは，占領下の日本における自由主義的資本主義への道の第一歩であった。この路線を積極的に支持し，1950年代の日本経済の発展に中心的な役割を果たしたのが均衡財政の樹立とその維持を主張する金融当局だった。

　アメリカが提起した反共民主主義と自由主義的資本主義という2つの規範は当初，補完関係があると考えられていた。SCAP内に設置されていた外交局顧問のロバート・フィアリーは，1946年4月には早くも，日本が「深刻な経済不況で追い詰められれば…現在の親米，親民主主義，反ソ連，反共傾向がまったく変わってしまうこともあり得る」という懸念を表明していた(48)。また，SCAPの経済科学局は，日本経済がインフレーションに悩まされていたので，経済安定こそが，「日本の経済復興にとって不可欠の前提条件だ。民主主義的への信奉を確固たるものにし，日本人が全体主義［共産主義］的様式を拒絶す

149

第Ⅰ部　規範形成・伝播の複合過程

るためには，この経済復興を必ず成し遂げなければならない」と警告を発している[49]。さらに，ケネス・ロイヤル陸軍長官が1948年1月に行った上述の反共スピーチは，共産主義とは異なる，政治的安定を日本で継続させるためには，「健全で外国の援助に依存しない経済を打ち立てる必要がある」と主張していた[50]。そして3月25日，ケナンは，日本にとっての最大の脅威を共産主義の浸透と捉え，この脅威から日本を守るためには，経済復興が不可欠だと主張した[51]。4月には，CIAがトルーマン大統領への報告書の中で，「日本の将来の政治的安定と政治志向は，経済復興ができているか否かに大いにかかっている」とまとめている[52]。すなわち自由主義レジーム内に日本を組み込むことによって日本を共産主義から守ろうとしたのである。ところが，相互に補完すると考えられていた規範は，朝鮮戦争が勃発し，日本再軍備という大きな軸が政策論議に入ってきたことで，次第に競合するようになった。

5　朝鮮戦争の影響

安全保障面

1950年6月に勃発した朝鮮戦争は多方面にわたり日本に大きな影響を与えた。本節では，安全保障面と経済面での影響に焦点を当てる。朝鮮戦争の勃発によって，旧帝国軍隊の将校達は日本再軍備の実現に向けて具体的な計画を提示した。まず7月8日，マッカーサーが吉田に警察予備隊設置の書簡を送り，8月10日に警察予備隊令が制定されると10月，元海軍大将の野村吉三郎を中心とした海軍グループが「研究資料」をまとめた。この「研究資料」では，復興後の日本軍は10個師団より成り，陸空海軍総勢20万人で1000億円の予算を計上していた[53]。その後，大物政治家も動き始めた。12月7日には，芦田均元首相が総司令部の求めに応じ，いわゆる「芦田意見書」を提出している。そのなかで「ここ数年にして第三次世界大戦の起る可能性はすこぶる強い」という情勢分析を行い，その対策として「日本人は自らの手で国を護る心構えを必要とすることを説き，政府自らその先頭に立って旗をふることが急務」であり，総理大臣が「国民の世論をこの方向に動員する」必要があると積極的再軍備を要求した[54]。12月28日，朝日新聞がこの芦田意見書の内容を1面トップで取り

第4章　日本の「抑制された再軍備」の形成過程

上げたことを契機に，再軍備をめぐって国論が二分されることとなった。[55]

　マッカーサーは憲法9条の戦争放棄という理念に関して，1951年1月1日に年頭声明を行った。「近代世界がかって経験した…最高の一つの理念を現わしており，かつ文明が維持されるべきであるならば，すべての人々がいずれは信奉しなければならない」と確信していた。しかし，「もし国際的な無法律状態が引続き平和を脅威し，人々の生活を支配しようとするならば，この理想がやむを得ざる自己保存の法則に道を譲らねばならなくなることは当然であり…力を撃退するに力をもってすることが諸君の義務となるだろう」とも述べている。[56]これらはＵＰ通信が正しく分析しているように「現在こそ新憲法下に禁ぜられている日本の再軍備が今や一つの可能性であることをはっきりと示唆」するものだった。[57]

　他方，吉田首相は，講和条約ができるだけ早期に，スムーズに締結されるよう，内外の批判や懸念を鎮静するために，公の場では再軍備に対してきわめて慎重な態度を固持した。1月26日，第10回国会（常会）での施政方針演説において，吉田は再軍備に関し，「わが国の安全は，国民みずからの力によって保障され，擁護せらるべきはもちろんであります。しかしながら，これをただちに再軍備に結び付け，これを軽々に論断することは私のとらざるところであります。わが再軍備論は，すでに不必要な疑惑を中外に招いて」いると分析し，「再軍備に対しては，国民諸君は最も慎重を期せられたい」と警告を発した。[58]さらに，ダレスとの2回の会談を終えた2月1日，衆議院予算委員会での答弁で「いつまでも日本の安全保障を外国にゆだねるということは，日本国民の自負心がこれを許さない」と将来再軍備を行えるように伏線を張っている。その上で，講和条約対策を念頭において，「日本はただちに再軍備に入るということは，考えなければならない，軽々に考うべき問題ではない」と持論を繰り返した。[59]

　1月末のダレス来日の時期に合わせて，野村グループは，日本海軍が今後8年間で，総額2110億円の経費を要し，329隻の艦船を保有するという「日本再軍備に関する私案」をまとめた。野村はこの私案を2月2日の日米協会の午餐会でダレスに提出した。[60]さらに2月6日には，ダレス宛の書簡の中で，鳩山一郎が「祖国日本と新しく享有された民主主義を護るためには再軍備は必然で[61]

ある」と主張した。⁽⁶²⁾

　元海軍グループを代弁する野村私案は1951年3月31日には日本政府に示され，再軍備の意向を打診したが，財政的理由により，大蔵省の受け入れるところとはならなかった。⁽⁶³⁾この旧海軍グループとは別に，元陸軍大佐服部卓四朗を中心とした元陸軍グループは1951年11月22日，「軍備建設要領（海上兵力除く）［試案］」を作成した。この試案では，2年間の第1期期間中に平時兵力として地上兵力15個師団26万人で3570億円の予算，航空兵力200中隊（約2000機）10万人で2260億円の予算としていた。第2期は3年間で，地上兵力45個師団130万人，航空兵力300中隊（約3000機）21万人としていた（予算計上なし）。⁽⁶⁴⁾1951年度の日本の防衛予算が160億円だったことを鑑みると，これらの再軍備具体案は非現実的だったが，再軍備を進める圧力となった。朝鮮戦争を契機として，日本国内の再軍備推進派が勢いづいていった。

経済面

　朝鮮戦争は現実の日本経済およびその将来の発展の方向性にも大きな影響を与えていた。1950年6月，朝鮮戦争の勃発により，貿易の活性化や米軍による特需で日本経済は潤った。それ以前にドッジ・ラインの実施によって一気に厳しい緊縮財政となったために，金詰りの状態になっていた日本経済にとって，朝鮮戦争はまさに天佑だった。とくに，1950年から1955年までの特需累計額は35億ドルを超え，貿易赤字を埋めることができた。⁽⁶⁵⁾

　朝鮮戦争により日本経済へのインフレーション圧力も強くなった。1950年10月7日，ドッジは朝鮮特需が「異常で，恐らく一時的なもので，明らかに限界がある」と述べ，好景気に浮かれるべきではないと警告を発した。⁽⁶⁶⁾さらに10月25日には，「日本の将来は輸出水準にかかっている」と述べ，だからこそ特需を利用して設備投資を行う等「将来の通常輸出の最大化と健全な発展」に尽力すべきだと提唱した。「価格を下げ，品質を高めなければ輸出を増大することはできない」からだ。⁽⁶⁷⁾大蔵省も国内物価の急上昇や工業生産の拡大が経済活動の発展の成果だと考えず，健全財政方針を堅持するために均衡予算を維持すべきだと主張した。⁽⁶⁸⁾

　戦争特需で潤ったために，日本政府や財界はいわゆる「日米経済協力」を唱

えた。朝鮮戦争終結後もアメリカから何がしかの経済援助や特別待遇があるだろうと楽観的に期待していたのである。1951年1月，経済安定本部は日本経済が独り立ちできるよう，ダレス特使の主席随員だったジョン・アリソンに一連の経済援助の要求をした[69]。さらに，同月，経済団体連合会（経団連），日本商工会議所，日本経営者団体連盟，経済同友会等経済8団体連名で，「講和条約に関する基本的要望」を作成し，SCAPのシーボルド外交局長を通じてダレスにも提出した。この要望書においては，「講和後，日本の経済自立を促進するため，対日政府クレジットを供与されたい」と経済援助を要請している[70]。また，全国銀行協会連合会もダレスに要望書を提出した。その中で，日本の「早期経済自立達成のために…対日経済援助の継続又はこれに代るべき資本的援助の実施…特に政府クレジットの貸与を希望する。尚短期間に自立経済を達成するためには可及的に大量の資本援助を期待したい」と，講和後もアメリカからの寛大な経済援助を期待しているとした[71]。2月6日，公職追放中の鳩山一郎と石橋湛山は来日中のダレスと密かに会談し，2人の書簡と共に，東洋製缶を設立し，戦時中に満州重工業総裁も務めた実業家高碕達之助の要望書も渡した。高崎が記した「わが財界の要望」には「日本経済自立計画に必要な産業資金を比較的低廉な利率を以ってアメリカより貸し出されることを要望したい」と低利のクレディットを望む記述がされていたのである。電力・鉄鋼・石炭等の基礎産業の資金需要は1951〜53年で12.7億ドルほどと見込み，その約半分の6億ドルの資本供与を要請した[72]。

　「日米経済協力」は単にアメリカからの寛大な経済援助やクレディットを期待しただけでなく，日米経済協力の一環として，アメリカが望む日本再軍備を経済復興に利用したいという考えもあった。朝鮮半島が戦場となった朝鮮戦争では，地理的に近い日本が米軍戦車や航空機の修理を受け持つこととなった。1952年3月8日，SCAPは日本政府に兵器製造許可を与え，5月2日から米軍は日本に完成兵器の発注を始めている[73]。6月，元海軍中将保科善四郎が経団連の石川一郎会長を訪ね，防衛生産復興の協力要請を行った。朝鮮戦争後の日本経済のことを考え，石川は日本の真の独立を達成するためには自主防衛力を創設することが必須だと考え，防衛産業の育成の重要性も認識していた[74]。8月には警察予備隊と海上保安庁を統合して保安庁が創設された。保安部隊の装備を

ビジネス面での好機と捉えた経団連は、同月、防衛生産委員会を設立し、軍需生産の将来性に期待した[75]。このような財界の意向とは対照的に、11月24日の施政方針演説で、吉田首相は経済復興に焦点を当てており、再軍備に関しては、「世上再軍備につき種々の議論がありますが、政府の所信は一貫してかわるところはないのであります。国力の回復に伴うて自衛力の漸増を図るべきはもちろんでありますが、現在の段階は、もっぱら物心両面における国力の充実に努力を傾くべきときであると信ずるものであります」と消極的な態度で、防衛生産や防衛産業に関しては言及すらしなかった[76]。そこで経団連は政府に、防衛産業の将来の展望について政府の態度を明確にするよう要請した[77]。防衛生産委員会会長で元三菱重工社長の郷古潔は、防衛生産の将来が日本経済の性格および発展の方向を決めると唱えていた[78]。

防衛産業に対する政府の態度は不明瞭なままだったが、1953年2月、防衛生産委員会は総額2兆9700億円にのぼる6ヵ年計画である「防衛力整備に関する一試案」を作成した。この計画によると、陸上兵力15個師団30万人、海上兵力7万人（艦艇29万トン）、航空兵力13万人（航空機2800機）となっている[79]。しかし、このような計画が実施されるかどうかも分からず、防衛産業は米軍の発注に依存し、その発注額も政治的軍事的要因に影響された。郷古は「防衛産業は転換がきわめて困難であること、政治的な要因によって左右されやすいこと、需要の浮動性が激しいことなどの企業としての成立条件にいくつかの欠陥をもっている」と述べている[80]。このように、防衛産業はきわめて不安定な状況に置かれていたのである[81]。だからこそ、金融機関はそのような不安定な防衛産業の設備投資用の融資を渋った[82]。その結果として十分な設備投資ができず、防衛産業は付加価値の高い製品を供給できない、といった悪循環に陥っていったのである。

6　日米経済協力の幻想

防衛産業の頓挫

1951年2月、アメリカから帰国した一万田尚登日本銀行総裁は記者会見で、アメリカからの寛大な経済援助は期待できないため、緊縮政策を継続してイン

フレーションを抑え，通常の貿易を活性化させることで経済発展をすべきだと唱えた。一万田氏の論を裏付けるかのように，5月16日，ウィリアム・マーカット経済科学局長が声明を出した。その内容は，日本が国際的な調達計画に参入するためには，製品の品質と価格について国際水準並みにならなければならない。国際金融機構加盟のためには，国内インフレーションの統制に関して恒久的な措置を明示する必要がある。日米経済協力はこれまでの特需にみられた緊急買付と異なり，商業採算を基礎として日本をアメリカの調達計画に参加させるのが原則だ。そのために，恒久的なインフレーション抑制策の公表と健全予算の実施が必要だ，というものだ。

当初経済界には防衛産業への大きな期待があった。ところが，日本の兵器生産は伸びたとはいえ，1952年から1957年の米軍発注の98％は弾薬類であり，本格的軍需産業復活のための基礎とはなり得なかった。こういう事実により，防衛産業には景気刺激効果があるとは考えられなくなったのである。

1953年4月15日，アメリカ国務省は，朝鮮戦争休戦後も少なくとも2年間は，特需水準（年8億ドル程度）を維持するような対日ドル支出が続くだろうという声明を出した。日本側はこの声明を前向きに捉えた。「特需に類する米国の日本におけるドル支出が継続する今後二年間に正常貿易で国際収支の均衡が得られるような努力をしないと自立経済は達成しえない」という鈴木武雄の主張は正鵠を射たものだ。産業界は「この際，特需依存的な考え方を改め，真剣な輸出振興策を確立すべきだ」と唱えた。そこで5月12日，経団連・日経連・関経連の3団体が合同で「基本経済政策に関する意見」を発表した。この意見の中心事項は「輸出第一主義の徹底…輸入原料の国内消費の節減，財政・金融の健全性確保」等，ドッジ・ラインの精神に忠実になり，財政膨張とインフレーションの抑制および正常貿易を主体とした経済自立の達成を説いていた。

「基本経済政策に関する意見」には，防衛産業に関して，「防衛生産の方針の確立とその計画的実施」と盛り込まれており，防衛産業への期待を抱きつつ，政府が方針を確立してほしいという要請がされている。ところが，1953年7月，朝鮮戦争停戦協定が発効されたため，これ以降，日本の軍需産業は不況に見舞われた。日本の工業力を振興するためにも，ある程度の防衛産業は不可欠という声もあった。翌1954年7月には自衛隊が設立され，兵器産業の市場と

して期待されたが，やはり国内市場だけでは狭く，経済的には成立しないものだった。[93]

一兆円予算に向けて

1953年9月頃より大蔵省は公共事業の削減とともに，1954年度「一兆円予算」の確立を提唱し始めた。[94] その背景には，朝鮮戦争勃発以降，一般会計予算が大幅な増加傾向を示したことへの懸念があった。1950年度一般会計予算は6333億円で前年度比9.5％減だったが，1951年度には7498億円（前年度比18.4％増），1952年度は8739億円（前年度比16.6％増），1953年度は1兆172億円（前年度比16.4％増）と急増し，財政規模も大きくなっていた。[95] インフレーションを心配していた全国銀行協会は，1953年10月5日，1953年度補正予算と1954年度予算規模の圧縮と均衡財政の維持を要求した「通貨安定に関する要望」を政府に提出し，経団連にも協力を促した。これを受け，経団連も10月27日，1954年度予算の圧縮が不可欠だと主張した「財政規模の縮減に関する要望意見」を政府に提出した。[96] このような背景の下，大蔵省が強力なイニシアティブを発揮し，遂に1954年度予算を一兆円内に収めることができた。[97]

確かに，朝鮮戦争勃発後，日本は大規模な再軍備を行い，防衛産業に依存する路線も検討した。しかし，1954年度一兆円予算を設定できたことは，インフレーションを抑制し，均衡財政を維持するというドッジ・ライン路線を堅持するということを意味している。財政に一定の枠をつけることで，防衛関係費に回せる資金も抑制されることとなった。1953年以降，50年代の防衛関係費は1300億〜1600億円を推移し，[98] GNP比は1.45〜1.78％，一般会計比では10.99〜13.96％となっている。[99] 反共民主主義の樹立という規範からは大規模で迅速な日本再軍備という路線が導き出されるのだが，ドッジ・ラインを基礎とした自由主義的資本主義体制の確立という規範からは防衛関係費の抑制という路線の選択となった。つまり，1949年から1950年代にかけてこれら2つのアメリカの規範が競合したために，日本は抑制された再軍備という選択が可能となったのである。

7 「抑制された再軍備」

　戦後，日本における民主主義体制の樹立は，アメリカの規範の帰結である。占領初期には，SCAPが指導力を発揮し，民主化と非軍事化を中心とした平和主義的民主主義を樹立しようと邁進した。しかし，米ソ対立が激しくなるに従い，占領政策のイニシアティブが徐々にSCAPからワシントンに移っていった。この移行に伴い，民主主義の内容も，平和主義的民主主義から反共主義的民主主義へと変化した。共産主義から脆弱な日本の民主主義体制を守るためには強力な再軍備を実施し，日本を反共レジームに組み込むことが必要だと考えられたのである。

　日本における自由主義的資本主義体制の確立もアメリカの規範の帰結である。占領初期段階でSCAPは日本経済を世界経済から隔離し，当面，インフレーションを気にせずに生産第一主義を前面に押し出した計画経済を進めたが，1949年のドッジ・ラインによってインフレーションは収束した。アメリカは日本の均衡財政を達成し，単一為替レートを設定し，日本経済を世界経済にリンクさせたのである。共産主義の間接侵略から脆弱な日本の民主主義体制を守るためには強力な経済的基礎を築き，日本を自由主義レジームに組み込むことが必要だと考えられたのである。この点からすれば，反共主義的民主主義体制の樹立と自由主義的資本主義体制の確立という規範に相互補完関係がある。

　ところが，日本経済においては，ドッジ・ラインの実施以降，金融当局の影響力が飛躍的に高まった。この金融当局の台頭こそが日本における防衛産業と再軍備を抑制する強力な要因となったのである。大蔵省と日本銀行等の金融当局は，希少資本の生産的使用を提唱し，経済の軍事化に反対した。朝鮮戦争勃発後，経済の軍事化でインフレーションが再燃し，日本経済の健全な発展が歪められると懸念したドッジは，軍需依存の経済発展ではなく国内消費を抑制して輸出拡大政策をとり，さらに均衡財政を維持すべきと強く勧告した。均衡財政を主張する金融当局の台頭が，ドッジの強力な後押しをテコにしながら，経済の軍事化，強いては再軍備を財政の面から抑制する大きな役割を果たしたのである。

結論として，戦後，アメリカが期待通りのスピードと規模で日本に再軍備をさせることができなかった主要な原因は，民主主義体制の樹立と自由主義的資本主義体制の確立という，戦後アメリカの規範の二本柱が，1949年以降に日本では競合したことである。日本で規範を推進していた主体であるアメリカは，1949年頃に，平和主義的民主主義から反共主義的民主主義へと規範の内容を変えていった。同時に，自由主義的資本主義体制の確立というもう1つの規範も台頭してきた。反共主義的民主主義の樹立という規範からは再軍備の推進という政策が生まれ，自由主義的資本主義体制の確立という規範からは再軍備の抑制という政策が生まれ，再軍備という視点から見れば，2つの規範は競合することとなった。この時期に，日本においては金融当局が経済政策の実権を握ることとなり，2つの規範のバランスをとりながらも，均衡財政の維持を基盤とした自由主義的資本主義体制の確立を最優先課題として対応したのである。アメリカの規範の競合を調整する過程において，日本の柔軟な対応による相対化が起こり，折衷案として，抑制された再軍備という政策に結実したのである。

注

(1) 植村秀樹『再軍備と五五年体制——戦後日本の再軍備をめぐる政治力学，1950-1955年』木鐸社，1995年；大嶽秀夫『再軍備とナショナリズム——保守，リベラル，社会民主主義者の防衛観』中央公論社，1988年。

(2) トマス・J．マコーミック『パクス・アメリカーナの五十年第三版』東京創元社，1995年，30-31頁。

(3) 古関彰一「冷戦政策における日本再軍備の基本的性格」『歴史学研究』No. 462, 1978年11月，158-165頁。

(4) 藤原彰「占領下再軍備の特質」『歴史学研究』No. 460, 1978年9月，23-35頁；正村公宏「朝鮮戦争・日本再軍備・講和条約」『経済評論』31巻9号，1982年8月，121-135頁。

(5) この点に関しては，上記研究以外にも多くの研究がある。たとえば，平井友義「米側史料よりみた日本の再軍備と中立主義」平井友義・毛利敏彦・山口定編著『統合と抵抗の政治学』有斐閣，1985年；大嶽秀夫編・解説『戦後日本防衛問題資料集』第1巻（非軍事化から再軍備へ）三一書房，1991年等。

(6) Yoneyuki Sugita, "Constrained Rearmament in Japan, 1945-1954," in Peter N. Stearns ed., *Demilitarization in the Contemporary World* (University of Illinois Press, 2013).

(7) 豊下楢彦『安保条約の成立――吉田外交と天皇外交』岩波書店，1996 年。
(8) 渡邉昭夫「講和問題と日本の選択」渡邉昭夫・宮里政玄編『サンフランシスコ講和』東京大学出版会，1986 年。
(9) 五百旗頭真『占領期――首相たちの新日本』読売新聞社，1997 年，第 7 章。
(10) 坂元一哉『日米同盟の絆――安保条約と相互性の模索』有斐閣，2000 年，第 1 章。
(11) 高坂正堯『宰相吉田茂』中央公論社，1968 年；猪木正道『評伝吉田茂』全四巻，筑摩書房，1995 年；永井陽之助『現代と戦略』文藝春秋，1985 年；竹中佳彦「『吉田ドクトリン』論と『五五年体制』概念の再検討」『レヴァイアサン』第 19 号，1996 年 10 月；Michael M. Yoshitsu, *Japan and the San Francisco Peace Settlement* (Columbia University Press, 1983) ［宮里政玄・草野厚訳『日本が独立した日』講談社，1984 年］；波多野澄雄「「再軍備」をめぐる政治力学――防衛力『漸増』への道程」『年報・近代日本研究』第 11 号，1989 年；植村『再軍備と五五年体制』；三浦陽一『吉田茂とサンフランシスコ講和　下巻』大月書店，1996 年；田中明彦『二〇世紀の日本 2　安全保障――戦後五〇年の模索』読売新聞社，1997 年；五百旗頭真編『戦後日本外交史』有斐閣，1999 年；室山義正『日米安保体制』上，有斐閣，1992 年；John Dower, *Empire and Aftermath: Yoshida Shigeru and the Japanese Experience*, 1878-1954 (Harvard University Press, 1979) ［大窪愿二訳『吉田茂とその時代』上・下，TBS ブリタニカ年，1981 年］；中西寛「講和に向けた吉田茂の安全保障構想」伊藤之雄・川田稔編著『環太平洋の国際秩序の模索と日本――第一次世界大戦から五十五年体制成立』山川出版社，1999 年；五百旗頭真『日本の近代 6　戦争・占領・講和　一九四一〜一九五五』中央公論新社，2001 年；渡邉昭夫「戦後日本の形成者としての吉田茂――憲法と講和」北岡伸一・五百旗頭真編『占領と講和――戦後日本の出発』情報文化研究所，1999 年；北岡伸一「吉田茂における戦前と戦後」『年報・近代日本研究』第 16 号，1994 年；中島信吾『戦後日本の防衛政策――「吉田路線」をめぐる政治・外交・軍事』慶應義塾大学出版会，2006 年；楠綾子「吉田茂の安全保障政策」『国際政治』第 144 号，2006 年 2 月，99-115 頁。
(12) 中西寛「吉田・ダレス会談再考」『法學論叢』140 巻 1 〜 2 号，1996 年 11 月。
(13) 吉田ドクトリンに関する著者の解釈は以下を参照。Yoneyuki Sugita, "The Yoshida Doctrine as a Myth," *The Japanese Journal of American Studies*, Vol. 27 (June 2016).
(14) 菅英輝「アメリカのアジアにおける集団安全保障構想と日本再軍備問題，1948-51 (1)」『外国語学部紀要』62 号，1988 年 3 月。
(15) 深瀬忠一・山内敏弘編『安保体制論』三省堂，1978 年。
(16) 大嶽秀夫「日本における『軍産官複合体』形成の挫折」大嶽秀夫編著『日本政治の争点――事例研究による政治体制の分析』三一書房，1984 年；佐藤晋「鳩山内閣と日

第Ⅰ部　規範形成・伝播の複合過程

　　　米関係——防衛分担金削減問題と大蔵省」『法学政治学論究』第 33 号，1997 年 6 月。
⑰　ジョージ・ケナン「モスクワからの電報」（1946・2・22）大嶽編・解説『戦後日本防衛問題資料集』第 1 巻，165-175 頁。
⑱　「クリフォード報告」（1946・9・24）大嶽編・解説『戦後日本防衛問題資料集』第 1 巻，180 頁。
⑲　「トルーマン・ドクトリン」（1947・3・12）大嶽編・解説『戦後日本防衛問題資料集』第 1 巻，184-187 頁。
⑳　CIA, 12 September 1947, *Papers of Harry S Truman*, Harry S. Truman Library, Independence, MO.
㉑　冷戦メンタリティに関しては以下を参照。Yoneyuki Sugita, *Pitfall or Panacea: The Irony of US Power in Occupied Japan, 1945-1952* (Routledge, 2003), Chapter 2.
㉒　「マッカーサー・記者会見『早期対日講和』」大嶽編・解説『戦後日本防衛問題資料集』第 1 巻，203-205 頁。
㉓　"Interview with General Douglas MacArthur (FO 262/2056)," Wednesday March 19, 1947, Foreign Office Files for Japan and the Far East Series Three: Embassy & Consular Archives - Japan (post 1945), Public Record Office Class FO 262, Detailed Correspondence for 1945-1957, PRO Class FO 262/2040-2132, The National Archives, Kew, United Kingdom.
㉔　五十嵐武士『対日講和と冷戦——戦後日米関係の形成』東京大学出版会，1986 年，63-65 頁。冷戦メンタリティに関しては，拙著『ヘゲモニーの逆説　アジア太平洋戦争と米国の東アジア政策　1941 年〜1952 年』世界思想社，1999 年，139-142 頁を参照。
㉕　Kauffman Report, 6 September 1947, John Dower Collection（ジョン・ダワー教授の個人収集重要記録文書）。
㉖　The Strike Committee, 18 February 1947 and 24 February 1947, John Dower Collection.
㉗　OCI Report, 26 February 1948, John Dower Collection.
㉘　「ドレーパー報告」（1948・5・18）大嶽編・解説『戦後日本防衛問題資料集』第 1 巻，190-193 頁。
㉙　General MacArthur's Remarks at Lunch, March 1, 1948, United States Department of State, *Foreign Relations of the United States, 1948, The Far East and Australasia* VI（以下 *FR 1948* VI と略記）(U.S. Government Printing Office, 1974), pp. 697-699.
㉚　Conversation between General of the Army MacArthur, Under Secretary of the Army Draper, and George F. Kennan, March 21, 1948, Amended March 23, 1948, *FR 1948* VI,

pp. 706-710.
(31) *FR 1948* VI, pp. 712-713.
(32) Report by the Director of the Policy Planning Staff (Kennan), PPS 28, 25 March 1948, *FR 1948* VI, pp. 693-694, 696.
(33) Note by the NSC Executive Secretary (Souers) to President Truman, October 7, 1948, *FR 1948* VI, pp. 857-862. NSC13/2 の詳細な分析に関しては五十嵐『対日講和と冷戦』第二章と第三章を参照。
(34) G. C. Allen, *Japan's Economic Recovery* (Oxford University Press, 1958), pp. 28, 33.
(35) 復興金融金庫『復金融資の回顧』復興金融金庫，1950 年，188 頁。
(36) 原朗編『復興期の日本経済』東京大学出版会，2002 年，4 頁；伊藤正直「戦後ハイパー・インフレと中央銀行」Discussion Paper No. 2002-J-35, IMES DISCUSSION PAPER SERIES，日本銀行金融研究所，2002 年，7 頁。
(37) 稲葉秀三『激動 30 年の日本経済——私の経済体験記』実業之日本社，1965 年，149 頁。
(38) 萩原弘子「ドッジ・ラインと産業金融」『商大論集』50 巻 4 号，1998 年 12 月，128-129 頁。
(39) 伊藤正直「戦後ハイパー・インフレと中央銀行」『金融研究』第 31 巻第 1 号，2012 年 1 月，182 頁。
(40) NSC13/2, October 7, 1948, *FR 1948* VI, p. 861.
(41) 伊藤「戦後ハイパー・インフレと中央銀行」，216 頁。
(42) 大蔵省財政史室編『昭和財政史——終戦から講和まで』第 3 巻，東洋経済新報社，1976 年，407-408 頁。
(43) Contract from Harry S. Truman to appoint Joseph M. Dodge, 17 January 1949, *Dodge Papers*, Detroit Public Library, Detroit, Michigan.
(44) William R. Nester, *Japan's growing power over East Asia and the world economy: ends and means* (Macmillan, 1990), p. 25.
(45) Memorandum by Joseph M. Dodge, 10 March 1949, *Dodge Papers*.
(46) 小浜裕久・渡辺真知子『戦後日本経済の 50 年——途上国から先進国へ』日本評論社，1996 年，67 頁；萩原「ドッジ・ラインと産業金融」。
(47) 鈴木武雄「ドッジ・ラインの当面する諸問題」『ファイナンス・ダイジェスト』4 巻 5 号，1950 年 5 月，8 頁；伊藤正直「ドッジ・ライン前後の「経済計画」と後期占領政策」『經濟學論集』第 62 巻第 2 号，1996 年 7 月，2 頁。
(48) Memorandum by Mr. Robert A. Fearey of the Office of the Political Adviser in Japan, 17 April 1946, United States Department of State, *Foreign Relations of the United States,*

第Ⅰ部　規範形成・伝播の複合過程

1946, The Far East Ⅷ（U. S. Government Printing Office, 1974）, p. 209.

⑷9　Economic and Scientific Section, "Essentials of the ESS Economic Stabilization Program," 20 May 1947, in John Dower Collection.

⑸0　Speech by Kenneth C. Royall, Secretary of the Army, on the United States Policy for Japan, 6 January 1948. "The World and Japan" Database Project, Database of Japanese Politics and International Relations, Institute of Oriental Culture, University of Tokyo. http://www.ioc.u-tokyo.ac.jp/~worldjpn/documents/texts/JPUS/19480106.S1E.html （2017 年 2 月 20 日アクセス）。

⑸1　Report by the Director of the Policy Planning Staff（Kennan）, PPS 28, 25 March 1948, *FR 1948* Ⅵ, p. 694.

⑸2　CIA, "Japan" SR-38, 14 September 1948, President's Secretary's File, *Papers of Harry S. Truman*, Harry S Truman Library, Independence, Missouri.

⑸3　「研究資料」1950 年 10 月『旧海軍残務処理機関における軍備再建に関する研究資料 1/3』防衛研修所。

⑸4　「芦田均『総司令部への意見書及び談話』」（1950・12・28）大嶽秀夫編・解説『戦後日本防衛問題資料集』第 2 巻（講和と再軍備の本格化），三一書房，1992 年，63 頁。

⑸5　安藤俊裕「再軍備を提唱，吉田首相に意見書 悲運の宰相・芦田均⑻」日本経済新聞オンライン版，2011 年 4 月 24 日 http://www.nikkei.com/article/DGXNASFK19025_R20C11A4000000/（2017 年 2 月 20 日アクセス）。

⑸6　「マッカーサー『年頭のメッセージ』」（1951・1・1）大嶽編・解説『戦後日本防衛問題資料集』第 2 巻，27-28 頁。

⑸7　「UP 通信『マ元帥声明の意義』」（1951・1・1）大嶽編・解説『戦後日本防衛問題資料集』第 2 巻，28 頁。

⑸8　吉田茂内閣総理大臣「第 10 回国会（常会）における施政方針演説」1951 年 1 月 26 日，データベース『世界と日本』，日本政治・国際関係データベース，東京大学東洋文化研究所　田中明彦研究室　http://www.ioc.u-tokyo.ac.jp/~worldjpn/documents/texts/pm/19510126.SWJ.html　（2017 年 2 月 20 日アクセス）。

⑸9　「吉田茂『国会答弁・衆議院予算委員会』」（1951・2・1）大嶽編・解説『戦後日本防衛問題資料集』第 2 巻，49-50 頁。

⑹0　「日本再軍備に関する私案」1951 年 1 月 25 日『旧海軍残務処理機関における軍備再建に関する研究資料 1/3』防衛研修所。

⑹1　石田京吾「朝鮮戦争期（1950 ～ 51 年）における日本の海上防衛力再建構想―日本の海上防衛力再建の模索とアメリカの対日期待」『波涛』35 巻 4 号，2009 年 11 月，30，36 頁。

⑫ 「鳩山一郎『ダレス宛て書簡』」(1951・2・6) 大嶽編・解説『戦後日本防衛問題資料集』第2巻, 82-83頁.

⑬ 石田「朝鮮戦争期 (1950～51年) における日本の海上防衛力再建構想」, 30, 36頁.

⑭ 極秘「軍備建設要領 (海上兵力を除く) [試案] 1951年11月22日, 復員庁・史実調査部服部グループ「原四郎資料 日本再建・再軍備方策の研究資料綴・1」靖國偕行文庫室.

⑮ 通商産業省賠償特需室編『特需とアメリカの対外援助:アメリカのドル防衛問題に関する資料および統計』(通商産業調査会), 1961年, 86頁;田中良和「構造改革推進へ「教訓」残す——ドッジ・ラインと日本の高度成長」『朝日総研リポート』No. 149, 2001年4月, 88頁.

⑯ Statement by Joseph M. Dodge, Yokohama, Japan, 7 October 1950, *Dodge Papers*, Detroit Public Library, Detroit, Michigan.

⑰ Conference Mr. Dodge – Mr. Ikeda, 25 October 1950, *Dodge Papers*, Detroit Public Library, Detroit, Michigan.

⑱ 稲葉秀三「マ声明とインフレ対策——マーカット声明に対する不満と疑問」『新日本経済』15巻7号, 1951年7月, 7頁.

⑲ 浅井良夫「1950年代前半における外資導入問題 (中)」『成城大学経済研究』154号, 2001年10月, 33頁.

⑳ 「講和条約に関する基本的要望」『経済連合』38号, 1951年2月, 42-43頁.

㉑ 全国銀行協会連合会「ダレス氏への要望書」1951年1月31日『金融』48号, 1951年3月, 25頁.

㉒ 浅井「1950年代前半における外資導入問題 (中)」, 34-36頁.

㉓ 木原正雄『日本の軍事産業』新日本出版社, 1994年, 90頁.

㉔ 保科善四郎「防衛生産力の再建と石川会長」経済団体連合会編『石川一郎追想録』経済団体連合会, 1971年, 315-316頁.

㉕ 大嶽完造「防衛生産委員会の実体」『経済新潮』18巻4号, 1953年5月, 25頁;石井晋「MSA協定と日本——戦後型経済システムの形成(1)」『学習院大学経済論集』第40号第3巻, 2003年10月, 184頁.

㉖ 吉田茂内閣総理大臣「施政方針演説」(1952年11月24日) データベース『世界と日本』日本政治・国際関係データベース 東京大学東洋文化研究所田中明彦研究室 http://www.ioc.u-tokyo.ac.jp/~worldjpn/documents/texts/pm/19521124.SWJ.html (2017年2月20日アクセス).

㉗ 稲葉秀三「防衛生産と日本経済」『ファイナンス・ダイジェスト』7巻1号, 1953

年 2 月，14 頁。

(78) 郷古潔「前進する防衛生産」『ファイナンス・ダイジェスト』7 巻 1 号，1953 年 2 月，25 頁。

(79) 石井「MSA 協定と日本」，187-188 頁。

(80) 『朝日新聞』1952 年 12 月 26 日。

(81) 郷古潔「防衛生産と自衛軍の基盤」『東洋経済新報』1953 年 11 月 14 日号，66 頁。

(82) 稲葉「防衛生産と日本経済」，9-13 頁。

(83) 『日本経済新聞』1951 年 2 月 25 日。

(84) 経済団体連合会防衛生産委員会編『防衛生産委員会十年史』経済団体連合会防衛生産委員会，1964 年，19 頁。

(85) 稲葉秀三「防衛生産のジレンマ——時の経済」『旬刊時の法令解説』81 号，1952 年 12 月，20-21 頁。

(86) 日本兵器工業会『武器生産構造調査』日本兵器工業会，1957 年，96 頁。

(87) 稲葉秀三「防衛生産はプラスか」『政経時潮』7 巻 12 号，1952 年 12 月，8-9 頁。

(88) 鈴木武雄「MSA と日本経済」『社会主義』30 号，1953 年 12 月，5 頁。

(89) 鈴木武雄「朝鮮休戦と日本の経済」『自警』35 巻 10 号，1953 年 10 月，22 頁。

(90) 『朝日新聞』1953 年 4 月 17 日。

(91) 経済団体連合『経団連月報』1953 年 6 月，25 頁。

(92) 宮嶋鎮治「防衛生産と日本経済の在り方」『経済展望』25 巻 9 号，1953 年，30-31 頁。

(93) 浅井良夫「日本の戦後経済改革——非軍事化と民主化」『土地制度史学』41 巻（別冊），1999 年 9 月，99 頁。

(94) 石井晋「1950 年代前半の財政金融政策——戦後日本の国家と経済」『学習院大学経済論集』第 35 巻第 1 号，1998 年 3 月，43 頁。

(95) 「国の予算と財務局の予算の推移」大蔵省大臣官房地方課編『大蔵省財務局三十年史』東京：大蔵省大臣官房地方課，第 1 章第 5 節，1980 年 http://www.mof.go.jp/about_mof/zaimu/30years/main/010501.htm（2017 年 2 月 20 日アクセス）。これに対して，防衛関係費は，1952 年度に 1771 億円となり前年度比 47.7％増と急増したが，翌 1953 年度には 1257 億円（前年度比 29％減）となっており，抑制されていたことが分かる。防衛関係費（昭和 25 年度～平成 18 年度），総務省統計局 http://www.stat.go.jp/data/chouki/zuhyou/31-01.xls（2017 年 2 月 20 日アクセス）。

(96) 石井晋「1950 年代前半の財政金融政策——戦後日本の国家と経済」『学習院大学経済論集』第 35 巻第 1 号，1998 年 3 月，43 頁。

(97) 大蔵省調 http://www5.cao.go.jp/keizai3/keizaiwp/wp-je55/wp-je55bun-062h.html

(2017 年 2 月 20 日アクセス)。
⑼⑻　防衛関係費（昭和 25 年度〜平成 18 年度），総務省統計局　http://www.stat.go.jp/data/chouki/zuhyou/31-01.xls（2017 年 2 月 20 日アクセス）。
⑼⑼　真田尚剛「戦後防衛政策と防衛費──定量的歯止めを中心に」『21 世紀社会デザイン研究』第 9 号，2010 年，33 頁。http://www.rikkyo.ne.jp/web/z3000268/journalsd/no9/pdf/no9_thesis03.pdf（2017 年 2 月 20 日アクセス）。

［付記］本章作成にあたっては，公益財団法人全国銀行学術研究振興財団の助成を活用させていただいた。記して御礼申し上げたい。

第5章　グローバル開発ガバナンスの実現
　　　——UNDCF と GPEDC 間の調整をめぐって——

大　平　　　剛

1　新興国の台頭と変容する開発援助分野の様相

国際政治経済場裡における新興国の台頭

　今日，我々は国際秩序が変容する過渡期に直面している。このような状況は2つの主要な要因からもたらされていると言えるが，1つは先進国の弱体化しつつあるリーダーシップによるものであり，もう1つは中国やインドに代表される新興国の国際政治経済場裡における力の増大によるものである。このことはグローバル・ガバナンスに対しても必然的に影響を及ぼすと考えられる。納家政嗣は「西側先進国の優位が崩れるとともに，グローバル・ガバナンスの基礎をなす，冷戦後の自由主義秩序が後退するかどうかという問題」と指摘している。

　21世紀に入って新興国台頭の動きが加速化し，相対的に先進国の勢いが失われていく中で起こったのが，2008年9月の「リーマン・ショック」であった。これにより先進国の影響力の低下に拍車がかかった一方で，新興国の国際政治経済場裡における存在感が増していった。世界経済の景気を刺激するためにリーマン・ショック以後採られてきたアメリカによる量的金融緩和が，2014年1月から縮小された影響を受け，一時の勢いに陰りが見え始めているとは言え，新興国がこれからの世界に与える影響を無視することは出来ない。そのような新興国のなかでも，筆頭に挙げられるのは，いわゆるBRICS諸国，すなわちブラジル，ロシア，インド，中国，南アフリカ共和国である。BRICSの次には11の他の新興国が続くとされ，アメリカの投資銀行であるゴールドマン・サックスによって「ネクスト11」と名付けられている。それらの国々はバングラデシュ，エジプト，インドネシア，イラン，メキシコ，ナイジェリア，

第5章　グローバル開発ガバナンスの実現

パキスタン，韓国，フィリピン，トルコ，そしてベトナムである。いずれも今後の経済成長が見込まれている諸国である。

　昨今の国際政治経済においてその力を示し始めているこれら新興国の動きを，我々はもはや軽視することはできない。それは次のような事例からも明らかである。たとえば，世界銀行の次期総裁を決めるにあたって，銀行史上初めて選挙が実施された。従来，世界銀行の総裁はアメリカの銀行家や外交官らから選ばれるのが慣例であり，選挙が実施されることはなく，アメリカ政府の推薦によって人事は確定していた。しかし，第12代総裁を選ぶ際に，新興国はナイジェリアの財務大臣であったンゴジ・オコンジョ・イウェアラ（Ngozi Okonjo-Iweala）を候補者として推したのである。最終的には，アメリカ等の先進国側の推す韓国系アメリカ人であるジム・ヨン・キム（Jim Yong Kim）に決まったが，世界銀行の総裁ポストをめぐって新興国の力が無視出来ないものとなっていることを示す事件であった。2つ目は国際通貨基金（IMF）の改革で示された事例である。新興国は自分たちの発言力を増す目的で，議決権およびその基礎となる出資額，いわゆるクォータの改革を要求し，2010年に改革案を承認させたのである。また，この改革以外にも，IMFの理事ポストを2つ確保した[3]。3つ目の事例は，国際開発金融分野における新興国の影響力の拡大である。BRICSは2012年3月にニューデリーで開いた第4回サミットにおいてBRICS開発銀行の創設構想を表明し，2014年7月15日には正式に設立が決まった。本部は上海に置かれ，初代総裁にはインド人のK. V. カマート（Kundapur Vaman Kamath）が就任した。途上国支援のために新たな開発銀行を創設するという構想自体は，既存の国際開発金融機関，とりわけブレトン・ウッズ機関に対する不信の表れと読み取るべきである。また，中国政府が主導して設立したアジアインフラ投資銀行（AIIB）も，既存のアジア開発銀行（ADB）との競合が予想される。

　このような状況下において，開発援助分野では今後の途上国開発の方向性を左右する2つの新たなフォーラムが出現している。本章では競合しあう可能性のあるこれら2つのフォーラムを取り上げ，それらを経済協力開発機構（OECD）の開発援助委員会（DAC）に代わりうる新たなレジームの萌芽であると捉えるとともに，そこからどうすればグローバル開発ガバナンスを実現させ

ることができるのかについての課題を考察する。その際、中国、韓国、日本の東アジア3カ国を取り上げ、これらの国々がどのような役割を果たすことができるのかを考察する。これら3カ国を取り上げるのには理由がある。それはこれら3カ国が上記2つのフォーラムにおいて重要なアクターであり、伝統的なOECD/DACレジームに対抗する勢力としての中国と、伝統的レジームを継承・発展させようとする韓国と日本という構図が認められるからである。また、後述するように、OECD/DACレジームが変容しつつある今日、非西洋型開発モデルを提示することのできるこれら3カ国が、グローバル開発ガバナンスの今後を考える上で、重要な役割を果たすものと考えられるからである。[4]

さて、考察に入る前に、レジームという概念を開発援助分野に用いた研究が少ないことから、そもそも開発援助分野にレジーム論を当てはめることが可能なのかを検討しておく必要があるだろう。冷戦期を対象に分析を行ったデイビッド・ラムズデイン（David Halloran Lumsdaine）は、この時期、DAC諸国では譲許的な援助を供与するといったモラルが共有されていたとして、そこにレジームの存在を指摘した。[5] 一方で、ジョン・ラギー（John Gerald Ruggie）は、援助供与国を拘束する力が弱いことや実効性に乏しいことを理由に、開発援助分野には他の分野のようなレジームは存在せず、それは準レジーム（quasi-regime）にすぎないとした。[6] 小川裕子もこのラギーの分析に則って議論を行い、世界銀行を中心とした準レジーム（小川の言葉では「中途半端な」開発レジーム）と国連システムを中心とする準レジームが並列し競合していたが、その状況も1990年代には調整されていったと捉えた。[7] 稲田十一も、開発援助分野では1980年代後半に共通の規範やルールが確立され、今日では国際援助協調が重要視されていることからも、この分野では徐々にレジームが形成強化されてきたと捉えている。[8] 稲田が述べるように、ラギーが準レジームと捉えた1980年代と比較すると、国際開発援助分野では規範遵守が強まり、レジームと呼べる存在にまで発展したと捉えてよいだろう。

次に、レジームとグローバル・ガバナンスの関係についても触れておこう。山本吉宣はレジームを「特定問題領域における、国家間の、ルールに基づいたガバナンス」であると述べるとともに、グローバル・ガバナンスは「主体、方法、問題領域の各次元においてレジームを拡張しようとするもの」と捉えてい

第5章　グローバル開発ガバナンスの実現

る。また，狭義のレジームの主体は国家だが，多様な主体によるレジームが存在することや，特定の問題領域に縛られずに多様な領域にまたがるレジームが存在すること，さらには統治の手段がルールだけに基づくものから多様な手段によるものまで様々であることを示している。この類型を国際開発援助分野にあてはめると，後述するように，主体はもはや国際機関や国家だけではなく，NGOや市民社会など多種多様になっていることから，多様な主体によるレジームへと変容していると言える。では，このように捉えることのできる国際開発援助分野で，今どのような変化が起こっているのかを次に見てみよう。

DACの変化

21世紀に入って以降の国際開発援助分野における大きな変化を理解するために，まずはDACにおける変化に着目する必要がある。DACは先進工業諸国による二国間援助を束ねており，DACでの議論が先進国首脳会議で追認されるという形式を取ってきたことから，DACは国際政治に大きな影響を及ぼすとともに，国際政治状況の変化に大きく左右される存在である。

DACは28の豊かな先進国によって構成されており，援助ドナー国が被援助国に援助を供与する際の指針を決定するフォーラムとして，50年以上にわたって機能してきた。DACは以下のような3つの目的を持って創設された。まず，援助の効果的な実施を実現すること。次に，定期的にメンバー国の援助の質と量を審査すること。そして最後に，途上国に対する贈与または譲許的な援助の量を増やすことである。これらの目的の中でも，なかんずく2番目の目的はDACの特徴の1つであると言える。メンバー国はピア・レビューと呼ばれるメンバー国間での審査を受けることを義務づけられており，援助政策と援助実績が審査されるのである。このシステムによって，メンバー国の援助政策は長い期間を経てある一定の方向へと収斂することになる。なかでも紐付き援助の廃止を謳う「援助のアンタイド化」，援助供与の際に条件を付ける「コンディショナリティ」，援助受け取り国を選定する「セレクティビティ」，効果的な援助を実施するための「協調行動」といった行動準則が共有されていった。このような点から，少なくとも二国間援助分野ではDAC主導のレジームが形成されてきたと言えるのである。

次に，1990年代半ば以降にDACが果たしてきた2つの重要な働きについて指摘しておきたい。1つは，1996年の5月に発表された，一般に「DAC新開発戦略」と呼ばれる『21世紀に向けて：開発協力を通じた貢献』という報告書である。この報告書は，開発の諸課題を構成する貧困，教育，保健といった多くの分野において，数値目標と達成年限を示した画期的な報告書であった。この戦略の中で示された国際的な開発目標は，その後，2000年の国連ミレニアム開発目標の基礎となった。2つ目は，援助効果に関する議論を牽引してきたDACのイニシアティブである。2012年までDAC議長を務めたブライアン・アトウッド（Brian Atwood）によれば，DACは上述の新開発戦略を公表した1990年代半ばには援助効果の議論に着手したという。新しい千年紀に入りDACは援助効果に関する議論を世界規模で行いはじめ，国際会議を開催してきた。2003年のローマを皮切りに，2005年にはパリ，2008年にはガーナの首都アクラ，そして最後が2011年の釜山と，4度のハイレベル会合を開催した。これらの会合に参加した国々は，援助協調（aid coordination）や援助の調和化（aid harmonization）を実現するための努力を行っている。

このようにDACはグローバル開発ガバナンスの一部としてOECD/DACレジームを形成し，国際開発援助における議論を深化させる役割を担ってきた。しかしながら，DACに制度疲労が現れ始めているという声が聞かれるようになってきた。これまでDACは先進工業国の「クラブ」としての性格を有していたが，先進国は経済不況によって援助量を増やすことができなくなり，先進国だけでレジームを維持することが困難になってきたのである。また，21世紀に入って以降の中国によるアフリカ進出の勢いは目覚ましく，中国が資源外交を展開する中で，援助を貿易と投資に絡めながらアフリカ諸国の経済成長を促していることから，中国式の開発協力に対する途上国側の期待が高まっている。そのことがさらにDACの存在意義を薄めているのである。

図5-1からも分かるように，次第に新興国の国際開発援助に占める役割は無視出来ないものとなりつつある。なかにはアラブ首長国連邦のように，援助量においてすでにDAC諸国と肩を並べる国もあるほどだ。いくつかの国については公式の統計が明らかになっていないこともあり，このグラフに表された数値は推計値でしかない。また，グラフは政府開発援助（ODA）の実績を示し

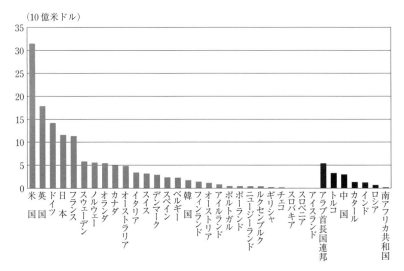

図5-1 2013年度DAC諸国および主要非DAC諸国のODA実績
注：非DAC諸国のグラフは濃く示してある。
出所：以下のOECDのウェブサイトのデータを基に筆者作成。
http://www.oecd.org/dac/dac-global-relations/non-dac-reporting.htm
http://www.oecd.org/dac/stats/data.htm（アクセス日：2015年9月3日）

ているが、ODAの定義には当てはまらない開発援助／開発協力が新興国によってなされている実態を忘れるわけにはいかない。とりわけ中国はODAの枠外での開発援助／開発協力を大規模に実施していると伝えられており、新興国の援助量は、実際にはこのグラフに示されたものよりも、もっと大きい可能性もある。

DACはそのような新興国への接近を模索し始め、援助効果の議論にそれらの国々が関与するように求めるとともに、2015年に期限を迎えたミレニアム開発目標を含む国際開発目標の達成に向けて、非DAC諸国、とりわけ新興国の関与を求めるようになった。そのため、長年固執してきた「民主的」かつ「自由主義」という加盟要件を緩和させる姿勢さえ取り始め、新興国との協働を模索し始めるように様変わりしたのである。

たとえばBRICSに関して言えば、ロシアはOECDの加盟候補国となっているが、2011年にはそのODAの資金的流れをDACに報告し始めるようになっ

た。また、残りの4カ国についても、キー・パートナーとしてOECDの閣僚理事会やDACの会合に定期的に招待されている。さらに、中国との間では、中国式開発協力への理解を深めるために「中国－DAC研究グループ」が設立され、交流を続けている。そのようなDACの動きには、OECD/DACレジームがこれまで築いてきた規範やルールを無視する中国独自の開発協力に対する警戒感が認められ、中国を既存の体制に引き込みたいとの思惑がある。新興国が台頭して援助に関わる主体が多様化してくるなかで、これまで欧米諸国が推進してきた援助政策の一貫性と効率性が蝕まれるようになったとの指摘があるからである。

また、DACは途上国間での開発協力方式、すなわち南南協力（South-South Cooperation）に特別な注意を払いつつある。南南協力は新しい現象ではなく、むしろすでに長い歴史のある取り組みである。その淵源は1955年に開催された第1回アジア・アフリカ会議（通称バンドン会議）に求めることができるが、その後、1978年にはブエノスアイレス行動計画のなかで途上国間技術協力（technical cooperation among developing countries: TCDC）として定義づけされることとなった。また、その4年前には国連開発計画（UNDP）内にTCDCに関する特別ユニットが設けられてもいる。それ以来、40年ほどの期間、DACすなわち先進工業諸国は、この南南協力という方式に主たる関心をもって取り組んでは来なかったのだが、変容する国際政治経済秩序に呼応する形で、従来の南北間で行われる援助とは異なる南南協力の有効性に着目し始めたのである。そこには新興国を開発協力に関与させ、応分の負担をさせることで自らの負担を少なくしようとする先進諸国の政治的な意図があると考えられよう。

このように開発分野に大きな変化が訪れている。その変容過程において、新興国をはじめとする途上国が、長年、先進工業国が主導し意思決定過程を独占してきた国際開発援助分野に関与し始めるようになってきている。このような状況下、構造や機能がとても似通った開発協力に関する2つのフォーラムが立ち現れている。次節以降、それら2つのフォーラムに焦点を当て、設立の経緯を述べるとともに、構造や役割の比較を理論的に考察する。

2 レジームの萌芽となる2つのフォーラムの競合

1990年代半ばにおける「レジーム・コンプレックス」の解消

国際開発援助分野では1990年代半ばまで,いわゆる「レジーム・コンプレックス」が存在していたという指摘がある。[21]レジーム・コンプレックスとは,「ある特定の問題領域を支配する,部分的には重なり合うものの上下関係のない一連のレジーム群」として説明される。[22]しかし,もし仮に重複範囲が広いうえに規範やルールがそれらのレジーム間で一貫していなければ,併存することの弊害は大きくなり,それらのレジームはお互いに競合ないし対抗関係に陥ることになる。[23]

1990年代半ばまで,国際開発援助分野では2つのレジームが影響をもっており,多くのステークホルダーがそのどちらにも参加していた。1つは世界銀行によって推進されたものであり,そこでは成長規範を重視する経済成長アプローチに重きがおかれた。もう1つは国連システム,とりわけUNDPによって推進され,貧困規範を重視する貧困削減アプローチが推奨されてきた。すでに述べたように,小川裕子はこれら2つを「中途半端な」レジームと呼んだが,これら2つのレジームは並列状態から競合状態を経て,最終的には1990年代に入って調整に向かったとされる。[24]

世界銀行と国連による2つのレジームが競合していた状態は解消されたが,ここにきて「国連開発協力フォーラム」(United Nations Development Cooperation Forum,以下DCF)と「効果的開発協力のためのグローバル・パートナーシップ」(Global Partnership for Effective Development Cooperation,以下GPEDC)という2つの議論の場が新たに出現し,別の競合関係が顕著になりつつある。これら2つのフォーラムは議論の場に過ぎないが,レジームの萌芽と見なすことが可能であろう。であれば,レジーム論を適用して,これら2つのフォーラムの関係を議論することに意義があろう。そこで,我々はこれら2つのフォーラムがどのようにして生み出されたのかを知るとともに,その関係を考察しなければならない。また,もしこれらの2つのフォーラムが競合関係に陥った場合,どのように調整するのかといったメカニズムについても,新たに検討する必要が

ある。

DCF の設立

　2005年に開かれた国連世界サミットにおいて，DCF の設立が提案され，2008年から隔年でこのフォーラムは開催されている。国連が創設されて以来，国連経済社会理事会は，本来期待されていたその働きが十分にはできていないとされ，非効率的かつ非効果的であるとして批判の対象となってきた。そのような事情もあり，このサミットにおいて，経済社会理事会を強化する改革の一部として DCF が設立されたのである。国連にとって長年の課題だった経済社会理事会の改革がようやく開始されたのである。世界サミットにおける焦点はもともと国連安全保障理事会の改革にあったのだが，加盟国間の思惑が衝突したために，安全保障理事会の改革は暗礁に乗り上げ，2005年あたりからは経済社会理事会の改革へと関心が移っていったという。

　DCF の隔年開催は世界サミットの際に決定し，その翌年にはコフィ・アナン（Kofi Annan）事務総長によってフォーラムの目的が提案された。その事務総長報告を受けて，フォーラムの権限と目的は以下のように国連総会において定められた。

a. 国際開発協力の動向と進展を調査し，より効果的な国際開発協力を促進するための政策指針と勧告を与える。
b. 実践的方法と政策の選択肢に関する勧告を行ったり，一貫性と有効性を強化したり，またミレニアム開発目標を含む国際的に合意された開発目標の実現に向けて開発協力を促進したりするために，どれほどの隔たりや障害があるのかを洗い出す。
c. 国内の開発戦略を作成したり，支援したり，実施したりするにあたって，加盟国がその得られた教訓を交換し合ったり経験を共有したりする場を提供する。
d. 手続き規則に従い，国連諸機関，国際金融・貿易機関，地域機関，市民社会，それに民間セクターの代表を含むすべての利害関係者に開かれたものとする。

第5章　グローバル開発ガバナンスの実現

　最後のd項は，市民社会組織（CSOs）や非政府組織（NGOs），それに民間セクターや慈善団体といった非国家主体が，開発協力分野において重要な役割を持つに至った現実を反映したものとなっている。これは，従来の開発援助を主導してきた国家，すなわち援助供与国（ドナー）政府が国際開発協力の意思決定過程における唯一の主体ではもはやないことを表しており，今後はすべてのステークホルダー（利害関係者）が国際開発協力に関わる必要性が示されている。

　DCFを設立するに当たって，好意的な意見が多くの途上国の代表から表明された。それらの中でもインド政府代表が述べた次のような発言は，伝統的なこれまでの国際開発援助レジームの長きにわたる欠点を考える上で重要である。

> 国連の組織論で言えば，途上国が意思決定に有意義に参画するための能力を強化する約束を実行に移すことはきわめて重要である。そういった能力は，政策変更によって途上国に降りかかってくる影響を，自ら見定める能力を強化するのに役立つ重要な要素なのである。[29]

　その一方で，アメリカ代表は次のように述べて，DCFの設立に対していくぶんか途上国の期待をそぐような発言をしている。

> （このように）決議61/16を我々が支持するのは，この決議が財政的な意味合いを何ら持っていないことが条件である。総会および会議運営局には，事務総長報告に述べられていたように，既存の資源が有効に利用されるために，計画のために十分な柔軟性と時間が与えられなければならない。[30]

　上記のような例からも，国連の場において開発問題を討議することにおけるドナー諸国と被援助諸国との間の意識の隔たりを認めることができる。開発協力に関する規範，ルール，指針，そして援助様式は，先進国主導の国際開発援助レジームにおいて決定されてきた。開発政策を策定するにあたって，先進国ドナーが被援助国よりも意思決定過程において有利な立場にいることは明らかである。それに加えて，DACが主導してきた援助協調に関しては，ドナー諸

国が援助協調プロセスを通じて集団としての力を持つようになり，被援助国である途上国側の交渉力が相対的に弱まっているという懸念が途上国側から示されているという[31]。そのような状況を反映して，エマ・モーズレー（Emma Mawdsley）は，DCFの設立に当たって表明された途上国側の期待が，「ルールの受け取り手」であるよりも「ルールの作り手」になりたいという彼らの願望を示している，と述べている[32]。

GPEDC の設立

次に，もう1つのフォーラムであるGPEDCについてみてみよう。ローマから釜山にかけての4度のハイレベル会合における援助効果に関する議論ののち，効果的な開発協力を実現するために新たな話し合いの場が設けられることとなり，GPEDCが，ポスト釜山暫定グループ会合での議論を経て，2012年6月に発足することとなった。その主な機能は次のように定められている[33]。

a. 効果的な開発協力のために政治的な支援を維持・強化する。
b. 釜山合意の実施に責任を持つ。
c. 知識の交換と得られた経験の共有を促進する。
d. 国内レベルでの釜山合意の実施を支援する。

また，次の4つの原則が釜山会合で合意されている。原則の第1はオーナーシップであり，途上国自身が開発の優先順位についてオーナーシップを持つということ。2つ目の原則は，結果に焦点を当てるということ。3つ目は包摂的な開発のパートナーシップという考え。そして，4つ目は相互に透明性を確保し，説明責任を有するという点である。オーナーシップとは，被援助国自身が開発に対して当事者意識をもって取り組むことを指しており，被援助国の主体性を重視する用語である。自助努力（self-help, self-reliance）が無ければ開発の成果は得られず持続性もない，という考えがそこにはあり，自らが開発戦略を策定したり国内資金を動員するといった努力が求められている。また，パートナーシップは，そのような被援助国のオーナーシップを支える援助国および非政府組織側の態度を表す用語であり，人材，資金，技術などにおいて連携・協

力を行うことを指している。GPEDC の場合には，国際機関や先進国政府だけでなく，市民社会組織などの様々な主体が関わることに言及している。これらの原則に基づき，GPEDC の加盟国は，成果文書で合意された約束と行動を果たす義務を負う。加盟国は被援助国の制度を有効活用することや，ジェンダー平等を達成する努力を加速化させること，紐付きでない援助の量をさらに増やすこと，開発援助の予測可能性と透明性を促進すること，援助の断片化を抑制しその拡散を防止すること，さらには脆弱国家における持続可能な開発を達成することなどが求められている。行動に関しては，次の4つの主題について努力することが求められている。1つ目は南南協力と三角協力，2つ目は民間セクターとの協働，3つ目が汚職との闘い，そして4つ目が気候変動に対する融資である。

3　2つのフォーラムについての理論的考察

レジーム論による分析

以上見てきたように，2つのフォーラムの機能と目的は，相当程度，重複している。どちらの枠組みも効果的な開発協力を達成するために，加盟国に政策指針を与えるなどとしている。また，開発に関する知識と経験について，交換や共有の機会を提供するとしている。このような近似性については，アイデア的な次元でレジーム間における相互作用が影響したと考えることができるだろう。では，このような機能の重複は，レジーム論の観点から見た場合，どのような意味を持っているのだろうか。

レジーム論によれば，機能的に重複するレジームが存在する場合，いわゆる「フォーラム・ショッピング」と呼ばれる状況が生じるという。そのような状況下では，どの主体も自らにとって，最も適したレジームを選択することができる。GPEDC が設立されたことで，2つの似通ったフォーラムが並存する状況が生み出され，いくつかの主体は「フォーラム・ショッピング」を行っていると考えられる。また，重複レジームが存在していると，効率性の面において問題が生じるとの指摘や，重複の範囲が広ければ広いほど，問題解決が難しくなるだけでなく，もし2つのレジーム間で一貫性が欠如していれば，それぞれ

のレジームの効果は相殺されかねないという[40]。

そこで，2つのフォーラムがどの程度重複しているのかを考察しなければならない。すでにそれぞれの権限と目的の近似性については考察したので，次に2つのフォーラムの構造を比べてみよう。表5－1から明らかなように，構造においても2つのフォーラムが相当程度似ていることが見て取れ，ここでもアイデア的な次元での相互作用を確認することができる。

2つのフォーラムは新興国，市民社会組織，民間セクターの参加を考慮しているが，それらはいずれも今日の開発協力を考える上で欠くことのできないアクターである。GPEDCの場合には，被援助国，供与国，被援助国かつ供与国という3つのカテゴリーから1人ずつ議長を選び，共同議長制を採用している。また，これら3つのカテゴリー間のバランスについては，GPEDCは供与国よりも被援助国に比重を置いている。この点は1つの特徴であると言える。それぞれのフォーラムに参加している国々の顔ぶれは，相当程度に重複している。ただし，理屈の上ではDCFがすべての国連加盟国に開かれているとは言うものの，加盟国間でDCFに対する態度に差があることは，すでに言及したインド代表とアメリカ代表の態度の差から考えて否定出来ないだろう。一方でGPEDCの加盟国および地域は，釜山成果文書での公約を実行すると宣言した国家や地域であることから，GPEDCにおける議論は，DCFにおける議論よりも，もっと実質的なものになると思われる。

規範的側面からの分析

次に，これら2つのフォーラムを規範的側面から論じてみたい。規範や原則に関して明らかなこととして，DCFの場合には，それが国連経済社会理事会の傘下にあることから，主権平等の原則が認められる。そのことはこのフォーラムの性格，すなわち主権を有する国々が対等の関係において討論を重視するという指向を持つということに繋がっている。ただし，国連の歴史が示しているように，そのような討論指向型の場は，途上国グループと先進国グループの間での意見対立の場と化してしまうきらいがあり，効率性の観点からは問題を含んでいると言えよう。次に，GPEDCについては，オーナーシップ，成果重視，パートナーシップ，援助の透明性・相互説明責任といった原則が明文化さ

第5章　グローバル開発ガバナンスの実現

表5-1　「グローバル・パートナーシップ」と「開発協力フォーラム」の比較

	開発協力フォーラム（DCF）	グローバル・パートナーシップ（GPEDC）
メンバー	193の国，多国間機関，市民社会組織，議員，地方政府，民間セクター	161の国と地域，56の機関（市民社会組織，議員，国連グローバル・コンパクト，民間セクターを含む）
議長／共同議長	(1) 国連経済社会局事務次長	新興国代表（1） 先進国代表（1） 被援助国代表（1）による共同議長制＊＊
	諮問グループ（35）	運営委員会（22）
被援助国	(7) エチオピア，コロンビア，ルワンダ，リベリア，サモア，ガーナ，東ティモール＊	(6) エジプト，エルサルバドル，バングラデシュ，太平洋諸島フォーラム，アフガニスタン＊＊＊，NEPAD Planning and Co-ordinating Agency
被援助国かつ供与国	(5) インド，ブラジル，メキシコ，南アフリカ，インドネシア	(3) ペルー（2枠），フィリピン
供与国	(10) フランス，フィンランド，オーストリア，ベルギー，ドイツ，スイス，イギリス，アメリカ，欧州委員会，韓国	(3) 欧州委員会，日本，アメリカ
議員	(1) 列国議会同盟	(1) 列国議会同盟
市民社会組織	(4) Action Aid, CIVICUS, IBON, Association for Women's Rights in Development (AWID)	(2) CSO Partnership for Development Effectiveness (CPDE), International Trade Union Confederation (ITUC)
地方政府	(1) United Cities and Local Governments (UCLG)	(1) United Cities and Local Government (UCLG)
財団	－－－－－	(1) Calouste Gulbenkian Foundation
民間セクター	－－－－－	(1) International Chambers of Commerce (ICC)
多国間機関	(2) アフリカ開発のための新パートナーシップ（NEPAD），国際通貨基金（IMF）	…..
アラブ供与機関	……	(1) OPEC Fund for International Development
多国間開発銀行	(1) イスラム開発銀行	(1) 世界銀行
国連機関	(3) UNDP渉外提言局，UNOSSC，UNICEF	(1) UNDP/国連開発グループ
OECD	(1) 開発協力局（DCD）	(1) OECD-DAC

＊脆弱および紛争被災国家グループであるg7+の代表
＊＊設立時の共同議長は，アルミダ・アリシャバナ（インドネシア，新興国代表）ジャスティン・グリーニング（イギリス，先進国代表），ンゴジ・オコンジョ・イウェアラ（ナイジェリア，被援助国

代表）であったが，2014年の第1回ハイレベル会合で，新興国代表はホセ・アントニオ・ミード・クリブレーニャ（メキシコ）に，先進国代表はリリアーネ・プラウメン（オランダ）に交代した。第1回ハイレベル会合の際には未定となっていた被援助国代表は，グドール・エドワード・ゴンドウェ（マラウィ）に決まった。
＊＊＊脆弱および紛争被災国家グループであるg7＋の代表。設立時は東ティモール。
出典：http://www.un.org/en/ecosoc/newfunct/advismem/shtml（2015年9月1日アクセス）
http://effectivecooperation.org/about/leadership/#steering-committee（2016年11月25日アクセス）をもとに筆者作成。

れている。ただし，オーナーシップやパートナーシップという用語を掲げてはいても，実際には被援助国側がフリーハンドで援助計画を実行に移せるわけではない。また，上述したように，援助協調プロセスで援助供与国が団結することで，援助供与側の力が相対的に被援助国よりも強くなっていることは否定できない。このGPEDCをDACやUNDPが主導していることから，その性格は実務指向的であるとともに有効性を重視したものであると捉えられ，援助供与側のイニシアティブが強いのではないかと考えられる。

　2つのフォーラムを正統性という観点から考察すると，DCFは，すべての国連加盟国に開かれているという意味で「民主的正統性」を持っており，かたやGPEDCは「機能的正統性」を持っていると言うことができよう。2つのフォーラムは，ともにオーナーシップとパートナーシップを謳っているものの，それらは異なる規範的側面から解釈されうると考えられる。すなわち，DCFにおいては，民主的正統性が重視されていると考えられることから，オーナーシップもパートナーシップも主権平等原則，すなわち民主的規範のもとで解釈されよう。そこでは，モーズリーが述べたように，途上国側によるルール設定権限が強調されており，途上国のオーナーシップありきのパートナーシップなのである。それに対して，GPEDCの場合には，機能的正統性が重視されており，オーナーシップとパートナーシップは，成果主義ないしは有効性の文脈で解釈されうる。つまり，効果的な援助を実施して開発が成果を生み出すことに主眼が置かれており，その実現のため，パートナーシップの名のもとに被援助国支援が行われるのである。そこでは，被援助国のオーナーシップを尊重しながらも，場合によっては，パートナーである援助国側による介入がなされる。

　以上の対比を別の言葉で捉えれば，これら2つのフォーラムの関係は「包摂性」と「有効性」の対立であるとも言える。ブレンダ・キレン（Brenda

表5-2　4つの機関の比較

	包摂性	有効性
国際金融機関	♨♨	♨♨♨
DCF	♨♨♨	♨
DAC	♨	♨♨♨
援助効果作業部会	♨♨	♨♨

出典：Killen and Rogerson (2010)

Killen) とアンドリュー・ロジャーソン (Andrew Rogerson) は，既存の機関のなかでどの機関がグローバル開発ガバナンスを担うのに適しているのかを考察した。[41] 表5-2にある通り，彼らがリストに挙げたのは世界銀行とIMFに代表される国際金融機関，DCF，DAC，それに援助効果作業部会の4つである。援助効果作業部会は援助効果に関する4度のハイレベル会合を主導し，GPEDCの前任機関であると見なすことができる。彼らはこれら4つの機関を「包摂性」と「有効性」という2つの視点から分析した。その結果からは，DCFは他の機関と比べて「包摂性」という点では優れているものの，「有効性」という点では劣っているとされている。次に，この分析をGPEDCに当てはめて考えてみたい。援助効果作業部会に対する評価は，「包摂性」において2点，「有効性」において2点であり，総合点ではDCFと同点であった。しかし，GPEDCの加盟国および地域が，DCFの加盟国とほとんど同じとなったことから，GPEDCの「包摂性」に関するポイントはDCFの得点と同じ（3点）となり，援助効果作業部会のポイントよりも高くなっているものと推測できる。そこで，もしキレンとロジャーソンの分析結果を支持するなら，GPEDCの総合点はDCFの総合点よりも高い（5点）ということになる。

次に，UNDPとOECDの関わりを規範的側面から考えてみたい。GPEDCの場合には，UNDPとOECDは共同事務局として，GPEDCが効果的に機能するように支援するとしている。[42] 援助効果に関する会合の主催者を務めてきたOECDが，引き続きこの問題に関わるというのは理にかなっている。しかし，UNDPについては疑問が残る。2008年にはDCFという同様の枠組みが国連システム内に誕生していたにもかかわらず，なぜUNDPは新たに設立されたGPEDCに大きく関与することになったのだろうか。このことについては考察

してみる必要があるだろう。

　2012年5月に開催されたポスト釜山暫定グループ会合は，GPEDCの設立を議論するために開かれたのだが，そこに出席していた関係者によれば，NGOネットワークであるBetterAidが，DCFの役割を増大させることを要求したにもかかわらず，会議の議長だけでなく，UNDPの代表からもこの主張は支持されることなく要求は却下されたという。UNDPが，DCFの諮問グループとGPEDCの運営委員会の両方のリストに名を連ねていることから，UNDPによる「フォーラム・ショッピング」は行われてはいないが，上述の情報から判断できることとして，UNDPはDCFとGPEDCの機能を分けて考えているか，むしろ後者の機能を重視しているようである。

　このUNDPの姿勢はその機関の性格に由来していると考えられる。UNDPは現地での業務に力点を置く機関である。そのため，実践的かつ実務的な機関であるUNDPが，4度のハイレベル会合を経てそれなりに機能することが見込まれているGPEDCの方を重視するというのは理解できる。それに加え，GPEDCでは釜山合意文書に署名をした国々のみが加盟していることから，UNDPとしてはDCFよりもGPEDCにおいて，より円滑に加盟国と協働していくことができると考えているのだと推測できる。援助効果の議論を牽引してきたUNDPやOECDといった機関が，民主的規範よりも有効性に重きを置いて「機能的正統性」を追求することは理にかなっている。そのため，UNDPとOECDはGPEDCの方を優先していると考えられる。

　以上のことをまとめると，次のように結論づけることができるだろう。すなわち，DCFとGPEDCの関係は，「民主的正統性／包摂性」対「機能的正統性／有効性」の対立であるということである。形態的には似通っているものの，規範的には大きく異なっているのである。それではなぜ，このような似た2つのフォーラムが創設されねばならなかったのであろうか。その答えは現段階の分析からは明らかにはならないが，推測されるのは，ミレニアム開発目標の達成期限が近づくなかで，援助効果の議論を推進し，早急な結果を求めようとする先進国およびプラグマティックな国際援助機関の思いが強く，討論中心になる可能性の強い国連の場を離れて，実務中心のフォーラムの設立が目指されたのではないかと考えられる。つまり民主的規範よりも有効性の方が重視されて

第5章　グローバル開発ガバナンスの実現

いると捉えられる。また，国際政治の文脈からは次のように考えることもできよう。すなわち，これまで OECD/DAC が主導してきた伝統的な開発援助レジームに不満を持つ国々にとって，国連の場に創設された DCF は被援助国側が開発援助分野で主導権を握ることのできるフォーラムであり，OECD/DAC への対抗レジームとしての性格を孕んでいた。その動向にさらに対抗し巻き返す形で OECD/DAC レジームの延長線上に GPEDC が創設されたと考えられよう。それは両者がレジームへと発展する段階での主導権争いであり，レジーム形成過程の萌芽期における競合関係と捉えられるのではないだろうか。現在2つのフォーラムは並存関係にあるが，これが将来的に平和的共存関係になるのか，それとも対立的並存関係になるのかはグローバル開発ガバナンスの実現を考える上で重要である。後者は対抗レジームであり，そのような関係性を回避する調整メカニズムが必要となる。

レジーム間の対抗関係を回避する調整メカニズム

　2つのフォーラムが，その権限と構造において相当程度重複していることをこれまでに確認した。もともと DCF は「包摂性」，別の言葉で言い換えれば「民主的正統性」において強みを持っていたが，ここにきて GPEDC は「機能的正統性」だけでなく「民主的正統性」をも獲得するようになった。そのため，2つのフォーラムは構造において近いものとなるだけでなく，DCF が現状に不満を持つアクターによって意図的に創り出されたのであれば，足立研幾が指摘するように，このようなレジーム間の関係は対抗ないしは競合し合う危険性をはらむこととなる[44]。また，実質的に強い影響力を持つ OECD と UNDP とが，有効性のもとで GPEDC を重視しているものと捉えられることから，国連の場における議論が形骸化してしまう恐れは否定できない。

　では，将来的にレジームを形成しうるこれら2つのフォーラムが対抗レジーム関係に陥らないためには，どのような調整メカニズムが必要だろうか。2つのレジームの間に上下関係を生み出すことができれば，対抗レジームと化す危険性を消すことができるだろう。そのため，2つのフォーラム間で効果的な開発協力を議論する際，意思決定過程を2段階に分けるべきである。すなわち，第1段階として GPEDC において実質的な議論を行い，第2段階として DCF

において議論の結果を追認するのである。このように役割を分化する方法は，「DAC新開発戦略」とミレニアム開発目標の関係に似ていると言えるだろう。2000年に策定されたミレニアム開発目標は，1996年に提示された「DAC新開発戦略」が基礎になっていた。つまり，DAC主導のレジームにおいて実質的な議論を終え，多少修正を加える形で，より民主的正統性が強い国連の場で追認したと捉えることができるだろう。今後，GPEDCをDCFのサブ・レジームとして位置づける事ができれば，将来的には2つのレジームが対抗関係に陥る危険性は解消するだろう。

　本章執筆時点（2016年7月）では，2つのフォーラム間に上記のような流れを確認することができている。DCFは，2014年7月の第4回会合をニューヨークで開くにあたって準備会合を重ねてきたが，焦点の1つは，2015年以後の開発アジェンダ，すなわちポスト・ミレニアム開発目標が開発協力にとってどのような意味を持つのかを検討することにあった。準備会合は都合3回行われ，第1回目が2013年の6月6日から7日にかけてエチオピアのアジスアベバ，第2回目が同年10月24日から25日にかけてスイスのモントルーで，そして第3回目が2014年3月20日から21日にかけてドイツのベルリンで開かれた。ここで注目すべきは，アジスアベバにおける会合で，アウトリーチ・イベントをGPEDCが開催したことである。そのイベントの目的は，参加者にGPEDCの存在を周知することであったが，そこではGPEDCをDCFと互いに補完的役割を果たすフォーラムであると紹介している。また，CPDE（「開発効果のための市民社会組織パートナーシップ」）という市民社会組織もアジスアベバでサイド・イベントを開催したが，それに関わった市民社会組織はDCFの諮問グループの一員であるとともに，GPEDCの運営委員会の一員でもあった。つまり，市民社会組織が2つのフォーラムを架橋する役割を果たしているのである。

　一方，GPEDCも2014年4月に第1回ハイレベル会合をメキシコで開催した。そこでは38のイニシアティブが確認されたが，ポスト・ミレニアム開発目標に関しては，GPEDCが貧困撲滅の実施面で貢献し，DCFと協働することが謳われている。このことからも分かるように，GPEDCはやはり有効性に重点を置いている。また，DCFやDACといった同様のフォーラムとの間で，グ

ローバルな意思決定における断片化（fragmentation）を減らすことも確認されている[49]。そのためには，互いに学習し合い，意思疎通を図ることが必要になることから，それぞれのフォーラム間で交流を行うことが示されている。さらには，このハイレベル会合での議論の結果が，2014年7月にニューヨークで開かれる第4回DCFに付されることが示されていた[50]。このことは，同年3月に開かれたDCFのベルリン会議と7月に開かれるニューヨークでの本会議との間にハイレベル会合を挟み込むことで，ハイレベル会合での議論をDCFでの意思決定にいかすねらいがあったと言える。つまり，実質的討議はGPEDCが行い，最終の意思決定はDCFで行うという過程が提示されたものと言えよう。

　以上のような交流から，双方のフォーラムにおけるポスト・ミレニアム開発目標に関する議論が乖離する可能性は低くなった。さらには，2015年以後の開発アジェンダに関する報告書を国連事務総長に提出したハイレベル・パネルの一員に，2014年4月までGPEDCの共同議長の一人であったンゴジ・オコンジョ・イウェアラ氏が名を連ねたことや，協働するフォーラムの1つとしてGPEDCの名がその報告書に挙がっていることからも[51]，2つのフォーラムがポスト・ミレニアム開発目標の策定において協力関係にあったと言える。

　このように，これら2つのフォーラム間での調整はうまくなされていると言えるが，今後の関係については不透明である。将来的に両者が対抗レジームとなることを回避し，グローバル開発ガバナンスを実現するにはどうすれば良いだろうか。ここで鍵を握るのは新興援助国として開発援助分野においても影響力を持ち始めた中国である。中国は国連重視の姿勢を貫く一方で，OECD/DACのやり方には懐疑的である。そのため，中国は両方のフォーラムのメンバーであるものの，その動向によっては，2つのフォーラムが対抗関係に陥ることもあり得る。実際，2014年4月に行われたGPEDCの第1回ハイレベル会合に中国高官の姿は無く，出席者の多くは落胆の色を隠せない様子だったという[52]。そこで，有効性を重んじるGPEDCにおける議論の結果が，円滑に国連の場で追認されるためにも，中国をGPEDCの議論に巻き込む必要があるが，そのためには，ともにOEDC/DACの一員であり，かつGPEDCの新旧運営委員会メンバーである日本と韓国が，中国への働きかけを行うことが望まれる。次節では，これら3カ国それぞれの2つのフォーラムに対する距離を示すとと

もに，重複レジームが対抗レジームに陥ることを回避するために3カ国が果たしうる役割について論じる。

4 対抗レジーム回避のための東アジア3カ国の役割

日中韓の3カ国には，開発協力に対する考え方においていくつかの共通点と相違点がある。共通点としては，これら3カ国がいずれも被援助国であった歴史を持っており，いずれもそのような地位から卒業したか，あるいは卒業段階にあるということである。また，開発プロジェクトを実施する際に，パートナーシップを強調する点も共通している。このような態度もまた，自らが被援助国であった歴史に由来する。さらには，下村恭民らが指摘するように，中国や韓国をはじめとするアジアの国々には日本からの援助を受けてきた歴史があり，被援助国から援助国へと変貌を遂げるなかで，日本式援助の影響を受けたアジア式開発援助モデルを構築してきた点も指摘できる[53]。このような共通性がある一方で，上述の2つのフォーラムに対する態度には違いが認められる。

援助供与国と被援助国の2つの顔を持つ中国と2つのフォーラム

中国は台頭してきている新興援助国の筆頭であり，今世紀に入って以後のアフリカ諸国への開発協力が，まがりなりにもアフリカ諸国に経済成長をもたらしている事実からも，今や開発協力に関する議論において相当の影響力を持っている。しかしながら，中国による開発協力に関する公的な統計が出されていないことや，関係機関が多岐に及ぶことから，中国の開発協力の全体像を把握することは難しい。そのため，過度に中国脅威論が喧伝されるといった事態が生じていると主張する識者もいる[54]。では，中国による開発協力は，実のところ既存のOECD/DAC主導の国際開発援助レジームに対してどのような存在なのであろうか。中国人研究者自身の中国による開発協力の評価は，次の通りである。すなわち，中国は西側先進諸国が推進している民主主義の定着と構造調整を中心とした援助方式には懐疑的であり，自国の発展モデルを従来の西洋型モデルとは異なるものとして推進しながら，「平等互恵（ウィン-ウィン）」，「内政不干渉」，「条件（コンディショナリティ）未付与」という特徴を持つとされ，

既存の援助レジームとは正反対のものであるとの指摘がなされている。また，中国の援助は貿易および投資と一体となっており，いわゆる三位一体型であるという指摘もある。これは1960年代から70年代にかけての日本の援助方式と同様の形態であり，中国は日本の経験から援助方式を学習したといわれている。

では，中国は既存の開発援助レジームを完全否定しているかというとそうではなく，独自の主張を展開しながら一部変更を求めているとも言われ，条件さえ合えば既存の開発援助レジームに関与する可能性はある。その一例として挙げられるのが，釜山ハイレベル会合における終盤でのエピソードである。中国は釜山ハイレベル会合の成果文書に合意することに難色を示していたが，ホスト国である韓国の説得によって最終的には合意したと言われている。ただし，合意することと引き換えに，中国は新興国が援助の調和化を実践する義務から免除されることを要求したという。他の途上国も中国の主張に同意し，その主張は成果文書の第2パラグラフに結実することとなった。そこには，「釜山成果文書に合意された原則，履行，行動は，南南協力のパートナーにとっては自発的な基準での論及となろう」と書かれている。すなわち，途上国間で行われる南南協力においては，成果文書での原則を履行する義務は生じず，あくまでもボランタリー・ベースとされることとなったのである。

上述したように，メキシコで開かれたGPEDC第1回ハイレベル会合というDAC主導のフォーラムに対して，中国は消極的な態度を示したが，それとは対照的に，中国はDCFへは好意的な態度を示していると言われる。中国はその外交において主権平等の原則を強調しており，途上国が先進国と同等の権利を持つDCFをGPEDCよりも好んでいると言える。それは中国外交の歴史を顧みれば十分に理解できるところである。周恩来首相が1954年に唱えた平和5原則，すなわち「領土・主権の相互尊重」，「相互不可侵」，「相互内政不干渉」，「平等互恵」，「平和共存」は現在でも中国の外交方針として貫かれており，それらは国連憲章に定められた原則ときわめて親和性があると言える。

このようにDCFに軸足を置く際の中国は，援助供与国という立場よりも，自らを途上国と規定して被援助国の立場を強調する。そのことはDCFに関する経済社会理事会文書において，中国が77カ国グループ（G77）の一員として発言していることからも明らかである。その際，G77と中国は，DCF重視の

姿勢を明確に打ち出している。たとえば，DCF が，「国際開発協力に関する対話と政策レビューのための地球規模での唯一のフォーラム」である，と謳うとともに，国際開発協力を強化するためにはすべての国連加盟国による討議が必要であると述べている。この声明は GPEDC が設立される以前のものだが，当時 DAC 主導で進められていた援助効果に関する会議を念頭においたものと考えることができる。また，2014 年 7 月に行われた第 4 回 DCF の準備会合であった 2013 年のアジスアベバ会議においては，DCF はハブとしての役割を持つとともにプラットフォームであることが示されただけでなく，開発に関する地球規模でのパートナーシップは，グローバルなフォーラムである DCF でこそ議論されるべきだとも言及されている。ここには GPEDC の動きを牽制するねらいが認められる。

GPEDC に軸足を置く韓国

韓国は 2010 年に DAC のメンバーとなり，国際援助を積極的に推進する方針を掲げている。その 1 つの表れが，韓国がホスト国となり釜山で開催された援助効果に関するハイレベル会合であった。また，韓国は GPEDC の運営委員会において，設立時から 2016 年半ばまで長らく供与国グループのメンバー国の 1 つでもあった。これらの事実から，韓国政府は DAC と GPEDC が主導する議論に重きを置いていると推測することができよう。

韓国 ODA の 2014 年度の実績は 18 億 5670 万ドル，国民総所得（GNI）に占める比率は 0.13％となっており，2014 年度の日本の ODA 実績 92 億 6630 万ドルと比べると，まだおよそ 5 分の 1 の規模でしかない。2015 年までに ODA の規模を拡大し，対 GNI 比を 0.25％にまで拡大する目標は達成が困難であったが，それでも 2010 年以降，着実に年率 5％以上の成長を遂げてきており，援助国としての責務を果たそうとしている。

韓国の援助体制は日本の援助体制を参考に構築されてきた歴史があり，その構造と体質はよく似ている。経済利益については企画財政部と対外経済協力基金（Economic Development Co-operation Fund: EDCF）が，外交利益については外交通商部と韓国国際協力団（Korean International Co-operation Agency: KOICA）が力点を置いており，必ずしもその対外援助政策は調整が取れていないが，この

ような分化は，日本の財務省と国際協力銀行（JBIC），外務省と国際協力機構（JICA）の関係とよく似ている。しかし，韓国は日本をモデルとしてその開発協力体制を構築してきたものの，近年では DAC 規範，すなわち援助のアンタイド化や援助の調和化を強化して，質的な変化を遂げようとしているという。その結果，韓国型モデルは日本型モデルと DAC 型モデルの中間に位置づけられるようになってきているという。[70]

伝統的援助供与国である日本との三角協力

日本政府の2つのフォーラムへの態度は，他の2カ国と比較すると分かりにくいものがある。日本は 2010 年に韓国が DAC の加盟国になるまでは，DAC 加盟国のなかで唯一の非欧米系加盟国であった。DAC での 50 年以上に及ぶ存在にもかかわらず，援助に関する世界規模での議論への日本の貢献は少なかったと言える。例外は 1996 年に採用された「DAC 新開発戦略」において，数値目標と達成年限を設けるために発揮された日本のイニシアティブであった。

しかし，南南協力や三角協力を推し進めてきた日本の努力については言及しておかなければならない。すでに述べたように，南南協力は途上国間での協力であるが，もし南南協力において，技術や資金が不足している場合には，それを補うために先進国が関わることが求められる。そのような協力体制のことを三角協力と呼んでいる。日本が南南協力を推進する理由は，日本がかつて第2次世界大戦後に南南協力の被援助国であったという経験を有するからである。

南南協力と三角協力は，今や GPEDC と DCF の双方において共通の目的の1つとされており，時代の潮流となりつつあるが，日本のこの分野での援助経験は特筆に値する。[71] JICA は第三国研修や第三国専門家派遣という形で南南協力を支援しているが，第三国研修は早くも 1975 年に導入され，[72] 第三国専門家派遣は 1995 年に開始されている。[73]

三角協力に関しては，日本，ブラジル，モザンビークが協働しているモザンビークでの農業開発のケースが有名である。[74] JICA はおよそ 20 年間，ブラジルのセラードと呼ばれるサバンナ地帯での農業開発に技術協力を行ってきており，不毛な地帯を穀倉地帯に変えることに成功してきた。そこで，今度は日本とブラジルが，モザンビークにおける熱帯サバンナ地帯をセラードのケースで用い

たのと同様の技術によって，持続可能な農業用地へと変えようとしているのである。[75]このケースでは，援助新興国であるブラジルを間に挟むことにより，ブラジルが援助経験を積むことに繋がっている。

　伝統的な援助供与国が経済不況に喘ぎ，その援助量を維持することが難しくなっているなか，ブラジル，タイ，マレーシアといった日本からの援助の受け取り国であった国々が援助を卒業し，援助を供与する側に回り始めている。つまり，第2，第3の韓国が生まれようとしていると言ってもよいだろう。そのような状況下において，新興の援助供与国を支援しながら途上国の開発を推し進める三角協力という形態は，長年の技術協力によって培ったノウハウを持つ日本が実力を発揮できる形態である。

　上述したように，日本はこれまでDCFとGPEDCに対して明確な態度を示してこなかった。しかしながら，2016年半ばにGPEDC運営委員会における供与国グループの一員となったことで，GPEDCでの開発議論に貢献することが期待されている。日本をはじめとしたアジア型開発モデルについて，積極的に発信していけるかどうかが今後問われることだろう。

東アジア3カ国と2つのレジーム，そしてグローバル開発ガバナンスへ

　東アジアには，成熟した援助供与国へと発展する異なるフェーズの3カ国が存在している。しかも3カ国に共通していることは，被援助国としての歴史を持つということであり，そのことによって日中韓による開発協力には，欧米先進国が旧植民地に対して行う協力よりもパートナーシップの色合いが濃いという特徴がある。

　欧米先進国による援助は人権や民主主義を重視し，それらの規範を援助供与に絡めるコンディショナリティの様相が強いと言われる。そのことは，旧植民地に対する旧宗主国によるパターナリズム（温情主義）と捉えられ，反発を招く要因ともなっている。中国による対アフリカ開発協力が現地国から歓迎されていることは，その裏返しであるとも言えるのである。しかし，中国による開発協力が被援助国のガバナンスの質を問わず，人権抑圧を行っている国家に対しても援助を供与している点は問題である。また，現地住民を雇用しないばかりか技術移転も行わないことから，徐々に中国のやり方に対して現地国政府の

不満が高まっている。中国のやり方を「新植民地主義」として非難する国も現れており，反中暴動が起きたり，中国の援助関係者が誘拐されたりするという事態も発生している。このような事態を中国当局も問題視し始めており，援助の透明性を高めるなど，対外援助方針の見直しを進めているという。

　国際政治経済における中国の影響がこれまで以上に大きくなることは間違いなく，新興国の筆頭として中国は他の途上国を代表する役割と責任を負っている。釜山での合意文書において見られたように，中国の主張がその他の途上国の意見を代表するものとして受け入れられたことを思い起こせば，その重要性は看過できない。中国政府が援助の透明性を高めようと努力し始めた今，日本や韓国にそれを支援する働きが求められる。すなわち，三角協力というスキームを活用して，日中ないしは韓中と途上国との間で開発協力を行うことができれば，被援助国にとっての利益だけでなく，日本や韓国の経験やノウハウを伝えることで，中国にとっても利益となるだろう。はたしてこのような日中韓の協力は可能なのだろうか。とりわけ，日中，日韓の間で領土や歴史認識をめぐって関係が悪化し，国家間の緊張が高まっている今日において，それは可能だろうか。

　その可能性を示唆するのが，北東アジアにおける平和協力のために，2009年に設立された「日中韓3国協力事務局」の存在である。この事務局の発端はASEAN＋3にあり，2008年からはASEANとは独立して3カ国首脳会議が開かれ，翌年の2009年には事務局が設立された。2011年11月からはソウルに常設事務所が設けられている。3カ国協力の実例として，たとえば2013年11月には新型感染症に関して保健大臣会合が，2013年からは毎年，防災机上演習が，2013年4月にはPM2.5に代表される環境問題についての環境大臣会合が開催されている。政治外交面では非難の応酬を続けながらも，経済・社会の側面ではこのようにチャンネルは閉ざされていないのである。この協力体制を開発援助分野にも活かせるのではないだろうか。

　日本を含むこれら東アジアの3カ国には被援助国であったという歴史と，パートナーシップを尊重する援助方針という共通項がある。南南協力や三角協力の必要性が増している今日，平等互恵によるウィン–ウィンの関係が今まで以上に求められている。そのことは従来使用されてきた「援助効果」という上下

関係を規定している用語から、「開発効果」という対等な関係を前提とした用語へと国際社会が使用を切り替えたことからも窺える。もし東アジアの3カ国が互いの役割と責任を果たしながら協働するならば、2つの重複するレジームが対抗レジームとなる危険性の回避に繋がるとともに、国際開発援助分野におけるレジームがグローバル開発ガバナンスへと発展することに少しでも近づくことができるだろう。

注

(1) 開発援助や開発協力分野で中国を新興国と呼ぶのは、その歴史を踏まえると適切な用語だとは言えない。しかし、便宜上、20世紀末から21世紀初頭にかけて、政治的にも経済的にも国際的に台頭してきた国々を総称して、本章では「新興国」とひとまとめにすることとする。

(2) 納家政嗣「新興国台頭とグローバル・ガバナンス」『新興国の台頭とグローバル・ガバナンスの将来』日本国際問題研究所、2012年、5頁。

(3) この改革に伴い、ヨーロッパから2つの理事ポストが削減されている。

(4) この点に関して、下村恭民や大野泉は、伝統的なDACを中心とする開発援助モデルとは異なるアジア型の援助モデルが存在しており、両者が相互補完的であったり、競合的であったりする可能性に言及している(下村恭民他編『中国の対外援助』日本経済評論社、2013年)。

(5) David Halloran Lumsdaine, *Moral Vision in International Politics: The Foreign Aid Regime 1949-1989*, Princeton: Princeton University Press, 1993.

(6) John Gerard Ruggie, "Political Structure and Change in the International Economic Order: The North-South Dimension," in John Gerard Ruggie ed., *The Antinomies of Interdependence: National Welfare and the International Division of Labor*, New York: Columbia University Press, 1983, pp. 435-436.

(7) 小川裕子「開発援助におけるレジームの動態」『国際政治』153号、2008年、122-139頁。

(8) 稲田十一『国際協力のレジーム分析』有信堂、2013年、7-10頁。

(9) 山本吉宣『国際レジームとガバナンス』有斐閣、2008年、171-172頁。

(10) 同上書、173-181頁。

(11) 欧州連合(EU)を含めると、DACのメンバーは29となる(2015年1月現在)。

(12) 小林誉明「中国援助に関する『通説』の再検討——伝統ドナーからの乖離と途上国への開発効果」日本国際問題研究所編『中国の対外援助』2012年、22頁。

⒀　OECD/DAC, *Shaping the 21st Century: The Contribution of Development Co-operation*, Paris: OECD, 1996.

⒁　この文書の作成においては日本政府がイニシアティブを握ったことが知られている。

⒂　Brian Atwood, 'Creating a Global Partnership for Effective Development Cooperation,' Essay, Center for Global Development, 2012, p.3（http://www.cgdev.org，2012 年 10 月 20 日アクセス）。

⒃　「パリ援助効果宣言」は第 2 回のパリにおけるハイレベル会合で採択された。この宣言では援助効果を改善するために，1. オーナーシップ，2. アラインメント，3. 調和化，4. 結果重視，5. 相互説明責任の 5 つの原則が示された。

⒄　中国の開発協力には，DAC 諸国が途上国側に要求するコンディショナリティが無く，非民主的な国家，人権を蹂躙する国家であっても援助が供与されるという側面がある。ダルフールでの人権抑圧が指摘されるスーダンに対して開発協力を行っていることなどがその一例である。

⒅　Jean-Michel Severino and Olivier Ray, "The End of ODA: Death and Rebirth of a Global Public Policy," Working Paper Number 167, Center for Global Development, 2009, p.6.

⒆　UN, A/RES/33/134, 19 December 1978.

⒇　特別ユニットは総会決議 3251（XXIX）に基づいて設置された。

㉑　小川，前掲論文。

㉒　Raustiala and David G. Victor, "The Regime Complex for Plant Genetic Resources," *International Organization*, Vol. 58, 2004, pp. 277-309 を参照。ラウスティアラとヴィクターは「レジーム・コンプレックス」を広く解釈している（*ibid.*, p. 279）が，一方，大矢根聡「レジーム・コンプレックスと政策拡散の政治過程──政策アイデアのパワー」日本国際政治学会編『日本の国際政治学 2　国境なき国際政治』有斐閣，2009 年，35 〜 55 頁は「レジーム・コンプレックス」を「ある国際レジームが他の国際レジームと接触し，複合化する現象」と狭く定義し，複合化に融合，包括，相互調整，拡張といった形態があると述べる。

㉓　足立研幾「重複レジーム間の調整に関する一考察」『立命館国際研究』23-3，2011 年，425 頁。

㉔　小川，前掲論文。

㉕　前川美湖「国連マネジメント改革──Delivering as One イニシアティブの分析・評価と国連機関の援助効果を高める上での課題」平成 24 年度外務省委託研究報告書，2012 年（http://www.mofa.go.jp/mofaj/gaiko/jp_un/pdfs/itaku_120525.pdf，2012 年 8 月 9 日アクセス）。

㉖　UN, A/RES/60/1, 16 September 2005, para. 155（b）。

(27) UN, A/61/90-E/2006/84, 21 June 2006.
(28) UN, A/RES/61/16, 20 November 2006, para.4.
(29) A/61/PV.56, 20 November 2006 におけるインド政府代表のセン（Sen）氏の発言。
(30) A/61/PV.56 における米国代表のミラー（Miller）氏の発言。
(31) 下村恭民「21 世紀の新しい潮流」下村恭民・辻一人・稲田十一・深川由起子『国際協力』（新版），有斐閣，2009 年，61 頁を参照。
(32) Emma Mawdsley, *From Recipients to Donors: Emerging Powers and the Changing Development Landscape*, London: Zed Books, 2012, p. 190 を参照。
(33) 釜山成果文書を参照（http://www.busanhlf4.org，2012 年 8 月 9 日アクセス）。
(34) 同上。
(35) 三角協力とは，途上国間での協力をドナーである先進国政府や国際機関が支援する形態のことを言う。
(36) 「効果的開発協力のためのグローバル・パートナーシップ」事務局による情報（http://www.aideffectiveness.org/busanhlf4/about/global-partnership.html，2012 年 8 月 9 日アクセス）。
(37) 足立，前掲論文によれば，レジームが重複して並存している場合，機能的に生み出されたものと，意図的に形成されたものとがあるという。現状に不満を持つアクターが意図的に作り出すレジームは，時として対抗レジームとなりうる。
(38) 山本，前掲書。
(39) 足立，前掲論文，424 頁。
(40) 同上。
(41) Brenda Killen and Andrew Rogerson, "Global Governance for International Development: Who's in Charge?" *Development Brief* (Consultation Draft) Issue 2, OECD, 2010.
(42) この決定は釜山においてなされ，釜山成果文書のパラグラフ 36（d）は次のように述べている。すなわち，加盟国は「OECD と UNDP が，今日までのそれら機関の協働とそれぞれの権限や比較優位分野に基づいて，グローバル・パートナーシップが効果的に機能するのを支援するよう求める」（http://www.busanhlf4.org，2012 年 8 月 9 日アクセス）。
(43) Devspectator's blog, 23 May, 2012 (http://devspectator.wordpress.com/tag/undcf/).
(44) 足立，前掲論文，註 43 を参照。
(45) 国連開発協力フォーラムのウェブサイト参照（http://www.un.org/en/ecosoc/newfunct/2014dcf.shtml，2013 年 12 月 8 日アクセス）。
(46) Global Partnership for Effective Development Cooperation, *Briefing on the Global Partnership for Effective Development Cooperation: Concept Note and Draft Agenda*, 2013.

第5章　グローバル開発ガバナンスの実現

(47) The CSO Partnership for Development Effectiveness（CPDE）のウェブサイト参照（http://csopartnership.org/，2013年12月8日アクセス）。

(48) Global Partnership for Effective Development Cooperation, *First High-Level Meeting of the Global Partnership for Effective Development Co-operation: Building Towards an Inclusive Post-2015 Development Agenda*, para. 1, p. 1（http://effectivecooperation.org/wordpress/wp-content/uploads/2014/05/FinalConsensusMexicoHLMCommunique.pdf，2014年5月27日アクセス）。

(49) *Ibid.*, Annex 1, para. 18, p. 13.

(50) *Ibid.*, para. 40, p. 7.

(51) United Nations, *A New Global Partnership: Eradicate Poverty and Transform Economies through Sustainable Development*, New York: United Nations, 2013, p.24.

(52) Deutsche Institut für Entwicklungspolitik（German Development Institute）のトーマス・フィース（Thomas Fues）氏への筆者によるインタビューによる（2014年8月8日，ドイツ，ボン市）。

(53) 下村他編，2013年，前掲書。

(54) Deborah Brautigam, *The Dragon's Gift: The Real Story of China in Africa*, London: Oxford University Press, 2010 を参照。

(55) 渡辺紫乃「変動する国際援助秩序の中での中国の対外援助外交」日本国際問題研究所平成22年度『中国外交の問題領域別分析研究会報告書』55頁，2011年。なお，渡辺は中国の援助研究における第一人者である周弘の研究の概要をまとめている。

(56) 近藤久洋・小林誉明・志賀裕朗・佐藤仁「『新興ドナー』の多様性と起源」『国際開発研究』Vol. 21, No. 1/2, 2012年, 92頁。

(57) Brautigam, *op. cit.*

(58) 渡辺，前掲論文，56頁。

(59) 「釜山ハイレベルフォーラムをNGOはどう評価する？　オックスファム・ジャパンの山田太雲アドボカシー・マネージャーに聞く『成果は今後6ヵ月の議論次第』」（http://dev-media.blogspot.jp/2011/12/ngo6.html#!/2011/12/ngo6.html，アクセス：2012年8月9日）。

(60) 釜山合意文書第2パラグラフ（http://www.oecd.org/dac/effectiveness/49650173.pdf，2016年11月25日アクセス）。

(61) 中国はGDPにおいて世界第2位となり経済大国である。また，政治的にも国連安全保障理事会の常任理事国である。しかし，開発協力に関しては，自国を途上国と規定しており，そのため中国による援助・協力は自ずと南南協力に位置づけられる。このように中国は，自国のステータスを使い分けている。

⑹₂　Thomas Fues, Sachin Chaturvedi and Elizabeth Sidiropoulos, "Conclusion: Towards a Global Consensus on Development Cooperation," in Chaturvedi, Sachin, Thomas Fues and Elizabeth Sidiropoulos eds. (2012) *Development Cooperation and Emerging Powers: New Partners or Old Patterns?*, London: Zed Books, 2012, p. 253.

⑹₃　ただし，内政不干渉原則については，国内の少数民族への抑圧や人権問題に対する批判を回避する盾として用いており，人権規範を重視する国際社会の潮流とは相容れないものであることに留意する必要がある。

⑹₄　Group of 77, *The Statement on Behalf of the Group of 77 and China by H.E. Ambassador Abdulla Mohammed Alsaidi, Permanent Representative of the Republic of Yemen to the United Nations and Chairman of the Group of 77, at the Development Cooperation Forum -High Level Segment of the Economic and Social Council*, New York, 29 June 2010, para. 2.

⑹₅　*Ibid.*, para. 11.

⑹₆　ECOSOC, *Development Cooperation Forum Ethiopia High-Level Symposium Official Summary Report*, 5-7 June 2013.

⑹₇　OECD/DAC の統計に基づく（https://public.tableau.com/views/AidAtAGlance/DACmembers?:embed=y&:display_count=no?&:showVizHome=no#1，2016 年 7 月 1 日アクセス）。

⑹₈　同上ウェブサイトの日本に関する統計に基づく（2016 年 7 月 1 日アクセス）。

⑹₉　次のウェブサイトを参照（http://ecodb.net/country/KR/oda_donor.html，アクセス日：2016 年 7 月 1 日）。

⑺₀　近藤他，前掲論文，92-93 頁。

⑺₁　釜山での第 4 回ハイレベル会合において，日本のこの分野での成果をヒラリー・クリントン（Hillary Clinton）国務長官（当時）が言及した。

⑺₂　JICA, *JICA's Support for South-South Cooperation: Challenge to Inclusive and Dynamic Development with New Partners*, Tokyo: JICA, 2009.

⑺₃　JICA のウェブサイト参照（http://gwweb.jica.go.jp/km/FSubject2101.nsf/NaviSubjTop?OpenNavigator，2012 年 10 月 5 日アクセス）。

⑺₄　モザンビークもブラジルもポルトガル語が公用語であることから，コミュニケーションが取りやすく，ブラジル側の人材を有効活用できる利点がある。ただ，本章では紙幅の関係上十分に言及できないが，このプロサバンナ計画については，住民の意見を無視した土地収用が進められているとして，NGO から批判されている。たとえば日本国際ボランティアセンター（JVC）の以下のサイトを参照（http://www.ngo-jvc.net/jp/perticipate/trialerrorarticle/2013/03/20130312-prosavana.html，2015 年 1 月 26 日アクセス）。

(75) JICA, *op.cit.*
(76) 「カーマ・ボツワナ大統領：中国の支援に『労働者連れてくるならノー』地元民の活用求める」『毎日新聞』2013年6月2日。
(77) 「胡・中国主席：アフリカ8カ国歴訪　中国に警戒と期待，増す存在感に暴動も」『毎日新聞』2007年2月8日。
(78) 渡辺紫乃「対外援助と外交政策」下村恭民他編『中国の対外援助』，日本経済評論社，2013年，231-233頁。
(79) 以下の記述に関しては，日中韓3カ国協力事務局のウェブサイトを参照（http://jp.tcs-asia.org/dnb/main/index.php，2014年5月28日アクセス）。

［付記］本章は，2012年度北九州市立大学特別研究推進費による研究成果の一部であるとともに，2012年12月20日と21日に北京で開催された第12回東アジア国連システム・セミナーにおいて報告した英文での報告ペーパーがもととなっている。

第Ⅱ部

規範履行の複合過程

第6章　多中心的ガバナンスにおけるオーケストレーション
――腐敗防止規範をめぐる国際機関の役割――

西谷真規子

1　多中心的グローバル・ガバナンスにおける規範発展の課題

　2000年代のグローバルな規範状況を俯瞰すると，諸条約の署名・批准率の増大が必ずしも実効性の向上に結び付いていない，つまり規範の制度化と普及は進んだが履行・遵守が進まない状態，いわゆる「遵守ギャップ」の問題が顕著になってきている。問題をグローバル・ガバナンスの観点から見ると，実効性を阻害する構造的要因として挙げられるのが，レジーム複合体における制度の断片化に伴う問題である。

　レジーム複合体では，互いに関連を有するレジームやスキーム間に序列が無く，多かれ少なかれ相互の調整が不足しているため，規範や業務の重複・競合・不足（欠缺）が生じる。たとえば，制度が乱立した混雑状態（congestion）を呈する環境分野では，法制度の競合による規範の不明確化や業務の重複による非効率が引き起こされている。このことが，フォーラム・ショッピングやレジーム・シフティング等の政治的な戦略行動を誘発し，レジームの有効性が低下する可能性があるのである。カール・ラウスティアラとデイヴィッド・ヴィクターをはじめとした論者は，気候変動，生物多様性，知的財産権，遺伝子組み換え作物等の領域での制度の断片化に伴うこのような問題点を強調する。

　他方で，セバスチャン・オーバーチュア，トマス・ゲーリング，オラフ・シュトッケらのグループは，環境分野での制度間相互作用の結果としてレジームの有効性にどのような変化が生じるかをより中立的に分析し，相乗効果の多さを指摘している。また，ロバート・コヘインとデイヴィッド・ヴィクターは，特定の条件下では，統合的で集権的なレジームよりも柔軟なレジーム複合体が形成されやすいと論じる。

第Ⅱ部　規範履行の複合過程

　しかし，今日のグローバル・ガバナンス，とりわけ環境・資源や開発に関連する分野では，主体の多様化とガバナンスの多層化(マルチレベル)によって権威が多元化した多中心的（polycentric）なレジーム複合体が増えており，より一層，調整と実効性の確保が課題となっている。このようなシステムでは，権威が分散していると同時に，非公式で非拘束的な取り決めが多いことから，フォーマルな制度による構造調整には限界がある。

　実際，これまでレジーム複合体論や制度間相互作用論が対象としてきた争点領域以外にも，調整不足の混雑状態によってガバナンスの効率性・有効性が低下している例は少なくない。たとえば開発分野においては，とくに2000年代以降，援助プログラムの無調整乱立のために援助効果が低下しているとの議論が盛んになされるようになり，ドナー間協調の必要性が強調されるようになった[7]。本章で扱う腐敗防止ガバナンスも，多くの国際機関や非国家主体の関与による混雑状態を呈しており，調整の必要性が論じられてきた分野である。それでは，多中心的で混雑したレジーム複合体の有効性を高めて規範の実効性を向上させるには，どうすればよいのだろうか。

　レジーム複合体論は，ハードローによる公的な規制制度の関係性と国家の行動に分析が偏り，私的権威や国際機関を含む多元的関係性の効果を十分に分析できないため，この問いに十分な回答と分析枠組みを与えられない[8]。それに対し，ケネス・アボットは，国内における多中心的ガバナンス論の知見を引照して，ローカル・レベルの集合行為やネットワークが公的機関によって調和的に編成（orchestrate）されることによって，断片的で分権的なレジーム複合体の利点（相補的な規制，多角的な問題解決方法，多様な選択肢の提供等）を最大化することができると論じている[9]。

　本章では，アボット等によって論じられたオーケストレーション（orchestration）論を批判的に検討したうえで，多中心的ガバナンスにおけるオーケストレーション・モデルを提示し，腐敗防止ガバナンスの事例でこれらのモデルを検証する。これにより，国際機関が，どのような条件下で，どのような種類のオーケストレーションによって，規範の調整と履行を促進するのか論じたい。

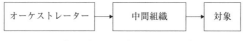

図6-1　シンプル・オーケストレーション（O-I-Tモデル）

出　典：Kenneth A. Abbott, Philippe Genschel, Duncan Snidal, and Bernhard Zangl eds., *International Organizations as Orchestrators*, Cambridge: Cambridge University Press, 2015, p.4.

2　オーケストレーション——非強制的で間接的なガバナンス様式

O-I-Tモデル

　国内・国際を問わず，多様な主体が政策過程に実質的かつ分権的に関与する「ニュー・ガバナンス」が広範に見られるようになっている。それを可能にするのが，指針や原則等のソフトローとソフトな誘因（説得・交渉・支援等の非強制的手段）を多用して，多様な関係者の利害を調整し目標へと誘導する，オーケストレーションと呼ばれるガバナンス手法である。この手法自体は，以前から他の手法と補完的に用いられてきたが，理論的概念として注目されるようになったのは，アボットとダンカン・スナイダルが国内行政学の概念を2009年に国際関係論に導入してからである。

　当該概念の定義は導入当時から徐々に変化してきたが，2015年に発表された共編著で確立されたオーケストレーション・モデルは，主導機関（orchestrator）が，規制および実施活動に関与する公的または私的な中間組織（intermediary）に協力を要請し（enlist），間接的に国家や企業等の対象（target）に影響を与えるというもので，中間組織の自発性に依存した非強制的な手段を用いて，間接的に目標達成しようとする点が特徴である（O-I-Tモデル）。中間組織への働きかけの手法には，(1)関係者の動員・召集（convening）と新制度創設の触媒，(2)アジェンダ設定，(3)既存制度間の調整・同期，(4)既存制度への公的な支持（endorsement）および各種支援（技術協力，資金援助等）等が挙げられる。

　間接的なガバナンスには他にも，信託（trusteeship），委任（delegation），取り込み・体制化（co-optation）のような方式があるが，それらは階統的な権威に基づいて法的に統制される点で異なる。通常の業務委託は，委託主からの権威的

統制が受託者に及ぶが、オーケストレーションでは、あくまでも中間組織の自発的合意に基づいて業務提携が行われる。実効性の確保を階統的な法制度に求める従前の国際機関論では注目されることのなかった、このようなソフトな誘因による間接的なガバナンス方式が、持続的開発、企業の社会的責任（CSR）、気候変動、保健衛生、競争政策等の多様な分野で観察されているのである。

国際機関によるオーケストレーション

公的機関がリーダーシップを取りやすい階統的な国内統治においては、政府が法的手段も用いて規制する命令的（directive）オーケストレーションが多いが、アナーキーな国際場裏においては、一般に公的機関の権限が弱いため、欧州連合（EU）や世界銀行（世銀）グループのような一部の例外を除き、ソフトな誘因で多様な主体を規制活動に関与させて目標へと誘導するという、促進的（facilitative）オーケストレーション手法が主体になりやすい[15]。しかし、アボットとスナイダルは、規制力の弱い促進的オーケストレーションであっても、オーケストレーターと中間組織が相互補完的に協力することで、各々の能力、中心性、正統性を高めることができ、同時にグローバル・ガバナンス・システム全体を強化する効果があると論じる[16]。

しかし、国内政治に比べると、国際場裏では全般的にオーケストレーションが不足し、多様な主体を取り込んだニュー・ガバナンスが十分に達成されているとは言い難い[17]。では、国際関係におけるオーケストレーションはどのような条件下で生じるのか。この点を追究したのが、2015年に出版された編著『オーケストレーターとしての国際機関』（*International Organizations as Orchestrators*）である。この編著では、以下の6つの条件があるとオーケストレーションが行われやすいとの仮説が、多様な事例で検証されている。まず、ガバナンス主体が、規制策定権限（規制能力）、政策実施能力、正統性のいずれかを欠いていることである（オーケストレーター能力仮説）。これらの能力は、財政的・人的資源および専門能力によって左右されるため、財源、人員、専門性の不足が、オーケストレーションの動機となる。ここでは、各能力のうちの「いずれか」を欠いていることが重要である。たとえば、規制権限は持っているが、政策実施能力を欠いている場合には、実施能力を持つ主体を中間組織としてオーケストレ

ーションを行う。すべてを欠いていればオーケストレーションは不可能である一方，すべてが揃っているならばわざわざ中間組織を使う必要はなく，より直接的なガバナンス手法が選好されるだろう。

　第2に，ガバナンス主体が当該争点領域における中心性（focality）を備えていることである（中心性仮説）。中心性とは「競合相手が存在しない唯一のガバナンス・リーダー」である状態を指す。中心的なリーダーは中間組織の協力を得やすいため，オーケストレーションを行いやすいのである。中心性をもたらすのは，制度的権威，正統性，実施・運用能力および資源，専門能力，歴史的経緯（経路依存性），組織トップの卓越した能力やカリスマ等である[18]。

　第3に，ガバナンス主体が起業家的組織文化をもっていること，つまり，多様な主体との協働・協力と，知識創造やイノベーションを追求する柔軟な志向性があることである（起業家精神仮説）。逆に，閉鎖的で一方的なスタイルを志向する硬直的な組織はオーケストレーションをしにくい。

　第4に，オーケストレーターと目的を共有し，協力意思を持ち，オーケストレーターに不足している能力を補完する能力を持った中間組織候補が，複数存在することである（中間組織可用性仮説）。中間組織候補が1つしか存在しない場合は，オーケストレーションの対象とならない可能性が高い。また，適当な中間組織が不在の場合は，新しい制度を触媒して創設する可能性が高い。

　また，オーケストレーターが国際機関である場合は，第5に，加盟国間または加盟国と国際機関の間で達成目標に相違がある場合に，オーケストレーションを選好する傾向が高まる（目標相違仮説）。これは，目標の相違がある場合は加盟国間で合意が形成されないため，垂直的で拘束力のある規制をしにくいからである。最後に，加盟国による国際機関への統制・監督が弱い場合，すなわち，当該国際機関の裁量の余地が大きい場合には，オーケストレーションを行いやすい。国際機関は法的には加盟国の統制下にあるが，業務の解釈や遂行にあたって実質的な裁量の余地が与えられていることが多く，その余地が大きければ，オーケストレーションしやすいというわけである（加盟国による監督仮説）。

第Ⅱ部　規範履行の複合過程

オーケストレーション論の課題

　上記の諸仮説は，EU，世界貿易機関（WTO），20カ国財務相・中央銀行総裁会議（G20），地球環境ファシリティ（GEF），世界保健機関（WHO），国連環境計画（UNEP），国際労働機関（ILO），国連安全保障理事会等，多様な国際機関の事例において検証され，おおむね支持された。しかし，これらの事例分析を通して様々な理論的および実証的な課題も明らかになった。

　理論的な問題としては，第1に，オーケストレーションの可能性を決定する6つの変数間の相対的影響力と関係性が特定されていないため，どの条件下でどの変数（のセット）がより根本的な原因となるのかが不明である。また，変数のいくつかが共変するため，各独立変数の効果が不確定になる，すなわち，どの要因がオーケストレーションをもたらしたのか特定できない。とくに，中心性は，オーケストレーション能力および加盟国による監督の厳しさと共変するため，オーケストレーションが中心性のゆえに行われたのか能力のゆえに行われたのか，加盟国による監督が緩いために行われたのか，不確定である。中心性の源泉に能力が含まれている以上，もしも能力で説明がつくならば，中心性は媒介変数として扱うべきかもしれない。[19]

　第2に，争点の重要度が高い場合には，目標の相違と加盟国による監督の厳しさとが共変するため，従属変数の値が不確定になる。[20]重要な政策について加盟国間の利害・目標に大きな相違があれば，当該政策の遂行に反対する加盟国の抵抗による統制が強まるからである。このため，一方で，目標の相違はオーケストレーションを起こしやすくし，他方で，加盟国による監督は起こしにくくすると，正反対の予想を立てていても，独立変数の共変により，結果が相殺される可能性がある。この点は事例分析の中で実証的にも指摘されており，目標の相違と加盟国による監督は，国際機関によるオーケストレーションの見込みを決定するというよりは，オーケストレーションの内容（中間組織の制度設計）の違いを決定すると論じられている。[21]

　また，実証的な問題としては，当該理論が主体（O, I, T）間の関係性に分析の主眼を置いた反面，ガバナンス・システム全体の視座を失ったことで，分権的なレジーム複合体を効果的に分析できないという点がある。具体的には，第1に，競合者をもたないリーダーを前提とする中心性仮説は，ガバナンス主体

が複数存在する多中心システムにおけるオーケストレーションを説明できない。レジーム複合体には断片化の度合いに幅があるが，上述のO-I-Tモデルで主に想定されている単独オーケストレーション[22]は，たとえば貿易の領域におけるWTOのように，単独の主管機関がレジームの中心を担う凝集性の高いレジームには当てはまるが，断片化が進み多中心化しているレジーム複合体では適合しない事例が出てくることが予想される。

複数の争点領域が結合したレジーム複合体においては，レジームごとに中心性の高いガバナンス主体が存在するうえ，1つのレジーム内でも，地域あるいはセクターごとにガバナンス主体が存在するというように，複数のガバナンス主体が関与する現象がしばしば見られる。実際，ミレニアム開発目標（MDGs）の各目標には複数の機関が主導的に関わってきた。たとえば，初等教育の分野では，世銀，国連児童基金（UNICEF：ユニセフ），国連教育科学文化機関（UNESCO：ユネスコ）が主軸を担い，女性のエンパワメントの領域では国連開発計画（UNDP），世銀，国連女性機関（UN Women），ユニセフが中核をなす等，1つの分野のガバナンスを複数の主要機関で担っているのである。[23]

このような分権化・断片化が進んだレジーム複合体では調整の問題が先鋭化するため，単独でのオーケストレーションは難しくなることが予想される。実際，オーケストレーターの典型例とされるUNEPでさえ，当該機関の中心性が低い争点については，他のオーケストレーターと組んで共同でオーケストレーションすることが指摘されている。[24] しかし，O, I, Tはそれぞれ複数主体の集合体でもありうると概念化されているにもかかわらず，[25] O-I-Tモデルは基本的に単独の中心性を前提とし，共同でオーケストレーションを行う条件についての検討はなされていない。上記UNEPの事例では，「オーケストレーションは，混雑した争点領域では一層行われやすいのかもしれない。そのような争点領域では，中心性が明確でなく，イシュー・リンケージが当たり前に行われており，複合的相互依存の結果として複数の国際機関による共同オーケストレーションが必要とされる可能性が高い」[26]として，中心性の低さがかえってオーケストレーションを促進すると仮説的に論じられている。しかし，この知見は編著中では未検討のままになっているのである。

第2に，ガバナンスの多規模性と多目的性が組み込まれていないため，シス

テム全体の有効性向上のために行われる多様なプログラム間の調整を説明することができない。多中心的なグローバル・ガバナンスでは，同一領域で複数のオーケストレーターが存在すると同時に，単一のオーケストレーターが，多様な規模で多目的なオーケストレーション(マルチスカラー)を併用することが多い。アボットは，国際機関がローカル・レベルの小規模な活動をオーケストレートすることがレジーム複合体の有効性を向上させると論じているが，そこで前提とされているのは多規模なガバナンスの存在である[28]。しかし，2015年の編著では，この点が抜け落ちている。

また，ガバナンス目標達成のためには，規範・基準の設定・促進と，技術的・物質的支援による国内実施促進の両面とが必要である。さらに，知識創造・管理は，集合的な問題解決能力を向上させ，規範の設定と履行の両面において基盤となる機能である。編著では，中間組織の機能・目的の違いについて論じられていないが，多くの機関は多様な機能・目的に応じた中間組織を戦略的・相乗的に運用しているのが実態である。オーケストレーターが，多様な目的と規模のオーケストレーションを相補的および相乗的に運用する場合，特定の目的のミクロ・オーケストレーションであっても，それが行われた条件や効果を検証するには，他の目的との戦略的関係性とマクロな文脈での分析が必要なのである。

3　多中心的ガバナンス下のオーケストレーション・モデル

以上の批判を踏まえ，本章の課題である，多中心的グローバル・ガバナンスの調整および相乗効果創出に資する戦略について検討してみよう。結論を先取りして言えば，ネットワーク・コーディネーターとしてのオーケストレーターが，「マクロ・オーケストレーション」と「協働型オーケストレーション」とりわけ「多重オーケストレーション」とを戦略的に組み合わせることにより，ガバナンス主体が強化され，レジーム複合体の調整と協働が促進されるという仮説である。

ネットワークハブとしての中心性[29]

　オーケストレーションの主な手法である，関係者の動員とネットワーキングの促進，新制度の触媒，既存制度間の調整，既存制度への支持・支援を可能にするのは，多様な主体との繋がりであり，多様なガバナンス・ネットワークの起動と活用であると言える。したがって，ネットワークハブとして多様な主体を連結しているならばオーケストレーションをしやすく，逆に言えば，そのような繋がりを持たない組織がオーケストレーションするのは困難である。この点から見れば，ネットワークの中心に居るという意味での中心性が，オーケストレーションの可能性を高めることになる。

　したがって，本章では，中心性を「多元的ネットワークのハブとして機能している状態」と定義する。この定義は，中心的リーダーが中間組織の協力を得やすいという中心性仮説を揺るがすことなく，オーケストレーションの機能を的確に反映しているうえ，オーケストレーター（候補）が複数存在する多中心なレジーム複合体にも妥当する利点がある。さらに，このような中心性を直接的にもたらす能力は第1にネットワーク構築・維持・拡大の能力であり，オーケストレーション能力仮説で想定されている規制権限，実施運用能力，正統性とは異なるため，「中心性」変数と「能力」変数の共変という問題を回避することができる。能力と中心性は相関することが多いが，リソース不足で能力が低くとも，ネットワークハブとしては良好に機能している場合も少なくない。むしろ，物質的なリソースの不足を，社会的関係（ネットワーク）の活用による情報戦術や社会的動員，社会的制裁によって補うことは，市民社会組織（CSO）[30]や弱小な国際機関の典型的な戦略である。

　ネットワークハブとしての中心性をもったオーケストレーターは，多様なネットワークを仲介し，新領域や争点横断的プログラムを触媒し，別個に動いている制度間の調整・同期を行うことで，全体としてレジーム複合体が効率的に作動するように大局的に調整する，ネットワーク・コーディネーターの役割を担うのである。

マクロ調整――マクロ・オーケストレーション

　マクロ・オーケストレーションは，レジーム複合体の有効性と正統性の向上

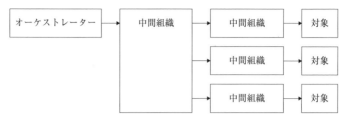

図6-2　マクロ・オーケストレーション

出典：筆者作成。

を目的として，多規模かつ多目的の戦略的調整を行うオーケストレーションであり，中間組織がオーケストレーターとなって別の中間組織を動かす，オーケストレーションの入れ子（nested orchestrations）状態を呈している場合に重要性を増す。

　国連の様々な機関間調整グループはその好例である。人身売買防止機関間調整グループ（Inter-Agency Coordination Group against Trafficking in Persons: ICAT），法の支配調整・資源グループ（The Rule of Law Coordination and Resource Group: RoLCRG），国連開発グループ（UN Development Group: UNDG）等，多くのテーマについて機関間調整のためのグローバル・フォーラムが設けられているが，それらグループの各メンバーがそれぞれに多規模・多目的なオーケストレーションを展開している。また，国際人道調整システムにおけるクラスター・アプローチも，マクロ・オーケストレーションの一例であろう。人道問題担当国連事務次長が議長を務める機関間常設委員会が9つのクラスターの調整を行い，各クラスター内ではリード機関がクラスター構成機関の調整を行うという，オーケストレーションの入れ子状態になっている。当該システムでは，グローバル・レベルだけでなく，各国レベルの実施・運用の現場でも，人道調整官・常駐調整官の調整によるクラスター・アプローチが行われている。[31]

　オーケストレーションの入れ子になっている場合には，統合的戦略枠組みを設定してメゾやミクロレベルのプログラムを整合させ，多様な連携事業の優先順位を確定し，継続的に監視しながら運用するのが効果的である。これにより，プロジェクトの効率的遂行と，レジーム複合体全体の整合性・一貫性の向上とを実現することができる。マクロレベルと下位レベルとでは成果の表れ方や期

第6章　多中心的ガバナンスにおけるオーケストレーション

1）共同オーケストレーション

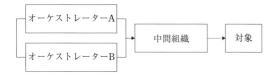

2）多重オーケストレーション

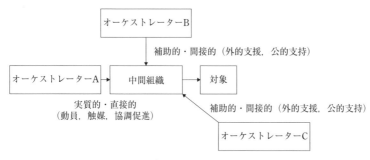

図6-3　協働型オーケストレーション

出典：筆者作成。

間が異なるため，1つの規模，たとえばミクロレベルだけを見て，マクロレベルでの戦略的調整は無意味だとの判断をしがちであるが，異なる規模間および機能間の調整という観点からみれば，かえって非効率を最小限に抑えることができるのである。

水平的分業の促進――協働型オーケストレーション（collaborative orchestration）

オーケストレーター（候補）が複数存在する多中心ガバナンス下で，オーケストレーター達の間で調整がなされない場合（非協働型）には，レジーム複合体の断片化による非効率問題が生じる。オーケストレーター間で協調・協働して共通の目標を達成する場合には，各主体の中心性と能力が向上し，相乗効果がもたらされると考えられる。協働型には図6-3のように2種類ある。

共同オーケストレーション（co-orchestration）とは，複数のオーケストレーターが同等の立場と手法で，共通の中間組織を通じて共通の対象に働きかけるものである。たとえば，UNEPと国連グローバルコンパクト（UNGC）が「責任

ある投資原則」(Principles for Responsible Investment: PRI) を共同で立ち上げたのが良い例である。UNEP は CSR の領域では中心性が低いため，UNGC と組む必要があったが，両者の間に序列はなく，また，同程度の関与の深さで PRI を共同運営した。共同オーケストレーター達は，中心性を分け合っているものの，1つのセットとして捉えることができる。

　それに対し，複数のオーケストレーターが共通の中間組織に，異なる立場と手法で働きかけるものを「多重オーケストレーション（multi-orchestration）」と呼ぶことにしたい。このタイプの第1の特徴は，オーケストレーター間で明確な分業体制が敷かれていることであり，これにより，セクター（公共，民間，市民）間，分野間，ガバナンス・レベル（国内，地域，グローバル）間の効率的な協力を可能にする。

　第2の特徴は，オーケストレーターの立ち位置によって関与の深さに違いがあるということである。オーケストレーター A は実質的，直接的，継続的な関与（深いオーケストレーション）を行い，オーケストレーター B や C は補助的，間接的，外的支援（浅いオーケストレーション）を行う。前者は，関係者の動員，制度の触媒，関係者の協調・協働の促進，事務局機能の提供，高コストの正統性付与（公的支援）等が含まれ，後者は，意見表明の機会の提供，物質的・技術的支援，低コストの正統性付与（公的支援）等が主な手段となる。

　もっとも，オーケストレーションのどの手段が浅いか深いかは，環境条件によって異なる。オーケストレーション論では，どの手段がどの条件でどの程度の効果を持つのかが論じられていないが，争点の特徴，民間および市民セクターの影響の大きさ，制度の混雑状況，財源の大きさ等によって，オーケストレーション手法の効果は違ってくると考えられる。とりわけ，公的支援の効果は，民間の基準（私的権威）の混雑状況によって相当の差が出るだろう。環境分野のように基準が乱立・競合している場合は，公的機関の支援による正統性付与の重要性が高いが，そうでない場合は，公的支援の重要性もコストもそれほど高くないと考えられる。

　多重型の最も単純なものは，CSO のオーケストレーションによる市民社会アンブレラ・ネットワークに国際機関が外的支援を与え，共通の対象（締約国）に働きかける等の二重オーケストレーションである。もう少し複雑な例と

しては，企業連合が作った業界基準スキームに CSO が支持を与え，その運用に国際機関が資金提供を行うことで，共通の対象である企業に影響を与えるといった，三重オーケストレーションの事例を挙げることができよう。多重オーケストレーション・モデルは，多様な主体がオーケストレーターとして機能する状況を明示することで，権威が多元化したガバナンスを説明しやすいのである。

　このような多重オーケストレーションが生じる条件は何か。まず，大前提として，協力意思と補完的能力を持ったオーケストレーター（候補）が複数存在することである。中間組織可用性仮説に対して，オーケストレーター可用性仮説とでも言えよう。オーケストレーターは，国際機関でも国家でも CSO でもなれる。むしろ，市民社会や民間セクターは制度的権威や政治的権力を欠いているため，フォーマルな連携の形を取らずとも，日常的に非公式なオーケストレーションを行って政策形成に影響を及ぼしていると考えられる。多重オーケストレーションは，ガバナンス主体の役割を果たす異種ステークホルダー間の分業を可能にする手法であると言える。

　この状態で，あるオーケストレーターが他セクター，分野，レベルにおける中心性および能力を欠如しており，かつ，他セクター，分野，レベルのオーケストレーターの中心性および能力において相補性があり，目標を共有しているならば，オーケストレーター間に協働のインセンティブが働く。他方で，加盟国間で合意が形成されない状態で，かつ，加盟国による監督が厳しい場合には，一部加盟国からの非難・制裁を恐れて思い切ったことはできないため，国際機関は浅い関与に留めようとするだろう。この組み合わせにより，多重オーケストレーションが選好されると考えられるのである。

　以上のモデルを，多中心レジーム複合体の典型例である腐敗防止ガバナンスの事例で検証してみたい。

4　腐敗防止グローバル・ガバナンスの特徴と課題

腐敗防止レジーム複合体
　レジーム複合体には，国際社会の基本原則（主権尊重等）に立脚した「埋め

第Ⅱ部　規範履行の複合過程

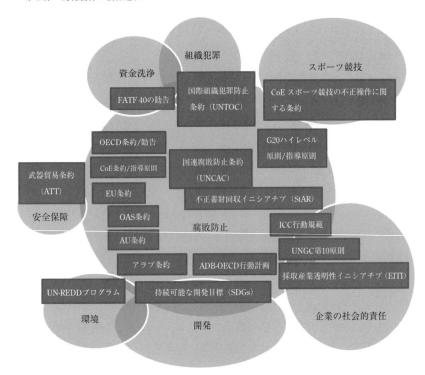

図6-4　腐敗防止レジーム複合体（主要な制度のみ）
注：○は争点領域，□は規範またはスキームを示す。主体として扱うべき国際機関，たとえば各規範やスキームの事務局は含まれていない。
出典：筆者作成。

込まれ（embedded）」型，包括的規範を構成する下位分野の制度のセットである「入れ子（nested）」型，多彩なトピックの制度を寄せ集めたパッケージである「クラスター（clustered）」型，そして，異なる争点領域の複合である「重複（overlapping）」型の4タイプがある。腐敗防止グローバル・ガバナンスは，この4タイプのすべてを含む複雑なレジーム複合体をなしている。腐敗防止は原則的に国内専管事項と解釈されているため，包括的な多数国間条約である「国連腐敗防止条約」（United Nations Convention against Corruption: UNCAC）は，主権尊重・不干渉原則に埋め込まれたレジームとなっている。また，腐敗防止問題は，公正競争と法の支配だけの問題ではなく，開発と貧困，環境と資源，組織

犯罪，安全保障，スポーツ競技等の広範な領域に関わってくる争点領域横断的な性質をもつことから，トピックごとの規制がクラスター状に敷かれてきたうえ，争点領域間の複合が起きやすく，他領域との重複レジームを形成しやすい。さらに，UNCACを構成する制度構築・人材育成支援，不正蓄財回収，民間の腐敗，官民協力等のサブ・フィールドは，それぞれが高度の専門性を要するため，分野ごとのスキームが自律的に機能する入れ子型の仕組みとなっている。

そのうえ，汚職慣行は現地の政治・経済・社会状況に応じた差異が大きいため，国内および地域内の規制がグローバル規制に先行しやすく，結果として多層的な規制状態になっている。

さらに，主体の多様性も顕著に見られる。公的機関自体が腐敗の当事者となるため，市民社会による監視が腐敗撲滅の実効性を挙げるのに有効であるとされ，市民社会が規範の設定および履行過程に活発に関与している。また，企業も腐敗の当事者となるため，民間セクターやマルチステークホルダーによる自主規制の試みも進んでいる。これらの多様な主体は，公共セクター，市民社会，議員，民間セクターの少なくとも1つを含む多元的ネットワークを構成し，国境，争点領域，レジームやスキームを越えて横断的に連携し，規範の調和と履行促進の両面において枢要な役割を果たしている。

以上の要因のために，腐敗防止に関わるグローバル・ガバナンスは，権威が多元化した分権的なレジーム複合体になっている。具体的には，⑴欧州，米州，アフリカ，アジア，中東の地域ごとの腐敗防止レジーム，⑵OECDやG20によるクラブ的な腐敗防止レジーム，⑶国際商業会議所（ICC）やUNGCによる民間またはマルチステークホルダーの自主規制レジーム，⑷不正蓄財回収や司法の廉潔性等のサブ・フィールドごとのスキーム，⑸持続的開発，環境・資源，スポーツ，CSR，組織犯罪，資金洗浄，安全保障等との争点領域複合レジームが，分権的でありながらも緩やかに統合性を保ちつつ，部分的に重複して併存しているのである。

マルチレベルの法制度

腐敗問題はすでに70年代には深刻な問題と認識されており，1977年にアメリカ議会が「海外腐敗行為防止法」（Foreign Corrupt Practices Act：FCPA）を採

択したのが，その後に続く一連の腐敗対策立法の嚆矢となった。アメリカは自国企業の国際競争力を落とさぬよう，FCPAを域外適用するだけでなく，国連経済社会理事会（ECOSOC）を主たる舞台に国際立法を行おうとした。しかし，経済発展を優先し，国内規制への介入を警戒する発展途上国と，公正な競争条件（level playing field）の観点から腐敗を規制しようとする先進国とが対立し，国連における条約形成は頓挫した。

90年代になると企業や政治家による贈収賄が多くの国で世情を賑わすようになり，国際立法の機運が高まった。1996年には世銀総裁ジェームズ・ウォルフェンソンが，腐敗との闘いを世銀の最優先課題と位置づけ，同年の国連総会では「国際商取引における腐敗および贈賄に関する宣言」（国連腐敗防止宣言）が採択された。すでに，経済協力開発機構（OECD）では，外国公務員に対する贈賄を扱う専門家グループがアメリカの主導により1989年に設置され，その議論に基づき採択された「国際商取引における贈賄防止勧告」（贈賄防止勧告）は，3年後の1997年に「国際商取引における外国公務員に対する贈賄行為を防止するための国際条約」（贈賄防止条約）として拘束力を備えることとなった。当該条約は，監視および促進を担う贈賄作業部会（Working Group on Bribery: WGB）が効果的に機能していることもあり，中核的な腐敗防止レジームとして今日に至る。

さらに90年代には，欧州評議会（CoE），欧州連合（EU），米州機構（OAS）でも条約が採択され，2000年代初めには，南部アフリカ開発共同体（SADC），西アフリカ諸国経済共同体（ECOWAS）で腐敗防止議定書が採択された後，「アフリカ連合（AU）腐敗防止条約」（AU条約）が締結された。アジアでは，アジア開発銀行（ADB）とOECDによる「腐敗対策行動計画」が，アジア太平洋地域における腐敗防止法として機能している。

こうした地域レベルでの法整備の進展を受けて，2000年には，公務員の贈収賄を犯罪化する規定を含んだ「国際組織犯罪防止条約」（United Nations Convention against Transnational Organized Crime: UNTOC）が採択された。当該条約は，国際組織犯罪の取り締まりについて包括的な規定を定めたもので，公務員による腐敗行為の犯罪化と防止措置についても簡潔な規定が盛り込まれていた。この交渉過程で，腐敗についてより詳細かつ包括的に定めた条約が別途必

要であるとの合意がなされ，UNTOC特別委員会での議論を経て，政府間専門家グループで腐敗防止条約の起草作業が開始された。こうして，2003年には，腐敗防止に特化したUNCACが締結された。同条約は，腐敗行為の範囲が広いだけなく，不正蓄財回収，国際協力，民間の腐敗まで対象とした，包括的なハードローである。これにより，グローバルな射程をもつ腐敗防止レジームが成立したのである。他方で，既存のレジーム，とりわけOECD贈賄防止条約も強化拡充が図られ，その結果，締約国の国内法整備が進み，2010年には，現行で最も厳しい規定を持つ「イギリス贈収賄禁止法」が成立した。さらに，同年には「アラブ腐敗防止条約」がアラブ連盟によって締結され，地域レベルの法制も強化された。

このような多彩な法制が併存するにもかかわらず，法制度間の調和は意図的に行われており，競合・抵触が問題になることは少ない。制度間の差異は，地理的に上位レベルの法制度によって調和するという方針で法化が進んだ。たとえばAU条約は，サブ・リージョナルおよびナショナル・レベルの腐敗防止法制度の調和を明確な目的として，アフリカ共通の基準を結晶化したものだった。

普遍条約であるUNCACも同様に，既存の国内法や国際法を強化しつつ，グローバルな規制を強化するための実践的な基準を設定することを目的として策定された。このため，既存の法制度ではカバーされていない部分を補完する機能を持っている。たとえば，UNCAC最大の特徴とされる不正蓄財回収規定は，AUやOAS等の地域法制ではカバーされていなかった。また，違法行為の具体例についても，UNCACは地域法制よりも詳細で包括的である。総じて言えば，UNCACは地域法制で不足していた領域を補完する包括的な条約であると言える。

ソフトローとハードローによる相補的・相乗的規制

マルチレベルの規制に加え，ソフトローとハードロー，国家間取り決めとプライベート・レジームを取り交ぜた規範の多元性も特徴的である。一般に，公共財の提供においては「囚人のジレンマ」に陥りやすいことから，フリーライダー防止のための厳格な監視システムが必要とされるが，規制の対象が私有財である場合には，まずは啓発・情報共有・学習による規範意識の醸成および実

践的知識の創出や，能力・制度構築を促進するためのソフトな制度による土台固めがされる傾向にある。(40)

　腐敗防止問題は公共財と私有財の両側面を持つ。公正な競争条件の整備は国際公共財と見做せることから，贈収賄を犯罪と認定し刑事・民事罰を科す国内法の整備を要求し，厳格な監視システムを備えたハードローを導入することが有効である。他方で，腐敗の定義と刑事的対応は国によって大きな違いがあり，緩い規制によって外資を呼び込むことで国際競争力を高めたり，政治・経済・社会構造を支配層に有利な形で固定したりすることが可能であるため，腐敗防止規制は私有財の性質も強く帯びている。さらに，途上国にとっては，国際社会から技術協力を得ることができるという面でも，私有財の側面が強くなる。このため，監視システムを備えたハードローの前に，ソフトローの整備が行われることが予想されるが，実際，国家間の法制化の流れを見ると，概してソフトローがハードローへ発展するという方向性が観取される。OECD贈賄防止勧告が出された3年後には贈賄防止条約に，CoEで「腐敗防止指導原則」が採択された翌年・翌々年には「腐敗に関する刑事法条約」および「同民事法条約」に発展した。また，国連で腐敗防止宣言が採択された6年後には，UNCACが締結された。国家間のソフトローはあらかじめハードローへの発展を想定して策定され，セオリー通りの進化を遂げたのである。

　さらに，腐敗は民間セクターと公共セクターを跨いで問題化する性質上，民間セクターを中心としたプライベート・レジームが要請される素地がある。国によって贈収賄の慣行および規制が異なることによって，商取引の公平性が損われ，厳罰法制を持つ国を本拠地または操業地とする企業が相対的に不利な条件下に置かれる可能性が高いからである。そのため，厳罰法制を持つアメリカ等の企業を中心に，競争条件を公正にするための自主規制ガイドラインが整備されてきた。腐敗防止には企業間の相互評価が「レピュテーション・リスク」として大きな抑止力になることも知られており，業界のピア・プレッシャーをベースにしたプライベート・レジームは，上からの規制と相補的に機能すると考えられる。(41)

　その中核を担うソフトローが，「恐喝・贈賄防止のためのICC行動規範及び勧告」（ICC行動規範）と「国連グローバルコンパクト第10原則」（UNGC第10

原則）である。ICC 行動規範はもともと 1977 年に作成過程にあった国連の腐敗防止条約を補完する規定として策定されたものの，当該条約不採択により根拠規定を失ったため，休眠状態にあった。OECD 贈賄防止条約の成立にあわせて 1996 年に改訂を行い，その後も根拠規定の変更に応じて改訂を繰り返してきた。このように，ICC 行動規範は，ハードローへの進化を前提とした国家間ソフトローとは異なり，当初より企業側の自己規制を促進するために，ハードローの補完を明示的目的として作成された相補的な規範なのである。

UNGC 第 10 原則は，UNCAC 採択を受けて 2004 年に導入された腐敗防止原則である。UNGC は，国連，企業，市民社会，政府，地方自治体等のマルチステークホルダー・イニシアチブで，国家とは別個のアリーナでの相互学習・知識創造および自主規制を目的とした枠組みと言える。ICC 行動規範とは違ってハードローと補完関係にあるわけではなく，腐敗防止のベストプラクティスを学習するフォーラムとして，規範の実践を促進する相乗効果を持っていると言えるだろう。

以上のように，国家を主たる規制対象とした法制度は，ソフトローからハードローへと展開することで拘束力を強める流れがあるのと同時に，プライベート・レジームとパブリック・レジームが相補的または相乗的に効果を高めるかたちで，腐敗を現場から防止していく体制が形成されてきたと総括することができるだろう。

多元的ネットワークによる法の調和と履行促進

法の調和と実効性の確保に重要な役割を担ってきたのが，各国内の規制官庁，[42] 欧米の政府開発援助機関，国際機関，NGO，専門家，活動家，民間セクターを主たる主体として，国境と争点領域とセクターを越えて張り巡らされた多元的なガバナンス・ネットワークである。

欧米の政府開発援助機関は，腐敗防止に関する各国の開発政策を管轄するとともに，国際的な規範形成にも大きな役割を担ってきた。とりわけ，アメリカが率先して国際的な腐敗規制を牽引してきたのに伴い，アメリカ国際開発庁（USAID）が腐敗防止に関する大口ドナーとして，初期から主要な役割を担ってきた。また，イギリス国際開発局（DFID），ノルウェー国際開発庁（Norad），

ドイツ技術協力公社（GTZ），スウェーデン国際開発協力庁（Sida），オーストラリア外務省開発協力課（AusAID）等も，主要な役割を果たしている。

　腐敗防止に関わる主要な国際機関としては，国連薬物犯罪事務所（UNODC），UNDP，世銀グループおよび世銀関連研究所・情報センター，UNGC，OECD，欧州委員会（EC），CoE 等が挙げられる。UNCAC 採択後は，UNODC が UNCAC 履行促進，機関連携やキャンペーンのコーディネート，情報ハブとして，グローバル・レベルでの腐敗防止リーダーの地位を占めている。UNDP は国連開発レジームの中核を担う組織として，人間開発および持続可能な開発の観点から腐敗防止に取り組んでおり，2004 年からは，UNDOC と共催で腐敗防止グローバル・キャンペーンを展開してきた。[43] 世銀グループは 90 年代半ばに腐敗防止を重点項目に位置づけてより，開発の文脈で腐敗防止を主導してきた。

　腐敗防止に関わる非国家組織は数多いが，主導的な NGO および企業団体としては，トランスペアレンシー・インターナショナル（TI），ICC，世界経済フォーラム腐敗防止パートナー・イニシアチブ（WEF-PACI），トレース・インターナショナル（TRACE）等が挙げられる。このうち，TI は腐敗防止を専門とする NGO であり，ICC は国際的なビジネス慣行やルールの作成に中核的な役割を果たし，腐敗防止プライベート・レジームを主導してきた。WEF-PACI と TRACE も企業を中心とした民間組織であり，民間セクターの活発さを示唆している。

　これらの大手 NGO や企業団体は，互いに柔軟な協力ネットワークを構成していると同時に，世銀，OECD，EU，UNODC 等の国際機関や各国政府機関および民間セクターと密接な協力関係を持っている。このため，市民社会，民間セクター，政府機関，国際機関を取り混ぜたマルチセクター・イニシアチブが多数存在するが，主なものには，採取産業透明性イニシアチブ（Extractive Industries Transparency Initiative：EITI）[44] や，オープン・ガバメント・パートナーシップ（OGP）[45] 等がある。また，UNGC の腐敗防止作業部会も同様のマルチステークホルダー構成をとっている。

　以上のようなフォーマルな組織とは別に，政府・民間を問わず，専門家が組織横断的に連携し，非公式に緩やかな認識共同体を構成している点も腐敗防止

ガバナンスの特徴である。たとえば，OECD 贈賄防止条約の履行監視を担う WGB のメンバーは，CoE の腐敗防止諸条約監視を担う腐敗防止締約国グループ（Group of States Against Corruption：GRECO）メンバーと常時活発な交流を行い，メンバーの重複も多い。WGB はまた，UNCAC の国内実施への支援（実施レビューへの技術協力，国内立法支援，ベストプラクティス提供等）も行っており，UNCAC レジームを補強する役割も果たしている。また，TI スタッフも WGB メンバーと専門的な信頼に基づいた密接な協力関係がある。さらに，AU 条約や OAS 条約の策定には TI スタッフが関与して，意図的に他の法制との整合性をつけた。このような専門家間の公式／非公式なネットワークによって，法制度間の調和は意図的に行われてきたのである。

　このような国際立法と履行促進を担う専門家ネットワークに加え，国内実施を担う行政ネットワーク，業界の自主規制や学習を担うビジネス・ネットワーク，啓発とアドボカシーを担う市民社会ネットワークを構成する主体が，重複したり提携したりすることで，各主体が高い自律性を保持しながらもグローバル・ガバナンス全体としての統合性を保っていると言える。このような多様な主体やネットワークをまとめる上部組織は存在しないが，1989 年から 2 年に 1 度開催されている国際腐敗防止会議（International Anti-Corruption Conference: IACC）は，世界中の関係者がセクターを越えて集い情報交換やネットワーキングを行い，政策提言を行ったり宣言を採択したりすることで，世界的な連帯を確認する場となっている。

規範履行上の課題——協調と調和化の不足

　他方で，国際規範の実施については，なかなか実効性が上がらないとの指摘がなされてきた。国際法間の調和はとられているものの，国内法および国際組織法（内部法）との調和は十分でない。また，国内実施を支援するための援助事業の調和化や援助機関間の協調も不足している。

　とりわけ，UNCAC は包括的な内容のハードローであるため，他の法制度の上に立ち序列的に調整する役目を負っているように見えるが，実際にはそうはなっておらず，国内実施には困難を伴うことが多い。これは，UNCAC が国家主権尊重および国内不干渉原則を重視していることから，腐敗防止規範と不干

渉規範との間に競合が生じ，どちらを優先するかについては，事実上，締約国の裁量に委ねられているためである。当該条約は 180 カ国（2016 年 12 月現在）もの国家が批准しているにもかかわらず，個別の腐敗対策に関する締約国の姿勢は大きく異なっているのである。

具体的には，第 4 条において主権の保護を明文化しているうえ，全体的に任意規定や，指示内容の曖昧な規定，留保付き規定が多く，国内の法体制が整備されていない場合は実質的に対策をとらないことが認められているものが多い。たとえば，犯罪化に関する条文の半分以上が任意規定で，防止および国際協力に関する条項のほとんどは「適当な場合」，「自国の法律が認めるときは」等の留保が付されている。たとえば，「横領，不正使用，目的外使用」「影響力に係る取引」「職権濫用」の犯罪化（第 17 ～ 19 条）や，「社会の参加」（第 13 条）および「公衆への報告」（第 10 条）については，交渉過程での解釈の競合が条文に反映された任意規定になっている。また，実施レビューシステムも OECD 贈賄防止条約等と比べると監視機能が弱く，実施率の向上に繋がっているとは言い難い。

コヘインとヴィクターが論じるように，一度採択されたハードローは，初期投資の大きさと経路依存のせいで再交渉されることが少ないため，条約が最大公約数的な規定や任意規定を含んだ拘束力の弱いものであった場合，少数有志国によるクラブ的なレジームや民間による自発的な自主規制レジームによって現実的な問題解決を図る傾向がある。このため，強力なハードローを頂点に置いた一元的な管理ではなく，分権的なレジーム複合体が形成されていくのである。実際，UNCAC は困難な妥協の末に成立した最大公約数的なハードローであるため，締約国の多くには再交渉の意思はなく，また，ハードローに進化しうるソフトローと違って，形式的に進化させる余地もない。このため，法の進化はすでに「凍結」されているとも言える。それだけに，規定内容および法形式の進化によらずに，主権に抵触しない範囲で，いかに国内実施を促進するかが根本的な課題なのである。

また，専門的助言や人材育成，制度構築等の技術協力は，50 ～ 60 の主要機関が多様なプログラムを相互調整なしに別個に実施するという供給過多の混雑状態を招いていた。各機関は他機関の事業内容について相互に無知で，未調整

のままにプログラムが乱立する傾向があり，2000年前後から，技術協力の分野的偏りによる重複と不足を解消するための援助協調および調和化の重要性が指摘されてきた[57]。さらには，各法制の監視メカニズムが重複してかかってくるという「監視疲労」の問題も指摘されている[58]。同時に，2003～04年頃からは，腐敗防止産業全体に対して，現地の多様性を軽視した新自由主義的な政策傾向と援助機関による巨額の支出，それにもかかわらず腐敗状況が改善しないことに対して批判が噴出するようになり，支援方針の見直しと合理化が要請されるようになっていった[59]。

くわえて，2000年代の初めに，石油食糧交換計画をめぐる大規模な不正を契機に，国連システム内部の腐敗防止規制の強化と一貫性・整合性の向上が重視されるようになり，マクロ調整の重要性が一層認識されるようになった。国連機関の合理化と信頼回復が急務となったことが，現場での援助協調・調和化への要請を後押しする形で，腐敗防止ガバナンスの調整が国連システム主導で行われる流れとなったのである。この調整業務を任されたのが，UNODCである。

5　UNODCによるオーケストレーションの条件

UNODCの腐敗防止関連業務

UNODCはUNTOCおよびUNCACの事務局として，国連腐敗防止レジームの中核に位置する。腐敗経済犯罪室が中心となって，他の部署や各国・地域の現地事務所，他機関と協力しながら，締約国会議（Conference of States Parties: CoSP）および実施レビュー・グループ（Implementation Review Group: IRG）等の管理運営，条約の批准および履行促進，締約国への技術協力，UNTOCおよびUNCACに関する手引きや報告書の作成，モデル法の提供，各国データや履行促進に関わる知識の蓄積・創出（調査・分析）・管理等のUNTOCおよびUNCACに関する業務を遂行している。また，国連システム内部の腐敗防止規制を整備・強化するための勧告も取り纏めている[60]。

それ以外にも，多様な腐敗防止スキームの調整の促進，民間セクターや市民社会との協力促進も，重要な任務となっている。そのマンデート自体に，レジ

ーム複合体全体の調整や協調促進と,他機関や非国家主体との連携を含むことで,マクロ・オーケストレーションと協働型オーケストレーションの誘因が組み込まれていると言える。しかも,後述のように,規範設定・促進業務と実施業務(技術協力)とを繋げる統合的アプローチを重視していることから,多規模・多目的のオーケストレーションを整合的に使い分ける戦略が選ばれやすいと考えられる。

本節では,UNODCによるオーケストレーションを可能とする条件を検討すると同時に,どのタイプのオーケストレーションが選好されるかについても,仮説に沿って論じてみよう。

中心性

UNODCは,UNCACおよびUNTOC事務局としての権威があるが,中心性は相対化されている。UNODCは,1997年に国連麻薬統制計画と国連犯罪防止刑事司法計画との合併によって設立された国連薬物統制犯罪防止事務所(UNODCCP)が前身であり,犯罪防止刑事司法計画の側の国際犯罪防止センター(Center for International Crime Prevention: CICP)が,1999年から腐敗防止グローバル・プログラム(Global Programme against Corruption: GPAC)を開始した。

しかし,この時点で既に腐敗防止ガバナンスは混雑状態を呈していた。既に90年代初めから関連機関およびプログラムは急増し,1993年に設立されたTIや,90年代初めから開発援助政策に腐敗対策を組み込んできたUNDP,USAID等が大きな役割を担っていただけでなく,開発大手の世銀・IMFが90年代半ば以降に腐敗との戦いを前面に押し出し,OECDが贈賄防止条約を採択する等,主要開発機関がグローバルな腐敗防止政策の中心を担うようになっていた。このため,薬物・犯罪に強いUNODCはプレゼンスを発揮しにくい環境だったのである。[61]

他方で,90年代の啓発および人材育成・制度構築が一定の成果を見せ始めたにもかかわらず,腐敗状況の顕著な改善が見られなかったことから,それまで重視されていた開発援助にかわり,2000年代からは,警察,検察,裁判所,執行官等の法執行機関間の国際協力が重視されるようになった。[62]薬物・犯罪担当機関であるUNODCは,各国の法執行・司法機関や在野の専門家との広範

なネットワークを持っており，ネットワークハブとして専門家を自在に動員することができる。また，CoSPやIRG，各種作業部会は，各国の専門家の情報共有と信頼構築，ネットワーキングの場となっており，UNODCはこれら専門家の人材バンクとして機能している。法執行機関間協力のトレンドにより，このようなネットワークの強みが強化されることとなったのである。

とはいえ，2000年代にも，腐敗防止関連プログラムと関与主体は増大し続けているだけに，中心性も多元的である。腐敗防止分野で影響力の大きい機関は，国際機関だけでなく，CSOやマルチステークホルダー・イニシアチブも多数存在するため，後述のように，市民社会に対しての影響力はTIに比べると劣り，また，民間セクターとの関係も薄い。このため，UNODCは犯罪・刑事司法分野では中心性が高いものの，市民社会，民間セクター，環境，開発援助等に関するネットワーク力は弱く，腐敗防止ガバナンス全体では中心性が相対化されていると言えるのである。

能　力

UNODCの薬物・犯罪分野の専門能力は非常に高く，政府機関からも市民社会からも高く評価されている。その専門能力を生かし，国際規範策定交渉の際の技術的サポートや，規範の履行を助けるモデル法や手引書の作成，情報共有と学習のためのワークショップ開催等，規範の策定・履行促進に関わる手堅い実績を積んできた。同時に，150以上もの現地事務所が，他の国際機関や現地政府と協力しながら，薬物・犯罪関連事業の国内実施を支援するための技術協力を供与している。[63]

しかし，財政規模は，2015年度予算50億米ドルのUNDPに比べると，2012年度からの年間予算は平均3億米ドル強と少なく，恒常的に財政難にあえいでいる。[64] 人員の点でも，約1500人と国連機関の中では中規模であり，締約国からの技術協力の要請に逐一応えるだけの人員に乏しい。近年の財源の9割を任意拠出金に依存しており，しかもそのうち一般財源は過去10年間で年々減少の一途を辿り，現在では一割にも満たない。このため，人件費や維持管理費を縮減せざるをえなくなっていることも，資金と人員の不足に拍車をかけている。[65]

225

このような事情から，専門の刑事司法分野でさえ UNODC の職員だけで賄うのは難しく，専門家ネットワークを通じてプロジェクトを委託外注する方式をとることが多い。逆に言えば，人的・財政的資源の不足が，刑事司法分野における中心性の高さと相まって，オーケストレーションへの志向性を強めていると言える。

また，犯罪や司法に関わる領域以外は，UNODC 単独で腐敗防止プログラムを主導するのは難しく，多くの事業は，UNDP や世銀や各国ドナー等他機関との共同オーケストレーション，または，既存ネットワークへの物質的支援や公的支持，機会提供等による多重オーケストレーションに依存せざるをえなかったと言える。

起業家的組織文化

外部機関との頻繁な協働は，中心性と能力の不足だけが理由ではなく，協働と知的生産を重視する起業家的組織文化のためでもある。薬物および犯罪両計画ともに，設立当初（90 年代初頭）からパートナーシップを重視し，組織内（部署間および本部—現地事務所間）と，外部機関との両面の協働を積極的に行ってきた。腐敗防止を担当する腐敗経済犯罪室は，組織犯罪不正取引室，テロリズム防止室，薬物防止保健室，司法班等と緊密に協働している。たとえば，UNCAC および UNTOC 履行状況を評価するための包括的自己評価チェックリスト・ソフトウェア（OMNIBUS）を組織犯罪不正取引室と共同で開発した。

また，国連システムをはじめとした国際機関との協働も盛んに行っている。とりわけ 2009 年頃から「1 つの国連」に基づく機関間協調が国連システム内で強調されるようになったことに伴い，UNDG，ICAT，RoLCRG 等の機関間調整システムに積極的に参画している。また，OECD-WGB や UNGC 腐敗防止作業部会等，関連主要機関の常任メンバーとして関与したり，定例会議にオブザーバー参加したりすることで，日常的な調整を可能な体制にしている。

さらに，市民社会の専門調査・助言能力や，啓発，エンパワメント，アドボカシー活動は，麻薬撲滅および組織犯罪防止に必須との認識のもと，緊密な協働が行われてきた。UNTOC の履行メカニズムでは，実施レビュー過程への情報提供等の協力と政府間会合へのオブザーバー参加の両面で，市民社会の公式

の関与が確保されている。このように，官民を問わず関係者を動員したり，既存ネットワークを活性化したりするオーケストレーションの手法がUNODCの組織文化に根付いていると言えるだろう。

中間組織およびオーケストレーターの可用性

　腐敗防止グローバル・ガバナンスの特徴として，中心性を分け合う主要機関が複数存在することと，これらの諸機関，政府機関，個人で構成される多元的なネットワーク構造を挙げた。腐敗防止に関わる主要機関は，それ自体オーケストレーターとなれる中心性と能力を備えていると同時に，能力の相補性と協働意思があるならば，中間組織としても機能する。CSOでありながら公的機関と積極的な協働を行うTIは，その代表と言えるだろう。

　TIは腐敗防止専門機関として著名であるが，そのプレゼンスの大きさは，腐敗認識指数（Corruption Perception Index: CPI）のようなツールのためばかりではない。TIスタッフの多くは，開発経済，通商法，刑法，人権，経営学等の専門家で，各人が各専門領域で広範なネットワークを持っているため，組織全体として，腐敗防止に関わる多元的な専門家ネットワークのハブとして機能することができるのである。それを端的に表しているのが，腐敗問題解決・知識ネットワーク（Anti-Corruption Solutions and Knowledge: ASK）[66]で，数百人規模の多分野の専門家・実務家によるネットワークを運営し，人材バンクとして機能している。

　またTIは，それ自体が100以上の自律性の高いNGOによるネットワーク組織である。ベルリンに所在する事務局（TI-S）が本部として支部組織を認証するものの，ネットワークはきわめて分権的で，各国支部（チャプター）は基本的に事務局から独立し，独立採算で，外部組織と独自の契約を結ぶこともできる。原則としてTI-Sは国際アドボカシー活動，チャプターは国内アドボカシーとの分業にたちつつも，TI-Sも各チャプターも他の腐敗防止主体と柔軟にネットワークを形成し，各組織が腐敗防止運動のリーダーとして活動している。後述するように，UNCAC実施促進を目的としたアンブレラ組織であるUNCAC連合（UNCAC Coalition）は，労働運動の世界的連合であるユニコーン（UNICORN）と共同でTIが創設し，以後一貫して事務局を務めている。

さらに、活動は市民社会内部にとどまらず、主要な国際機関や国家とも公的な協力関係をもっており、官民問わず公式の提携関係をもつ機関だけでも35機関に上る。TI はネットワークハブとして多様な主体をセクターや国境を越えて結集させ、協調・協働を促進する能力をもっており、恒常的にオーケストレーションを行っていると言える。先に触れた世界的なマルチステークホルダー・フォーラムである IACC の事務局も、1997 年の第 8 回リマ会議以降 TI が務めている。また、企業の腐敗防止対策のための包括的枠組みである「腐敗防止のためのビジネス原則」(Business Principles for Countering Bribery) は、ソーシャル・アカウンタビリティー・インターナショナル (Social Accountability International: SAI) と共同で、企業、労組、市民社会、学界のマルチステークホルダー・プロセスを主導して一年がかりで完成させたものである。このように、TI は多元的ネットワークの中核に位置し続け、多様な主体やネットワークを横断的に繋ぎながら、腐敗防止規範の作成と履行に主導的な役割を果たしてきたのであって、グローバル・ガバナンスの観点からすれば、この中心性の高さと能力の高さ、協働志向性が TI のプレゼンスを高めていると言える。

他方で、UNODC の側から見れば、TI が有する高度な専門調査・分析能力、アドボカシー能力、市民社会に対するネットワーキング力は、UNODC に不足している能力を補完し、業務を効果的に遂行する上で魅力的である。しかし、多数の CSO が存在する中で、TI のような単独の NGO との協働は、特定団体に不当に便宜を図っているとの批判を招きかねないため、正統性の観点から好ましくない。多数の NGO を傘下に収めたアンブレラ・ネットワーク組織であればこの問題を解消できる。もともと腐敗防止の領域には非国家組織を中心としたグローバルなアンブレラ・ネットワークが多数形成されているため、正統な中間組織の可用性は高い。しかし、組織間の調整が十分になされていなければ効果的な協働が困難になり、逆に階統的支配構造によって各メンバー組織の独立性・自律性が損なわれているようであれば、実質的には単独組織と変わりなく、やはり正統性の問題が生じる。この点、UNCAC 連合は、メンバーの自律性を保ちつつ、TI をはじめとした能力と信頼性の高い組織によって水平的に調整されたアンブレラ・ネットワークであるため、UNODC の正統なパートナーとして申し分ない。中間組織として効果的かつ正統性を損なわずに機能し

うるアンブレラ・ネットワークが存在するからこそ，UNODCによるオーケストレーションが可能になるのである。⁽⁷⁰⁾

　以上のように，権威と専門能力の高さ，中心性の相対的な低さ，財政逼迫，セクターを越えた協働の文化，他機関との中心性および能力の補完性が，協働型オーケストレーションの多用を可能にしたと言えるだろう。

加盟国からの制約および締約国間の目的の相違

　先述のように，UNODCの財源の9割は任意拠出金で，そのほとんどが特定プロジェクトに紐付された特定拠出金に偏っている。このことは，コロンビア，EU，アメリカ，オランダ，スウェーデン，イギリス，日本，ブラジル，メキシコといった主要拠出国の意向に制約される部分が大きいことを意味する。拠出国の重点分野に予算が偏ることにより，それ以外の分野における裁量の余地は縮小せざるをえず，新たなスキームやフォーラム等の中間組織を触媒することも十分にできていない。このため，重点分野外では単独でオーケストレーションを行うことにも慎重にならざるをえず，第三者との協働によるオーケストレーションが志向されることになるのである。

　また，先述のように，UNCACは全体としてはハードローの形式をとりつつも，各条項については実質的にソフトローであるものが多いため，締約国間の立場の相違はすでに構造化されていると言える。実効性の確保には監視システムによるピア・プレッシャーが有効とされるが，UNCACでは不干渉原則を強調している以上，踏み込んだ現地調査の義務化や国内法変更の提言を含む強力な監視システムには抵抗が強く，未だUNCACの実施レビューシステムはピア・プレッシャーを生むようなものとはなっていない。このため，UNODCが行う業務は，締約国の内政に踏み込まないような，啓発，学習促進，人材育成・制度構築が主であって，市民社会参加のように論争的な争点については，締約国の意に反しないように，CSOとの浅い協働に留めるインセンティブが働くのである。ここに，上記の協働型への志向性を勘案すると，多重オーケストレーションが選好されやすいことが予想されるのである。

6 UNODCによる腐敗防止オーケストレーション

多規模かつ多目的なオーケストレーション

それでは，UNODCによる腐敗防止オーケストレーションの実例を見てみたい。表6－1に掲載されているのは，主な中間組織である。

UNODCが行っているオーケストレーションの主な機能・目的は，(1)規範設定，履行促進，調和化，(2)国内実施支援のための技術協力の提供および調整，(3)専門家ネットワークの管理・運用および知識創出・管理の3つに大別することができる。

UNODCの組織的戦略計画には，「規範業務と実施業務の整合」が第1に挙げられているほか，「統合的な計画立案」によって，下位レベルの援助事業がマクロ戦略に従って計画されることや，他機関との連携が強調されている[71]。世銀と共同で運営している不正蓄財回収イニシアチブ（Stolen Asset Recovery Initiative: StAR）は，UNCACの主軸の1つである不正蓄財回収を促進するために締約国に技術協力や資金提供を行うスキームであり，まさしくUNCACの履行を促進するためにデザインされた事業である。また，基本的に現地事務所に全権委任のUNDPと異なり，UNODCはウィーン本部と現地事務所間の連携が密であり，このことが，規範業務と実施業務，ローカルとグローバルの連携をスムーズにしていると言える[72]。

知識の創出・管理と専門家ネットワークの運用は，情報や知識の共有を促進することで，制度間の競合を回避し，協働を促し，政策の統合を促進するものであり[73]，他の目的推進の基礎となる。UNODCは刑事司法分野の専門家のネットワークハブとして機能しているため，たとえば，技術協力事業の委託先を決める際には，複数の専門家ネットワークに包括的プログラム（アンブレラ）を投げかけて，傘下の各プロジェクトの実施希望機関を募り，ニーズが適合した機関に事業を委託することが多い。UNODCが主導する国連犯罪防止刑事司法プログラム研修所ネットワーク（United Nations Crime Prevention and Criminal Justice Programme Network of Institutes: PNI）はそのようなネットワークの好例であり，PNIメンバーの刑事司法研修所がUNODCの技術協力事業を自発的に受託している[74]。PNI

第6章　多中心的ガバナンスにおけるオーケストレーション

表6-1　UNODCのオーケストレーション（中間組織）

規模 \ 目的・機能	規範設定・促進	技術協力 （人材育成・制度構築）	知識創出・管理
マクロ （腐敗全般；グローバル）	IGAC[1] RoLCRG[2]	IGAC PNI[3] IACA[4] ACAD[5]	IGAC PNI IACA ACAD
メゾ （分野別；リージョナル）	UNCAC連合 ICCWC[6] JIG[7] WGBI[8]	StAR[9] UNCAC連合 ARAC[10]	StAR ARAC JIG
ミクロ （個別；ローカル）	各種法整備支援，制度構築，人材育成プログラム／プロジェクト		

注：1　腐敗防止調整グループ
　　2　法の支配調整・資源グループ
　　3　国連犯罪予防刑事司法プログラム・ネットワーク
　　4　国際腐敗防止アカデミー
　　5　腐敗防止大学イニシアチブ
　　6　野生生物犯罪と闘う国際コンソーシアム
　　7　司法の廉潔性グループ
　　8　ASEANビジネス・インテグリティ作業部会
　　9　不正蓄財回収イニシアチブ
　　10　中米カリブ地域腐敗防止アカデミー
出典：筆者作成。

はまた，5年に一度開催される国連犯罪防止会議（コングレス）のワークショップのコーディネートも行っている。

　また，UNODCが力を入れてきた司法の廉潔性に関する分野では，バンガロール原則を策定した司法の廉潔性グループ（Judicial Integrity Group: JIG）に支援を与えることで，司法官のトランスナショナルなネットワークを支えてきた。しかし，JIGは規模が小さいうえ高齢化しているため，UNODCは当該分野のネットワークハブとしての能力を活かし，各国の司法関係者を繋げた新たなグローバル・ネットワークを構築している。このことは，当該分野におけるUNODCのオーケストレーションがより深化してきていることを示している。

　また，グローバル・プログラムに対応する形で，地域および国内のプログラムが立案・運用されている。たとえば腐敗防止教育の分野では，腐敗に特化した研究・教育およびネットワーキングを行う国際機関である，国際腐敗防止ア

カデミー (International Anti-Corruption Academy: IACA) と,大学教育における腐敗防止コースの導入を促す,腐敗防止大学イニシアチブ (Anti-Corruption Academic Initiative: ACAD) がグローバル・レベルで稼働し,それに対応して,地域レベルでは,中米カリブ地域腐敗防止アカデミー (Academia Regional Anticorrupción para Centroamérica y el Caribe: ARAC) が創設されている。

このように,UNODC の事業は統合的にデザインされているうえ,大量のパートナーシップを効率的に運用するために,戦略計画・機関間調整ユニットが「調整ハブ」として連携事業に優先順位をつけたり,大局的観点から監視・助言を行ったりするシステムをとっている。(78) このことは,オーケストレーションが組織内で制度化されていることを示していると言えよう。このような戦略的調整の一環として,グローバルな腐敗防止ガバナンスの調整を促進する目的で行われるマクロ・オーケストレーションの代表例が,腐敗防止調整グループ (International Group for Anti-Corruption Coordination: IGAC) である。

マクロ・オーケストレーション──腐敗防止調整グループ (IGAC)

IGAC は,国連機関間調整のための様々なグループ (前出の UNDG 等) のうち,腐敗防止に特化したものである。技術援助プログラムの無秩序乱立,戦略性を欠いた拠出,主要機関間の競合・対抗,国連の腐敗等を背景に,援助協調と統一的腐敗防止プログラムへの要請が強まったことから,国連事務局の主導により創設された。(79) 主な参加者の多くはオーケストレーターとしての中心性や能力,権威をもった機関であり,各機関がそれぞれにオーケストレーションを行う入れ子状態が見られる。また,主に規範の設定に関わる機関と,主に開発援助に関わる機関,主に刑事・法執行に関わる機関,調査・分析機関とが一堂に会すことで,多目的マクロ・オーケストレーションの場となった。

IGAC の主な業務は,「不要な重複の回避と,既存のリソースの効率的で有効な活用を促進するための調整と協力」であり,地域および国内で実施されている既存のメカニズムを活用すべきことが明記されている。(80) 国連システム内だけではなく,腐敗防止に関わる主要機関を集めて,情報共有と調整および協働を推進しつつ,既存の制度を大局的見地から効果的に活用することが目的とされていたのである。たとえば,UNCAC の履行監視システムを検討していた際

第6章　多中心的ガバナンスにおけるオーケストレーション

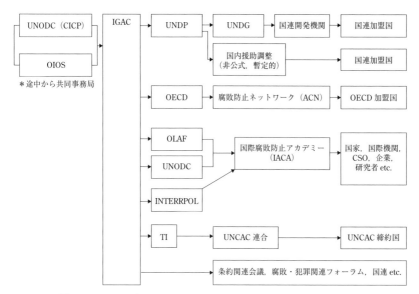

図6-5　IGACを通したマクロ・オーケストレーション（一部抜粋）
出典：筆者作成。

には，OECD贈賄防止条約の履行監視を担うWGBを，UNCACの迅速かつ効果的な監視を促進する拠点として活用する考えが提案された。また，関連機関の事業内容を共有するためのデータベース構築にあたっては，2002年に設立された腐敗防止専門の情報提供・交流・教育サービスを提供する官民事業であるU4腐敗防止リソースセンター（U4）をIGACに招き，当該センターが構築した腐敗防止事業データベースの一部提供の合意をとりつけている。[81]

IGACは平均して年に2～3回，条約交渉会議や，腐敗防止に関するグローバル・フォーラムやIACC等の大きなイベントと関連づけて会合を開催し，他の会合の討議内容を踏まえて調整・協働を行ってきた。とりわけUNCACの交渉過程においては，UNCAC交渉を行う特別委員会とIGACの事務局をCICPが兼任することで，腐敗防止に関わる主要機関が条約交渉の内容を迅速にフォローし，見解を述べると同時に，UNCAC中の諸原則を実現するための協調と協働を早い段階で促進した。条約成立以降も，UNODCがCoSPとIGAC双方の事務局を務めていたことから，同様のことが言える。また，メン

233

バーは，腐敗防止関連の国際会議にて共同パネルを組んだり，分担してデータ収集やワークショップを行ったりすることで，主要な国際フォーラムに積極的に参画した。

このようなUNCAC条約交渉会議やCoSP，その他の国際フォーラムへのインプットのほか，国連システム内の腐敗防止政策立案・実行も重要なマンデートであった。この業務は，のちにIGACの共同事務局となる内部監査部 (Office of Internal Oversight Services: OIOS) が主導し，IGACメンバーの腐敗防止対策についての情報共有および議論をもとに国連システムの統一的な腐敗対策を作成し，国連職員の倫理教習や監査能力の強化と周知徹底を行っていった。

IGACでは，UNCACの諸原則に各国法および国連システムの規範を整合させるという意味で法制間の調和化も念頭に置いてはいたが，重点は，ドナー間協調と技術協力の調和化の方に置かれていた。各機関が計画中・展開中の事業について情報共有，調整するだけでなく，計画段階の事業に対して助言や協働も行った。それによって，新たな機関の創設を支援することもあった。その一例が，後述のUNCAC連合であり，構想段階でIGACメンバーの承認を得たことで，市民社会代表としての正統性を獲得したのである。また，前出のIACAも，IGACでの討議を経て創設された。

以上のように，IGACは，腐敗関連フォーラムやネットワーク，諸国家，主要援助機関等，多様な対象に影響を与えつつ，同時に，レジーム複合体全体の効率性の向上と，主要機関間の協働促進，国連システム全体のガバナンス向上を目的とした，マクロ調整のための中間組織であったと言える。

しかし，IGACのメンバーには著しい偏りがあり，腐敗防止ガバナンス全体をカバーしていたとは言い難い。IGACの主要メンバーは，事務局のCICP，OIOSに加え，UNDP，国連経済社会局 (DESA)，OECD，CoE，インターポール，TI，EC，欧州不正対策局 (OLAF)，世銀グループ等，グローバル・レベルで腐敗防止事業を手掛ける大手国際機関や欧米の政府開発機関中心で，途上国や新興国の機関・ネットワークはほとんど参加していない。また，市民社会も含んだマルチステークホルダーではあるが，民間セクターや市民社会はTIを中核メンバーとし，それ以外は，ICCや倫理リソースセンター等，少数に留まる。メンバー拡充については何度かIGACの議題に上がったものの，結局メン

バーシップに大きな変動は見られなかった。このため，欧米ドナー間の協調フォーラムの側面が強く，市民社会や途上国・新興国との協調・協働はできていなかった。

　また，既存組織を動員・活用し，既存ネットワークのハブ，情報センター，人材バンクとなることを目指したものの，実際には，各ネットワークの自律性が高く，強力なネットワークハブとなるのは難しかった。情報の集積にしても，先に触れたU4のほうが既に包括的なデータベースを構築していた。

　このため，UNCAC全締約国および関連国際機関をメンバーとするIRGが2009年に設置されると，途上国も含んで正統性の高いそちらにIGACは統合された。しかし，IRGは市民社会のオブザーバー参加を認めておらず，少数とはいえIGACにインプットされていた市民社会の声は公的に注入できなくなった。このため，UNODCは市民社会グループと多重オーケストレーションを行うことで，締め出された市民社会の参加を促進しようとしたのである。

多重オーケストレーション——UNCAC連合

　そのための中間組織が，UNODCとTIとの二重オーケストレーションによるUNCAC連合である。もっとも，創設当初は，TIとユニコーンの共同オーケストレーションによるものであったが，ユニコーンは次第に連合に関与しなくなり，他方でTIは一貫して調整委員会（Coalition Coordination Committee: CCC）の常設メンバー（事務局）として深くオーケストレートしてきた。

　UNCAC連合は，UNCACの監視メカニズム導入を促進するために，発効の翌年（2006年）に創設された。当該条約は監視メカニズムの創設を規定しているにもかかわらず，国内への介入を嫌う締約国の反対により，なかなか導入されなかったからである（締結から6年後に導入）。そのミッションは，「CSO間のグローバルな協働を促し，国際，地域，国内のあらゆるレベルで市民社会を動員することで，UNCACの批准，履行，執行，監視を達成する」ことである[82]。市民社会側の意見を調整・集約し，CoSPの審議に統一的インプットを行うことで，CoSPおよび締約国の意思決定に影響を与える役割を担っており，創設10周年の2015年10月にウィーンを本拠地とするNPO法人の認可を得て，CoSPおよび下部機関へのアドボカシー活動を強化した。

第Ⅱ部　規範履行の複合過程

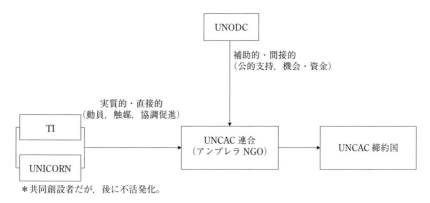

図6-6　UNCAC連合を通した二重オーケストレーション
出典：筆者作成。

　UNCAC連合は370以上（2016年10月現在）のCSOによって構成され，メンバーの活動分野，規模，地理的分布は多様である。その活動領域はガバナンス，アカウンタビリティ，開発だけでなく，人権，環境，平和，貧困撲滅，グローバル・ジャスティス（社会正義）まで多岐にわたる。地理的には，欧州とアジア・太平洋地域がそれぞれ約2〜3割，米州が1.5割，中東・北アフリカ約1割と地域的な偏りは少なく，グローバル規模であることが分かる。メンバーは自律的に活動しており，活動の態様や活発度は千差万別である。
　このような多様なCSOの集合体ではあるが，地域的比例配分により選出されたCCC（常設事務局はTI）メンバー間の持続的で緊密な連携により，連合の結束を保っている。CCCは，対外的な集合行為（CoSP・関連機関への意見書提出やアドボカシー活動，会議期間中のデモ活動やサイドイベントへの参加等）の目標を設定し，メンバーに行動を呼びかけ，活動を組織するが，参加はメンバーの自発性に委ねている。また，弱小なNGOの能力構築事業を行ったり，メンバーが政府機関等から攻撃された場合には抗議声明を出す等の支援を行うことで，メンバー各々の活動を側面支援している。
　UNCAC連合は，実施レビューメカニズム導入にあたって大きな役割を果たしたが，それ以降は十分な影響を与えられずにいる。それは，一部の締約国（ロシア，中国，パキスタン，アルジェリア，キューバ，エクアドル，イラン，ジンバ

ブェ[83]。2015年には，他のアフリカ諸国も加わった[84]）が，IRGおよび作業部会への市民社会の公的な関与を拒否しているからである。このため，2011年のCoSP4以降，市民社会のオブザーバー参加を認めるかが大きな争点となって今日に至る。

　UNODCとしては市民社会をIRGに関与させたいが，締約国の統制下にある事務局の立場上，市民社会と緊張関係にある締約国に直接異議申し立てをすることはできない。他方で，先に触れたように，この連合は，IGACにてUNODCや他の主要機関からの理解と賛同を得，効果的な履行監視という目標を共有していたため，IRGから排除された市民社会からのインプットをUNCAC連合によって補うのは，UNODCにとって合理的な選択肢であった。そこで，UNCAC連合を使って，間接的に締約国に影響を与える手法をとったのである。

　この任務を主として担っているのは，腐敗経済犯罪室アドボカシー班の市民社会チームである。具体的には，第1に，UNCAC連合を公式の市民社会パートナーと位置づけることで，市民社会代表としての正統性を付与している。第2に，特定の資金源を持たないUNCAC連合に助成金を提供している。第3に，CoSP期間中に，複数のパネル・セッションからなるサイド（スペシャル）イベントを開催し，官民問わずパネルを主催し討議する機会を設けている。政府，国際機関および国連機関の部署，NGO，そしてUNODCの各部署が，それぞれ自由にパネルを組織することができる。セッションの数は会議ごとに増えてきており，2015年のCoSP6では，一日あたり5〜10のセッションが期間中毎日，計33セッション開催された。パネルのいくつかは，政府，国際機関，NGOを含んだマルチステークホルダーで構成され，しかも，SDGsに関するものなどいくつかのセッションはハイレベル会合の一部として行われ，公的意思決定への直接的インプットも可能な仕組みになっていた。

　また，IRGのNGOブリーフィングは，締約国およびUNODCからのブリーフィングに加えて，UNCAC連合が企画・主催するプレゼンテーションと質疑応答セッションを組み込むことで，市民社会からの発信と，締約国との意見交換を促進している。このようなイベントは，市民社会のプレゼンスを高めるとともに，官民間の建設的な討議と信頼の構築に役立っている。たとえば，2012

年に初めて開催されたNGOブリーフィングには，NGO代表約40人と政府代表約100人が出席し，活発な討議を行った。NGOの中立性や専門能力に疑義を呈する政府代表もいた反面，建設的な討議ができたと高く評価する代表も少なくなかった。このようなサイドイベントを通じて，政府と市民社会の間の信頼が徐々に構築されてきているというのが，現場の感想である。[85]

　第4に，UNCAC連合との連携により，CSOに共同教習を行っている。これらの活動は，2010年に始動した市民社会プロジェクトの一環として行われており，[86]実施レビュープロセスに参画できる能力をもった市民社会専門家を養成している。これまでにオーストリア，南アフリカ，セネガルにおいて150近くのCSOに教習を行ったが，2013年に行われた独立評価で高く評価され，3年の延長が認められた。[87]共同教習とは言っても，教習自体はUNCAC連合が行い，UNODCは参加者の募集および資金やロジスティクス提供を主として担っており，明確な分業体制が敷かれているのである。[88]

　第5に，官民の相互理解と信頼構築を促進するためのイベントを開催している。2014年から2016年にかけて，アフリカ，アジア，東欧・南欧諸国を対象にマルチステークホルダー・ワークショップを共同開催してきた。[89]2017年にバンコクで開催予定の国際会議は，前半2日は政府向けでUNODCが担当し，後半2日は市民社会向けでUNCAC連合が実質的に担当する。[90]共同教習と同様に，明確に役割分担がなされているのである。このようなワークショップは，セクター間の信頼構築と関係改善に大きな効果を持つと評価されている。[91]とりわけ，2014年にマレーシアで行われたワークショップは，官民間の信頼構築を促進したとの評価が高く，その結果として，フィリピン政府はUNCAC遵守監視のための大統領府機関間委員会を設置したのである。[92]

　このように，TIが中核としてコーディネートするUNCAC連合をUNODCが側面サポートする形で，UNCAC体制への市民社会の関与を促進し，官民間の信頼と相互理解を増進することで，締約国に対してさらなる履行を働き掛けているのである。これは，公共セクターと市民社会とで分担してそれぞれに調整を行い，互いに協力して国家および国家間グループに影響を与えるという，二重オーケストレーションの好例である。

　教習プログラムに参加したCSOの中には，ナイジェリアのアイウォッチ（I

WATCH）等，後に UNCAC 連合の CCC メンバーとなる組織もあり，UNCAC 連合の強化に繋がっている。他方で，これらの共同事業を通して，UNODC 側の市民社会とのパイプも強化されており，2000 年代初めに比べると，市民社会に対する中心性もかなり高まっているという。二重オーケストレーションを通して，オーケストレーターと中間組織の能力や中心性が強化されてきているのである。

7　規範の履行促進のための国際機関の役割

オーケストレーション論の可能性

　主体および権威の多元性，問題領域の多様性，非強制的なガバナンス手法の増加，規範・基準や実施事業の乱立を特徴とした，複合的で多中心的なグローバル・ガバナンスが増えている。このような多中心的ガバナンスにおいて，断片化による問題を回避し，効果的な規範の遵守・履行を促進するために，国際機関は何ができるだろうか。オーケストレーションはその要請に応える有効な方法の1つと考えられる。規範の遵守を確保し実効性を向上させるメカニズムは，序列的権威に基づく法的・軍事的強制，経済的誘因（制裁と報酬）の付与，討議（説得）や社会的制裁・報酬を通じた社会化，そして能力・制度構築，の4つに大別できるが，このうち後三者は，公的な法の進化を伴わずに，ソフトローや自発性に基づいた取り決め，国内実施の強化によって実効性を向上させる手段であり，オーケストレーションによって促進することができるのである。

　レジーム複合体論が，断片化の非効率性や国家の利己的な戦略行動等の否定的側面を強調する傾向があるのに対し，オーケストレーション論は，相補的な分業体制や資源の共同利用，相互学習を通じて，分権的な制度が各主体を強化する利点に光を当てる。さらに，前者が国家および公的制度間の相互作用に重点を置くのに対し，後者は私的主体を含む多様な主体間の非公式で非拘束的な相互作用の効果を重視する。レジーム複合体論も主体レベルを分析射程に収めるものの，主な主体は国家であり，国家の戦略的行動の問題性や，戦略的行動の結果としての制度の構造変容（階統的で安定的な分業体制）を強調する。これに対し，多中心的ガバナンス論を前提としたオーケストレーションは，多様な

主体によって多様な規模で営まれる活動をコーディネートし，アドホックで柔軟な分業関係を構築することで，分権構造自体を変化させることなく，各自の能力や中心性，正統性を向上させ，かつ，システム全体の有効性を向上させるのである。[96]

さらに，オーケストレーションは，非強制的な手段で多様なステークホルダーの関与を促進することで，有効性面での正統性（output legitimacy）だけでなくインプット面の正統性（input legitimacy）をも向上させる可能性を持っている。[97]国際機関の役割については，多様な課題に迅速に対応するためにその権能を拡大すべきであるとの議論がある一方で，インプット正統性の不十分さゆえに権限の縮小を主張する議論も根強い。ミヒャエル・チュルンが論じるように，欧米主導の国際金融機関・開発機関は，階統性・強制性を特徴とする従来型のガバナンス方式のために，加盟国の国民に対して十分な説明責任を負っていないとして，その正統性について深刻な疑義を突き付けられてきた。[98]オーケストレーションは，このような批判を回避することが期待されるのである。

しかし，オーケストレーション論は，主体間の相互作用に照準を絞った結果として，システム・レベルの効果や分権的なレジーム複合体の実態を分析するのに不十分な枠組みとなっている。競合者をもたないリーダーを前提とする中心性仮説は，断片化が進んだ多中心的レジーム複合体には適合しないうえ，個別のプログラムやプロジェクト単位のオーケストレーションを主たる分析対象とした理論枠組みは，多層的で多目的な複合的ガバナンス・システムの説明に適していない。

このため本章では，中心性をネットワークハブの機能と定義し直したうえで，多中心的ガバナンスにおける権威の多元性と多規模性・多目的性の分析に適した，マクロ・オーケストレーションと協働型オーケストレーション（とりわけ多重オーケストレーション）のモデルを展開した。一方で，マクロ・オーケストレーションにより，多規模の法制度および援助事業両面での調和・協調および知識の共有を促すことで，ガバナンス・システムの効率性・有効性を向上させる。他方で，協働型オーケストレーションにより，中心性を分け合うオーケストレーターのリソースを統合し，セクター間，レベル間，分野間の効率的な分業を促進することで，非国家主体も含んだ多様なガバナンス主体の能力，中心

性，正統性を強化することが期待されるのである。このような協働型は，相対的な中心性の低さと，オーケストレーター間の補完性に基づいた協力によって促進されると想定される。

　これらのモデルを，多中心的ガバナンスの典型例である腐敗防止レジーム複合体の事例で検証した。腐敗防止の分野は，環境分野のように私的な基準が乱立しているわけではなく，ハードローによる規制が基本である。しかし，普遍的国際法であるUNCACは，ハードローと言っても実質的には拘束力に乏しい規定が多く，法の改正や監視システムの強化のようなフォーマルな制度の強化で実効性を上げるのは難しい。国内不干渉原則が尊重されるシステムゆえに，腐敗防止規範の履行が締約国の国内事情に依存する面が大きいためである。したがって，各国に関する情報・知識の共有と，国内の法整備・人材育成が優先課題となるが，国内実施を支援する事業の調和化や機関間の協調が不足しているため，グローバル，リージョナル，ローカルの各レベルでの知識共有・啓蒙と技術協力の調和化が，実効性向上の鍵となる。また，立法や履行の過程には公的機関，市民社会，民間セクターが多数関与して中心性を分け合っているため，オーケストレーターや中間組織の可用性が高い。これらのことから，多規模で多様な主体を召集し，柔軟に調整するオーケストレーションの手法が適用されやすいと予想される。

　UNODCは，財政逼迫に苦しむ中規模の国際機関ながら高い専門能力と協働の文化をもっているため，オーケストレーターの条件を備えていると言えるが，中心性と財源が不足していることから，協働型オーケストレーションを多用して分業による相乗効果を図ってきた。また，レジーム複合体の調整をマンデートとし，多様なパートナーシップの統合的運用を組織戦略とすることから，マクロ・オーケストレーションによって組織間の協調と法制や援助の調和化を促進してきたのである。

有効性に関する課題

　他方で，オーケストレーションは弱小な主体がリソース不足を補う手段でもあり，国際機関の財源縮小の潮流が，このようなソフトな間接統治への志向性を強めている面も大きい。このことは，能力や正統性に劣るガバナンス主体の

機能を向上させる利点を持つ一方、調整力の不足や、組織利益の優先といった弊害をもたらす可能性もある。UNODC のように恒常的に財政難にあえぐ機関にとっては、予算的制約のために十分な成果を上げにくいため、プレゼンスを上げて資源を獲得し権限を強化するという組織益が、最重要課題とされる傾向がある。組織益が優先される場合には、レジーム複合体全体の調整（公益）が阻害される可能性があるうえ、国際機関が権限と資源の拡大のために他領域に進出することで組織間の競争が激化し、中心性や能力が相対的に低下することによりオーケストレーションの効果が減殺される可能性もある。

また、ソフトなガバナンス方法だけに、関係者が調整に意欲的であったとしても、実務上の困難によって名目倒れになる可能性も排除できない。IGAC においても、出席者は調整・協力の重要性をたびたび唱えながら、実際にはデータ提供等において非協力的な組織が多かった。世銀等の大手機関は沢山のプログラムを抱えており、担当者の頻繁な交代も相俟って、事業についてのデータを集積し恒常的にアップデートするだけでもたいへんな労力がかかるからである。また、国境を越えた捜査協力や刑事司法協力は、犯罪化や処罰の範囲、守秘義務の範囲や執行機関の権限等が国によって異なるという、現実的制約によって困難となる。以上の点は、オーケストレーションが長期的には有効性を失う可能性を示唆するものである。

さらに、囚人のジレンマおよび協調ゲームの問題は常に根底にあり、解決のためには、協力の利得が非協力のそれを上回るという期待を醸成しなくてはならない。しかし、利得認識の抜本的変容には、国際共同体としての集合的アイデンティティが利己的アイデンティティを凌駕する必要があり、そのためには国内の既得権益構造の変更を伴うことが多いため、時間がかかり、短期的な成果には結び付きにくい。たとえば、市民社会と政府との緊張関係は短期に解消されるものではなく、国内と国外両方からの長期にわたる持続的働きかけが必要となるのである。したがって、オーケストレーションの効果を判断するためには、長期的なスパンでの分析が必要とされるであろう。

もとよりオーケストレーションは万能の杖ではない。本章で論じた多重オーケストレーションも、中心性が分散し国家間の目標の相違が大きいという、国際合意を作りにくい状況下で、しかも、ガバナンス主体間で協力の意思と能力

の補完性があるという限定的な条件下で有効な手法である。オーケストレーションのバリエーションとその適用条件や，他のガバナンス手法（階統的統制，委任，直接的協働等）との最適な組み合わせは，今後さらに追究されるべき重要な課題である。

注

(1) Xinyuan Dai, "The 'Compliance Gap' and The Efficacy of International Human Rights Institutions," in Thomas Risse, Stephen C. Ropp, and Kathryn Sikkink eds., *The Persistent Power of Human Rights: From Commitment to Compliance*, Cambridge: Cambridge University Press, 2013, pp.85-102; Emilie M. Hafner-Burton and James Ron, "Seeing Double: Human Rights Impact through Qualitative and Quantitative Eyes," *World Politics*, vol. 61, no.2, 2009, pp.360-401.

(2) レジーム複合体には様々な定義があるが，本章では，最大公約数的な定義として，コヘインとヴィクターによる「全体を統括する上部構造を欠き，相互に非階統的で，緩やかに結び付いた制度の束」という意味で用いる。相互無関係に並立する制度の集合と一元的支配体制の間のどこかに位置する幅のある概念である。Robert O. Keohane and David Victor, "The Regime Complex for Climate Change," *Perspectives on Politics*, vol.9, no.1, 2011, p.7.

(3) 環境諸条約の混雑状態がもたらす非効率問題については，Edith Brown Weiss, "International Environmental Law: Contemporary Issues and the Emergence of a New World Order," *Georgetown Law Journal*, vol.81, 1993, p.697.

(4) Kal Raustiala and David G. Victor, "The Regime Complex for Plant Genetic Resources," *International Organization*, vol.58, no.2, 2004, pp.277-309; Laurence R. Helfer, "Regime Shifting: The TRIPs Agreement and New Dynamics of International Intellectual Property Lawmaking," *Yale Journal of International Law*, vol. 29, 2004, pp.1-83; Marc L. Busch, "Overlapping Institutions, Forum Shopping and Dispute Settlement in International Trade," *International Organization*, vol.61, no.4, 2007, pp.735-761; Karen J. Alter and Sophie Meunier, "The Politics of International Regime Complexity," *Perspectives on Politics*, March 2009, vol. 7, no. 1, 2009, pp.13-24.

(5) Thomas Gehring and Sebastian Oberthür, "Comparative Empirical Analysis and Ideal Types of Institutional Interaction," in Sebastian Oberthür and Thomas Gehring eds., *Institutional Interaction in Global Environmental Governance: Synergy and Conflict among International and EU Policies*, Cambridge: The MIT Press, 2006, p. 318; Sebastian Oberthür and Olav Schram Stokke eds., *Managing Institutional Complexity: Regime Inter-*

play and Global Environmental Change, Cambridge: The MIT Press, 2011; Thomas Gehring and Benjamin Faude, "The Dynamics of Regime Complexes: Microfoundations and Systemic Effects" *Global Governance*, vol.19, no.1, 2013, pp.119-130.

(6) Keohane and Victor, op.cit., esp., p.9, pp.13-16.

(7) OECD-DAC は90年代半ば頃から援助効果の問題を焦点に据え，2003年から2011年にかけて援助効果に関するハイレベル会合を開催した。援助の断片化については，たとえば，Arnab Acharya, Ana Teresa Fuzzo de Lima, and Mick Moore, "Proliferation and Fragmentation: Transaction Costs and the Value of Aid," *Journal of Development Economics*, vol.42, no.1, 2006, pp.1-21.

(8) このような批判については，たとえば，Graeme Auld and Jessica F. Green, "Unbundling the Regime Complex: The Effects of Private Authority." Osgoode CLPE Research Paper 15/2012, vol.8, no.4, 2012, pp.1-30. Retrieved from http://digitalcommons.osgoode.yorku.ca/cgi/viewcontent.cgi?article=1015&context=clpe（2016年12月30日アクセス）

(9) Kenneth W. Abbott, "Transnational Regime Complex for Climate Change," *Environment and Planning C: Government and Policy*, vol.30, issue 4, 2012, pp.571-590, esp., p.582, pp.586-587.

(10) たとえば，ハンリーダーは，世界保健機関（WHO）は当初よりオーケストレーターとして創設されたとの見解を示している。Tine Hanrieder, "WHO Orchestrates? Coping with Competitors in Global Health," in Kenneth A. Abbott, Philipp Genschel, Duncan Snidal, and Bernhard Zangl eds., *International Organizations as Orchestrators*, Cambridge: Cambridge University Press, 2015,p.191.

(11) 行政学や経営学ベースの NPO 論では，intermediary（または intermediary organization）の訳語として「中間組織」よりも「中間支援組織」の方が普及しているが，後述のように，オーケストレーション論における intermediary の目的は支援に限定されないため，「中間組織」の訳語を採用した。

(12) オーケストレーター，中間組織，対象とも，単独の主体とは限らず，複数の主体による集合体の場合もあり，その場合，オーケストレーターが中間組織の事務局をしたり，対象が中間組織のメンバーであったりと，一部のメンバーに重複がみられることもある。Abbott, Genschel, Snidal, and Zangl op.cit., p.4, p.36.

(13) Ibid., pp.14-16.

(14) Kenneth W. Abbott, Philipp Genschel, Duncan Snidal and Bernhard Zangl, "The Governor's Dilemma: Managing the Varieties of Indirect Governance," a paper presented at the International Studies Association annual meeting, Atlanta, March 19, 2016.

(15) Kenneth A. Abbott and Duncan Snidal, "Strengthening International Regulation

through Transnational Governance: Overcoming the Orchestration Deficit," *Vanderbilt Journal of Transnational Law*, 42, 2009, p.565, p.570.

(16) Ibid., pp.558-559, p.564.

(17) これを，アボットとスナイダルは「オーケストレーションの赤字」と呼んでいる。Abbott and Snidal, op.cit.

(18) Abbott, Genschel, Snidal, Zangl, *IOs as Orchestrators*, p.24. ただし，この「中心性」の定義は，理論的にも実証的にも問題があるため，本章の分析では別の定義を用いる（後述）。

(19) Tine Hanrieder, op.cit., pp.191-213.

(20) Manfred Elsig, "Orchestration on a Tight Leash: State Oversight of WTO," in Abbott, Genschel, Snidal, and Zangl, *IOs as Orchestrators*, pp.65-87；Cornis van der Lugt and Klaus Dingwerth, "Governing Where Focality Is Low: UNEP And the Principles of Responsible Investment," in Abbott, Genschel, Snidal, and Zangl, *IOs as Orchestrators*, pp.237-261, esp., p.259.; Lucio Baccaro, "Orchestration For the 'Social Partners' Only: Internal Constraints on the ILO," in Abbott, Genschel, Snidal, and Zangl, *IOs as Orchestrators*, p.281.

(21) Michael Blauberger and Berthold Rittberger, "Orchestrating Policy Implementation: EU Governance Through Regulatory Networks," in Abbott, Genschel, Snidal, and Zangl, *IOs as Orchestrators*, pp.39-64.

(22) 注2参照。

(23) Helmut Reisen, "The Multilateral Donor Non-System: Towards Accountability and Efficient Role Assignment," *Economics: The Open-Access, Open-Assessment E-Journal*, vol.4, 2010, pp.1-24.

(24) van der Lugt and Dingwerth, op.cit., pp.237-261.

(25) 注12参照。

(26) van der Lugt and Dingwerth, op.cit., p.258.

(27) 多規模とは，マクロからミクロまでの規模と，グローバルからローカルまでのガバナンス・レベルとの両方を含む。マクロはレジーム複合体全体，メゾはレジームやスキーム，ミクロはプログラムやプロジェクトを大まかに指すが，相互の境界は流動的である。また，グローバル，リージョナル，ナショナルまたはローカルの各レベルと各規模が対応する場合が多く，たとえば，UNDP現地事務所が開発諸機関の援助プロジェクトの調整を行うのは，ローカルかつミクロなオーケストレーションに該当する。しかし，メゾおよびミクロレベルはグローバルないしリージョナルな射程を持つ場合もあり，規模とガバナンス・レベルが一概に符合するとは言えない。

⒇ Abbott, op.cit.

⒆ この点については，科研基盤B「多中心化するグローバル・ガバナンスと国際機関によるオーケストレーションの可能性」研究会にて，三浦聡・名古屋大学教授から示唆をいただいた。

⒇ CSOsは，NGO/NPO，草の根運動グループ，調査・研究機関，民間財団，宗教団体，弁護士グループ，議員グループ等，公益実現のために自発的に活動する多様な非国家組織を包含する概念である。

㉛ 国際人道調整システムの全体像については，Inter-Agency Standing Committee (IASC), *Handbook for RCs and HCs on Emergency Preparedness and Response*, Geneva : IASC, 2010.

㉜ van der Lugt and Dingwerth, op.cit.

㉝ Kenneth A. Abbott and Thomas Hale, *Orchestrating Global Solution Networks: A Guide for Organizational Entrepreneurs*, Global Solution Networks, 2014, p.5. 多様な争点領域におけるオーケストレーションを分析した当該研究によれば，オーケストレーターの約半数が国際機関，3割が国家，NGOが1割半程度である。他方で，中間組織は，企業3割，政府とNGOがそれぞれ2割ずつとなっている。

㉞ Oran Young, "Institutional Linkages in International Society: Polar Perspectives," *Global Governance*, vol.2, no.1, 1996, pp.1–23.

㉟ A/54/128 "Action against corruption"; A/55/383 "Report of the Ad Hoc Committee on the Elaboration of a Convention against Transnational Organized Crime on the Work of Its First to Eleventh Sessions."

㊱ 域外適用される国内法として，FCPAよりも適用対象が広汎である。

㊲ Gillian Dell, *Anti-Corruption Conventions in Africa: What Civil Society Can Do to Make Them Work*, Berlin: Transparency International, 2006, p.16.

㊳ A/58/422 "Report of the Ad Hoc Committee for the Negotiation of a Convention against Corruption on the Work of Its First to Seventh Sessions," p.13.

㊴ 法制度相互の詳細な比較は本章の射程を超えるが，差異，重複，履行監視の効果比較等，今後追究されるべき研究課題である。国際腐敗防止法制の比較法研究としては，以下の文献がある。Marie chêne and Gillian Dell, "Comparative Assessment of Anti-Corruption Conventions' Review Mechanisms," U4 Expert Answer, April 2008, pp.1–16. Retrieved from http://www.u4.no/publications/comparative-assessment-of-anti-corruption-conventions-review-mechanisms/ (2016年8月30日アクセス); Sofia Wickberg, "Comparative Analysis of the UNCAC and the OAS Convention" Anti-Corruption Helpdesk, November 2013 pp.1–12. Retrieved from http://www.transparency.org/files/content/corruptionqas/Comparative_analysis_UNCAC_OAS_Convention.pdf（2016 年 8 月 30 日アクセス）

⑷⓪ 阪口功「地球環境ガバナンスの理論と実際」亀山康子・森晶寿『グローバル社会は持続可能か』，岩波書店，2015 年，144-145 頁。

⑷① John Bray, "Risk, Reputation and Investment," in *Riskmap 2003*, Control Risks Group, 2002; 寺師正俊「レピュテーション・リスク（評判リスク）──概念整理とマネジメントの方向性」『SJRM リスクレビュー』Issue 6，2009 年 10 月，1-7 頁。

⑷② 独立した腐敗防止機関（ACAs）が設置されている国家・地域もある。国によって権限や規模に違いがあるもの，監視，捜査，訴追および行政処分，予防，啓発を主たる任務とする。独立後の第三世界諸国を中心に創設され，90 年代には先進国にも広がって数を増やしたが（現在 43 か国・地域），香港の腐敗防止独立委員会（ICAC），シンガポールの腐敗行為捜査局（CPIB）を除いて，成功例は多くない。ACA が機能している国では，官庁や企業の腐敗対策部署，警察，検察，NGO，企業，コンサルタント，国際機関と政策ネットワークを構成し，腐敗防止政策の策定と実施を主導している。ACA が存在しない日本等の国家では，刑事司法機関が規制の中核を担っている。

⑷③ "About the Campaign" http://www.anticorruptionday.org/actagainstcorruption/en/about-the-campaign/index.html（2012 年 3 月 25 日アクセス）

⑷④ 資源開発事業における採取産業と資源国間の資金の透明性の向上を目的とした自主規制スキーム。

⑷⑤ 政府の透明性，腐敗防止，ガバナンス改善，市民社会のエンパワメント等を促進するための，政府と市民社会によるネットワーク。

⑷⑥ たとえば，2014 年から WGB の議長を務めているドラゴ・コス（Drago Kos）氏は，それまで GRECO の議長を務めていた。

⑷⑦ OECD Working Group on Bribery, *Annual Report 2014*, p.41.

⑷⑧ TI の条約部長として，OECD 贈賄防止条約，OAS 条約，AU 条約等の策定や履行促進に関わってきたジリアン・デル（Gillian Dell）氏へのインタビュー（2012 年 7 月 23 日，ベルリン）。

⑷⑨ Gillian Dell, *Anti-Corruption Conventions in Africa: What Civil Society Can Do to Make Them Work*, Berlin: Transparency International, 2006, p.16; Gillian Dell, *Anti-Corruption Conventions in the Americas: What Civil Society Can Do to Make Them Work*, Berlin: Transparency International, 2006. この点は，デル氏へのインタビュー（2012 年 7 月 23 日，ベルリン）でも確認している。

⑸⓪ 腐敗防止ガバナンスにおける，専門家も含めた多元的なネットワークについては，Makiko Nishitani, "The Coordination of the Global Anti-Corruption Governance via Hy-

brid Polycentric Networks," *The Study of Global Governance*, no.2, 2015, pp.48-67.
(51) もっとも，代々事務局を担っているデル氏によれば，IACC の効果は象徴的なものであって，宣言がソフトロー化しているわけでもないが，腐敗防止運動の方向性を示すとともに，運動を鼓舞する意義を持つという（2012 年 7 月 23 日，ベルリン）。
(52) Cecily Rose, *International Anti-Corruption Norms: The Creation and Influence on Domestic Legal Systems*, Oxford: Oxford University Press, 2015, pp.97-132.
(53) 発効から 10 年経ても，実施報告書全文を公開したのは締約国の 2 割強に留まる。
(54) Keohane and Victor, op.cit., pp.12-14.
(55) Rose, op.cit., p.116.
(56) ODCCP, *Report on the Second United Nations Interagency Anti-Corruption Co-ordination Meeting*, Vienna, July 1-2, 2002, p.4.
(57) UNODC, *Report on the Fifth Meeting of the International Group on Anti-Corruption Coordination (IGAC)*, Merida, December 11, 2003, p.5.
(58) UNODC and ADB, *Report on the Seventh Meeting of the International Group for Anti-Corruption Coordination (IGAC)*, Bangkok, April 21-22, 2005, p.13.
(59) Bryan Michael and Donald Bowser, "The Evolution of the Anti-Corruption Industry in the Third Wave of Anti-Corruption Work," in Sebastian Wolf and Diana Schmidt-Pfister eds., *International Anti-Corruption Regimes in Europe: Between Corruption, Integration, and Culture*, Baden-Baden: Nomos, 2010, p.161.
(60) 2007 年から，事務局長調整委員会（Chief Executive Board: CEB）を構成する事務局，計画，基金および専門機関が参加する「国連機関誠実性イニシアチブ（Institutional Integrity Initiative）」を UNODC が主導し，2014 年には CEB 構成機関の自主規制勧告を策定している。
(61) UNODC はリソース不足のため，ニッチを開拓する必要に迫られた。そのニッチ戦略の結果が，2000 年代に展開した，司法の廉潔性に特化したプログラムだった。UNODC, *Report on the Fourth United Nations Interagency Anti-Corruption Coordination Meeting*, Vienna, July 24-25, 2003, p.12.
(62) Michael and Bowser, op.cit., pp.164-166. マイケルとバウサーは，90 年代初めから半ばまでの意識向上中心プロジェクトを第 1 期，90 年代後半から 2000 年代初めの能力・制度構築（技術協力）主軸を第 2 期，2000 年代からの法執行当局間協力の主流化を第三期と分類している。
(63) "Field offices" http://www.unodc.org/unodc/en/field-offices.html?ref = menutop（2016 年 8 月 30 日アクセス）
(64) UNODC, *Annuanl Report 2014*, p.120; "Staff" http://www.unodc.org/unodc/en/

about-unodc/employment.html?ref=menutop; "Our projects," http://open.undp.org/#2015（2016年8月30日アクセス）

(65) UNODC, *Annual Report 2010*, p.63.

(66) "Network of Experts" http://www.transparency.org/experts_network（2015年8月30日アクセス）

(67) このリマ会議から，会議の総括決議として「宣言」が採択されるようになった。

(68) 腐敗経済犯罪室・市民社会チームのリーダーであるミレラ・フラヒ（Mirella Dummar-Frahi）氏は，アンブレラ組織をパートナーとしているのは正統性保持のためであると言明した（2016年6月24日ウィーン）。実際，一部の締約国から，TIの正統性を疑問視する声が出されたこともある。Matti Joutsen, "Civil Society Organizations and UNCAC: Do NGOs Have a Seat at the Table?," presentation material distributed at the Civil Society Organizations Fighting Corruption: Theory and Practice Workshop, held at the University of Surrey, UK, July 9-10, 2012.

(69) UNCAC連合の他にも，数々の非国家ネットワークが存在する。天然資源採掘産業における腐敗防止を目的としたパブリッシュ・ワット・ユー・ペイ（PWYP）は，650を越すメンバーによる世界最大規模のネットワークである。また，前出のユニコーンは，運営委員会に国際労働組合連盟（ITUC）やOECD労働組合諮問委員会（TUAC）が加わっていることから分かるように，世界の労働組合ネットワークの中で腐敗防止に特化したアンブレラNGOであるといえる。さらに，腐敗防止に特化した議員ネットワークである腐敗防止世界議員機構（GOPAC）は傘下の地域ネットワークと共に活発に活動しており，UNCAC連合の主力メンバーでもある。

(70) UNODCの公式パートナーとして認定されているアンブレラ組織には，他に，ウィーンNGO薬物委員会と犯罪防止刑事司法NGO連合がある。

(71) UNODC, *Annual Report 2014*, p.97.

(72) UNODC, *Thematic Programme: Action against Corruption, Economic Fraud, & Identity-Related Crime*（*2012 – 2015*), 2012, pp.15-17. この点は，開発途上国の刑事司法支援に長年携わった実務家からも高く評価されている。国連アジア極東犯罪防止研修所（UNAFEI）次長の森永太郎氏へのインタビュー（2016年6月3日，東京）。

(73) Sebastian Oberthür and Olav Schram Stokke, "Conclusions: Decentralized Interplay Management in an Evolving Inerinstitutional Order," in Oberthür and Stokke, op.cit., pp.324-326. 実際，後述のIGACの事例でも，調整のためにはまず情報共有が必要との共通認識のもと，参加機関の事業内容に関するデータベース作りが優先課題となった。

(74) 森永太郎氏インタビュー（2016年6月3日，東京）。森永氏が次長を務めるUNAFEIは，PNIの最古参メンバーである。

⑺₅ E/CN.4/2003/65 "The Bangalore Principles of Judicial Conduct," pp.18-29.
⑺₆ "An Innovative Experiment" http://www.judicialintegritygroup.org/index.php/an-innovative-experiment（2016年8月30日アクセス）
⑺₇ UNODC腐敗経済犯罪室の刑事司法官ジェイソン・ライフェルト（Jason Reichelt）氏へのインタビュー（2016年6月，ウィーン）。司法の廉潔性グローバル・ネットワーク（Global Judicial Integrity Network）は2017年に立ち上げ予定である。
⑺₈ UNODC, *Annual Report 2014*, p.97.
⑺₉ この組織の起源は，2001年11月に国連事務次長によって主催された特別会合「国連機関間調整イニシアチブ」である。この場で，国連システム内の多彩な腐敗防止の取り組みをUNODCの前身のODCCPが統括することが合意され，CICPを事務局として翌年から定例化された。2003年にIGACに改組され，2009年，UNCAC実施レビューメカニズムに統合された。ODCCP, *Report on the First United Nations Interagency Anti-Corruption Co-ordination Meeting*, Vienna, February 4-5, 2002, p.4; UNODC, *Thematic Programme*, p.22.
⑻₀ "Terms of Reference", in UNODC, *Report on the Fourth United Nations Interagency Anti-Corruption Co-ordination Meeting*, Vienna, July 24-25, 2003, pp.4-5.
⑻₁ Ibid., p.4, p.6.
⑻₂ *Charter of the Association*. Retrieved from http://uncaccoalition.org/files/UNCAC-Coalition-Charter.pdf（2016年8月30日アクセス）
⑻₃ *UNCAC Coalition Newsletter*, issue 5, December 2011.
⑻₄ *UNCAC Coalition Newsletter*, issue 13, July 2015, p.3.
⑻₅ Matti joutsen, op.cit.；デル氏とのスカイプ・インタビューでも，同様の見解を得た（2016年8月12日）。
⑻₆ "Looking Beyond: Towards a Strategic Engagement with Civil Society on Anti-Corruption, and Drugs and Crime Prevention"（GLOU68）と題する腐敗防止モジュール中のプロジェクト。当該モジュールは，DfID，AusAid，およびオーストリア開発庁（ADA）の出資によるものだが，中でもADAが最大ドナーである。
⑻₇ UNODC Independent Evaluation Unit, *Independent Project Evaluation of the "Strengthening the Capacity of Civil Society Organizations in Africa to Combat Corruption and Contribute to the UNCAC Review Process,"* July 2013.
⑻₈ UNCAC連合議長のマンズール・ハサン（Manzoor Hasan）氏へのインタビュー（2016年12月3日，パナマ・シティ）
⑻₉ "African Governments and Civil Society Come Together to Work against Corruption," http://www.unodc.org/unodc/en/ngos/CN18-African-Governments-and-civil-soci-

ety-come-together-to-work-against-corruption.html（2015 年 8 月 30 日アクセス）
"African Civil Society and Governments Working Together on Anti-Corruption Issues," http://www.unodc.org/unodc/en/ngos/CN14-African-civil-society-and-governments-working-together-on-anti-corruption-issues.html（2015 年 8 月 30 日アクセス）
"Bringing Governments and Civil Society Together to Better Fight Corruption in Asia," http://www.unodc.org/unodc/en/ngos/CN13-Bringing-governments-and-civil-society-together-to-better-fight-corruption-in-Asia.html（2015 年 8 月 30 日アクセス）
"The First Multi-Stakeholder Workshop on the UNCAC Second Cycle Review Created Synergies Between Africa and Southeast Europe," http://www.unodc.org/unodc/en/ngos/cn22_african-and-see-gov-and-cso-learning-and-cooperating-together-for-the-preparation-of-the-uncac-second-cycle-review.html（2016 年 10 月 10 日アクセス）

(90) ハサン氏へのインタビュー（2016 年 12 月 3 日，パナマ・シティ）。
(91) ハサン氏からのメール回答（2016 年 12 月 23 日）。
(92) UNODC, *Annual Report 2014*, p.78.
(93) フラヒ氏の見解（2016 年 6 月 24 日，ウィーン）。
(94) Thomas Risse and Stephen Ropp, "Introduction and Overview," in Risse, Ropp, and Sikkink, op.cit., pp.13-15.
(95) Sebastian Oberthür and Olav Schram Stokke, "Conclusion: Decentralized Interplay Management in an Evolving Institutional Order," in Oberthür and Stokke, op.cit., pp.313-341.
(96) Abbott, op.cit.
(97) 二つの正統性については，Fritz W. Sharpf, "Introduction: The Problem-Solving Capacity of Multi-Level Governance," *Journal of European Public Policy* vol.4, 1997, pp.520-538.
(98) Michael Zürn, "Global Governance and Legitimacy Problems," *Government and Opposition*, vol.39, no.2, 2004, pp.260-287.
(99) この点は，年次報告書でも頻繁に強調されている。

［付記］本章は，2015 年国際法学会および 2016 年度グローバル・ガバナンス学会での報告をもとに，以下の国際学会報告論文を大幅に加筆・修正したものである。
"Creating Synergy in a Congested Regime Complex: How Do Orchestrators Enhance the Effectiveness and Legitimacy of Global Anti-Corruption Governance?" (a paper presented at the International Studies Association Annual Convention, Atlanta, March 16-19, 2016) 本研究は科学研究費補助金基盤 B「多中心化するグローバル・ガバナンスと国際機関によるオーケストレーションの可能性」（平成 27 年度〜29 年度）の成果の一部でもある。なお，草稿の段階で丁寧なコメントを下さった内記香子氏（大阪大学）に記して感謝したい。

第7章　内面化という虚構
―― 国際規範の法制度化と実効性 ――

小 川 裕 子

1　内面化への疑義

　国際政治学において規範研究が盛んになって久しい。その規範研究の多くが「ライフサイクル仮説」に依拠している。そして規範が作成され，拡散され，多くの主体に内面化されるまでの政治過程・メカニズムを検討する。規範の内面化とは，主体が共同体のメンバーであることを自覚し，そのメンバーとしてふさわしい行動基準，すなわち規範を体得することである。ライフサイクルの最終段階となる内面化に至ることで，規範は多くの主体によって遵守され，共同体の秩序は維持されるという。規範研究は，その隆盛に伴い，分析対象を拡大してきた。主権，人権，民主主義のみならず，環境，安全保障などの様々な分野の行動原則まで，規範研究の俎上に載せる。そしてライフサイクル仮説を前提に，それらの行動原則の内面化に至る政治過程・メカニズムを検討する。
　しかし実際には，多くの行動原則に内面化の議論は妥当しない。ライフサイクル仮説を提唱したマーサ・フィネモアとキャスリン・シキンクも認めているように，ライフサイクルを終えることは必然ではないし，多くの規範は出現しても臨界点に達しない，すなわち内面化しないという。また近年，ライフサイクル仮説の最終段階である内面化の妥当性に疑問を呈する論考も相次いで発表されるようになった。それらは，法や制度として確立されるなどして，内面化されたと思われた規範も消滅しうるという。また内面化に相当する法制度化は容易になされるものの，実効性を伴わない「形式的内面化」に陥りやすい規範もある。たとえば，人権や環境や開発などの規範は，規範の遵守主体が政府に限定されず多元的であったり，規範の遵守に際して経済的負担などのコストが生じたり，規範の内容が具体性に乏しかったりする。それゆえ，主体が規範の

価値を内面化しても，行動に結び付きにくく，また問題解決を期待しにくい。その一方で，これら規範が体現される条約は，比較的容易に批准され，内面化の象徴である法制度化がなされやすいが，その実効性の確保は容易ではない。そのため，国際法学の分野では，条約の実効性を確保するために，社会的制裁や，モニタリングや援助などの遵守支援措置の併用が提唱されてきた。しかし社会的制裁などの措置は，各国に負担を強いるものであり，必ずしも期待できるものではない。もし「形式的内面化」ならば容易に実現しうるというのなら，既存の制度を，「実効性を伴う法制度」に進化させることはできないだろうか。

　本章は，アメリカの開発援助制度の進化を検討する。1973年，貧困削減を優先するべきという「貧困規範」が法制度化されたが，それは実効性を伴わない「形式的内面化」にすぎなかった。そしてこの貧困規範の法制度は，国内外の環境変化のなかで，非効率さを増し，度重なる撤廃運動に直面するようになった。しかし長い年月の間に，貧困規範の法制度は少しずつ改編を重ねられ，「実効性を伴う法制度」へと進化した。なぜ「形式的内面化」にとどまっていた法制度が，長い期間を経て，「実効性を伴う法制度」へと進化できたのか。進化に至る各段階では，制度の受益者たる国家アクターと非国家アクターは，それぞれどのように国際規範を利用し，利益の増進を図ろうとしたのか。その際，両者はどのような関係性にあったのか。

　本章は，制度の態様を説明するのに長けた新制度論の議論に依拠し，これら諸点の解明を試みる。新制度論は，制度の存続あるいは変化のメカニズムを解明するための分析枠組みを発展させてきた。新制度論の分析枠組みは，規範が法制度化された後の制度の態様に理論的な説明を与えてくれる。様々な分野において，規範の遵守を確実にする仕組みの創出への応用可能性が期待できるのだ。

　そこで本章では，まず，内面化が形骸化している実態を概観する。次に，「形式的内面化」が「実効性を伴う法制度」に進化したアメリカ開発援助制度の事例を紹介し，制度進化のメカニズムを分析するために，新制度論の議論を用いることの有用性を述べる。そして，新制度論の議論に基づき，国家アクターと非国家アクターの関係性に焦点を当てながら，アメリカ開発援助制度の進化を可能にした政治過程を論じることにしたい。

2 内面化の非妥当性

内面化

　内面化（internalization）とは，本来，社会学における概念である。社会学では，規範や規範に関連する内面化や社会化といった概念をどのように扱っているのであろうか。社会学では，規範を社会化（socialization）とともに論じる。社会化は，「個人が成長していく過程で社会に存在する価値，規範，秩序，意識が学習されること。社会から見た場合，個人への教育の過程であり，社会へ個人を統合していく過程である」と定義される(5)。つまり，社会化とは，個人が社会規範を心の中に埋め込む，すなわち内面化あるいは内部化し，社会規範に従って行動するようになることで，社会秩序が維持される過程である。言い換えれば，内面化とは，個人の心の中に規範が埋め込まれ，自動的に規範に従うようになることである。そして社会化の過程における規範は，社会の秩序原理すなわち「特定の社会において採用される行為の評価基準」を体現し(6)，個人と社会を媒介する役割を果たしているのである。

　この社会学に起源をもつ規範概念が，国際政治学によって取り入れられ，国家行動の分析に適用されたことで，国際政治学特有の規範についての議論が生み出されることになった。国際政治学は，国家を社会学における個人に相当するものとして，国際社会を社会に相当するものとして捉える。そのため，社会学が想定したある特定の社会における規範は，国際政治学では国際社会における規範，すなわち国際規範ということになる。そして社会学同様に，国際政治学においても国家が国際規範を体得する，すなわち国家が社会化されることで，国際社会の秩序が維持されると考える。

　国際規範は必ずしも内面化の段階に到達することはないものの，国際社会の秩序原理を体現する国際規範が，国際社会の構成員である国家に浸透する過程は，国家を社会化していく過程であると考える(7)。社会化が進展する過程で見られるのは，国家が国際規範を遵守する原理が，「結果の論理」（logic of consequentialism）から「適切性の論理」（logic of appropriateness）へシフトすることである。結果の論理とは，国家の利得構造は変化しないまま，国際規範の

遵守が結果的に国益に適うという論理である。これに対し，適切性の論理とは，国家が共同体構成員としてのアイデンティティを体得したことで，国家の利得構造自体が変化し，国際規範の遵守自体が適切であると考えるようになる論理である。国際規範の動態を「誕生」(norm emergence)，「拡散」(norm cascade)，「内面化」の3段階に区分する「ライフサイクル仮説」によると，拡散の段階では，国家の多くは，結果の論理に基づいて，国際規範を遵守するが，内面化の段階になると，適切性の論理に基づいて，国際規範を遵守するようになるという[8]。

また社会学と同様に，国際政治学は，社会化の最終段階では，国家が国際規範を完全に内面化し，国家は国際規範の遵守をルーチン化すると考える。そのとき国内では国際規範の法制度化がなされていることが多い。それゆえ，国際政治学では，国際規範の遵守のルーチン化をもたらす国際規範の法制度化という事実から，国際規範が国家に内面化された，あるいは内部化されたことを推察する。国際規範の遵守のルーチン化が必ずしも内面化を意味するわけではないにもかかわらず，である。国際政治学は，国家が国際規範を内面化していると考えられる法制度化の政治過程を検討することで，国際秩序が保たれるメカニズムを明らかにすることになるという立場をとるのである。

内面化の不可逆性？

ライフサイクル仮説によると，内面化された規範は，当たり前さを獲得し，アクターが自動的に規範に従ってしまうために，非常に強固で識別されにくいとされる[9]。そして規範の制度化や慣行化がなされると，規範の遵守が非人格化され，もはや個人の信念に関係なく，履行が確保されるという[10]。つまり，ライフサイクル仮説は，法制度化を伴う内面化が，規範の遵守を永続的に確保し，そのプロセスが不可逆であることを想定しているのである。

しかしながら，近年，内面化の不可逆性に疑問を投げかける論考が出されている。バーン・シャノンは，国家の規範からの逸脱行為を検討する。コンストラクティヴィストの社会学的観点からは，規範の逸脱行為は説明できないが，実際には，国家はその利益と対立するときにはいつでも規範に違反しうるという。シャノンは，アメリカのパナマ侵攻を事例に，アクターが，違反行為を正

当化するために，いかに規範を自らに都合よく解釈し，規範からの逸脱行為を行ったかを論じている。[11]

ダイアナ・パンクとウーリッヒ・ピーターソンは，規範の消滅のダイナミクスを論じる。潜水艦による無制限な戦争を禁止する規範，傭兵を禁止する規範，強制介入を禁止する規範の3つを取り上げて，定着した国際規範が，漸進的にあるいは突然消滅したメカニズムを明らかにしている。パンクとピーターソンによると，規範に挑戦するアクターが登場した際，規範の逸脱に制裁を加える意欲と能力を持つ国が存在しないと，規範の不遵守行為が拡散し，規範は消滅するという。[12]

またクリストファー・カッツやライダー・マキオウンは，拷問を禁止する規範を取り上げて，規範の死を論じる。拷問は，ジェノヴァ条約（1864年），世界人権宣言（1948年），市民的および政治的権利に関する国際規約（1976年）において禁止されていた。1984年には，国連が，拷問および他の残虐な，非人道的な又は品位を傷つける取り扱い又は刑罰に関する条約（Convention against Torture and Other Cruel, Inhuman or Degrading Treatment or Punishment）を採択した。アメリカは，1994年，ビル・クリントン政権が批准し，拷問を禁止する国内刑法（18 U.S.C. 2340A）の採択を通じて条約を実施した。これは，アメリカが規範を法制度化し，規範を十分に内面化したことを意味する。にもかかわらず，ジョージ・W・ブッシュ大統領と彼の政権のメンバーが，「規範修正者」（norm revisionists）あるいは道義的後退のエージェントとなり，テロとの戦いの中で拷問は必要なものであると積極的に再定義した結果，規範が死んでしまったことを論じた。[13]

規範が後退あるいは消滅しうるという現象は，どのように理解できるのだろうか。1つの可能性としては，内面化に達していなかったということである。パンクとピーターソンの取り上げた事例は，それぞれが各国の国内法として成立していたわけではなく，これに該当するであろう。ライフサイクル仮説では，内面化の前段階においても法制度化がなされうることが指摘されており，カッツやマキオウンが検討する拷問禁止規範に関しても，まだ内面化の段階に達していなかったとも考え得る。[14]

しかし規範の後退や消滅という現象は，根本的には，国家が内面化の主体で

あることに起因するように思える。本来，社会学では，規範の内面化というのは個人に該当するものである。これに対し，国家は多元的な主体であることに加え，国家元首も政権も替わる。社会学の議論を厳密に当てはめるのなら，国家が規範を内面化するというのは，国家を構成する主体，すなわち国家元首，政治エリート，国民などの，どの主体に，あるいはすべてに規範が内面化されることをいうことになるのだろうか。また国家が規範を内面化したことは，国家行動のルーチン化をもたらす法制度化によって確認されることが多い。もちろん国家を構成する数々の主体に規範が内面化され，その結果として規範が法制度化されることはありうる。しかし実際には，個人レベルでの規範の内面化と国家政策とは必ずしも一致しない。ジェフリー・チェッケルは，個人レベルの社会化／内面化と国家政策の変化との因果関係を実証する必要があると指摘する[15]。またミヒャエル・チュルンとチェッケルによると，内面化には，フランク・シメルフェニッヒなどに代表される国家の行動変化に焦点を当てる論考と[16]，ヤン・ベイヤーとリーズベット・フーヒなどに代表される，個人の忠誠心や役割認識までを問う論考があるという[17]。そして政策決定に携わる個人に対して規範が内面化されることを検討することが望ましく，その個人レベルでの規範の内面化が，政策変化にどう結び付くかを論じるべきであるという[18]。

　つまり，国家政策に影響を与える諸個人が規範を内面化するかどうかということと，規範の法制度化という国家政策の変化とは別次元の事象なのである。国家政策はその時々の状況に応じて変化しうるのが当然であり，法制度化後であっても，規範からの逸脱もありうる。規範のライフサイクル仮説が想定する不可逆性は必ずしも妥当せず，内面化後の規範の動態をも検討する必要があるのである[19]。

内面化≠実効性

　さらに規範が内面化された，すなわち規範が法制度化されたとしても，必ずしも規範の実効性を生み出すわけではない。たしかに，規範の法制度化は規範の遵守状況の多くを説明してきた。通常，法制度化は，主体の行動を定式化するからだ。しかし実際には，規範が法制度化されたからといって，必ずしも規範が遵守されるわけではない。

近年，規範の遵守が必ずしも実効性に直結しない実態が指摘されている。2010年，ユタ・ブリュネとステファン・トゥープは，気候変動，拷問禁止，武力行使を事例とし，国際法の遵守が実効性に繋がらない実態を批判的に検討している。2013年，トーマス・リッセらは『人権の永続的なパワー——約束から遵守へ』において，「遵守ギャップ」(compliance gap) なる状況を報告する。具体的には，人権規範が世界中に広く拡散し，多くの国が多数の人権条約を批准するようになった一方で，人権条約を批准しても遵守しない「遵守ギャップ」が見られるようになったというのだ。

遵守ギャップは，条約・規範の意味するところが，国内の慣行や実態とかけ離れている場合，起こりやすい。たとえば，児童の権利条約である。児童の権利条約は，18歳未満を「児童」と定義し，児童の基本的人権を国際的に保障する条約である。児童の権利条約は前文と本文54条から構成され，教育を受ける権利や労働への従事から保護される権利などを定めている。1990年に発効し，2015年3月時点で，締約国・地域数が194に上っている。しかしながら，世界各国，とくに途上国で，児童労働は常態化しており，世界の5～17歳の児童総人口のうち，10.6％が不法な労働に従事させられている。そのうち，5～14歳の占める割合は，71％に上る。

また具体的な行動基準や指標を欠く場合や，努力義務しか定めていない場合にも，遵守ギャップは起こりうる。たとえば，国際労働条約が挙げられる。国際社会は国内社会と異なりきわめて多様である。多様性に富む国際社会では，世界一律の規制は適切ではなく，各国の固有の事情を反映する規制が望ましい。国際労働条約は，各国の国内状況の相違を考慮して，敢えて努力目標しか掲げない。多くの国が国際労働条約を批准しているが，スウェット・ショップ，ブラック企業などの問題は後を絶たず，各国で労働者の人権が十分守られているとは言えない。

そして各国の負担が大きい場合も，遵守ギャップは起こりやすくなる。たとえば，難民条約（1951年発効）・難民議定書（1967年発効）がこれに該当する。難民条約は，締約国に難民の追放および送還を禁止し（第33条），難民の生命と自由を守る義務を負うことを規定する。また難民が援助を必要とする場合には，難民が居住している締約国が援助を提供することを定めている（第25条）。

同条約の締結国は145カ国，同議定書の締結国は146カ国に上るが，実際の難民受入れは，パキスタン，イラン，レバノンなどの10カ国に集中しており[26]，締約国の大半は難民の受け入れに消極的な態度をとっている[27]。なぜならば，難民受入国は難民の保護のために多大な財政的コストを負担することになるからだ。たとえば，ドイツは，2016年度の難民受入れコストが210億ユーロ（約2兆7000億円）に上ると推計される。トルコは国家予算の約6％にあたる100億ドル（約1兆円）を，ヨルダンは国家予算の25％にあたる21億ディナール（約3400億円）を難民支援に充てているという[28]。

つまり，各国の実態からかけ離れている場合，具体的な行動基準や指標を欠く場合，努力義務しか定めていない場合，各国の負担が大きい場合などに，遵守ギャップが生じやすくなる。各国がそれら規範を法制度化したとしても，それら規範は国家行動を拘束することにならず，実効性を伴わない「形式的内面化」に陥りやすいと考えられるのである。

3　実効性を生む制度進化

開発援助規範[29]

開発援助に関する規範（以下，開発援助規範）もまた「形式的内面化」に陥りやすい規範である。それは，何といっても，開発援助規範が典型的な努力目標だからである。数値目標や客観的な指標があるわけでもなく，目標実現に向けた責任分担や義務に関する明確な規定があるわけでもない。しかし後述するように，努力目標にすぎない開発援助規範が，アメリカによって法制度化され，その実効性を漸進的に増大させていった事実が確認される。

本章は，開発援助規範の実効性が増大した政治過程を検討するものであるが，本題に入る前に，開発援助規範について若干の説明をしておきたい。これまで開発援助に関するアプローチ，行動原則，指標など，多くの開発援助規範が生み出されてきた。その中でも，長期間にわたって存在し多くのアクターに影響を与えてきたのは，成長促進アプローチ規範（以下，成長規範）と貧困削減アプローチ規範（以下，貧困規範）である。成長規範とは，世界銀行（世銀）が中心となって提唱した，貧困削減のために経済成長を優先すべきというアプローチ

である。貧困規範とは，国連が中心となって提唱した，貧困削減のために技術援助を優先すべきというアプローチである。

　成長規範と貧困規範は，交互に優越を繰り返すことになった。成長規範か貧困規範のどちらか一方のみに依拠する開発協力は，本来相互補完的な役割を果たすもう一方のアプローチを欠き，失敗することになる。成長規範に基づく開発協力の効果が十分あがらないことが判明すると，成長規範に対する期待は失望へと変わり，貧困規範に対する期待を膨らませる。その後，貧困規範に基づく開発協力の効果が十分上がらないことが判明すると，貧困規範に対する期待は失望へと変わり，再び成長規範に期待をかけるようになる。……このように対極的に位置づけられた成長規範と貧困規範は，交互に優越することになった。

　では実際に，どのように成長規範と貧困規範は優越したのか。開発援助が開始された1940年代後半，構造主義理論が隆盛を誇っていた。構造主義理論とは，先進国と途上国の経済構造は大きく異なり，両者の経済格差は拡大傾向にある，経済格差の是正や貧困問題の解決には途上国の資本需要を満たさなければならないという考え方である。構造主義理論を根拠に，成長規範は優越するようになり，大規模な資本投下によって工業化が目指された。

　1960年代後半，構造主義理論に基づく国際開発協力が実を結ばないことが，誰の目にも明らかになってきた。途上国の経済成長率は伸び悩み，国内の貧困問題や経済格差の問題は未解決のままであった。そこで国際労働機関（ILO）などの国連諸機関を中心として，改良主義が提唱された。改良主義は，衣食住などの人間の基本的ニーズ（Basic Human Needs: BHN）の充足が貧困削減に直結するという。その結果，BHNを充足する技術援助が盛んに行われるようになり，貧困規範が優越するようになった。

　1970年代後半にさしかかると，途上国の累積債務問題が顕在化し，途上国国民の生活よりも国際金融システムの破綻への対処が最優先されるべきであるという考え方が一気に強まった。そこで，改良主義に代わって台頭してきたのは，新古典派経済学である。新古典派経済学は，政府が過剰あるいは不適切な市場介入をしたことによって，資源配分の歪みが生じ，経済発展に失敗したという議論を展開した。そして世銀および国際通貨基金（IMF）は，規制緩和や民営化などを融資条件とする構造調整融資を開始した。当時の国際社会におい

て，構造調整融資の基盤をなす市場主義，経済成長優先といった考え方が大きな影響力をもち，成長規範の優越をもたらした。

　1980年代後半になっても，累積債務問題や貧困問題が解決されなかったために，隆盛を誇った新古典派理論とそれに基づく成長規範は，国連をはじめとする各方面から激しい批判を受けるようになる。国連児童基金（UNICEF）は「人間の顔をした調整」というスローガンを掲げ，構造調整が貧困層を犠牲にしたと論じ，成長規範を批判する。そして1990年代に入り，国連開発計画（UNDP）は「人間開発指数」を作成して，開発支援において，人間の生活の質を考慮する必要性を提唱した。1990年代後半には，これまでの経済成長を優先する動きは見直され，開発の最終目標として貧困削減を位置づける動きがでてきた。開発援助委員会（DAC）は世界の貧困を半減させることなどを国際開発目標（IDTs）として掲げた。国連はこのIDTsをもとに，ミレニアム開発目標（MDGs）を作成した。世銀は貧困削減戦略書（PRSP）を導入し，大多数の国に援助計画の指針として活用されるようになった。こうして貧困規範が再び優越するようになった。

　つまり，これまでに成長規範，貧困規範，成長規範，貧困規範と，両者が交互に優越し，それぞれが優越していた時期に，他方の規範よりも各援助主体の行動により大きな影響を与えていたと考えられるのである。

制度進化

　成長規範と貧困規範はともに「形式的内面化」に陥りやすかった。両規範とも，多くの援助主体の政策目標に採用されたり，その規範を遵守するための援助法や援助組織が創設されたりしたが，軒並み，十分な実効性が伴わなかった。とくに，貧困規範が十分な実効性を生み出すことは容易ではない。成長規範は，援助主体にインフラ整備を促すことになるため，援助国の商業的利益の増進に繋がりやすく，援助国は援助予算を比較的確保しやすい。これに対し，貧困規範は，衣食住の充足や教育支援などの技術援助を援助主体に促すため，援助国の商業的利益に直結しにくく，援助国は援助予算の確保が難しい。

　しかしながら，アメリカが，長い年月をかけて，貧困規範の実効性を大幅に増大させたことは，注目に値する。アメリカは，開発援助のみならず，通商，

第Ⅱ部　規範履行の複合過程

表7－1　アメリカによる開発規範の法制度化

時　期	規　範	法　律	組　織
1940年代後半	成長規範の誕生	1950年国際開発法の成立	技術協力局の設立
1960年代前半	成長規範の優越	1961年対外援助法の成立	USAIDの設立
1960年代後半	貧困規範の優越	1973年対外援助法の成立	USAIDの大改革
1970年代後半	成長規範の優越	（新たな目的の付加）	（局内に新組織）
1990年代後半	貧困規範の優越	2003年MCAの成立	MCCの設立

出典：筆者作成。

金融などの多くの分野において，国際規範の作成，拡散に影響を与えてきた。その一方で，アメリカは，自らが作成，拡散に大きな役割を果たした国際規範であったとしても，国益に適わない場合には，それら国際規範を遵守しなかった。国際規範に対してこのような姿勢をとるアメリカが，貧困規範を法制度化したのみならず，少しずつ制度に改編を重ね，規範の実効性を漸増させていき，やがて制度を進化させると，十分な実効性を生み出すようになった。

　アメリカは，開発援助規範に対しては，成長規範であっても貧困規範であっても，新しく優越する度に，何らかの形でそれを実行するための法律や組織を創設，すなわち，法制度化してきた。表7－1のように，1940年代後半，成長規範が誕生すると，アメリカは成長規範を遵守するために，1950年国際開発法と技術協力局を成立させた。1960年代に入り，成長規範が著しく優越すると，1961年対外援助法と国際開発庁（U.S. Agency for International Development: USAID）を成立させ，成長規範を遵守する法制度を確立した。1960年代後半，貧困規範が優越するようになると，アメリカは貧困規範を遵守するために，対外援助法を大幅改正して，1973年対外援助法を成立させ，USAIDの改革を実現した。1970年代後半，再び成長規範が優越し始めた際には，アメリカは法制度を抜本的に改革することはしなかったが，成長規範を遵守するために，新たな政策目的を加えたり，局内に組織を新設したりした。1990年代後半，再び貧困規範が優越し始めると，アメリカは貧困規範を遵守するために，2003年ミレニアム挑戦法（Millennium Challenge Act: MCA）[30]とミレニアム挑戦公社（Millennium Challenge Corporation: MCC）を成立させた。このように，新たに規範が優越する度に，アメリカは何らかの形で開発援助規範を法制度化してきた

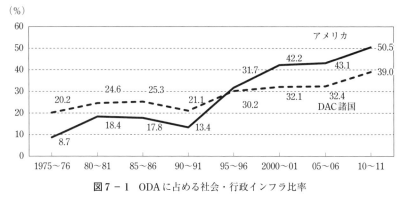

図7-1 ODAに占める社会・行政インフラ比率
出典：DAC, *Development Co-operation Report*, Statistical Annex, Table 18, various years.

のである。

　その一方で，長い間，アメリカの貧困規範の実効性は低かった。図7-1は，アメリカとDAC加盟国の，貧困規範の実効性に近似する，政府開発援助（Official Development Assistance: ODA）における社会・行政インフラ比率の推移[31]を示す。DAC諸国は，1970年代から1980年代を通じて20％台を維持し，1990年代後半に30％台に突入してから今日まで緩やかに増加している。これに対し，アメリカは，1970年代から1980年代を通じて10％台にとどまる。この時すでに，1973年対外援助法として貧困規範を法制度化していたものの，貧困規範の実効性は十分伴わなかった。

　しかし1990年代後半から，アメリカは貧困規範の実効性を漸増させ始める。DAC諸国同様，30％台に突入し，2000年代にはDAC諸国を追い抜き40％台に，そして2010年代には50％台にまで跳ね上がった。これは，アメリカが貧困規範の実効性を大幅に増大させたことを意味する。

　アメリカが貧困規範の実効性を増大させる過程はまた，貧困規範を遵守するための法制度が進化を遂げる過程でもあった。1973年対外援助法は，貧困規範の遵守を法律の最重要目的に掲げたものの，その遵守体制が未整備であったがゆえに，貧困規範の実効性は低かった。しかし成長規範が法制度化されても，貧困規範を遵守する法制度が撤廃されることはなく，少しずつ法制度の改編がなされ，長い時間をかけて法制度は進化した。貧困規範の実効性はその間に漸

増し，法制度の進化に伴って大幅に増加した。

つまり 1970 年代に成立した貧困規範を遵守するための法制度は,「形式的内面化」にすぎなかったが，長い時間をかけて漸進的に進化を遂げ，2000 年代に入り,「実効性を伴う法制度」になったと捉えることができる。規範の実効性を欠く法制度が,「実効性を伴う法制度」に進化したのには，どのようなメカニズムが作用していたのだろうか。

制度進化のメカニズム

規範研究は，規範が法制度化された後の制度の動態を想定しないので，制度の動態を分析する枠組みを持ち合わせていない。本章は，制度の動態を分析するに際し，制度の分析に長じる新制度論のアプローチを用いることにしたい。

新制度論とは，それ以前の制度論が，制度を従属変数としてのみ捉えていたのに対し，制度を独立変数として捉え，制度が政治にもたらす影響やその因果メカニズムを検討する議論である。新制度論は，主に，非効率な制度を分析対象とし，なぜ非効率な制度が存続するのかを説明する。それによると，制度は自己強化メカニズムの作用により存続するという。自己強化メカニズムとは，制度から利益を得るアクターが制度を維持し，さらに制度から利益を得て，ますます制度が変化しにくくなる，すなわち,「ロックイン」(lock-in) されることを意味する。また,「経路依存性」(path dependency) という概念を用い，ある制度が存続するのは，その制度の効率性ゆえではなく，むしろ制度が偶然的に辿る経路によるものであると説明する。制度の形成期においては，選択しうる複数の制度形態があったはずである。しかし，初期段階での些細な出来事や偶然が，ある制度の優位性を確立し，それが非効率な制度であっても存続を可能にするというのだ。[32]

ポール・ピアソンは，新制度論を用いて福祉国家の存続を説明した。80 年代，新自由主義を掲げるロナルド・レーガン政権や，マーガレット・サッチャー政権が登場すると，福祉国家は縮減に向かうことが予想されたが，実際には米英でも福祉縮減策は成功しなかった。ピアソンは，福祉国家が持続性を発揮できたのは，福祉国家が新たに多くの受益者を生み出したからであると考える。福祉政策は，その実施に関与する官民アクターに加え，その受給対象者である

有権者にも利益をもたらす。これら受益者は，福祉政策の縮減に反対し，再選を狙う政治家はその縮減に消極的になる。その結果，福祉国家は存続したというのである(33)。

　新制度論は，漸進的な制度変容についての説明も提供する。ピアソンの『ポリティクス・イン・タイム』は，累積的要因，閾値効果，因果連鎖という概念を用いて，緩慢な制度変容を説明する。具体的には，制度の態様を決定する変数は継続的に変化するが，その速度はきわめて緩やかな場合，それら累積的要因によって制度は変容したという。また小さな動きが積み重なり，それらが臨界点に達すると，それが引き金になって大きな制度変化をもたらす場合，閾値効果によって制度が変容したと論じる。そしてある政治選択がなされてから長い時間が経過し，その選択の結果，制度変化が引き起こされた場合，その選択の因果連鎖の結果，制度変容が引き起こされたと説明する(34)。

　ジェームズ・マホニーとキャスリン・セーレンは，制度がその運用過程で常にアクターにより選択され実践される結果として，制度変容が起こると考える。マホニーとセーレンによれば，制度に内在する「曖昧さ」が，制度変容の要因であるという。大概において，制度は大まかなルールであり，その運用に際して解釈の余地を生む。制度を運用するアクターは，その時々の環境に照らして，独自の解釈のもとに制度を運用しようとする。それによって，制度は常に変化の可能性にさらされ，長期にわたり制度は漸進的に変容を遂げると考える(35)。

　本章は，制度を運用する諸アクターそれぞれが，どのように国際規範を利用し，制度を運用したかを検討し，制度が漸進的に変容を遂げられた過程を明らかにする。制度を運用する諸アクターの中でも，とくに，高度な専門知識・技術を持つ非国家アクターに着目する。専門家集団たる非国家アクターは，環境変化に合わせて柔軟にアイデアや行動を変えることができず，時代遅れかつ非効率になった制度であっても，その存続を強く志向する。大統領や官僚などの国家アクターが，環境変化に合わせて，アイデアや行動を変えたのを機に，専門家集団たる非国家アクターは国家アクターから自律性を高め，既存の制度を存続させるべく，政治活動を始めた。そして非国家アクターは，国家アクターとの関係を改善し，少しずつ制度改編を重ね，制度の進化を実現した。

　本事例における非国家アクターとは，1973 年に貧困規範が法制度化された

際に，貧困規範の遵守主体として最大限活用することが規定された民間ボランティア組織（Private Voluntary Organizations: PVOs）である。PVOs とは，BHN 充足のために技術援助を実施する専門家集団であり，USAID に登録した NGOs のことをいう。PVOs は，USAID から財政的支援を受け，USAID から業務を委託されるため，安定的な組織運営が可能になる。また USAID に登録することで，PVOs は自らの正当性にお墨付きを得られる。そのお墨付きは，PVOs に，USAID 以外の公的あるいは民間組織から財政的支援を集めることを可能にする。そのため，多くの NGOs は，USAID に登録するインセンティブをもつ。PVOs は 1973 年に成立した法制度の受益者であり，貧困規範の法制度の存続，発展を願う。[36]

　PVOs は，規範の変化に合わせて，柔軟に活動内容を変えられない。なぜなら，PVOs は，小規模の技術援助を行う組織として育成され，大規模のインフラ整備を実施するには不向きだからだ。成長規範が優越し，制度変革がなされたとしても，PVOs は成長規範を遵守することができない。PVOs はあくまでも貧困規範の遵守にこだわった。PVOs は，USAID という国家組織に登録しながらも，その組織的特性ゆえに，大統領などの国家アクターとは独立した選好を持ち続けた。

　漸進的な制度変化がもたらされた過程とは，非国家アクターの専門家集団が創出され，規範の変化を機に，国家アクターから自律し，長い期間をかけて制度を進化させた過程であった。その過程では，非国家アクターが国家アクターとの関係性を改善し，政治力を増大させたことが制度進化を可能にし，貧困規範の実効性を大幅に増大させたのである。

4　制度進化の政治過程

「形式的内面化」

　本節は，国家アクターと非国家アクターの関係性の変容に焦点を当てながら，制度進化の政治過程を検討する。その際，制度進化の過程を 4 つの時期に区分する。第 1 期は，「形式的内面化」がなされた時期，第 2 期は，非国家アクターが国家アクターから自律した時期，第 3 期は，非国家アクターと国家アクタ

第7章　内面化という虚構

ーが関係を改善した時期，第4期は，「実効性を伴う法制度化」に成功した時期である。具体的には，各時期の規範，国家アクターの制度的対応，国家アクターに対する非国家アクターの反応，国家アクターと非国家アクターの関係性に着目し，どのように制度が進化していったのかを論じる。

　1960年代後半になると，対外援助活動および成長規範に対する激しい批判がなされるようになった。1961年，成長規範を遵守することを目的として，対外援助法およびUSAIDが創設された。USAIDは，世界各国に支局を置き，莫大な予算を投じて，ダムや道路などの大規模なインフラ整備を行っていた。しかし，1960年代後半になっても，期待通りに途上国の経済成長は達成されなかった。また同時期のヴェトナム戦争反対運動の興隆は，対外コミットメントの縮小気運を喚起した。その結果，国内外でアメリカ対外援助に対する批判が強まり，対外援助は廃止要求が出されるまでになった。

　激しい対外援助批判を受けて，リチャード・ニクソン大統領は，開発援助の合理化を進めた。ニクソン大統領は，USAIDの職員をピーク時の4割にまで削減するなど，大規模なリストラを敢行した。そのため，USAIDはもはや単独では開発援助を行うことが困難になった。(37)成長規範を遵守する主体はほぼ完全に解体されることになったのである。(38)

　開発援助に消極的なニクソン大統領に代わり，USAID長官が，新規に優越を始めた貧困規範の法制度化を主導した。USAID長官は，アメリカが成長規範の代わりに貧困規範を遵守すべきこと，そしてUSAIDがその遵守組織となることを提唱した。(39)下院外交委員会は，USAID長官の提案を下敷きに，1973年対外援助法案を書き上げ，1973年12月，貧困規範は法制度化された。(40)この際，USAIDは貧困規範の遵守主体として再生することになったが，もはや単独で開発援助活動を行うことが難しい状態には変わりなかった。

　USAID長官は，非国家アクターによって脆弱なUSAIDを補完させることにした。USAIDは，貧困規範の遵守を手伝ってくれる存在として，PVOsに期待を寄せた。(41)PVOsにとっても，公的な開発援助活動に参加できることは喜ばしいことだった。PVOsは，自らが貧困規範の遵守に適した組織であることを主張し，公的な開発援助活動への参加拡大を求める。(42)USAIDとPVOsの利害が一致し，1973年対外援助法には，PVOsを最大限活用することを義務づける

267

表 7-2 PVOs の発展動向

会計年度	1970	1980	1990	2000	2010
USAID に登録した PVOs	82	153	277	437	565

出典：USAID, *Voluntary Foreign Aid Programs*, various years. より筆者作成。

規定が加えられることになった[43]。

そして非国家アクターは，貧困規範の遵守主体として育成される。USAID は PVOs との協力関係を発展させるために，民間ボランティア協力局（the Office for Private and Voluntary Cooperation: PVC）を新設し，活動計画助成（Operational Program Grants: OPGs）やマッチング・グラント（Matching Grants）などの，いくつもの PVOs 財政支援プログラムを設けた[44]。PVOs は USAID に登録することで，その組織の正当性を証明し，これら財政支援の受給資格を得ることができた[45]。その結果，PVOs の多くが，災害後の救済復興から開発援助へとその活動分野を移行させ，表 7-2 が示すように，貧困規範を遵守する非国家アクターは徐々に増えていった。

しかし，貧困規範を遵守する非国家アクターが少しずつ増えたとしても，貧困規範の実効性は低く，やはり貧困規範の法制度化は「形式的内面化」にとどまったままであった。

非国家アクターの自律化

1970 年代後半，成長規範が優越すると，国家アクターたるレーガン大統領は，新たに優越した成長規範を法制度化する必要性に迫られた。

レーガン大統領による成長規範の法制度化は，非国家アクターの離反を招いた。レーガン大統領は，新冷戦における勝利を外交政策における最優先事項とし，対外援助改革には時間と労力を割きたくなかった。重要な政策に変更を加える場合，本来ならば，その枠組み自体を議論する「授権法」の成立を目指すべきである。にもかかわらず，レーガン大統領は「歳出法」の成立を目指した。「歳出法」ならば，成長規範を遵守するための新たな費目を設け，予算を計上するだけでよい。議会での面倒な審議過程を大幅に省くことができる。レーガン大統領は，貧困規範の遵守に相当する費目を削除することなく，次々に成長規範を遵守するための費目を加えた。また USAID にも新たな課が設置された

第 7 章　内面化という虚構

り，統合されたり，といった部分的な機構改編が加えられた。対外援助法も USAID も，貧困規範を遵守するための法制度でありながら，成長規範の遵守をも要請され，もはや貧困規範も成長規範も効率的に遵守できず，機能不全に陥った。非国家アクターである PVOs は，これまでのように，国家アクターの庇護の下で，貧困規範を遵守できるわけではなくなった。非国家アクターは国家アクターからの自律性を高めていくことになる。

　非国家アクターたる PVOs は，組織化を進めた。まず，海外事業運営ボランティア組織アメリカ評議会（the American Council of Voluntary Agencies for Foreign Service; ACVAFS）に加え，民間協力促進事業団（Private Agencies Collaborating Together: PACT），開発調整（Coordination in Development: CODEL），国際保健全米評議会（the National Council for International Health: NCIH）などが，より専門的な領域で協力を進めるようになった。そして 1980 年，NCIH の専務理事のイニシアチブの下，国際開発における民間組織（Private Agencies in International Development: PAID）が創設されると，100 以上の団体が参加するようになり，最も包括的な民間援助組織連合が成立した。

　さらに，非国家アクターは政治活動を展開するようになる。1984 年，ACVAFS と PAID は統合し，インター・アクション（InterAction）を発足させた。インター・アクションは，メンバー間の情報を交換し，アドボカシーを行うなどの活動を活発に展開する，いわば，PVOs の利益を代弁する利益団体である。PVOs は，インター・アクションを通じて，アフリカ援助の増額を求めるなど，積極的にロビー活動を展開するようになった。またインター・アクションは，大物議員への手紙や電話でのキャンペーンを通じて，メンバーの見解を議会に効果的に知らせてきた。そしてアメリカ対外援助に占める PVOs を通じた援助の割合の引き上げや，PVOs が公的補助金を得るのに必要な民間資本の水準の引き下げを要求するようになった。

　このように非国家アクターたる PVOs は，国家アクターから自律化し，政治活動を始動したことによって，制度進化を導くための能力を身につけていったのだ。

非国家アクターと国家アクターとの関係改善

　1980年代末，貧困規範を遵守する法制度を廃止する運動が政権内外から起こり，非国家アクターはその活動基盤を失う危機に直面することになった。1989年，下院外交委員会は，既存の対外援助法とUSAIDを廃止し，それに代わる国際経済協力法の立法化と経済協力庁（Economic Cooperation Agency）を成立させようとした。ジョージ・H・W・ブッシュ大統領が組織した，援助プログラム運営に関する大統領委員会（The President's Commission on the Management of AID Programs）は，USAIDを国務省に統合することを提案した。アメリカ開発協力の将来に関する独立グループ（The Independent Group on the Future of U.S. Development Cooperation）は，USAIDを廃止し，持続可能な開発協力庁（Sustainable Development Cooperation Agency）の新設を提案した。これらはいずれも，USAIDの廃止を謳い，PVOsの活動基盤の撤去を提唱するものであった。

　1990年代に入り，再び関心が集まり始めた貧困規範を用いて，クリントン大統領が既存の法制度を撤廃しようとすると，法制度の存続運動が喚起されることになった。非国家アクターであるインター・アクションは，貧困規範の遵守はUSAIDおよびPVOsが得意とする分野であり，PVOsをより一層活用すべきだと，自らの役割拡大を訴えた。また開発計画の作成・実施・予算配分に関する統制権をUSAID長官に与えるべきだ，USAIDを開発援助のための主要な機関として存続させるべきだ，と訴えた。国家アクターたるUSAID長官もまた，法制度の存続を可能にするために積極的に動いた。議会との関係を改善すべく，USAID長官は多数の議員と面会したり，各種イベントを実施したりした。国務省と緊密な関係を構築しようと，USAID長官が国務長官にその活動報告義務を負うことを宣言した。

　貧困規範を遵守する国家アクターと非国家アクターの要望を受け，クリントン大統領は，USAIDを対外援助の指導的機関とし，USAIDとPVOsとの連携の強化に本腰を入れた。具体的には，USAIDとPVOs間のパートナーシップ育成のために，USAID，インター・アクション，国際開発機関が参加する，合同作業委員会を設置した。またUSAIDとPVOsがその立場や見解の違いを乗り越えて歩み寄れるよう，相互連携の際の手続きを簡素化した。その結果，

第7章　内面化という虚構

貧困規範の法制度はなんとか瓦解を免れ，PVOs の役割は拡大し，表7－2が示すように，この時期，PVOs は大幅に増加し，貧困規範の実効性は増大に転じたのである。

　つまり，クリントン政権期，国家アクターと非国家アクターの関係性は改善され，非国家アクターの政治活動の基盤が確保されることになった。そのことは，まさに「実効性を伴う法制度化」を導くための土台となったのである。

「実効性を伴う法制度化」

　「実効性を伴う法制度化」へのプロセスは，法制度の衰退が加速する中で，始動することになった。1990年代後半には，貧困規範の遵守主体である USAID の政府内における地位および役割は縮小の一途を辿っていた。冷戦終結に伴う対外援助疲れから，議会は対外援助批判を強め，開発援助予算および USAID 職員の削減傾向に拍車をかけた。優秀な人材が USAID を退職し，USAID のプログラム運営力はますます低下した。[59] USAID は非効率な運営と議会の干渉により本来の役割が果たせなくなった。またアメリカ対外援助全体に占める，USAID の管轄する開発援助の割合が低下するようになった。たとえば，1990年代初めまでに，USAID は，中・東欧に対する対外援助計画の管轄権や，旧ソ連に対する対外援助計画の管轄権を，国務省に移譲するようになった。2001年には，国務省が USAID に代わって行政管理予算局（Office of Management and Budget: OMB）と直接交渉するようになった。それによって，USAID は，人事やプログラムの決定のみならず，議会や政府諸機関，他の援助国，被援助国に対してもその影響力を低下させることになった。[60] 法制度の中心をなす USAID の衰退は，法制度の刷新をもはや待ったなしの状況にした。

　2001年，同時多発テロの勃発によって，ブッシュ大統領は法制度再編のための好機を得る。ブッシュ大統領は，貧困削減を対テロ戦争の文脈に位置づけ，「テロの温床としての貧困」を削減しなければならないと言った。そして国連ミレニアム・サミットにて再確認された貧困規範を用いて，ブッシュ大統領は法制度改革を宣言した。「我々は今後3年かけて50億ドルまで開発援助を増大する。既存の援助要求を超えるこの新たな資金は，私が今期の議会にすでに提出した予算要求を超えるものである。これらの資金は新たなミレニアム挑戦会

271

計(Millennium Challenge Account: MCA)に向かうことになる。…」と，MCAの創設を宣言した。[61]

そこで，ブッシュ大統領は，既得権益集団の影響から独立した法制度を新設することを構想する。その構想によると，MCCという独立した政府機関を新設し，MCC理事会が，MCAの予算を運用する。MCCの理事会は，国務長官，財務長官や行政管理予算局局長などから構成され，国務長官が議長を務める。USAID長官は理事会のメンバーから除外されていた。[62]

ブッシュ大統領の対外援助法制度の再編構想が明らかになると，貧困規範を遵守する国家アクターおよび非国家アクターは，その構想に見直しを迫る。第1に，MCCはUSAIDと協業するものであり，USAIDの地位を脅かすものではない。第2に，MCCはUSAIDの既存の援助メカニズムを利用する。第3に，USAID長官もMCC理事になる。つまり，新制度は，貧困規範を遵守するアクターを最大限生かす形で，運営するべきだというのだ。[63]

制度再編構想の見直し要求を受け，ブッシュ大統領は，貧困規範の遵守主体の意見を反映させるように，構想を練り直した。MCCはMCA適格国を，USAIDはMCA適格国以外の諸国を支援するよう，役割分担を明確化した。MCC理事会にはUSAID長官も理事として参加する。MCAの被援助国との間で締結される協定は，USAIDが作成，実施，監督する。それによって，USAIDはそのコントラクターであるPVOsを活用することになる。MCCの最高経営責任者は，MCCとUSAIDの活動を調整するために，USAID長官に相談する義務を負う。この修正案は，議会の予算削減圧力に直面したものの，超党派的支持を得て，2004年1月，歳出法として可決した。[64]

つまり，貧困規範の優越，同時多発テロの勃発を背景に，開発援助の法制度改革に向けた動きが盛り上がると，貧困規範を遵守する国家アクターと非国家アクターは，ブッシュ大統領に自らの存在意義を強く訴え，自らを中心的な主体とする新たな法制度を創設させた。既存の法制度を撤廃することなく，既存の法制度を補完する形で設立された新たな法制度は，既存の法制度とともに貧困規範を遵守する。それはすなわち，貧困規範の遵守のための法制度を拡張することに他ならず，制度の進化を意味した。進化した制度は，貧困規範の実効性を大幅に押し上げることに成功したのである。

5 実効性の増大に向けて

　国際規範研究の多くが，ライフサイクル仮説に依拠し，いつか国際社会の主体は規範を内面化するという予定調和を想定しているようだ。しかしながら，それは虚構にすぎない。ライフサイクル仮説を提唱したフィネモアとシキンクも，当初より，多くの規範が内面化に至らず，消滅すると言っている。また，法制度化されるなどによって十分内面化されたと考えられる規範も逸脱されたり，消滅したりする事例が報告され，内面化が最終段階であると想定するライフサイクル論の妥当性が問われている。さらに，国際法学では，古くから国際法の実効性が主要な論点の1つであり，国際政治学においても，近年，遵守ギャップが注目され，規範の実効性が問われるようになってきた。条約の批准は，その国が規範を遵守することを法制度化することであり，内面化をもたらす契機と考えられる。今日，多くの規範が条約にまとめられ，国際社会の大部分の国が主要な条約の多くを批准している。にもかかわらず，それら諸国の多くが条約を遵守せず，規範は実効性を伴わないことが多いのである。

　だからこそ，規範には実効性を生み出すための措置が不可欠である。これまでハードローとの組み合わせ，国際社会によるモニタリング，遵守支援などの措置が取られてきた。これらの措置は，その有効性が知られているものの，いずれも国際社会の協力を前提とする。しかし，国際社会の協力は常に得られるとは限らない。そういった協力を前提とせず，規範の実効性を生み出す方法として，本章は，制度進化の事例を取り上げ，その政治的メカニズムを明らかにした。

　その際，本章は，新制度論を用いた。新制度論は，非効率な制度の存続や漸進的変容の分析を得意とする。そして制度を運用するアクターの動きを中心に検討し，制度の存続や漸進的変容の政治過程を明らかにすることを目指す。本章では，とくに，専門家集団である非国家アクターのアイデアと行動に着目した。それは，制度から利益を得るアクターの中に，非国家アクターである専門家集団を加えたことが，制度変化の主要な要因となったからである。環境変化にさらされた国家アクターは，アイデアと行動を変え，既存の制度を撤廃し，

新制度を創設しようとする。これに対し，アイデアと利益を変えられない専門家集団である非国家アクターは，国家アクターから自律し，政治活動を展開するようになる。政治力を高めた非国家アクターは，国家アクターとの関係を改善し，制度に少しずつ改編を重ね，制度を進化させることができた。

具体的には，「形式的内面化」にとどまったアメリカの貧困規範を遵守するための法制度が，30年かけて「実効性を伴う法制度」に進化したという事例を検討した。1973年に創設された貧困規範を遵守するための法制度は，その遵守主体であるUSAIDが大幅なリストラをされたために，貧困規範を十分に遵守できなかった。そこで，USAIDの活動を非国家アクターである専門家集団，すなわちPVOsに補完させることにした。しかしながら，貧困規範を遵守するための法制度は，実効性を増大させるに至らず，「形式的内面化」に陥った。やがて貧困規範に替わって成長規範が優越すると，レーガン大統領は，成長規範の法制度化の必要性に迫られる。しかし貧困規範を遵守する専門家集団であるPVOsは，成長規範の遵守主体にはなれず，大統領などの国家アクターから自律化を図った。PVOsは，組織化を進め，政治活動を展開し始める。政治力を増したPVOsは，クリントン大統領などの国家アクターと関係性を改善し，法制度に少しずつ改編を重ね続け，遂には，貧困規範を遵守するための法制度を進化させ，貧困規範の実効性を大幅に増大させることになったのである。

本章の事例において，制度進化にとって決定的な要因となったのは，第1に，非国家アクターである専門家集団を制度運用アクターに加えたこと，第2に，非国家アクターの国家アクターからの自律化，組織化，政治化，第3に，非国家アクターの国家アクターとの関係改善であろう。当然のことながら，本事例の成功要因が他の事例に応用可能かどうかは不明であるが，非国家アクターである専門家集団に規範を遵守させることで，規範の実効性が期待できると言えるのではないか。今後の検討が求められよう。

またマホニーとセーレンが論じる通り，アクターが制度を解釈し選び取る継続的な過程が進展しているとするならば，国際規範研究の想定とは異なり，内面化および内面化後において，規範が自動的に遵守されるわけではないことになろう。国際規範研究の多くは，条約の批准などにより，規範が法制度化されると自動的に規範を遵守するようになるという。しかし規範の法制度化の過程

を検討すると，いかにアクターが制度を運用するかが，規範の遵守程度を決めることが分かる。言い換えるなら，「実効性を伴う法制度」をもたらすまでに制度が進化を遂げたとしても，その後の制度の態様は，アクターの運用戦略に依存することになる。ここでいう「実効性を伴う法制度」もまた最終到達点ではないのである。

そして本事例では，「実効性を伴う法制度」が確立された時点においても，「結果の論理」から「適切性の論理」への論理の転換は見られなかった。国家アクターや非国家アクターの発言は，自らの存続発展の論理が先行しており，規範に共鳴するという様子は伺えない。子供が規範を体得するのとは異なり，国家が規範を内面化するということは最後まで利益認識と不可分なのだ。利益が得られないのなら，いつでも制度変容および規範の実行停止の可能性がある。国家が規範を，社会学でいうところの内面化，すなわち「実質的内面化」するのはきわめて難しいのではないだろうか。しかし内面化にこだわらずとも，国家が規範を継続的に遵守するようになる方法は他にもありうる。柔軟に多様な手法を試してみることが肝要であろう。

注

(1) Martha Finnemore and Kathryn Sikkink, "International Norm Dynamics and Political Change," *International Organization* 52:4, 1998, pp. 887-917.

(2) *Ibid*, p.895.

(3) Ryder McKeown, "Norm Regress: US Revisionism and the Slow Death of the Torture Norm," *International Relations* 23:1, 2009, pp. 5-25; Diana Panke and Ulrich Petersohn, "Why International Norms Disappear Sometimes," *European Journal of International Relations* 18:4, 2011, pp. 719-742; Diana Panke and Ulrich Petersohn, "Norm Challenges and Norm Death: The Inexplicable?" *Cooperation and Conflict* 51:1, 2016, pp. 3-19; Christopher Kutz, "How Norms Die: Torture and Assassination in American Security Policy," *Ethics & International Affairs* 28:4, 2014, pp. 425-449.

(4) たとえば，国際環境法において設けられている，国家報告制度や遵守手続がこれに該当する。国家報告制度とは，国別報告書の提出義務を設定し，締約国会議を中心に審査，公表する制度である。国家報告制度は，情報公開と世論による圧力を通じて，国家に遵守を促すことを目的としている。遵守手続とは，条約を遵守できない国が条約を遵守できるよう，様々な支援を提供する手続きである。西村智朗「国際環境条約

の実施をめぐる理論と現実」『社會科學研究』第 57 巻第 1 号, 2005 年, 39-62 頁。

(5) 池谷知明「社会化」猪口孝ほか編著『政治学事典』弘文堂, 2000 年, 450 頁。

(6) 山田高敬「規範」猪口孝ほか編著『政治学事典』弘文堂, 2000 年, 229-230 頁。

(7) Alderson, Kai, "Making Sense of State Socialization," *Review of International Studies* 27:3, 2001, p.417.

(8) Thomas Risse, "Let's Argue!: Communicative Action in World Politics," *International Organization* 54:1, 2000, p.3; Thomas Risse and Kathryn Sikkink, "The Socialization of International Human Rights Norms into Domestic Practice," in Thomas Risse, Stephen C. Ropp, and Kathryn Sikkink, eds., *The Power of Human Rights: International Norms and Domestic Change* (Cambridge University Press, 1999), pp.11-17.

(9) Finnemore & Sikkink, *op. cit.*, p.904.

(10) Risse & Sikkink, *op. cit.*, p.17.

(11) Vaughn Shannon, "Norms Are What States Make of Them: The Political Psychology of Norm Violation," *International Studies Quarterly* 44:2, 2000, pp. 293-316.

(12) Panke and Petersohn, "Why International Norms Disappear Sometimes."

(13) McKeown, *op. cit.*; Kutz, *op.cit.* オバマ政権になると, 拷問禁止規範は復活するという。

(14) Finnemore & Sikkink, *op. cit.*, p.900.

(15) Jeffrey T. Checkel, "International Institutions and Socialization in Europe: Introduction and Framework," *International Organization* 59:4, 2005, p.814.

(16) Frank Schimmelfennig, "Strategic Calculation and International Socialization: Membership Incentives, Party Constellations, and Sustained Compliance in Central and Eastern Europe," *International Organization* 59:4, 2005, pp.827-860.

(17) Liesbet Hooghe, "Several Roads Lead to International Norms, but Few Via International Socialization: A Case Study of the European Commission," *International Organization* 59:4, 2005, pp. 861-898; Jan Beyers, "Multiple Embeddedness and Socialization in Europe: The Case of Council Officials," *International Organization* 59:4, 2005, pp. 899-936.

(18) Michael Zürn and Jeffrey T. Checkel, "Getting Socialized to Build Bridges: Constructivism and Rationalism, Europe and the Nation-State," *International Organization* 59:4, 2005, pp.1054-1055.

(19) McKeown, *op. cit.*, p.6, 9.

(20) Jutta Brunnée and Stephen J. Toope, *Legitimacy and Legality in International Law: An Interactional Account* (Cambridge University Press, 2010).

(21) Thomas Risse, Stephen C. Ropp, Kathryn Sikkink, eds., *The Persistent Power of Human*

Rights: From Commitment to Compliance (Cambridge University Press, 2013).

⑳ Yacouba Diallo, Alex Etienne and Farhad Mehran, "Global Child Labour Trends 2008 to 2012," ILO, International Programme on the Elimination of Child Labour (IPEC), 2013, p.vii.

㉓ 小寺彰「現代国際法学と「ソフトロー」——特色と課題」中山信弘など編『国際社会とソフトロー』有斐閣，2008 年，18 〜 19 頁；荒木尚志「労働立法における努力義務規定の機能——日本型ソフトロー・アプローチ？」『COE ソフトロー・ディスカッション・ペーパー・シリーズ』2004 年。http://www.j.u-tokyo.ac.jp/coelaw/COESOFT-LAW-2004-11.pdf，2015 年 10 月 5 日アクセス。

㉔ 1951 年の条約は，第 2 次世界大戦による難民を対象にしたものであったが，1967 年の議定書が発効されたことにより，戦後に生じた難民にも 1951 年の条約が普遍的に適用されることになった。

㉕ 「難民の地位に関する 1951 年の条約」UNHCR。http://www.unhcr.or.jp/html/treaty_1951.html，2016 年 9 月 8 日アクセス。

㉖ 「1951 年の条約及び 1967 年の議定書の当事国一覧表」UNHCR。http://www.unhcr.or.jp/html/treaty_1951_1967_concerned.html，2015 年 10 月 5 日アクセス。

㉗ *Global Trends 2013*, UNHCR, pp. 2-3, 11-13, 16. 日本に至っては，その受入れはきわめて消極的なものとなっている。2014 年度には，5000 人が難民申請を行ったが，政府が難民認定をしたのは 11 人にすぎなかった。「世界の難民と日本の難民支援」AAR Japan。http://www.aarjapan.gr.jp/activity/emergency/refugee.html, 2015 年 11 月 5 日アクセス。

㉘ 「難民 6000 万人時代——「難民大国」ドイツ」『朝日新聞』グローブ 177 号，2016 年 2 月 21 日。

㉙ Jean-Philippe Therein, "Debating Foreign Aid: Right versus Left," *Third World Quarterly* 23:3, 2002, pp. 449-466；拙著『国際開発協力の政治過程——国際規範の制度化とアメリカ対外援助政策の変容』東信堂，2011 年。

㉚ ミレニアム挑戦法（Millennium Challenge Act: MCA）は，2003 年に成立した法律（歳出法）の名称である。この法律において創設されたのが，ミレニアム挑戦会計（Millennium Challenge Account: MCA）という特別会計である。ミレニアム挑戦法を執行するための予算枠である。

㉛ DAC の ODA のカテゴリーには，社会・行政インフラストラクチャー，経済インフラストラクチャー，農業，工業化などの製造業，商品援助・プログラム援助，人道的援助，その他がある。社会・行政インフラストラクチャーは，社会的基盤を整えるための支援，すなわち安全な水にアクセスできるようにする，初等教育を普及する，病

院を建設するなどのプロジェクトがこれに該当する。人道援助は紛争や災害などの緊急事態におかれた人々に対する期間限定の支援であり、長期的な開発を目的とする支援とは異なる。そのため、社会・行政インフラストラクチャーが、貧困規範の実行状況を最も反映すると思われる。DAC, *Development Co-operation Report*, Statistical Annex, Table 18, various years.

(32) たとえば、以下が挙げられる。James Mahoney, "Path Dependence in Historical Sociology," *Theory and Society* 29:4, 2000, pp. 507-548; Paul Pierson, *Politics in Time: History, Institutions, and Social Analysis* (Princeton University Press, 2004); Kathleen Thelen, "Historical Institutionalism in Comparative Politics," *Annual Review of Political Science* 2, 1999, pp.369-404. 西岡晋「福祉レジーム再編の政治学——経路依存性モデルを超えて」『早稲田政治公法研究』第84号、2007年、207-241頁。

(33) Paul Pierson, *Dismantling the Welfare State?: Reagan, Thatcher, and the Politics of Retrenchment* (Cambridge University Press, 1994).

(34) Pierson, *Politics in Time*.

(35) James Mahoney and Kathleen Thelen, "A Theory of Gradual Institutional Change," in James Mahoney and Kathleen Thelen, eds., *Explaining Institutional Change: Ambiguity, Agency, and Power* (Cambridge University Press, 2010), pp.10-11.

(36) ただし、本章は、PVOsと同様にUSAIDに登録する、国際民間ボランティア組織 (International Private Voluntary Organizations: IPVOs) は、主な政治アクターとして検討しない。IPVOsは、USAIDに登録した海外のNGOsのことを指す。IPVOsは、2000年度報告書からその登録数が記載されるようになり、それ以前はデータがなく、登録数などは不明である。にもかかわらず、長年にわたり、USAIDの人道的開発援助の供与を支援するのに重要な役割を果たしてきたとされる。IPVOsは、USAIDからの財政資金援助が主な目的でUSAIDに登録しているとは考えにくい。アメリカ国内のPVOsが、その歳入の12%を、USAIDからの財政資金援助で賄うのに対し、IPVOsはUSAID資金がその歳入の5%を占めるにすぎない。しかしアメリカ国内のPVOsと同様、USAIDへの登録は、その正当性を高め、多様な組織から活動資金を集めることができる。IPVOsは、民間組織や国際機関、外国政府、受入国政府から資金提供を受け、本来アメリカ政府が調達できる資金規模をはるかに上回る規模で、アメリカ政府の活動を展開してくれる。しかしIPVOsは、USAIDの下で開発援助活動を展開しても、アメリカの議会公聴会で意見を表明するなどということはしないため、政治アクターとして扱わない。また国際組織やトランスナショナル・アクターの、対外援助改革をめぐるアメリカ国内の政治過程への関与もほとんど見られない。本事例では、やはり政治アクターとして扱わない。USAID, *Voluntary Foreign Aid Programs*, 2010.

第 7 章　内面化という虚構

(37) Briefing Material: Agency for International Development Global Trends By Manpower Category, 9/20/73, Folder: Briefing Materials: AID, Box87, Staff Member and Office Files (SMOF), Staff Secretary Files, White House Special Files (WHSF), Nixon Presidential Materials Staff (NPMS) at National Archives (NA).

(38) その後もアメリカ国内には成長規範を遵守する主体は登場しなかった。そのため成長規範が優越しても，成長規範を遵守する制度の運営に，適当な主体を参加させ，制度変革，維持をすることは難しかった。

(39) USAID, *Program Presentation to the Congress, Summary*, FY1973, pp. 1-3; Report, "Proposed U.S. International Development Assistance Program for The President's Second Term; December 1972," 6/19/73, folder: EX FO 3-2 7/1/72-12/31/72 [3 of 3], Box36, Subject Files, White House Central Files (WHCF), NPMS,NA.

(40) *Congressional Quarterly Almanac* (*CQA*), 1973, The Congress of the U.S., p. 833; Pastor, Robert A., *Congress and the Politics of the U.S. Foreign Economic Policy 1929-1976*, (University of California Press, 1980), p.279; Vernon W. Ruttan, *United States Development Assistance Policy: The Domestic Politics of Foreign Economic Aid*, (Johns Hopkins University Press, 1996), p.110.

(41) Statement of Jarold A. Kieffer, Assistant Administrator for Population and Humanitarian Assistance, AID, *Foreign Assistance and Related Agencies Appropriations for 1974*, Part 2, 7/12/1973, the Congress of the U.S.

(42) Testimony of James Maccracken (Chairman, American Council of Voluntary Agencies), Testimony of Edward E. Swanstrom (Executive Director, Catholic Relief Services), Testimony of Gaynor I. Jacobson (Executive, Vice President, United HIAS Service), Testimony of Bernard A. Confer (Executive Secretary, Lutheran World Relief), "Mutual Development and Cooperation Act of 1973," Hearings before the Committee on Foreign Affairs, House, 93th Congress, 1st Session, June 13, 1973, pp. 517-526, pp.527-540.

(43) The 102 section (B) (3) of "Public Law 93-189," *United States Statute at Large*, the Congress of the U.S., 1973, pp.714-715.

(44) Brian H. Smith, *More than Altruism: the Politics of Private Foreign Aid* (Princeton University Press, 1990), pp.70-71; Landrum R. Bolling with Craig Smith, *Private Foreign Aid: U.S. Philanthropy in Relief and Development* (Westview Press, 1982), pp.187-188.

(45) Registration and Approval of Voluntary Foreign Aid Agencies by the Advisory Committee on Voluntary Foreign Aid of the Agency for International Development: A Report to the Committee and the Agency by Bartlett Harvey Consultant, January 31, 1975 [USAID Order No.; PN-ACT-393].

第Ⅱ部　規範履行の複合過程

(46) 杉浦光「米国における最近の援助政策改革論議の歴史的位置づけ」『開発援助研究』第2巻第2号，1995年，202, 204頁；Steve Radelet, "Will the Millennium Challenge Account Be Different?" *The Washington Quarterly*, 26:2, 2003, p.172.

(47) Statement of Russell E. Morgan, Jr. (executive director, National Council for International Health; representing Private Agencies in International Development), Foreign Assistance and Related Programs Appropriations for 1982, Part 3, 5/13/1981 [CIS-NO: 81-H181-74], pp. 233-237.

(48) "About InterAction," InterAction, http://www.interaction.org/about-interaction, Accessed on September 23, 2010.

(49) Smith, *op. cit.*, pp.126-130. See note 39.

(50) 杉浦，前掲書，202-209頁；House, Document, "Report of the Task Force on Foreign Assistance," Committee on Foreign Affairs, 101th Congress 1st Session, No. 101-32, February 1989. [CIS-NO: 89-H380-7]

(51) 杉浦，前掲書，212-213頁。ブライアン・アトウッドUSAID新長官も，同長官就任以前はこの案に賛成していたが，就任後，反対に転じた。

(52) 同上書，212-213頁。クリントン大統領の政権移行チームに参加するまで，アトウッドUSAID長官も，このグループに参加していた。

(53) Testimony of Julia V. Taft (President and CEO, InterAction), FY94 Foreign Assistance Authorization [CIS-NO: 94-S381-4], pp. 120-124, 130.

(54) Testimony of Julia V. Taft (President, InterAction/American Council for Voluntary International Action), "Rewrite of the Foreign Assistance Act of 1961 and FY95 Foreign Assistance Request (Part 1)," Hearing before the Committee on Foreign Affairs, House, 103th Congress 2nd Session, February 9, 1994. [CIS-NO: 94-H381-63].

(55) Testimony of David Beckmann (President, Bread for the World), Testimony of Albert H. Barclay, Jr. (President, Development Alternatives, Inc.; also representing Professional Services Council), and Testimony of Thomas R. Getman (Director, Government Relations, World Vision Relief and Development), *ibid.*

(56) "Clinton-Gore Administration History Project: USAID's Role 1993-2001," USAID, Washington, 2000. [USAID Doc. No. PD-ACQ-555]

(57) Testimony of Clifton R. Wharton, Jr. (Deputy Secretary, Department of State), FY94 Foreign Assistance Authorization, [CIS-NO: 94-S381-4], pp.292-300.

(58) Rebecca Sholes and Jane Covey, "Partners for Development: USAID & PVO/NGO Relationships," *Institute for Development Research (IDR) Reports* 12:1 (1996) [USAID Doc. No. PC-AAA-952], pp.5-7; The Advisory Committee on Voluntary Foreign Aid (ACVFA),

"*An Assessment of the State of the USAID/PVO Partnership*," USAID, June 1997. [USAID Doc. No. PN-ACA-643]

(59) Samuel H. Butterfield, *U.S. Development Aid: An Historic First: Achievements and Failures in the Twentieth Century* (Praeger, 2004), Chapter 15.

(60) J. Brian Atwood, Peter M. McPherson, Andrew Natsios, "Arrested Development," *Foreign Affairs* 87:6, 2008, pp.123-132.

(61) Bush, G. W., "Remarks on Global Development, Inter-American Development Bank," Washington, D.C., March 14, 2002, http://www.whitehouse.gov/news/releases/2002/03/20020314-7.html, Accessed on February 24, 2005.

(62) H.R.1966 (108th), introduced in the House, March 6, 2003. https://www.govtrack.us/congress/bills/108/hr1966, Accessed on July 31, 2016.

(63) Testimony of Andrew S. Natsios (Administrator of USAID), Testimony of Dr. Steve Radelet (Senior fellow, Center for Global Development) and Testimony of Mary E. McClymont (President and CEO, InterAction/American Council for Voluntary International Action), "Millennium Challenge Account: A New to Aid," Hearing before the Committee on Foreign Relations, Senate, March 4, 2003; Testimony of Reverend David Beckmann (President, Bread for the World) and Charles F. McCormack, (President and CEO, Save the Children), "Millennium Challenge Account," Hearing before the Committee on International Relations, House, March 6, 2003.

(64) Millennium Challenge Act of 2003, PL108-199. https://www.gpo.gov/fdsys/pkg/PLAW-108publ199/pdf/PLAW-108publ199.pdf, Accessed on July 31, 2016.

第 8 章　規範媒介者としての NGO
——アドボカシー・ポリティクスの理論と実践——

高 橋 良 輔

1　「政治」としてのアドボカシー

　近年，政治理論においてコスモポリタン・デモクラシーに関する議論が活性化する一方で，国際関係論ではグローバル・イシューをめぐって非政府組織（NGO）が展開する国際キャンペーンの事例研究が蓄積されてきた。気候変動枠組み条約，対人地雷禁止条約，国際刑事裁判所設立規定，重債務国の債務帳消し運動等，その例にはもはや事欠かない。しかし他方で，各国の政府開発援助（Official Development Assistance: ODA）政策をめぐる NGO のアドボカシー活動がいかに国内で制度化されつつあるのかについて，十分な検証がされてきたとは言えない。また政策への影響力をめぐる政治過程（アドボカシー・ポリティクス）は，国内政治と国際政治，政府間外交と民間援助の狭間にあるために，必ずしも十分に注目されてこなかった。世界政府が存在しない今日，国境を越える公共圏で醸成された規範的言説が援助政策へと転換され，政治的有効性をもつためには，NGO が主権国家の政策形成過程に参画することが有効な戦略になる。この点では，トランスナショナル公共圏をめぐる分析は，いまなお国内政治と国際政治，政府機関と非政府組織，そして規範理論と実証研究の分節化／節合（articulation）を必要としている。

　それゆえ以下では，まずトランスナショナル公共圏の構造的課題を確認したのちに（第2節），NGO によるアドボカシー戦術の1つとして国内政治との再節合に注目してきた理論モデルを検討する（第3節）。その後，日本の外務省と NGO が 1996 年から制度化してきた NGO 外務省定期協議会の変容を歴史的に検証し（第4節），「援助効果に関するパリ宣言」というグローバル規範や「開かれた国益」というアイデアをめぐっていかなる議論が繰り広げられたかを分

析する（第5節）。これにより，ODA政策の規範をめぐる政府とNGOの間の競合性・相乗性・補完性を明らかにしたい。国境を越えて公共圏を活性化させる「触媒」であるNGOにとって，政府の政策形成過程への参画は政治的影響力を得るための重要な回路だが，そこはまたグローバル規範と国益が衝突する政治的舞台にもなっているのである（第6節）。

2 国境を越える公共圏の虚と実

グローバルな感受性の拡大

1795年，プロイセンとフランスがバーゼルで和約を結んだ半年後，71歳になっていたイマニュエル・カントは『永遠平和のために：哲学的な草案』のなかで次のように述べた。

ところでいまや地球のさまざまな民族のうちに共同体があまねく広がったために（広いものも狭いものもあるが），地球の1つの場所で法・権利の侵害が起こると，それはすべての場所で感じられるようになったのである。だから世界市民法という理念は空想的なものでも誇張されたものでもなく，人類の公正な法についても，永遠平和についても，国内法と国際法における書かれざる法典を補うものとして必然的なものなのである。(5)

当時，彼は世界共和国という積極的理念の代用として，永遠平和の展望を〈国民法－国際法－世界市民法〉という三重の法秩序の成立に託していた。(6)第1の法秩序が国内の共和制によって，第2の法秩序が国家間連合によって担保されるのに対して，法・権利の侵害への国境を越えた感受性は，世界市民法を単なる空想にとどめないために不可欠の「ソフト・インフラストラクチャー」と考えられていたのである。

　カントの考察から200年以上を経た今日，世界で起きる権利侵害や悲惨な状況に対する人々の感受性は，かつてないほど高まっているように見える。たとえば，『民主主義の生と死』（2009年）で数千年の歴史を辿ったジョン・キーンは，第2次世界大戦後の特徴として，権力を監視する手段が著しく増加した点

第Ⅱ部　規範履行の複合過程

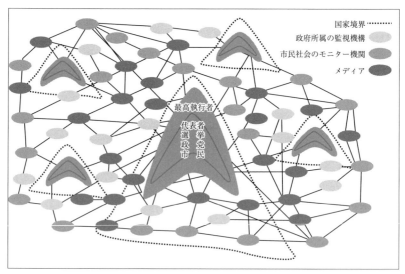

図 8 - 1　国境横断的に広がる監視民主主義のネットワーク
出所：John Kean, "Monitory democracy?," in Sonia Alonso, John Kean and Wolfgang Merkel (ed.) *The Future of Representative Democracy*, Cambridge University Press2011, p.219. Figure 9.2. Monitory democracy.

を強調する。彼によると，いまや司法積極主義，地方裁判所，コンセンサス会議，公共利益訴訟，市民陪審員，市民集会，独立公的調査，シンクタンク，専門家のレポート，参加型予算，座り込み，ブログによる発信，そしてメディアによる精査といった多種多様な権力監視の手段が世界中で考案され，定着するようになった。「これら監視犬（watch dog），盲導犬（guide dog），警告犬（barking-dog）といった発明は，多くの民主主義の政治的ダイナミクスと政治地理学との両方を変化させた[7]」。

たしかに，アムネスティ・インターナショナル[8]やヒューマン・ライツ・ウォッチ[9]等の人権 NGO に象徴されるように，20 世紀後半以降，議会の外部で「ウィルス性の政治」として拡大・浸透していく権力監視のネットワークは，国内と海外，ローカルとグローバルの区別を越えて張り巡らされるようになった。このためキーンは，古代の小規模社会で営まれた集会民主主義，近代の領域国家が制度化してきた代表制民主主義に続いて，いまや第 3 世代である「モニタリング・デモクラシー」の時代が訪れたと宣言する（図 8 - 1）[10]。この観点

では，カントが期待を寄せたグローバルな感受性は，すでに様々な経路で組織化され，定着しつつあると言えるだろう。

世界世論の限界

しかし他方で，これらグローバルな感受性の政治的有効性については，かねてより批判的な見方も示されてきた。すでに第2次世界大戦直後，E・H・カーは人類に対する義務を含む国際道義の存在をはっきりと認めながらも，人々は国際共同体よりも自らの国家を優先する傾向が強いと喝破している[11]。残念ながら，この指摘は今も古びてはいない。途上国の貧困問題から内戦下での民族浄化に至るまで，国際的非難を引き起こしながらも具体的対応が取られなかった例は，枚挙にいとまがない[12]。

またカーと同じく，普遍的で超国家的な道義的行動基準がナショナリズムによって弱められると考えたハンス・モーゲンソーも[13]，さらに踏み込んで世界世論への「信仰」を次のように戒めている。

世界世論が存在するのだという誤った信仰が生まれる2つの要因とは，全人類を結集するある心理的特性および本質的な願望についての共通の経験をわれわれはもっているのだという考えと，技術による世界の統合が可能であるという考えである。そして無視されてきたのは，世界のいたるところで国際問題に関する世論は，国家政策を作成・遂行する機関によって形成される，という事実である。そしてこれらの機関は，すでに指摘したように，道義についてのその国家的概念が超国家すなわち普遍的なものである，と主張する傾向がある[14]。

なるほど現代世界を特徴づける情報通信技術の発展が，国境を越えたコミュニケーションや監視のネットワークを成立させるとしても，それ自体は統合されたグローバルな公共圏の成立をなんら保証しない[15]。

今日でも，スティーヴン・D・クラズナーは，コミュニケーションや交通をめぐる技術革新が国家統制の水準を押し下げるという自由主義者たちの展望について，歴史的にも近視眼的であると批判している[16]。彼によれば，国境を越え

た関係性といえども権力政治と無関係ではない。むしろ、国境を越える様々な行為者はしばしば諸国家の制度的構造、とくに覇権国のエージェントであった。[17] 公的なものであれ、私的なものであれ、国境を越えて結ばれる関係性は、しばしば国家間の相対的な力関係を反映せざるを得ない。[18] 事実そこでは、折に触れて各国のナショナリズムが扇動され、各国の世論はしばしば「パブリック・ディプロマシー」の対象にさえなってきた。[19]

他方、これら現実主義者たちが警鐘を鳴らした国際道義や世界世論の限界について、近年の政治理論では、政治的公共圏の構造それ自体に埋め込まれた課題として取り上げている。ナンシー・フレイザーによれば、ドイツの社会哲学者ユルゲン・ハーバーマスが理論化した公共圏の規範的モデルには、暗黙のうちに次の6つの前提が埋め込まれていた。[20]

(1)画定された領域に権力を行使する近代国家装置と相互に連関している。
(2)議論の参加者を画定された政治共同体の構成員として想定する。
(3)議論の中心的なトポスとして政治共同体の経済関係を想定する。
(4)空間的に離れた対話者を結ぶメディアとして国民新聞・国民放送を想定する。
(5)完全に理解可能かつ言語的な透明性のもとで議論を扱う。
(6)文化的起源を18～19世紀の手紙・小説へと辿る。

彼女によると、実のところ政治的公共圏の構想は、領域主権を行使する近代国家と規範的言説を共有する国民共同体の整合性を暗黙の前提としてきた。そこでは、一方で政治意識を同じくする国民共同体が主権国家に正統性をもたらし、他方で政府が国民の公的期待を政策化することで公共圏の政治的有効性が担保される。しかし、こうした「ウェストファリア・モデル」の前提は、グローバリゼーションのもとで、(1)主権の融解、(2)デモスの不在、(3)経済関係の国際化、(4)コミュニケーション・メディアの拡散、(5)事実上の多言語化、(6)文化の雑種化といった問題に直面し、もはや政治的公共圏の正統性と有効性は決して自明のものではなくなりつつある（表8－1）。

第 8 章　規範媒介者としての NGO

表 8 - 1　公共圏の諸前提の変化

従来の公共圏の前提	ポスト・ウェストファリア時代の変化
①排他的かつ分割不可能であり，領域をカバーする主権	ガバナンス機能の共有・分散型主権の登場（国際制度，政府間ネットワーク，NGO などの台頭と公共圏の有効性の不鮮明化）
②国民レベルでの一般意志の担い手としての公衆	領域国家はマルチ・カルチュラル／ナショナル化（あらかじめ固定されたデモスの不在による決定的基準の曖昧化）
③主要なトポスとしての国民的経済関係	企業の海外移転・多国籍企業・海外ビジネスの台頭（国家の経済運営能力の消失による公共圏の有効性の低下）
④国民的なコミュニケーションのインフラストラクチャー	コミュニケーション・メディアの多元化と直接的な脱国境性（公的意見形成の新たな機会とともにコミュニケーションの分散化・複雑化）
⑤公共圏のメディアとしての単一の国民語の前提	諸国家の事実上の多言語化（単一言語の欠如によって包括的なコミュニケーション共同体の構成が困難化）
⑥地域言語の文学による社会的想像力・連帯の下支え	文化的な雑種性と混成化（共有された文化的想像力を国民的文学で供給することの困難）

出所：Nancy Fraser, *Scales of Justice: Reimagining Political Space in a Globalizing World*, Columbia University Press, 2009, pp.85-92. をもとに筆者作成。

ポスト・ウェストファリア時代の課題

　このためポスト・ウェストファリア時代には，国境を越える公共圏は 2 つの難題に直面する。[21]第 1 に，そこではますます拡大するとともに分散化していくコミュニケーションのもとで，いかなる包摂性（inclusiveness）と参加の等価性（participatory parity）が確保されるかという正統性問題が生じる。もはや歴史・言語・文化等のナショナルな紐帯が前提にできないとすれば，コミュケーションの共有を基盤とする公共圏がいかなる正統性を持つのかが問われざるを得ない。

　第 2 にこのとき，国境を越えた公共圏で醸成される規範的言説がいかなる影響力をもつかという有効性問題が持ち上がってくる。不安定なコミュニケーションの流れでしかない諸言説は，法・行政権力に結び付く転換条件（transition condition）や公的期待を執行する政体の能力条件（capacity condition）を満たして政策化されなければ，政治的有効性を持ち得ない。仮に国境を越えるコミュニケーションを通じてグローバルな公共圏が成立し，規範的言説が形成されても，主権国家以外のいかなる政体に拘束的決定とその執行を求めるべきかという問題は避けられないのである（表 8 - 2）。

表8-2　ポスト・ウェストファリア時代の公共圏の課題

【正統性問題】 いかなる共同体を基盤にできるか	【包摂性】 どのような範囲の人々が含まれるか
	【参加の等価性】 どこまで議論に参加できるか
【有効性問題】 規範的言説が政策化・執行されるか	【転換条件】 規範的言説が法・行政権力に結びつくか
	【能力条件】 公的期待を政策化して実現できるか

出所：Nancy Fraser, *Scales of Justice: Reimagining Political Space in a Globalizing World*, Columbia University Press, 2009, pp.92-97. をもとに筆者作成。

　このため、社会哲学の立場から公共圏を理論化してきたユルゲン・ハーバーマスも、近年は政治的公共圏が個別国家の社会においてのみ成立することを認め、こう述べる。

　　よく使われるバウムクーヘンの比喩は間違っている。つまり、解決策は、超国家的な公共圏を作り上げることにあるのではなく、すでに存在しているナショナルな公共圏のトランスナショナル化にある。つまり、個々のナショナルな公共圏は、既存のインフラ・ストラクチャーを大きく変えることなく、相互に開き合うことができるのだ。そうすれば、ナショナルな公共圏の境界はまた同時に、相互翻訳のためのポータルともなるであろう。(22)

　この見方によれば、国境を越える公共圏はグローバルな規模で統合された単一の政治空間としてではなく、それぞれのナショナルな公共圏が相互に翻訳されていく状態として成立する。

　このアプローチは、カントによる世界王国の迂回を思い起こさせずにはおかない。『永遠平和のために』において、彼は強大国が他の諸国を圧倒して世界王国を作り上げると、統治の範囲が広がり過ぎて法の威力が弱まり、魂のない専制政治が生まれるだろうと警告した。(23) その「魂なき専制」への危惧は、いまや地域統合の進展による「デモクラシーの欠損」や市場原理に基づいたグローバリゼーションが進行する現代世界の状況ともよく重なり合う。

すなわち今日では，グローバルに統合された単一の公共圏に先だって，ナショナルな公共圏が相互に開かれ，重なり合っていくトランスナショナル化の徴候を読み取ることが必要になる。言い換えれば，それは国境を越えて醸成されたグローバル規範がナショナルな公共圏へ「再埋め込み」されていく過程を浮かび上がらせることを意味するのである。

3　国内政治との再節合

トランスナショナル・リレーションズ研究の視座

　こうしたアプローチをとる場合，ポスト冷戦期の「トランスナショナル・リレーションズ」研究の蓄積を振り返っておくことは有益である。(24) この分野では，新たな公共圏のエージェントとして，国境を越えて活動する NGO や社会運動家，そして彼／彼女らが結び付いたネットワークのアドボカシー活動に注目してきた。(25) 実際，トランスナショナル公共圏が活性化する際には，しばしば国境を越える社会的アクター（Transnational Actor: TNA）がその「触媒（catalyst）」となる。このため経験的研究においては，従来の国家中心主義を社会中心のパースペクティブへ全面的に置き換えるよりも，むしろ TNA と諸国家の相互行為のモデル化が試みられてきた。(26)

　とくに，早くからハーバーマスのコミュニケーション的行為の理論に着目していたトーマス・リッセは，(27) 編著『トランスナショナル・リレーションズを呼び戻す：非国家主体，国内構造，そして国際制度』（1995年）の冒頭で，各国の国内構造と TNA の政策への影響力を関連づけている。彼は，国内構造を，(1)国家構造：集権的／断片的，(2)社会構造：薄弱／強固，(3)国家と社会の関係性：合意的／対立的の３つの指標で分析し，そこから(1)国家統制型（State-controlled），(2)国家優勢型（State-dominated），(3)膠着型（Stalemate），(4)協調主義型（Corporatist），(5)社会優勢型（Society-dominated），(6)脆弱型（Fragile）という６つの類型を導き出した（表8－3）。(28)

　興味深いことに，この枠組みでは TNA の国内諸制度への参入と政策への影響力にしばしば反比例の関係が見出されている。つまり集権性が高い国家統制型や国家優勢型の国家では，TNA が国内制度にアクセスすることは困難だが，

第Ⅱ部　規範履行の複合過程

表8-3　国内構造の性質と国際規範の媒介者としてのトランスナショナル・アクター（TNA）

国内構造の性質				政策形成へのTNAの関与	
国内構造の類型	国家構造	社会構造	国家-社会関係	国内制度へのアクセス	政策への影響力
①国家統制型 （旧ソ連，東ドイツ，ルーマニア）	集権的	薄弱	対立志向	最も困難	国家的アクターが，目標を受容すれば影響は広範囲
②国家優勢型 （シンガポール，韓国，ジンバブエ）			合意志向	困難	
③膠着型 （インド，1989年以前のハンガリー等）		強固	対立志向	やや困難	影響力は見込めず
④協調主義型 （日本）			合意志向	やや容易	漸進的だが長期間にわたる影響力
⑤社会優勢型 （香港，フィリピン，アメリカ合衆国）	断片的	強固	—	容易	支持を得るための連合形成が困難
⑥脆弱型 （ケニア，ロシア）		薄弱	—	最も容易	影響力は見込めず

出所：Thomas Risse-Kappen (ed.), *Bringing Transnational Relations Back in: Non-State Actors, Domestic Structures and International Institutions*, Cambridge University Press, 1995, pp.20-28. をもとに筆者作成。

　もしも国家がTNAと目標を共有した場合には政策への広範な影響力が獲得できる。ところが，権力が断片化している社会優勢型や脆弱型の国家では，TNAが国内制度に容易く接近できる反面，政策への影響力を獲得・維持することが難しい。そして集権的な国家構造のもとで国家と社会が対立している膠着型の国家ではTNAは影響力を確保し難く，逆に集権的な国内体制でも国家と社会が宥和的な協調主義型では，TNAは限定的ながらも長期的な影響力を維持しやすい。いわばそこでは，国内制度へのアクセスと政策への影響力との間にトレードオフが見出されるのである。

アドボカシー・ポリティクスの戦術分類

　このように，TNAが媒介するトランスナショナル公共圏と国内諸制度との

第8章　規範媒介者としてのNGO

関係は決して単純ではない。後述するように，そこには各国の政治文化をはじめとする様々な変数がある。しかしそれが多国籍企業であれ国際NGOであれ，TNAが特定目標を掲げて各国の政府に働きかける場合，そこには政策への影響力をめぐる政治過程が生じてくる（アドボカシー・ポリティクス）。このためマーガレット・E・ケックとキャサリン・シキンクは，トランスナショナルなアドボカシー・ネットワークの政治戦術に注目し，こう述べる。

　彼らは伝統的な意味では決して権力を持っているわけではないので，国家が政策を形成する際の情報や価値の文脈を変えるために，持てる情報，理念，そして戦略を用いなければならない。ネットワークが行っていることの大部分は，いわば説得と社会化だが，その過程では対立も避けられない。説得と社会化には，ただ反対派を論理的に説得するだけではなく，ときに圧迫を加え，強い圧力をかけ，制裁を促して，名誉を傷つけることも伴う。(29)

　たしかに，グローバル規範の政策化とその執行を政府に求めるNGOは，軍事力を持つ国家や経済力を有する多国籍企業と比べれば，「ハードパワー」の源泉を持っていない。また国政選挙で直接的な動員を展開できる利益集団とは異なり，国内に確固たる組織基盤があるわけでもない。それゆえ政策への影響力は，新たな情報や人々に訴えるシンボルの操作，あるいは他のアクターを動かす影響力や監督機関の説明責任の追及といった「ソフト・パワー」のかたちで行使されていく。
　ケックとシキンクによると，その活動は主に4つの戦術に分類できる。(30)第1に「情報政治（information politics）」では，NGOは既存のものにとって代わる新たな情報源を提供することで影響力を得る。提示された証言や調査結果は，問題の存在を露わにし，報道機関や政策決定者への警告として作用してきた。多くの場合，NGOは国内で政治的動員を恒常化する利益集団を持たないため，アドボカシー活動において新たな情報が戦術的に組み合わされて初めて，社会を政策の変更に向けて動機づけることができる。これに対して第2の「象徴政治（symbolic politics）」では，NGOは象徴的な事件をクローズアップし，人々の心を動かす説明を付け加えることで社会の問題関心を高め，支持者を拡大す

表8-4 トランスナショナルなアドボカシー活動の政治戦術

政治モデル	ソフト・パワーの主な宛先	政治戦術
情報政治	報道機関	新たな情報・調査結果・証言の提示
象徴政治	一般の市民	象徴的な事件の特定と説明
梃子作用の政治	政府・国際機関・多国籍企業	物質的・道義的な圧力の形成
説明責任の政治	政府・国際機関・多国籍企業	規範や原則についての責任追及

出所：Margaret E. Keck and Kathryn Sikkink, *Activist beyond Borders: Advocacy Networks in International Politics*, Cornell University Press, 1997, pp.16-25. をもとに筆者作成。

る。そして第3の「梃子作用の政治（leverage politics）」は，アドボカシー活動によって具体的に政策変更が達成されるように，政府や国際機関，多国籍企業への圧力をかけていく。その際，NGOは資金や物資に関する争点を取り上げる物質的梃子（material leverage）や国際的な監視下での「恥辱による動員」と呼ばれる道義的梃子（moral leverage）を駆使してターゲットに圧力をかける。さらに第4の「説明責任の政治（accountability politics）」では，NGOは政府や企業がコミットメントを表明した規範や原則への責任を問い，その言明と実践の乖離を批判する。このように，NGO自身が資金や軍事力といったハードパワーの源泉を十分に持たずとも，そのアドボカシー活動は政策変更へのソフト・パワーを行使する政治過程として把握できるのである（表8-4）。

こうしたいくつかの政治戦術を踏まえ，ケックとシキンクが提唱した「ブーメラン・パターン」は，政府と国内の社会集団との交渉経路が機能していない場合に，トランスナショナルなアドボカシー活動がいかに展開されるのかを特徴づけてきた。グローバル規範に沿って国家政策の変更を目指すNGOのアドボカシー活動が当該政府に受け容れられない場合，トランスナショナルなアドボカシー・ネットワークは，その問題に関わる国際機関や他の国家に働きかけ，グローバル規範の受容や履行への圧力をかける。従来から新たなコスモポリタニズムのヴィジョンを示してきたウルリッヒ・ベックの言葉を借りれば，「正統性資本とそれに伴う権利擁護運動の力は，結果的に真実をどの程度政治的要因に転換することができるか」にかかっていた。事実の発見や新たな証言それ自体は必ずしも政治的行為ではないが，それは他の国家や国際機関，NGO等と共有されることにより，国境を越えた政治的圧力として機能する。

国内社会への再埋め込み

　もっとも，これらトランスナショナルな闘争に注目した当初の研究では，グローバル規範がいかに国内社会に定着していくかという問題は看過されがちであった。たとえば，『社会運動の力』(1998年) の著者シドニー・タローは，トランスナショナルなネットワークの成立をグローバル市民社会の根拠と見ることには慎重である。むしろ彼は，そうしたネットワークを形成期にある国内運動に資源や機会を提供する外部行為者とみなす。

　要約すると，トランスナショナルな活動が国内政治に及ぼす効果が，最も重要な機能となるだろう。トランスナショナルなアドボカシー・ネットワークがあると，土着のものと輸入したものを資源に乏しい行為者が組み合わせることで，新たな国内運動を構築しやすくなる。少なくともそれらは，「想像の共通性」を作り出す助けになる。それにより，さもなくば孤立したままだった活動家は，自分たちは広く世界市民的な運動の一部であるという気持ちになれる。[34]

　タローによれば，トランスナショナルなアドボカシー・ネットワークもまた，新たな問題を政策課題に押し上げ，人々の自己理解に結び付けようとする点では国内運動と同じである。ただし，ナショナルな共同性を越えたグローバル規範が定着するためには，様々に異なる土着の政治文化と共鳴することが不可欠であった。

　たしかに，国際会議で掲げられるグローバル規範の普遍性やNGO／活動家の文化的・政治的中立性には，しばしば疑惑のまなざしが向けられてきた[35]。すでに振り返ったように，グローバル規範の拡大や浸透が大国の価値規範を押し付ける正当化のイデオロギーであり，国際会議やNGO等のエージェントはその布教に加担しているに過ぎないという嫌疑の歴史は古い[36]。このときNGOや活動家といったTNAが直面する正統性／有効性問題は，トランスナショナル公共圏が直面した2つの構造的課題と通底している。グローバル規範の「再埋め込み」が，国外から強制された結果としてではなく，まさしく規範の浸透や拡大と見なされるためには，それはトランスナショナル公共圏と共鳴した国内

の政治過程を通じて内面化されなければならない。ここにおいて、グローバル規範の「再埋め込み」は単なる言説受容の動態を越えて、正統性と有効性をめぐる政治課題として立ち現れるのである。

そのため、リッセとシキンクが主導して各国における人権規範の影響力を検証した『人権の力：国際規範と国内変化』(1999年)では、国内構造に注目するアプローチとTNAの政治戦術を重視する視点が組み合わされることになった。そこから導き出されたのは、グローバル規範が国内に定着していく社会化過程の理論モデルである[37]。

まず彼らは、社会化の到達点を「アクターにとって規範が内面化され、その遵守を確保するためにもはや外的な圧力を必要としない状態」と定義した。グローバル規範がそのように内面化されるためには、(1)順応と戦略的取引、(2)道徳的な自己発見・"恥辱"・論争・対話・説得、(3)制度化と習慣化 (habitualization) といった一連の段階を経る必要がある。すなわち、グローバル規範や原則的理念の国内社会への埋め込みは、ある時は道具的順応 (instrumental adaptation) や戦略的取引により、また別の時には従うべき道義をめぐる論争的言説 (argumentative discourse) を通じて、国内社会で制度化され、内面化されなければならない（図8−2）。

むろんこうした「再埋め込み」は、おのずから進行するわけではなかった。リッセとシキンクがとくに注目するのは、やはりグローバル規範と主権国家の政策方針に懸隔が生じた場合である。その際、彼らは従来のブーメラン・パターンを〈国内−トランスナショナル−国際〉といった重層構造のなかにあらためて位置づけている。その「規範のらせんモデル」では、国家がグローバル規範の履行を求める国内組織を抑圧し（第1段階）、内政不干渉原則を主張して国外からの圧力を拒絶する状況（第2段階）から、国際的なネットワークの助力によって国内運動が活発化することで戦術的譲歩を余儀なくされ（第3段階）、グローバル規範を政策に対して規定的地位にある規範として受け容れ（第4段階）、規則と調和した行動をとるようになる（第5段階）までの一連の過程が理論化された（図8−3）。

ここで重要なのは、これらの政治過程が〈国内の社会集団⇔主権国家⇔国際的／越境的なネットワーク〉の間の相互行為として描き出されたことであろう。

第8章　規範媒介者としてのNGO

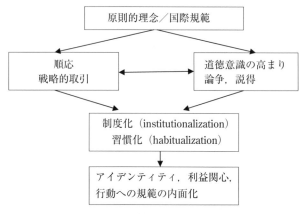

図8-2　規範の社会化プロセス
出所：Thomas Risse and Kathryn Sikkink, "The socialization of international human rights norms into domestic practice: introduction, " in Thomas Risse, Stephen C. Ropp, and Kathryn Sikkink (ed.), *The Power of Human Rights: International Norms and Domestic Change*, Cambridge University Press, 1999, p.12. を翻訳して転載。

　トランスナショナル公共圏を活性化するNGOのアドボカシー活動は，国内の政治過程と国際的な政治過程の往復のもとでかたちづくられている。つまり，特定のグローバル規範を拡大しようとする諸国家やトランスナショナルなNGO／活動家のネットワークは，国内の諸集団の動員や強化を通じて初めてグローバル規範の社会化を達成できる。この過程を欠いては，グローバル規範のカスケードも，既存の国際制度のなかで大きな影響力を持つ諸国家やその代理人による規範の強制に過ぎない。それは，いわば普遍主義の「偽装」に留まってしまうのである。
　それゆえ，国民国家を超える代表制やデモクラシーを検討したミヒャエル・チュルンとグレゴール・ウォルター－ドロップは，公的言説を支える力強いインフラストラクチャーや連帯感が依然として不十分であることを認めたうえで，なおも政府間制度と対照してNGOの意義を強調する。

　確認できる限り，問題の核心は依然として代表制の異なる様式に関わっている。専門分野に特化した国際制度では，大国の支配はそれらの諸制度をさらに民主化する際の大きな障害になっている。この支配に歯止めをかけること

第Ⅱ部 規範履行の複合過程

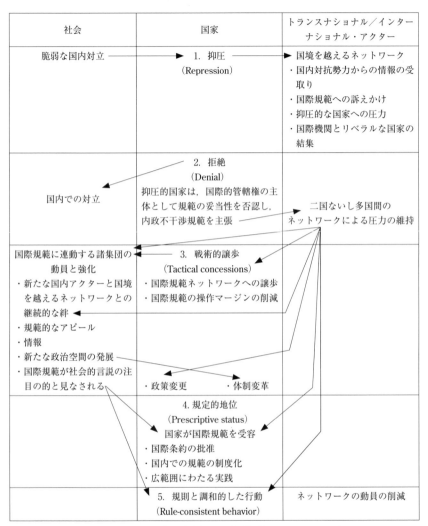

図8-3 国際規範の社会化を示す「規範のらせんモデル」

出所：Thomas Risse and Kathryn Sikkink, "The socialization of international human rights norms into domestic practice: introduction," in Thomas Risse, Stephen C. Ropp, and Kathryn Sikkink (ed.), *The Power of Human Rights: International Norms and Domestic Change*, Cambridge University Press, 1999, pp.20. を翻訳して転載。

が，非常に重要である。代表制の議会主義的様式を強化することも魅力的だが，近い将来にそれが生じる見込みは薄い。ここに諸国家の支配に対抗するような，国境を越えるNGOの台頭に期待する理由がある。国際制度においては，現在一般的に認知されている水準以上に体系的にNGOの参加を受容れるべきであろう。ただしそこには，異なる分野別のサブシステムが互いに調整されるようなメカニズムが欠けている。まさにナショナルな，そして分野別の境界を乗り越えていくような幅広く公的な議論が欠けていると強く感じられている。

国際連合や世界貿易機関（World Trade Organization: WTO）をはじめとする国際機関や多国間条約をめぐる国際会議が，しばしば各国家の国益追求をめぐるアリーナ（闘技場）でしかないことはよく知られている。むしろ，これらの政府間交渉がそれぞれの国益に分断されがちであるからこそ，貧困・平和・人権・環境等の問題解決それ自体に関心を持つ政治的アクターとして，必ずしも国民を代表してはいないNGOに公共的な役割が期待されているとも言えよう。

消滅する媒介者？

こうして「トランスナショナル・リレーションズ」研究は，グローバル規範の拡大や浸透をTNAと主権国家の相互行為として理論化してきた。なるほど当初の「ブーメラン・パターン」では，NGOの役割はグローバル規範を遵守しない政府に国際的な圧力を喚起するところに見出されている。だがそのパターンを一連の政治過程として精緻化した「規範のらせんモデル」では，グローバル規範の受容や拡大における国内過程の重要性が暗示されてきた。タローが指摘したように，グローバル規範の「浸透」が外部からの「強制」に陥らないためには，それが各国内の政治過程に埋め込まれることが不可欠なのである。

ここにおいて，NGOのアドボカシー活動が持つもう1つの側面が浮かび上がってくる。国境を越えたアドボカシー・ネットワークに参加するNGOは，同時にまた国内の政治的アクターとしても活動する。この点では，NGOの政治的役割は「外から」主権国家に圧力を加えることに尽きるわけではない。国境の内側／外側（inside/outside）の狭間で活動するその二面性ゆえに，グロー

バル規範を国内の政治過程に埋め込む NGO のアドボカシー活動は，ナショナルな公共圏の「内なる国際化」という側面を持つ。

1986 年の『外交青書』によれば，「内なる国際化」とは，「外からの異質なものを受け入れるという意識の面における国際化」を意味していた[40]。また初瀬龍平は，自治体の国際化政策を 1980 年代前半までの国際交流，1980 年代半ばからの内なる国際化，1990 年代以降の国際協力の 3 つに類型化し，内なる国際化の重点を「日本社会を外国の人や文化にどのように開放していくか」に見出している[41]。各国内の公共圏で自然発生的に生じてきたとは言えないグローバル規範を国内で社会化していくアドボカシー活動は，まさにこの意味で内なる国際化と呼ぶに相応しい。言い換えれば，NGO のもう 1 つの政治的役割とは，ナショナルな公共圏を「内から」トランスナショナル化していくところにある。

その際，NGO の役割はいわばグローバル規範の「媒介者（mediator）」である。国境を越える公共圏の政治的可能性が「ナショナルな公共圏のトランスナショナル化」にあるとすれば，異なる公共圏の間で「相互翻訳」を促す媒介者の役割は，決定的に重要となる。ただしその立ち位置は，既存の通念から断絶した規範や価値観を新たに社会に導入・定着する条件を創りだしたのちに，自らは消え去ってしまう「消滅する媒介者（vanishing mediator）」であるかもしれない[42][43]。ときに指摘されるように，社会問題の解決を担う NGO の最終目標が「その存在が不要になること」だとすれば[44]，グローバル規範を各国内で社会化する NGO アドボカシーの動きは，文字通り「消滅する媒介者」と重なり合う。このために，国内政治との再節合すなわちグローバル規範の「再埋め込み」の動態分析では，NGO と政府が国内の政治過程でいかなる関係性を構築しているのかを問うことが必要になってくるのである。

4　日本における政府―NGO 関係の史的展開

政治文化としてのコーポラティズム

もちろんリッセの類型化が明らかにしたように[45]，政府と NGO の関係のあり方は，それぞれの国家や社会の性質によって大きく異なる。クラズナーの言葉を借りれば，「異なる国々は，異なる法規，国内政治構造，そして規範的価値

を持っている」[46]以上，TNAがいかに組織化されるかさえも，国家の性質や社会のあり方から影響を受けざるを得ない。

　まとめて述べれば，国家権力は異なる2つの流儀で理解可能である。第1に，より強力な国家（ここでは，国家は制度構造あるいは政体として理解されている）は，国境を越えて活動する人や組織がその枠内で動かなければならない基本的規則を定めている。第2に，もし国家を行為者として，もう少し正確に言えば意思決定の中心的機関として理解するならば，諸国家と国境を越えて活動する人や組織の相対的な能力こそが，具体的な紛争から何が産み出されるかを決定している[47]。

　たしかに，この視点では国境を越える公共圏の有効性問題は，諸国家の政策遂行能力に再接続されることで解消できる。ただしそれは，NGOのアドボカシー活動が国家によって方向づけられていることを意味しない。むしろそこで重要な変数となってくるのは，国家と社会の関係を規定している政治文化である。
　たとえば，ピーター・J・カッツェンシュタインと辻中豊による日米経済交渉の分析は，同じく先進国であり，民主主義国でもあるアメリカ合衆国と日本の政治文化がまったく対照的であることを明らかにしている[48]。その分析によれば，国家と社会の関係性は，(1)社会の性質，(2)政府権限の強度，(3)基盤となる価値規範，の3つの座標軸で確認できる。
　まずアメリカ社会は，19世紀から20世紀前半にかけて多様な移民を受け入れることで多元主義を確立してきた。また，権力を分割する連邦制や違憲立法審査権，政権交代に伴う政府官僚の入れ替え，あるいは訴訟制度等により，連邦政府が社会や経済に直接に行使できる影響力はかなり制限されている。さらに，社会における多元主義と制限された国家の権能の持続的基盤として，自由市場を信奉する強固な価値規範が広く浸透していた[49]。
　他方，日本社会はアメリカ社会とは対照的に同質性を特徴とする。国家と社会の距離感がきわめて近いために，そこでは諮問委員会と結び付いた官僚組織がしばしば絶大な権能を持つ。そして，これら社会的同質性と強力な政府権限

表8-5 国家と社会の関係性をめぐる政治文化

	アメリカ合衆国	日本
①社会の性質	多元主義 (19～20世紀の移民の受容)	同質性
②政府権限の強度	制限的 (連邦制・猟官制・訴訟制度)	自律的 (持続的影響力を持つ官僚組織)
③基盤となる価値規範	自由市場の信奉	「双方の合意」の重視

出所:Peter J. Katzenstein and Yutaka Tsujinaka, "Bullying, buying, and binding: US-Japanese transnational relations and domestic structures," in Thomas Risse-Kappen (ed.), *Bringing Transnational Relations Back in: Non-State Actors, Domestic Structures and International Institutions*, Cambridge University Press, 1995, pp.83-86. をもとに筆者作成。

の基盤には,国家の自律性を市民社会へと埋め込むために「双方の合意」を重視する価値観があった。日本の政治過程にもまた,基盤となる価値規範が存在するものの,それは必ずしも明示的ではなく,むしろ合意や調和,バランスといった概念で表される(表8-5)。

そこでは,公共政策が技術的自律性の成長と国際協力の追求によって経済的繁栄と社会的安定性を増進し,日本の長期的利益に奉仕するという想定が幅広い層に共有されている。「(調和を意味する)和」,あるいは「(互いの成功を意味する)共栄」という概念は,伝統的にこの規範を表現してきた。最近では,多くのビジネス・リーダーや政治指導者,法学者が,(共存や懇親を意味する)「共生」という新たな概念に言及している。[50]

「双方の合意」という価値規範は様々に表現されるとはいえ,その政治文化としての影響力は持続的である[51]。カッツェンシュタインと辻中によれば,国家と社会の相互合意を重視する日本の規範システムこそが,市場開放を志向するアメリカのビジネス界や政治家からの圧力への防波堤であった[52]。

なるほど,トランスナショナル・リレーションズは今日の世界政治において重要であるとしても,近代化やグローバリゼーションの進行が国家-社会関係をかたちづくる政治文化の収斂にまで達しているとは必ずしも言えない。むしろ国内構造は,しばしば政府とTNAの政治的行動の動因を創り出す。リッセの分類によれば,集権的な国家と強固な社会構造が存在し,両者の関係が合意志

向であるとき，そこには「コーポラティズム的な」政治構造が形成される。日本の場合には，政策形成を担う国家の官僚組織と比較的に同質的で固定化された社会構造のもとで，両者の合意が模索されてきた。

　ここで問題となるのは，このコーポラティズム的な構造のもとで，NGOを媒介とするグローバル規範の再埋め込みがいかなる形態をとるかである。すでに確認したように，ケックとシキンクが提唱した「ブーメラン・パターン」は，政府と国内の社会集団との交渉経路が有効に機能しない場合に，トランスナショナルなアドボカシー活動がいかに展開されるのかを特徴づけていた。また，このパターンを国内政治過程にあらためて埋め込んだ「規範のらせんモデル」でも，国家と社会が対立的であることが前提だった。そこで以下では，これらの理論モデルを踏まえつつも，コーポラティズム的な日本の政治文化のもとで，いかなる政府 – NGO 関係が展開されてきたのかを歴史的に検証・分析してみよう。

黎明期のパターナリズム

　日本のNGOのアドボカシー活動を検証した藤岡恵美子によれば，開発・環境・人権等の政策をめぐる日本政府とNGOの交渉の歴史は必ずしも長いものではない。カッツェンシュタインと辻中も確認していたように，日本の国家官僚の強い権限のもとでは，伝統的にいわゆる「お上」意識が見られ，外交政策の立案過程で市民の声を直接的に反映するという発想はほとんど見られなかった。ただし，国際協力NGOの側からは，国益を追求する外交政策と国際協力の接点となるODAをどう変えるかという問題意識が1980年代後半から抱かれていたとも言われる。

　なるほど藤岡や越田清和が振り返っているように，日本において政府とNGOの関係が目に見えるかたちをとったのは1990年代に入ってからである。この時期には，1998年の特定非営利活動促進法（通称NPO法）の議員立法に先立って，各官庁がNGOへの資金支援の制度を立ち上げていった。まず1989年に外務省がNGO事業補助金を創設すると（補助対象を削減しながら2017年現在も継続中），1991年には郵政省が国際ボランティア貯金の募集を開始し（郵便貯金事業の民営化に伴い2007年に終了），さらに1992年にリオデジャネイロで開

催された「環境と開発に関する国連会議」(地球サミット)を受けて,翌1993年には環境庁が官民の拠出による地球環境基金を設立した。

　とはいえ当時の時代状況を考慮すると,これらの支援制度の設立は必ずしもNGOのアドボカシー活動の成果であったとは言えない。一連の動きが加速した背景には,1990年8月のイラクによるクウェート侵攻を受けた第1次湾岸戦争への対応をめぐり,日本の国際貢献のあり方が国内外で厳しく問われるという事態があった。すなわちNGOと政府との接点は,冷戦の終結に伴う外交戦略目標の喪失のもとで,いわゆる「顔の見える援助」をどのように達成していくかという政府側の問題意識のなかで始まっていたのである。

　この意味では,日本における政府-NGO関係の黎明期には,3つの点でコーポラティズム的な政治文化が見出せよう。第1に,そこでは各官庁のイニシアティブのもとでNGOとの接点が生み出されていた。当時,いくつかのNGOはODAへの問題意識を抱いていたとはいえ,様々な資金支援制度の設立が霞が関主導であったことは否めない。第2に,これら政府とNGOの接点は,国家による市民社会への資金支援という形態をとった。ここには,国家から社会集団に向けられた一種のパターナリズムのもとで,国家と社会が協調する政治文化が浮かび上がっている。そして第3に,矢継ぎ早に設置された複数のNGO支援制度は,明らかに外務省・郵政省・環境庁等の官僚組織の専門分化を反映していた。そこには,高い専門性とそれに伴う持続的な管轄権限により,政治家よりも官僚が実質的な権能を持つという日本政治の特性が映し出されている。

　これら,(1)国家のイニシアティブ,(2)政府から社会集団への資金支援,(3)官僚組織の専門分化の反映,というかたちをとる日本の政治文化は,1994年に外務省経済協力局(当時。2006年8月に国際協力局へ改組)に設置された新たな「室」の名称にも映し出されていた。NGO支援を専属に担当するために創設されたこの課室「民間援助支援室」(通称,NGO支援室。後に民間援助連携室に名称変更)で初代室長を務めた五月女光弘(後に初代NGO担当大使に就任)は,当時,次のような言葉を残している。

　私はこれまで国際化・国際交流推進担当企画官として,自治体の方々や民間

第 8 章　規範媒介者としての NGO

団体の方々とご一緒に仕事をしてまいりましたが，その方々に加えて，これからは開発援助に取り組んでおられる NGO の皆様ともお仕事をご一緒できることを幸せに思っております。どうかお気軽に私どもの部屋にお越しいただき，どのようなことでもお話になって下さい。[57]

図らずもこの言葉から読み取れるように，外務省にとってそれまで NGO の存在意義は決して高いものではなかった。またここには，政府が NGO を支援・育成するという志向性も投影されている。カッツェンシュタインと辻中が見出したように，「概して多くの社会セクターには政府の意向が浸透しているか，政府によって間接的に組織化されている[58]」という日本型パターナリズムを，ここに見出すことは決して難しくないだろう。

制度化された「対話」

　もっとも，日本における政府と NGO の関係は，これらパターナリズムの色彩が否めない支援制度と外務省における民間援助支援室の設置によって大きく前へ踏み出すことになった。第 1 に，これらの支援制度は多くの官庁と NGO の間に共通のテーマを提供する。この時期以降，調査研究やアドボカシー活動に特化した一部の NGO のみならず，途上国の開発援助に携わる多くの現場型 NGO が政府との「対話」に関心を示すようになった。活動資金の確保という現実的誘因は，従来まで非政治性を謳ってきた NGO の視線を自国の政府に向けるきっかけとなる。[59] またドナーである各官庁の側でも，新たな支援制度を運用するために NGO との対話を深める必要性が認識されていった。こうして「顔の見える援助」を推進するための NGO 支援制度は，皮肉にも国内で政府と NGO が共有できる議題を創出し，両者に対話の必要性も認識させるという意図せざる結果をもたらしたのである。

　第 2 に，外務省に常設の組織として民間援助支援室が設置されると，政府と NGO は突発的な国際事件や国際会議に対応するアドホックな交渉を越えて，定期的な対話の制度化を図るようになった。民間援助支援室の設置からわずか 2 年後の 1996 年に発足した NGO 外務省定期協議会は，この時期に国内交渉のチャンネルが急速に制度化されたことを示している。1997 年には，大蔵省（当

時。2000年に財務省に再編)とNGOの間でも国際金融機関等への拠出金に関する懇談会が開催され、国際開発金融機関(Multilateral Development Banks: MDBs)の最大出資国である日本の説明責任や政策決定過程の問題を話し合うNGO大蔵省定期協議会が発足した(2001年にNGO財務省定期協議会に改称)。さらに1998年10月には、日本のODAの実施機関である国際協力事業団(当時。2003年に独立行政法人国際協力機構に改組。Japan International Cooperation Agency: JICA)との間にNGO-JICA協議会が定例化され、2001年度には円借款を担当する国際協力銀行(Japan Bank of International Cooperation: JBIC)との定期協議会も設置される(2008年にJICAと海外経済業務を統合したためNGO-JICA協議会と統合)。これら諸官庁とNGOの協議の定期化にあたっては、NGO側と各官庁側にそれぞれのセクター内でのコーディネートを担う組織／部局が定められ、議題の選定、関連する団体や部局の参加調整、協議後のフォローアップ等を担当した。

　第3に、こうした「対話の制度化」のなかで、交渉のチャンネルは援助政策の立案レベルにも広がっていった。まず1998年度にODA予算の大幅削減が決定されると、「量から質へ」の転換を図るため、外務大臣の諮問機関として「21世紀に向けてのODA改革懇談会」が発足する。この会合には、経済界(2名)、学界(2名)、マスメディア(2名)、民間シンクタンク(2名)、元外交官(1名)に加え、途上国で開発援助を展開するNGOの連合体から1名のメンバーが入っていた。さらに2001年から2002年まで開催された第2次ODA改革懇談会やODA総合戦略会議(2002～06年)、国際協力に関する有識者会議(2007～10年)等、外務大臣の諮問会議にもNGO関係者2名が委員として参加し、その流れは2011年以降も外務省国際協力局長のもとで開催される開発協力適正会議に引き継がれていく。こうして援助政策の理念はもとより、ODA大綱・中期政策・国別援助計画等、いわゆる援助政策の「上流」における日本のNGOセクターの関与が常態化するようになった。

　ただしこれらの動きもまた、コーポラティズム的な政治文化と無縁ではなかったことには注意が必要である。『国際開発ジャーナル』編集長・主幹としてODA政策に関わった荒木光弥が述懐するように、1990年代に先進各国が「援助疲れ」に陥るなか、1989年からの10年間、日本はアメリカ合衆国を抜

第 8 章　規範媒介者としての NGO

いて世界一のトップドナーであった。[65] しかし冷戦終結による戦略目標の喪失と長期化する景気後退のもとで，2000 年代の ODA は凋落の一途を辿り，最高額を記録した 1997 年（1 億 1687 億円）と比べ 2013 年度（5573 億円）の一般会計予算は 50％にも満たなくなる。[66] 2000 年代までに，各官庁は世論からの批判や財務省からの予算削減圧力に対処するため，予算根拠の正当化に迫られていた。こうしたなか外務省は，「量から質への転換」「国民参加」「戦略性」「透明性」「官民連携」等，様々な改革の旗印のもとで ODA と NGO の連携を図っていく。当時，切れ目なく開催された外務大臣の諮問委員会には，こうした国内外の動向が密接に絡み合っていたのである。

たとえば，2002 年 3 月の第 2 次 ODA 改革懇談会の最終報告では，「国民の心，知力と活力を総結集した ODA」と題した項目で，「NGO との連携」が次のように求められている。

> ODA のパートナーとしての NGO の重要性が高まっている。NGO との役割分担をより明確なものにする必要がある。今後は，ODA 政策の実施面のみならず策定過程および評価面においても，開発途上国の現場についてのきめ細かな情報や多様な経験をもつ NGO との連携を積極的に進める。官と民が協力すると同時に，相互に「切磋琢磨」すべきである。
> 　政府による NGO 支援を強化するとともに，NGO に対しては，体制・能力の強化，適格性・透明性の確保のための一層の主体的な努力を求める。[67]

この文章からは外務省と NGO の両義的な距離感をうかがうことができる。つまり外務省は，予算削減圧力のもとでより効率的かつ効果的な ODA 政策を遂行するために，政策形成〜案件実施〜事後評価といった一連の流れのなかで NGO との連携を追求した。しかしそこでは，同時に NGO に ODA のパートナーとしての適格性や能力強化も求められていく。一方で，ODA 案件の実施にとどまらず政策の形成や評価に関与することは，NGO が「監視犬」「盲導犬」「警告犬」の役割を果たすことを意味する。だが他方でそこでは，引き続き外務省が「ODA のパートナー」として日本の NGO を育成することも想定されていたのである。

このように，1990年代の支援制度から始まった政府－NGO関係の黎明期には，NGOは各官庁が支援し育成すべき対象と見なされがちであった。だが2000年代までには，このパターナリズムにある種の綻びが生じ始める。当時アドボカシー活動を展開していたあるNGO関係者がいみじくも述べたように，この時期以降，政府とNGOの関係は「片手で握手・片手でビンタ」となった。一方で日本政府は，ODAを国民参加という文脈で擁護しつつ，ODA政策の効率的かつ効果的な達成に貢献するNGOの育成を進める。しかし他方で，日本のNGOはこの潮流を捉えて政府の能力強化支援を受けつつも，ODA政策が露骨な国益追求の手段として使用されることを批判していくのである。

両義性の顕在化

もちろん，異なるセクター間の両義的な関係は，現実の政治過程において珍しいものではない。妥協と取引，深慮とバランス，微妙な距離感の維持といった駆引きは，政治ではごくありふれた光景である。ただし日本の政府－NGO関係の展開で興味深いのは，こうした両義性さえもコーポラティズム的な文脈で顕在化したことであった。

たとえば2000年代初頭には，外務省はNGOの活動環境整備支援事業として「NGO研究会」制度を開始し，NGOの組織化を後押ししている。農業農村開発NGO協議会（2000年～），教育協力NGOネットワーク（2001年～），GII/IDIに関する外務省とNGOとの懇談会[68]（2001年～）等の相次ぐ設立は，この時期に農村開発・教育・保健等に特化した日本のNGOを分野別に組織化していく政策がとられたことを示している。それは，外務省の支援によりNGOが組織化されることを意味したが，同時に多様なNGOが分野ごとに連携して政府と対話することも可能になった。ことに2000年には，NGO・経済界・政府が協力して緊急援助を行う「ジャパン・プラットフォーム」が発足し，3つのセクターと有識者からなる理事会がその運営を担うシステムが構築される。政府と経済界が資金をプールし，武力紛争や自然災害の際の緊急人道支援にNGOが出動するこの画期的な仕組みは，対外的には「日本の顔の見える援助」の象徴となったが，同時にまた国内的には国家と社会の合意を基盤とするコーポラティズムの具現化でもあった。

第 8 章　規範媒介者としての NGO

　たしかに，2000 年代には，相次ぐ諮問会議や NGO 側からの提案を受けて，外務省は NGO の能力強化への支援制度を拡充している。2007 年には外務省と NGO との間で「国際協力広報連携タスクフォース」が結成され，外務省のパンフレット『国際協力と NGO：外務省と日本の NGO のパートナーシップ』のなかで次のように述べられた。

〇 NGO がなぜ重要なのか？
　…政府中心の援助では対応が困難な草の根レベルのニーズをよく把握し，すぐに行動を起こし，木目の細かい支援の手を差し伸べることができます。また，活動資金も寄付金等 NGO の活動目的に賛同した人々からの善意である場合や公的資金の場合もあり，いわば，日本の「顔の見える援助」の代表格です…
〇外務省と NGO の協力
　外務省は，国際協力に対する国民の理解と支援を得る上で，また，政府開発援助（ODA）の有効性を高める上で，NGO と積極的に協力しています。この外務省と NGO のパートナーシップには大別して 3 種類があります。「連携」，「協力」，「対話」です。

　なおこのパンフレットでは，「今後の課題」として，長い歴史と確立した組織基盤をもつ欧米諸国の NGO と比べ，日本の NGO は活動強化や拡充の余地が大きいことも指摘され，2000 年代初頭から続く政府―NGO 関係の両義性も映し出されていた。
　そしてこの両義性が最も鮮やかに浮かび上がったのは，外務省と NGO の包括的な対話チャンネルとなっていた NGO 外務省定期協議会の再編であった。1996 年以降，この協議会では，4 回／年の開催のなかで外務省の ODA 予算編成をはじめ，NGO と外務省の相互学習や共同評価，国別援助計画をめぐる意見交換等，NGO への支援策から援助政策の立案・評価に至る幅広い議題が扱われている。だが開始から 5 年が経過した 2001 年度の第 3 回協議会において，「NGO・外務省の基本的関係のあり方」が検討された結果，翌年には，協議の枠組み自体が全体会議・ODA 政策協議のための小委員会・NGO 外務省パート

307

ナーシップ小委員会に再編されることになったのである。⁽⁷²⁾

　ここで注目すべきは，2つの小委員会の協議内容とNGO側の参加者資格に明らかな差異が設けられたことであろう。⁽⁷³⁾一方のODA政策協議会では，ODA中期政策や国別援助計画等，ODA政策全般が協議対象とされ，開発や緊急援助のみならず，環境・人権・債務救済等の分野からも個別のNGOの参加が認められた。つまりそこでは，多様なNGOがODA政策全般に対する「監視犬」「盲導犬」「警告犬」の役割を果たすことが企図されていたのである。他方，連携推進委員会では，協議内容がNGO支援策に限定され，NGOからは分野別・地域別等のNGO間ネットワークから選出された代表性を有する委員が参加した。つまりそこでは，途上国でODA案件に携わるNGOセクターとの連携が想定されていたのである。

　これらの相違は，国内で制度化された政府とNGOの「対話」が，当時，異なる2つの側面を持っていたことを示している。すなわちこの時期，日本のNGOは多種多様なNGOの協議参加を通じてODA政策を監視し，外交当局のアカウンタビリティを追求するのと同時に，NGO支援策をめぐる協議では委員をNGOセクターの代表に絞り込み，外務省のスキームの具体的改善を目指していたのである。事実，定期協議会が2つの小委員会に分化した翌年のODA政策協議会では，NGO側から，①イラク復興支援と国際平和協力のあり方，②債務放棄後のモニタリング，③－(1)「ODA大綱」見直しとODA総合戦略会議の役割，③－(2)「ODA大綱見直し」に関するNGOからの共同意見書といった政策課題が提起され，日本のODA政策の根幹が厳しく問われていた。⁽⁷⁴⁾

　他方，同時期に開催された連携推進委員会では，(イ)連携推進委員会の開催頻度，(ロ)外務省NGO支援策の改善のための調査分析・提言作業の実施，(ハ)日本NGO支援無償資金協力が議題とされ，支援制度の運用や実務上の改善提案が前面に押し出されていた。連携推進委員会でNGO側座長を務めた高橋秀行（国際協力NGOセンター，家族計画国際協力財団）は，当時の協議の冒頭で次のように述べている。

　　…先ほど能力開発が必要あるいはやりたいけれどもできないというのがあり

ましたが，ここを何とかしてほしいという声が大きく挙がってきている。そういう意味では，この連携推進委員会がいわゆる横断的に分野を超えた一つの委員会でございますから，ここでの検討で各 NGO あるいは分野ごとも含めての議論をスキーム上，あるいはその他いろいろな具体的な改善点をしていきたいと考えています。⁽⁷⁵⁾

ここに明らかなように，NGO セクターとしての代表性を強調する連携推進委員会では，ODA の理念やアカウンタビリティを問う対立的議題は迂回され，むしろ実務的課題を設定することで，問題発見と情報提供を通じた対外援助スキームの改善が追求されたのだった。

アドボカシーの2つのモード

このことは，日本型コーポラティズムのもとでは，異なる2つのアドボカシー戦術が展開されたことを意味する。一方で，ODA 政策協議会には，ケックとシキンクがモデル化した4つの戦術モデル——情報政治・象徴政治・梃子作用の政治・説明責任の政治——を見出すことができる。実際に同協議会で NGO 側コーディネーターを務めた高橋清貴（日本国際ボランティアセンター）は，イラク復興支援という当時の国際情勢に注視しながら，国際平和協力の理念，平和構築の考え方，過去の ODA のレビューの必要性等を問い質していた。[76]これら状況監視・政策批判型のアドボカシーには，まさにキーンの言う「モニタリング・デモクラシー」の実践が立ち現れている。

他方，連携推進委員会では，より微妙な政治力学が作用していた。政府との対立関係を回避しながら協調関係を深化させるその協議スタイルには，日本ならではのコーポラティズムを見て取ることができる。だがそこで生じていたのは，必ずしも政府方針への追随ではない。むしろその「対話」を特徴づけたのは，問題発見・情報提供型のアドボカシーを通じて，ODA を構成する個別のスキームを修正していくプラグマティズムであった。その際には ODA 政策の理念に対する直接的批判を迂回しつつ，運用・実務面から各スキームの問題が指摘され，途上国の現地情報や NGO セクターの要望の可視化を通じて，具体的な制度変更が提案されていく。このいわば「間接浸透」とも言うべき影響力

への接近は，コーポラティズムの政治文化に適合的なアドボカシー戦術だったと言えよう。

かつて軍事史研究を積み重ねたベイジル・H・リデルハートは，自らが見出した「間接的アプローチ」の汎用性について，次のように述べている。

新しい考え方を直接批判し，頭ごなしに攻撃することは，相手の頑固な抵抗を引き起こすものである。こうして相手の考え方を変えさせることがますます困難になる。相手の考え方を変えさせることは，相手と違ったわが方の考え方を，相手が疑惑を感じないような形で浸透させることによって，あるいは相手の本能的な反対行動と正面から対決せずに，翼側にまわって論破していくことによって，いっそう容易に，迅速に達成されるものである。間接的アプローチは「性の領域」にとってと同じように，「政治の領域」にとって基本的なものである[77]。

ケックとシキンクが提示した4つの直接対決型の戦術に対して，間接浸透型のアドボカシー活動では，(1)関係構築の政治，(2)問題発見の政治，(3)情報提供の政治，(4)改善提案の政治，が組み合わされる。つまりそこでは，まず政府との決定的対立によって交渉がデッドロックに陥ることを回避したうえで，既存の政治制度の運用・実務上の問題を指摘し，相手側が保有していない情報の提供によって交渉上の優位を確保しつつ，具体的な改善策の提案が積み重ねられていったのである。

事実 2002 年の再編以降，連携推進委員会は日本のNGOへの直接的資金支援である日本NGO連携無償資金協力の効果検証プログラムを外務省と共同で実施したほか，在外公館が中心となって開発途上国の公共団体やNGOを支援してきた草の根・人間の安全保障無償資金協力や一般プロジェクト，コミュニティ開発支援等の無償資金協力にも協議の範囲を広げていった[78]。すでに見たように，リッセらは国家構造が集権的で，国家と社会の関係が合意志向をとる協調主義型国家では，TNAによる国内制度へのアクセスが比較的容易であり，また政策への影響力は漸進的だが長期間にわたると分析していた。連携推進委員会を通じた間接浸透というアドボカシー活動は，この意味でコーポラティズ

表8-6　日本政府に対する国内NGOのアドボカシー・モード

	直接対決型のモード	間接浸透型のモード
対話の制度化	ODA政策協議会	連携推進委員会
協議対象	ODA政策全般	実施面での連携推進
外務省との関係性	対立的	協調的
アプローチの特性	状況監視・政策批判	問題発見・情報提供
影響力への戦術	①情報政治 ②象徴政治 ③梃子作用の政治 ④説明責任の政治	①関係構築の政治 ②問題発見の政治 ③情報提供の政治 ④改善提案の政治

出所：筆者作成。

ム的な政治文化に特有の政治戦術を映し出していたのである。

5　援助規範と国益の相克

全体会議という政治舞台

　このように2000年代には，日本のODAをめぐるアドボカシー活動は，異なる2つのモードに分化していった。一方には，ケックやシキンクあるいはリッセが注目したように，情報政治・象徴政治・梃子作用の政治・説明責任の政治を駆使して外交当局への圧力をかけていく直接対決型のモードがあり，他方には，関係構築・問題発見・情報提供・改善提案を通じて漸進的な制度変更を追求する間接浸透型のモードがある（表8-6）。これら2つのモードは，コーポラティズムの政治文化のもとで各々の交渉チャンネルを制度化することで，一方での交渉の膠着が他方の対話の停滞を招くリスクをヘッジしていた。いわばODAをめぐる「企画（plan）」「実施（do）」「監視（check）」「改善（action）」のサイクルへの関与を複線化することで，NGOはODA政策への柔軟な影響力を担保しようとしたのである。

　もちろん，この両者には政府との距離感をめぐって潜在的な緊張関係がある。制度化された「2つの対話」は，入念に意図された結果ではなく，NGOにODAへの協力を求めた外務省と市民社会の自律性を確保しようとしたNGOとの妥協の産物であった。そのためこれら2つのアプローチは，必ずしも完全

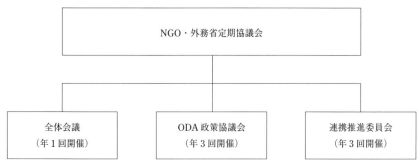

図 8 - 4　NGO 外務省定期協議会の構成
出所：外務省国際協力局　民間援助連携室パンフレット「国際協力と NGO」2016 年 4 月発行。
http://www.mofa.go.jp/mofaj/gaiko/oda/files/000071852.pdf, accessed on 29th September, 2016.

に分裂していたわけではない。一方で ODA 政策協議会には，議題を調整するコーディネーターのもとで多種多様な NGO が参加する。だが他方で，そうした NGO の多くは連携推進委員会の委員を選出する分野別・地域別のネットワークにも参加していた。つまり，協議に関与する NGO のメンバーシップの事実上 (de facto) の重合 (overlapping) により，両委員会の協議状況は共有され，双方の懸隔が一定の範囲に留められていたのである。

またこれに加え，制度上 (de jure) の統合機能を果たしたのが 1 回／年開催される全体会議であった（図 8 - 4）。再編から 2 年後の 2004 年度に全体会議が開催されるようになると，外務省と NGO の協議状況が広く共有されるとともに，その成果と課題がはっきりと可視化されていく。実のところ，大規模な全体会議では個別の争点について議論が深化することはなかったが，そこには小委員会にはない 3 つの機能があった。

第 1 の機能は，2 つのアドボカシーの「接合 (connecting)」である。すでに見たように「制度化された対話」は 2000 年代初頭から大きく 2 つの潮流に分化したが，全体会議では前年度の各小委員会の協議成果と課題が報告され，ODA をめぐる 2 つの対話の競合性・相乗性・補完性が露わになった。端的に言えば，一方の ODA 政策協議会では，政策の理念や方針に対する監視や批判が展開されたが，そこに根本的な変化をもたらすことは困難であった。他方の連携推進委員会では，各種の対外援助スキームの実務・運用面での改善が着実

に進んだが，スキームの枠組み自体の抜本的改革にまでは到達できなかった。全体会議の開催により，こうした機能分化が外務省・NGO の双方に認識され，それぞれのアドボカシー・モードの使い分けや連動の必要性があらためて認識されるようになる。

　第 2 の機能は，その「象徴化（symbolisation）」である。一般にいかなる協議でもその専門性や実務性が高まり，具体的成果を出そうとすればするほど参加者の幅は狭まる。2000 年代に分化した 2 つの小委員会は，決してオブザーバー参加の門戸を閉ざしたわけではなかったが，この陥穽から十分に逃れることはできなかった。これに比べ前年度の協議の成果と課題の振返や共有を目的とする全体会議は，外務省―NGO の連携と懸隔を示す象徴的な舞台となる。このため各年度の会議では，報告事項として協議状況が共有された後，「NGO と外務省の対話」（2004 年度），「NGO と ODA の連携の具体的方向性について」（2005〜06 年度），「NGO／市民社会と ODA の現状と今後のあり方」（2007 年度），「5 年間の定期協議のレビューと今後に向けて」（2008 年度）といった大枠の意見交換が設定されていた。

　そしてこの舞台の第 3 の機能は「格上げ（upgrading）」とも呼ぶべきものである。2000 年代当時，各小委員会における外務省からの参加者は，ほぼ国際協力局の政策課・民間援助連携室・開発協力総括課，国別開発協力課等の課長・室長レベルであった。彼／彼女らは，実務協議や制度運用についてある程度の裁量権を有するものの，より上位の政策や ODA の方針への影響力は限られている。これに対して全体会議では，小委員会に参加していない多くの NGO に加え，国際協力局長に次ぐ地位にある審議官の列席が慣例となった[79]。そのため NGO と ODA の連携・協力・対話の枠組みや方向性をめぐる協議は，この全体会議での意見交換を「突破口」としていく。通常，コーポラティズム的な政治文化のもとでは，市民社会の影響力は長期的でありながらも限定的である。日本の NGO にとって，全体会議は実務レベルの協議を越えて，上位政策への批判や関与を拡大するための貴重な機会だったのである。

援助効果をめぐるグローバル規範

　このように見ると，全体会議が日本型コーポラティズムの枠組みに収まらな

い規範の競合の舞台となったのは当然である。たとえば開始後5年が経った2009年度には,「援助効果にかかるパリ宣言 (以下,パリ宣言)」への対応をめぐって,NGOと外務省の意見が鋭く対立することになった。

そもそも「パリ宣言」は,2005年3月に経済協力開発機構 (OECD) の開発援助委員会 (DAC) の調整により開催された「パリ援助効果向上閣僚級会議」で採択された国際公約である。日本を含む91カ国の政府,国際機関,市民社会組織 (Civil Society Organization: CSO) が参加したこの会議では,2003年に発表された「ローマ調和化宣言」の原則や理念を確認したうえで,今後の援助効果向上のための原則として,(1)オーナーシップ,(2)アライメント,(3)調和化,(4)成果のマネジメント,(5)相互の説明責任の5つが確認されていた。

第1に「オーナーシップの強化」は,被援助国である途上国が開発政策,戦略,調和のとれた開発行動を策定し,効果的なリーダーシップを発揮することを示している。従来,開発援助は,援助を供与する先進国や国際機関 (ドナー) の優位を暗黙の前提としてきた。同宣言ではこの非対称性を問題視し,被援助国 (パートナー国) の自主性の尊重を確認している。第2に,「アライメント」ではドナーとパートナー国の整合性が含意される。援助の実施にあたりドナーは様々な手続きをとるが,その煩雑性は途上国の行政能力には大きな負担であった。そのため今後は,ドナーがすべての支援をパートナー国の国家開発戦略,制度,手続きに沿って実施することが求められる。第3に「ドナー間の調和化」では,援助実施手続きをドナー同士が調整し,パートナー国の負担を軽減することが盛り込まれた。そこでは,ドナー間の調和化と透明性,さらに集合的な効果が要請される。これらは,援助効果向上のために達成すべき要素とされ,それを包含する基礎的考え方として開発成果のための資源管理と意思決定を改善する「成果マネジメント」や,ドナーとパートナー国が開発成果について「相互の説明責任」を負うことが宣言された (図8-5)。

つまりパリ宣言では,被援助国の自主性の尊重,援助国・機関側が被援助国の手続きへ適合すること,さらに援助国間・機関間の調和化に加え,そこに通底する成果志向の枠組みや説明責任の相互化までもが新たな援助規範として確認された。それはまた,参加した国家,国際機関,そしてCSOが署名したマルチセクター型のグローバル規範だったのである。そこでは,規範の有効性を

第 8 章　規範媒介者としての NGO

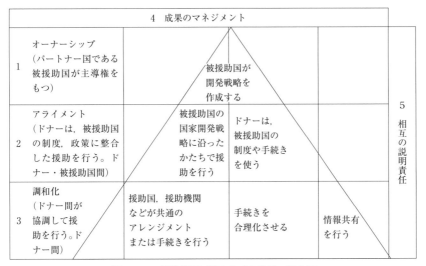

図 8 - 5　援助効果に関するパリ宣言の概念図
出所：OECD/DAC の援助効果ウェブサイトに基づき JANIC が編集したもの。国際協力 NGO センター　ホームページ「政策提言と調査研究：援助効果」より http://www.janic.org/activ/activsuggestion/supporteffect/index.php, accessed on 29th September, 2016.

担保するために目標達成が 2010 年に設定され，12 の指標によるモニタリングと評価を各国ごとに定期的に実施することも規定されていた[82]（表 8 - 7）。

　この宣言で提案されている改革は，グローバルレベル，地域レベル，国レベルでの継続的なハイレベルでの政治サポート，相互監視圧力，協調行動を必要とする。我々は，相互説明責任の精神に則り，本宣言の第 2 部に示されるパートナーシップコミットメントを実施することによって，変革のペースアップを約束する。我々はまた，本日合意し，本宣言の第 3 部に示す 12 の指標を計測することにコミットする[83]。

　もっとも，このことは援助を供与する先進国や国際機関の政策が援助効果の向上というグローバル規範の制約下に置かれることも意味した。被援助国のオーナーシップや国内手続きの優先，他のドナーとの調和化は，援助政策の立案・実施・評価における自由裁量の余地を狭めることにもなりかねない。つま

第Ⅱ部　規範履行の複合過程

表 8 - 7　援助効果に関するパリ宣言の重要な要素と指標

5つの重要な要素		12 の指標
オーナーシップ	1	被援助国が実現可能な開発戦略を持ち，中期的支出枠組みとリンクする
アライメント（整合性）	2	信頼できる被援助国の調達システムと公共財政管理システム
	3	国家の優先分野に沿った援助を行う
	4	協調された支援により能力強化を行う
	5	被援助国の公共財政管理システムと調達システムを利用する
	6	行政組織と平行した実施組織を設置しない
	7	援助の予測可能性を向上させる
	8	援助のアンタイド化を促進する
調和化	9	共通のアレンジメントまたは手続きを利用する
	10	共同で分析をすることを奨励する
成果のマネジメント	11	成果に基づく枠組み
相互の説明責任	12	相互説明責任

出所：OECD/DAC の援助効果ウェブサイトに基づき JANIC が編集したもの。国際協力 NGO センター　ホームページ「政策提言と調査研究：援助効果」より。http://www.janic.org/activ/activsuggestion/supporteffect/index.php, accessed on 29th September, 2016.

り，パリ宣言を厳密に遵守すれば，もはや援助をドナー側の利益増進の手段として露骨に実施することはできなくなる。まさにここにおいて，援助規範と国益との競合が生じてくるのである。

新たな援助規範をめぐるポリティクス

こうして目標達成年を目前に控えた 2009 年度の全体会議では，パリ宣言で明文化された援助規範をめぐり，NGO と外務省の間に激しい議論が交わされることになった。意見交換の冒頭，ODA 改革ネットワークの高橋清貴は，外務省が総論として5原則（オーナーシップ・アライメント・調和化・相互説明責任・成果主義）を認めつつも，それに伴う 12 指標に異論を唱えたことを問い質している。これに対して，国際協力局参事官の山田彰は次のように率直な応答をした。

　　日本政府は，パリ宣言や AAA にコミットしていますし，現に国際協力局の同僚も膨大な作業をそれに向けてしています。ただ，先ほど高橋さんが

おっしゃったように，全体の総論としてはオーケーでも，その一つ一つが本当にそれでいいのかということには疑問を持っているというのは，疑問というよりも，本当にこれで途上国の人達の幸せ，途上国の開発に役立っているかということに，私は個人的にも非常に疑問を持っています……援助は，開発とか途上国の人だけではなくて，国際政治のどろどろした部分があるとおっしゃいましたが，かなりそういう道具になっているのではないか。アクラの会合は，特に欧州が，自分たちの考え方を押し付けてくる，それに対して，日本やアメリカは，少し違った考え方もあるではないかと。[86]

この言明の底流にあったのは，欧州諸国が主導してきた新たな援助規範への疑念であった。パリ宣言は，いわゆる国家間の条約ではなく，政府・国際機関・NGOといった開発援助に携わるマルチセクターの枠組みで合意されたグローバル規範である。だが外務省は，その普遍性や中立性，さらには効果にも疑いを抱き，むしろそれを国際政治の力関係，とくに欧州諸国が国際援助における主導権を追求した結果と見ていた。

他方，日本のNGOは，連携推進委員会，ODA政策協議会を問わず，この新たなグローバル規範への日本政府のコミットメントを「道義的な梃子」と捉えていた。たとえば，「パリ宣言ありき」ではなく，むしろ効果的な援助をするためにどうすればいいか議論したいと述べた外務省の小田克起審議官兼NGO担当大使の発言に対し，当時，国際協力NGOセンター事務局長だった下澤嶽は，次のように反論している。

…援助効果に関する，理想と現実はあるかと思いますが，日本政府はその趣旨に同意して，サインをされて動いていますし，一定の責任をお持ちかと思います。それに対する日本政府の見解は市民やNGOに対してシェアされるべきではないかと思います。ですから，援助効果の枠組みを全部外して話しましょうというのは，考え方として乱暴かなという気がします。それに対する矛盾と実行不可能な点，結果がどこなのか，また何故なのかを，議論の流れを開発効果につなげていくとしても，その経過が生産的に話せることが意味があるのかなと思っています。[87]

ここに,ケックとシキンクが述べた「説明責任の政治」が展開されていることは言うまでもない。意見交換の司会を務めた大橋正明(国際協力NGOセンター理事長)が指摘したように,そこでは日本政府とNGOがともに署名したグローバル規範をめぐって,ある種の逆転現象が起きていた[88]。すなわち一方では,政府はすでにコミットメントを明らかにした規範について態度を留保しようとし,他方で日本のNGOは「梃子作用の政治」や「説明責任の政治」を展開して,そのグローバル規範の履行を迫ったのである。

こうして2009年度全体会議では,欧州諸国が主導してきた援助規範をめぐる国内でのポリティクスがはっきりと立ち現れていた。日本のNGOは,コーポラティズム的な政治文化のもとで制度化された全体会議の舞台を使って,グローバル規範への不明確な態度をとる外務省に国内から圧力を加えた。それに対して外務省は,政府としてのコミットメントを認めつつも,具体的なモニタリングや評価によって援助政策の裁量権が制約されることに強い反発を示したのである。そこで対立していたのは,単に国家と社会,官と民,外務省とNGOではない。それは,生成途上の新たな援助規範と援助政策に国益追求の余地を見出すパースペクティブとの「競合」であった。同年の全体会議では,2つのパースペクティブが歩み寄ることは決してなかったが,この意見交換を皮切りに援助規範をめぐる外務省とNGOの競合は継続され,2011年の援助向上第4回閣僚級会議(釜山ハイレベル・フォーラム)等とも絡み合いながら続いていったのである。

「開かれた国益」をめぐる相乗性と補完性

もっとも,コーポラティズムの政治文化では,国家と市民社会の間にいつも規範の競合が生じているわけではない。前節で確認したように,日本の外務省は予算削減圧力のもとで効果的かつ効率的な援助を維持するために,ODA政策の立案・実施・評価へのNGOの参加を要請し,NGOもそれに協力してきた。とくに2009年に民主党への政権交代が生じ,NGO海外活動推進議員連盟(2006～10年)会長を務めていた岡田克也が外務大臣になると,あらためて援助規範をめぐる言説空間が活性化する[89]。

第 8 章　規範媒介者としての NGO

　その舞台となったのは，やはり全体会議であった。2010 年 4 月 13 日に急遽開催された臨時全体会議では，外務省から大臣・副大臣・政務官の政務三役が出席する一方で，数多くの NGO が今後の ODA のあり方に提案を行い，活発な意見交換が繰り広げられた。まず，外務省が配布した資料「ODA のあり方に関する検討：これまでの議論の概要」で示された基本的考え方は，以下のようなものであった。

◆我が国の平和と豊かさは，世界の平和と繁栄の中でこそ実現可能との信念の下，引き続き，国際社会の様々な課題を解決するために積極的に貢献し，それにより，日本にとってより良い国際環境を創造していく。
◆グローバル化が進み，国境の垣根が低くなった今，ODA は決して先進国から途上国への"施し"ではなく，日本を含む世界の共同利益追求のための"手段"。[90]

　そこでは，国際社会の平和と繁栄が日本の平和と安定に直結するという戦後の外交理念を引き継ぎつつ，国益と国際社会全体の共同利益のさらなる連動や，グローバル化，新興国の台頭，開発協力の資金・主体の多様化・増加といった変化が意識されていた。ODA は日本のプレゼンス向上の手段とされ，基本方針案では，(1)貧困削減・平和構築・持続的経済成長という 3 つの重点分野，(2)日本の開発コミットメントや二国関係に照らしたメリハリのある対象地域・国，(3)欧米の財政支援や新興国のハコモノ中心とは異なる包括的支援や，企業・NGO・国際機関とのいっそうの連携が提示されている。[91]
　これらの理念や方針は，岡田外相が掲げる「開かれた国益」というアイデアに包摂されていたが，これに対して，当時，連携推進委員会 NGO 側座長であった大橋正明は以下の 6 点を要請している。

1. 日本の ODA は「開かれた，多様な国益」を目指すこと。
2. 日本の ODA は「人間の安全保障」のために使われること。
3. 国際協力に国民が広く参加できるようにすること。
4. ODA が専門的に扱われること。

5. ODA と NGO の様々な連携を飛躍的に強化すること。
6. ODA の質と量の拡充。[92]

一見したところ，その要請は「国民の強力な理解・支持」を希求した外務省の提示案に沿うものである。だが大橋は，「開かれた国益」に多様な NGO のミッションを反映する余地を設けたうえで，その目的をあらためて「人間の安全保障」へと繋ぎとめようとしていた。またそこでは，市民に開かれた一貫性のある援助実施体制を構築するため，援助の基本理念を明文化した基本法制定や，複数の省庁に配分されている ODA 予算を統合する国際協力省設置も提案され，NGO が ODA 戦略に深く連携すべきと主張されている。

他方，ODA 政策協議会のコーディネーターとして発言した高橋清貴は，「意味ある選択と集中を具現化する改革」として，目的と実施体制の改革を以下のように提案する。

1. ODA の目的の見直し
   【提案】経済成長モデルの限界を認識し，ODA は経済成長を前提としない社会を実現するために行う国際協力であることを明確にする。
2. 実施体制の改革
   ①独立した評価と公正な検証ができる体制の強化
   【提案】ODA に関する独立評価機関を設置する。
   ②「教訓」と「原則」に基づいた効果的な案件の選択
   【提案】事前に除外すべき ODA 事業のカテゴリーを設定，運用する。
   ③開かれた ODA への体質改善
   【提案】市民参加の下での過去 ODA の検証，開かれた討議の場の確保，地域の取り組みの支援と事例からの学び，開発教育の拡充などを進める。[93]

実のところそこには，経済成長中心モデルの見直しといった理念レベルでの対立が暗示されていた。また，独立の評価機関の設置や，軍事費が極端に多い国への援助・軍の関与がなければ実施困難な事業を「ネガティブ・リスト」に

第 8 章　規範媒介者としての NGO

記載すること，多様な水準での ODA への"市民統制"といった提案には，「監視犬」「警告犬」としての役割がはっきりと浮かび上がっている。

　もっとも，異なるアドボカシー・モードで提案されたこれらの要請は，実は相互に通底してもいた。第 1 に目的設定の水準では，ODA を狭義の国益追求から分節化することが目指されている。「開かれた国益」というアイデアを多様化しつつ，人間の安全保障の枠組みに係留すること，従来の経済成長型開発からの転換を促すことは，トリクルダウン仮説を自明視し，経済発展を中核とする ODA 戦略の修正を意味する。つまりそこでは，国家単位の経済発展モデルから，個々の人間をとりまく欠乏や恐怖からの自由へと援助規範の重心を移行させることが企図されていた。

　第 2 に実施体制の水準では，外交と援助の担当機関の分離が提案されている。ODA に対する国会の責任と権限を強化する基本法の制定や，専門特化した国際協力省の設置，事前・事後の評価を担当する独立機関の開設は，事実上，国際協力を外務省から切り離すことを意味した。言い換えれば，それは外交手段の 1 つになりがちな ODA 政策に，一定の自律性をもたらそうとする提案だったのである。

　そして第 3 に，そこでは ODA 政策の意思決定や実施過程の門戸を広く開くことが求められた。高橋清貴によれば，ODA の資源は資金や専門的技術だけではない。むしろ人々の知恵や実践という「民主主義の資本」を活かすことが重要である。戦略形成から案件評価を経て開発教育に至る幅広いレベルで情報公開を進め，NGO や市民の参加を促進する「民主化」こそが，国民の支持と公共の利益を増進すると考えられた。

　なるほど，互いに異なるアドボカシー・モードにもかかわらず，対外援助の目的・実施体制・プロセスの変更という点では，連携推進委員会と ODA 政策協議会の提案はコインの表裏のように連動している。ODA 政策の変更を目指す日本の NGO は，政権交代で開いた貴重な「交渉の窓」を最大限に活用しようとしたのだった。

　もちろん，国家経済発展モデルからの脱却，外交と国際協力の分離，援助プロセスの民主化といった新たな援助規範は，必ずしもすべて受容れられたわけではない。たとえば経済成長モデルからの脱却という提案については，岡田外

第Ⅱ部　規範履行の複合過程

務大臣は会議の席上で即座に疑問を呈している[94]。またこの全体会議があくまでNGO外務省定期協議会の枠組みで開催されていたことから，ODA基本法の制定や国際協力省の設置といった提案は十分に協議されなかった。これらの論点については，やはり外務省とNGOが抱く規範の間に大きな隔たりや競合の関係があったのである。

だがODAの意思決定や実施体制の透明性を高め，NGOや市民の関与を深めていく点では，会議の終盤，国際協力局長であった佐渡島志郎が次のように述べている。

　　だからは私は一時立ちどまって，逆に全部さらすというところにお金を使ったらどうかという発想をしております。「見える化」というプロジェクトと書いてありますけれども，まず，それをつくっておいて，皆さん方にどんどん見ていただいて，その後，更に次のことを考えるという手段を取った方がむしろ合理的ではないかと考えています[95]。

ここに浮かび上がるのは，もはや外務省とNGOの競合関係ではなかった。たしかに，国際援助を外交手段として活用したい外務省と，援助を途上国の生活向上という目的へ純化するNGOの間には，ODAの位置づけについて根源的な隔たりがある。しかし，この両者の間にも，ODAへの国民の支持を高めるという下位規範のレベルでは，明らかな相乗性があったのである。

結局，2010年6月に発表された外務省の検討結果「開かれた国益の増進：世界の人々とともに生き，平和と繁栄をつくる」には，ODAへの評価部門の独立性強化と外部人材の登用，過去の成功例・失敗例から確実に教訓を学びとるための仕組み，評価の「見える化」による情報開示等が掲げられた。またそこでは，開発協力について現場の知見を有するNGOの意見を参考とするため，外務大臣の下にNGOアドバイザリー・グループを設置すること，NGO外務省定期協議会で特定テーマを議論する分科会を設け，外務省政務レベルが対話に参加することも明記された[96]。この当時外務省とNGOは，目的や組織の水準で国際協力と外交を切り離すことでは，決して規範の共有に至らなかったものの，援助プロセスの民主化という点では，はっきりと相互の補完性を示してい

たのである。

6　グレート・ディヴァイドを越えて

　以上，本章では，ポスト・ウェストファリア時代の公共圏が，ナショナルな公共圏のトランスナショナル化として生成することを確認したうえで，国家とTNAの相互行為を理論化した「規範のらせんモデル」の含意を振り返り，グローバル規範の「媒介者」というNGOの役割を浮かび上がらせてきた。とくに，コーポラティズム的な政治文化を特徴とする日本では，外務省とNGOの対話が2つのアドボカシー・モードに分化しつつも制度化されている。ここでは，「パリ宣言」という生成途上の国際援助規範をめぐる競合関係と，「開かれた国益」という新たな国益規範の構築に関する相乗性や補完性を見出すことができた。

　一方で，各国政府が狭い国益を追求し，グローバル規範をないがしろにすれば，国境の内側／外側を媒介するNGOは，情報政治・象徴政治・梃子作用の政治・説明責任の政治といった諸戦術を展開して，政府が規範を履行するように国内で政治的圧力をかける。そこに伏在しているのは，異なるセクター間の対決というかたちをとった，グローバル規範と国益との間の競合関係に他ならない。

　しかし他方で，国益という理念が柔軟性と開放性を許容するとき，外交当局とNGOは必ずしも対決姿勢をとるわけではなかった。むしろそこでは，関係構築の政治，問題発見の政治，情報提供の政治，改善提案の政治といった戦術が選択され，間接浸透による政策変更が追求される。こうした国内政治過程の成否は，国家と社会の関係性を規定している政治文化の影響を受けるのであり，NGOのアドボカシー活動は，必ずしも「ブーメラン・パターン」のような直接対決型であるとは限らない。むしろ，グローバル規範の強制を回避してそれを社会化し，「内なる国際化」へと導くためには，国内における政策形成過程にNGOや市民が参画していくことが重要なのである。[97]

　その際に注目すべきは，グローバル規範が生成する国境を超えた政治過程と，それが定着していく国内の政治過程を，理論的にも実践的にも分節化／節合す

ることである。今日では，世界政府はもちろんグローバルに統合された単一の公共圏さえも，いまだ「未完のプロジェクト」に過ぎない。このとき我々は，国内政治と国際政治を隔てるグレート・ディヴァイドをいかに越えていくのかという「古くて新しい課題」にあらためて対峙せざるを得ないのである。

注

(1) コスモポリタニズムを制度構想に結び付ける近年の試みとして，Daniel Archibugi, *The Global Commonwealth of Citizens: Toward Cosmopolitan Democracy*, Princeton University Press, 2008; David Held, *Cosmopolitanism: Ideals and Realities*, Polity, 2010; David Held, *Global Covenant: The Social Democratic Alternative to the Washington Consensus*, Polity Press, 2004 等がある。なお五野井郁夫は，国境を越えるグローバル・デモクラシーの議論を，(1)リベラルな国際主義，(2)コスモポリタン・デモクラシー，(3)熟議デモクラシーに分類し，コスモポリタン・デモクラシーの特徴を国家レベル・地域レベル・グローバルレベルでの民主的諸制度を発展・強化しようとする「ヘテラーキー」に見出している（五野井郁夫「グローバル・デモクラシー論——国境を越える政治の構想」小田川大典・五野井郁夫・高橋良輔編『国際政治哲学』ナカニシヤ出版，2011年，155-182頁）。D. ヘルドの議論と民主化の関係を論じた杉浦功一「コスモポリタン・デモクラシー論の現状と課題——「移行理論」と国家の民主化の扱いに注目して」『和洋女子大学紀要』第52集，2012年，83-94頁も参照。

(2) たとえば代表的な先行研究として，目加田説子「行動する市民が世界を変えた——クラスター爆弾禁止運動とグローバルNGOパワー」毎日新聞社，2009年；目加田説子『国境を越える市民ネットワーク——トランスナショナル・シビルソサエティ』東洋経済新報社，2003年；美根慶樹編『グローバル化・変革主体・NGO——世界におけるNGOの行動と理論』新評論，2011年；馬場憲男・高柳彰夫編『グローバル問題とNGO・市民社会』明石書店，2007年；金敬黙・福武慎太郎・多田透・山田裕史編『国際協力NGOのフロンティア——次世代の研究と実践のために』明石書店，2007年等がある。

(3) 従来までの政府の援助政策とNGOの関係性を扱った研究として，重田康博『NGO発展の軌跡——国際協力NGOの発展とその専門性』明石書店，2005年；藤岡恵美子・越田清和・中野憲志編『国家・社会変革・NGO——政治への視線／NGO運動はどこへ向かうべきか』新評論，2006年；長坂寿久『NGO発「市民社会力」——新しい世界モデル』明石書店，2007年等がある。これらの先行研究は，開発学の観点からの歴史的検証や，運動実践をめぐる現状報告としての色彩が強い。ただし2010年代以降，より政治学的な観点からの分析も提示されつつある。さしあたりここでは，松

下渕『グローバル・サウスにおける重層的ガヴァナンス構築——参加・民主主義・社会運動』ミネルヴァ書房，2012年；木村宏恒・近藤久洋・金丸裕志編『開発政治学の展開——途上国開発戦略におけるガバナンス』勁草書房，2013年等を挙げておく。

(4) そうした試みとして，高橋良輔「国境を越える社会運動と制度化されるNGOネットワーク——空間・運動・ネットワーク」押村高編『越える——境界なき政治の予兆』風行社，2010年，294-336頁。同じく高橋良輔「国境を越える代表は可能か？」山崎望・山本圭編『ポスト代表制の政治学——デモクラシーの危機に抗して』ナカニシヤ出版，57-90頁。

(5) カント「永遠平和のために」『永遠平和のために／啓蒙とは何か 他3篇』(中山元訳)，光文社，2006年，190頁。なおカントの定言命法と開発援助を結び付けた研究として，橋本強司『開発援助と正義』幻冬舎，2013年，第2章がある。

(6) 高橋良輔「国際秩序観の変容——絡みあう戦争と平和」小田川大典・五野井郁夫・高橋良輔編『国際政治哲学』ナカニシヤ出版，2011年，5-53頁。

(7) John Kean, *The Life and Death of Democracy*, Simon & Schuster, 2009, p.xxxvii.

(8) 1961年に発足した世界最大の人権NGOの1つ。世界150の国と地域に300万人以上のメンバーを有すると言われる。国際事務局は英国ロンドンにあり，日本支部は1970年に設立。国際連合の経済社会理事会の特別協議資格を持ち，1977年にはノーベル平和賞を受賞している。http://www.amnesty.or.jp/about_us/who_we_are/history.html, accessed on 29th September, 2016.

(9) 旧ソ連圏の各国政府のヘルシンキ宣言違反への監視を目的として，1978年に設立された人権NGO。当初はヘルシンキ・ウォッチという名称だったが，1988年に現在の名称に改称。スタッフは地域専門家や法律家，ジャーナリスト，学者等の人権専門家が務め，世界約90カ国の人権情報に関する報告書等を発表することから，国際メディア報道を通じた影響力をもつ。本部はアメリカ合衆国ニューヨークに置かれ，2009年に東京オフィスが開設されている。http://www.hrw.org/ja, accessed on 29th September, 2016.

(10) John Kean, "Monitory democracy? ," in Sonia Alonso, John Kean and Wolfgang Merkel (ed.) *The Future of Representative Democracy*, Cambridge University Press, 2011, pp.212-235.

(11) 「われわれは，国際共同体ないし全体としての人類に対する義務の観念を含む国際道義が，ほとんど世界的に認められていることを知っている。しかし他方，われわれには，この国際共同体において，部分（すなわちわれわれの国家）の福利が全体の福利より重要でないと認めがたい気持ちがあり，このこともまたほとんど普遍的に感得されている…」（E・H・カー『危機の二十年——1919-1939』（井上茂訳）岩波文庫，

1996年，302頁）。

⑿　たとえば，1993年にルワンダで生じたジェノサイドについて，当時の国際連合ルワンダ支援団司令官ロメオ・ダレールは，自身の過誤を認めながら，「それでも本当のところ，このルワンダ人の物語は，危機にさらされた人々の助けを求める声に耳を傾けることができなかった，人類の失敗の物語である。」と述べている（ロメオ・ダレール『なぜ，世界はルワンダを救えなかったのか』（金田耕一訳），風行社，2012年，478頁）。2016年現在，これと同じパターンを，2011年1月から始まったシリア内戦とその後の難民問題に重ね合わせることもできるかもしれない。

⒀　ハンス・J・モーゲンソー『国際政治――権力と平和』（現代平和研究会訳）福村出版，1998年，268頁。

⒁　同書，277頁。

⒂　たとえば，現代を「グローバリゼーション3.0」の時代と捉え，情報技術革命に基づくテクノロジー決定論の立場をとるトーマス・フリードマンさえも，「フラット化」の好循環の外部で暮らす人々が無数にいることを認めている。トーマス・フリードマン『フラット化する世界――経済の大転換と人間の未来　普及版（下）』（伏見威蕃訳），日本経済新聞出版社，2010年。またダニ・ロドリックは，「世界経済の原理的な政治的トリレンマ」として，「民主主義・国家主権・グローバリゼーションを同時に追求することは不可能だ」と主張している。ダニ・ロドリック『グローバリゼーション・パラドクス――世界経済の未来を決める三つの道』（柴山桂太・大川良文訳）白水社，2013年，17頁。

⒃　Stephan D. Krasner, "Power politics, institutions, and transnational relations," in Thomas Risse-Kappen (ed.), *Bringing Transnational Relations Back in: Non-State Actors, Domestic Structures and International Institutions*, Cambridge University Press, 1995, p.278.

⒄　*Ibid.*, p.258.

⒅　*Loc. cit.*

⒆　北野充は，「世論の時代の外交戦略」としてのパブリック・ディプロマシーを次のように定義している。「自国の対外的な利益と目的の達成に資するべく，自国のプレゼンスを高め，イメージを向上させ，自国についての理解を深めるよう，海外の個人および組織との関係を構築し，対話を持ち，情報を発信し，交流するなどの形で関わる活動」（北野充「パブリック・ディプロマシーとは何か」金子将史・北野充編『パブリック・ディプロマシー――「世論の時代」の外交戦略』PHP研究所，2007年，20頁。興味深いことに，彼はこうしたパブリック・デモクラシーの重要性が高まってきた原因として，⑴市民社会のグローバルな台頭，⑵情報技術の進展による情報空間の変容，⑶冷戦終結によるパワー認識の変容を挙げている。同書，17頁。

(20) Nancy Fraser, *Scales of Justice: Reimagining Political Space in a Globalizing World*, Columbia University Press, 2009, p.79f.

(21) *Ibid.*, pp.92-99. なお，この２つの問題の政治理論上の含意については，高橋，前掲論文，294-336 頁でも論じている。

(22) ユルゲン・ハーバーマス『ああ，ヨーロッパ』（三島憲一・鈴木直・大貫敦子訳）岩波書店，2010 年，241 頁。

(23) カント，前掲書，208 頁。

(24) いわゆる「トランスナショナル・リレーションズ」をめぐる議論の歴史としては，Thomas Risse, "Transnational Actors and World Politics," in Walter Carlsnaes, Thomas Rissse and Beth A. Simmons（ed.）, *Handbook of International Relations*, SAGE, 2002, pp.255-274; Margaret E. Keck and Kathryn Sikkink, *Activist beyond Borders: Advocacy Networks in International Politics*, Cornell University Press, 1997 を参照。

(25) 大賀哲・杉田米行編『国際社会の意義と限界——理論・思想・歴史』国際書院，2008 年の以下の論考を参照。足立研幾「「国際」社会におけるグローバル・ガヴァナンスの現状と課題」（同書 23-38 頁），西谷真規子「グローバル規範形成のトランスナショナル-国際政治」（同書 39-72 頁），五野井郁夫「グローバル公共圏と市民社会」（同書 73-96 頁）。

(26) トーマス・リッセによれば，かつてのトランスナショナル・アクターをめぐる議論は問題提起のあり方をめぐって二重に不適切であった。第１に，トランスナショナル・アクターという概念があまりにも曖昧（vaguely）であった。第２に，議論がしばしば「国家中心主義的」と「社会偏向的」という両極端のアプローチの対置に陥ってきた。彼によれば，「リベラル派は，トランスナショナル・リレーションが世界政治において当然重要であることを指摘した点で正しい。現実主義者は，国際関係において国家が依然として中心的であるばかりか，しばしば支配的であることを強調する点で正しい」のである。Thomas Rissse-Kappen, "Structures of governance and transnational relations: what have we learned?," in Thomas Risse-Kappen（ed.）, *Bringing Transnational Relations Back in: Non-State Actors, Domestic Structures and International Institutions*, Cambridge University Press, 1995, p.282.

(27) Thomas Risse, ""Let's Argue! ": Communicative Action in World Politics," *International Organization* Vol.54, Issue01, December 2000, pp.1-39. では，合理的選択論と社会構成主義に続く第三の様式として妥当請求をめぐる議論と熟議モデルを提示した。

(28) Thomas Risse-Kappen, "Bringing transnational relations back in: introduction," in Thomas Risse-Kappen（ed.）, *Bringing Transnational Relations Back in: Non-State Actors, Domestic Structures and International Institutions*, Cambridge University Press, 1995,

pp.3-33. なお西谷，前掲論文，53-54頁では，この枠組みを参照した分析が行われている。

(29) Keck and Sikkink, *op.cit.*, p.16.

(30) *Ibid.*, pp.16-25.

(31) これらの政治的機能の多くは，ハーバーマスが公共圏の政治的役割とみなしてきた内容と重なり合っている。高橋，前掲論文，306-307頁。

(32) Keck and Sikkink, *op.cit.*, pp.12f.

(33) ウルリッヒ・ベック『ナショナリズムの超克——グローバル時代の世界政治経済学』（島村賢一訳）NTT出版，2008年，292頁。またベックは，「ブーメラン・パターン」と同じ現象に次のように注目している。「興味深いことに，権利擁護運動は，他の国家に圧力をかけるために（世界的巨大企業と連立し，他の国家の活動に正統的な圧力をかけることができるのと同様に）国家との，そして国家間の協調戦略の構築に成功する。つまり，ある集団が他国の問題に介入しようとしても必ずその国家によって阻止されるが，この集団が活動家や他の国々や巨大企業と手を携えて，そうした抵抗を打破するような連立を構築できるならば，その介入も成功するだろう。つまり，国家と巨大企業との境界線を越えた連立と対峙を構築することが，正統性資源にのみ基づいた無力を克服し，その戦略を強力で実行力のあるものにできるのである。」同書，291頁。

(34) シドニー・タロー『社会運動の力——集合的行為の比較社会学』（大畑裕嗣監訳）彩流社，2006年，316頁。

(35) とくに北のNGOと南のNGOの関係やパートナーシップを問う次の先行研究を参照。アン・C・ハドック『開発NGOと市民社会——代理人の民主政治か？』（中村文隆・土屋光芳監訳）人間の科学社，2002年；下澤嶽『開発NGOとパートナーシップ——南の自立と北の役割』コモンズ，2007年等。

(36) たとえば，イマニュエル・ウォーラステインは「世界システムの歴史はまた，システムそれ自体の道徳性をめぐる知的論争をともなう」と述べ，「普遍主義の政治学」を分析している。イマニュエル・ウォーラステイン『ヨーロッパ的普遍主義——近代世界システムにおける構造的暴力と権力の修辞学』明石書店，2008年。また山下範久『現代帝国論——人類史のなかのグローバリゼーション』NHKブックス，2008年も参照。

(37) Thomas Risse and Kathryn Sikkink, "The socialization of international human rights norms into domestic practice: introduction," in Thomas Risse, Stephen C. Ropp, and Kathryn Sikkink (ed.), *The Power of Human Rights: International Norms and Domestic Change*, Cambridge University Press, 1999, pp.1-38.

⑶⑻　Michael Zürn and Gregor Walter-Drop, "Democracy and representation beyond the nation state," in Sonia Alonso, John Kean and Wolfgang Merkel（ed.）*The Future of Representative Democracy*, Cambridge University Press, 2011, pp.277f.

⑶⑼　NGO を国境を越えるステークホルダー共同体の「代表」と解釈する理論として，Terry Macdonald, *Global Stakeholder Democracy: Power and Representation Beyond Liberal States*, Oxford University Press, 2008。および高橋良輔「国境を越える代表は可能か？」山崎望・山本圭編『ポスト代表制の政治学――デモクラシーの危機に抗して』ナカニシヤ出版，2015 年，57-90 頁。

⑷⑽　『わが外交の近況：1986 年版』8 頁。

⑷⑴　初瀬龍平「自治体の国際化政策――住民との関連」『国際協力論集』第 1 巻第 2 号，1993 年 12 月。

⑷⑵　フレドリック・ジェイムソンが論文「消滅する媒介者，あるいは物語作家としてのマックス・ヴェーバー」（1973 年）で，近代化過程を表象するために用いてから流通するようになった概念。マックス・ヴェーバーの近代化論において，資本主義を導入・定着させた後に衰退したプロテスタンティズムが該当する。

⑷⑶　エティンヌ・バリバールは，「消滅する媒介者」の営為について，「介入の結果そのものが，その存続を無用にし，最後には不可能にしてしまう」と表現し，「翻訳者」や「越境の手引き人」といった古くからの知識人の役割と結び付けている。このイメージは，やはりグローバル規範を異なる公共圏に媒介していく NGO のアドボカシー活動とも重なり合う。エティンヌ・バリバール『ヨーロッパ，アメリカ，戦争――ヨーロッパの媒介について』（大中一彌訳）平凡社，2006 年，66-70 頁。

⑷⑷　NGO の寄附サイト「NGO アリーナ」には次のような文章がある。「NGO が掲げる最終目標は，『目標としていた事柄を達成して社会問題が解決され，この組織がなくなることが理想』とも言われています。」http://www.ngo-arena.org/action/action5.html, accessed on 29th September, 2016.

⑷⑸　本章第 2 節および表 8-3 を参照。

⑷⑹　Krasner, *op.cit.*, p.279.

⑷⑺　*Loc. cit.*

⑷⑻　Peter J. Katzenstein and Yutaka Tsujinaka, "Bullying, buying, and binding: US-Japanese transnational relations and domestic structures," in Thomas Risse-Kappen（ed.）, *Bringing Transnational Relations Back in: Non-State Actors, Domestic Structures and International Institutions*, Cambridge University Press, 1995, pp.79-111.

⑷⑼　*Ibid.* pp.83f.

⑸⑽　*Ibid.* pp.85.

⑸　たとえば，日本人の価値規範の古典的研究として，ルース・ベネディクト『日本人の行動パターン』NHK ブックス，1997 年を参照。『菊と刀』の著者によって 1945 年に執筆された Report25: Japanese Behavior Patterns には，すでに以下のような記述がある。「…日本人の規準によって定められているのは，平等の『権利』を獲得することではなく責務を果たすこと，『自由』な人間になるのではなく，「期待される人間」となること，そして借りを精算する務めや，能力をいかんなく発揮する妨げとなる恐れのある自分の弱さに打ち克つ務めなどである。こうしたことを行うためには，軽率さではなく，綿密な自己監視や慎重さが求められる。」同書，106 頁。なお，いわゆるアジア的価値と呼ばれる政治文化の研究としては，以下を参照。ルシアン・W・パイ『エイジアンパワー　上下』大修館書店，1995 年；ジャン・ブロンデル，猪口孝『アジアとヨーロッパの政治文化――市民・国家・社会的価値についての比較分析』岩波書店，2008 年等。

⑸　Katzenstein and Tsujinaka, *op. cit.*, p.109.

⑸　コーポラティズム（協調主義）については，比較政治学等の立場から多様な定義がある。歴史的には，1930 年代のイタリアのファシズム体制のように国家への集権性が強調される場合と，戦後のスウェーデン等で展開された利益団体主導型を指すネオ・コーポラティズムが区別されてきた。ただし 1980 年代以降には，より一般的に利益関係の組織化や異なるセクター間の協調が見られる場合を広く「コーポラティズム的」と表現する傾向がある。リッセの定義もこうした潮流を踏まえたものである。

⑸　本章では主に 1990 年代から 2010 年代前半までの外務省―NGO の関係を歴史的に検証・分析していく。より近年の分析としては，小林由紀男「日本の市民的公共圏は弱いのか？――国際協力 NGO の政策提言活動を通して」『生活経済政策　特集新しいグローバル左派と市民社会民主主義』No.232（May 2016），19-23 頁；高橋良輔「国際協力 NGO のアドボカシー・ポリティクス――シンボルからアレゴリーへ」『生活経済政策　特集新しいグローバル左派と市民社会民主主義』No.232（May 2016），24-28 頁を参照。

⑸　藤岡恵美子「NGO の自律性と正統性――政策提言活動と『統治』」藤岡・越田・中野，前掲書，141 頁。

⑸　越田清和「NGO は ODA をどう変えようとしていたのか」藤岡・越田・中野，前掲書，102 頁。越田によれば 1988 年には ODA 受入れ国の住民の目線から ODA を検証する「ODA 調査研究会」，1989 年には ODA 監視を目的とする「ODA 研究会」などの NGO が設立されている。彼によれば「密室のなかで進められてきた ODA を批判する動きが，市民・NGO による調査・研究という形で広がった」。同論文，113 頁。これらのアドボカシー活動の発端が ODA についての調査・研究という「監視活動」であっ

第 8 章　規範媒介者としての NGO

たことは，ジョン・キーンのモニタリング・デモクラシーの提唱とも通底している。
⑸⑺　財団法人国際看護交流協会発行『国際看護』第 274 号（平成 6 年 5 月 10 日）。
⑸⑻　Katzenstein and Tsujinaka, *op.cit.*, p.85.
⑸⑼　NGO に対する資金協力は，2002 年には日本 NGO 支援無償資金協力（後に連携無償資金協力に名称変更）へと拡大され，2016 年度の実施要領では，⑴開発協力事業，⑵NGO パートナーシップ事業，⑶リサイクル物資輸送事業，⑷災害等復旧・復興支援事業，⑸地雷・不発弾関係事業，⑹マイクロクレジット原資事業，⑺平和構築事業が対象事業に指定されている。外務省　国際協力：政府開発援助ホームページ「平成 28 年度　日本 NGO 連携無償資金協力 申請の手引（実施要領）」http://www.mofa.go.jp/mofaj/gaiko/oda/files/000179704.pdf accessed on 29th September, 2016.
⑹⑼　特定非営利活動法人「環境・持続社会」研究センター（JACSES）ホームページ「財務省 NGO 定期協議——発足までの背景と経緯」http://www.jacses.org/sdap/mof/background.html, accessed on 29th September, 2016.
⑹⑴　独立行政法人国際協力機構ホームページ「NGO との定期会合」。http://www.jica.go.jp/partner/ngo_meeting/, accessed on 29th September, 2016.
⑹⑵　「環境・持続社会」研究センター（JACSES）ブリーフィング・ペーパーシリーズ「ODA 改革に向けて——NGO からの提言」『持続可能な開発と国際援助』No.13（2000 年 1 月号）
⑹⑶　外務省　国際協力：政府開発援助 ODA ホームページ「21 世紀に向けての ODA 改革懇談会」http://www.mofa.go.jp/mofaj/gaiko/ODA/seisaku/kondankai/sei_1_9.html, accessed on 29th September, 2016.
⑹⑷　外務省　国際協力：政府開発援助 ODA ホームページ「ODA 改革」http://www.mofa.go.jp/mofaj/gaiko/ODA/about/kaikaku/index.html, accessed on 29th September, 2016.
⑹⑸　荒木光弥『2000 年代　途上国援助——歴史の証言』国際開発ジャーナル社，5 頁，2012 年。
⑹⑹　外務省　国際協力：政府開発援助 ODA ホームページ「一般会計 ODA 当初予算の推移」http://www.mofa.go.jp/mofaj/gaiko/ODA/shiryo/yosan.html, accessed on 29th September, 2016.
⑹⑺　外務省　国際協力：政府開発援助 ODA ホームページ「第二次 ODA 改革懇談会　最終報告」http://www.mofa.go.jp/mofaj/gaiko/ODA/seisaku/kondankai/2/kondan_last.html, accessed on 29th September, 2016.
⑹⑻　人口・エイズ問題や感染症対策といった保健分野の Global Issues Initiative（GII）のについての定期協議。

第Ⅱ部　規範履行の複合過程

(69) この時期には、「NGO 研究会」に加え、国際協力に関する質問や照会への対応を外務省が NGO に委嘱する「NGO 相談員制度」、特定分野の能力強化のために専門知識をもった人材を NGO に派遣する「NGO 専門調査員制度」、海外 NGO との共同セミナー、アカウンタビリティー・セミナー、NGO スタッフの長期研修プログラム、日本 NGO 連携無償資金協力の効果検証プログラム等が整備されている。

(70) 外務省国際協力局民間援助連携室パンフレット『国際協力と NGO――外務省と日本の NGO のパートナーシップ』2007 年 4 月、3 頁。

(71) 外務省　国際協力：政府開発援助 ODA ホームページ「平成 12 年度（2000 年度）NGO 外務省定期協議会　第 1 回～第 4 回議事骨子」http://www.mofa.go.jp/mofaj/gaiko/oda/shimin/oda_ngo/taiwa/kyougikai_g12.html, accessed on 29th September, 2016.

(72) 外務省　国際協力：政府開発援助 ODA ホームページ「平成 13 年度第 3 回 NGO 外務省定期協議会議事骨子（2001 年 3 月 11 日開催）」http://www.mofa.go.jp/mofaj/gaiko/ODA/shimin/ODA_ngo/taiwa/ngo_ko6.html, accessed on 29th September, 2016.

(73) 同年第 1 回 NGO 外務省定期協議会の議事骨子によれば、その機能分化について、外務省と NGO は次のように合意している。

(1) 全体会議

　　協議内容：国際協力に関する NGO と外務省の基本的な関係、小委員会での協議事項の確認等をテーマとし、年 2 回開催。

　　NGO 側参加者：基本的に小委員会の代表が参加。その他 NGO にもオブザーバーとして広くオープン。

(2) ODA 政策協議のための小委員会

　　協議内容：ODA 中期政策、国別援助計画等の ODA 政策全般をテーマとし、原則年 3 回開催。

　　NGO 側参加者：NGO 側で選定（環境・人権・債務救済関連 NGO も対象）。オブザーバー参加も可。

(3) NGO・外務省連携推進小委員会

　　協議内容：新規および既存の NGO 支援策をテーマとし、原則年 3 回開催。

　　NGO 側参加者：NGO 側で選定（ネットワーク型・開発協力型 NGO を対象）。オブザーバー参加も可。

外務省　国際協力：政府開発援助 ODA ホームページ「平成 14 年度第 1 回 NGO 外務省定期協議会議事骨子（2002 年 6 月 19 日開催）」http://www.mofa.go.jp/mofaj/gaiko/ODA/shimin/ODA_ngo/taiwa/ngo_ko7.html, accessed on 29th September, 2016.

(74) 外務省　国際協力：政府開発援助 ODA ホームページ「平成 15 年度第 1 回 ODA 政

第 8 章　規範媒介者としての NGO

策協議会議事録（2003 年 7 月 4 日開催）」http://www.mofa.go.jp/mofaj/gaiko/ODA/shimin/ODA_ngo/taiwa/ODA_seikyo_1.html, accessed on 29th September, 2016.

(75)　外務省　国際協力：政府開発援助 ODA ホームページ「平成 15 年度第 1 回連携推進委員会議事録（2003 年 7 月 25 日開催）」。

(76)　前掲「平成 15 年度第 1 回 ODA 政策協議会議事録」。

(77)　B・H・リデルハート『戦略論——間接的アプローチ　上』原書房，2010 年，8 頁。

(78)　外務省　国際協力——政府開発援助 ODA ホームページ「平成 19 年度第 1 回連携推進委員会議事録（2007 年 7 月 4 日開催）」。

(79)　ちなみに 2017 年現在，NGO と外務省の定期協議では，各小委員会にも国際協力局長クラスが出席するようになっている。また全体会議の冒頭には，いわゆる政務三役が出席して挨拶を述べることも多くなった。ただし外務省からの継続的な参加者は，依然として国際協力局の関係課室にとどまる傾向にあり，他部局の担当者は関連議題の報告・協議の時間帯のみ出席することが通例である。

(80)　以下の説明に関しては，国際協力 NGO センター　ホームページ「政策提言と調査研究——援助効果」を参照している。http://www.janic.org/activ/activsuggestion/supporteffect/index.php, accessed on 29th September, 2016.

なお援助効果をめぐる議論と市民社会の関与については，高柳彰夫『グローバル市民社会と援助効果——CSO/NGO のアドボカシーと規範づくり』法律文化社，2014 年が包括的かつ詳細な検証を行っている。

(81)　援助国や機関がそれぞれに定めている援助実施手続きの多様性が，途上国に過度の負担を強いているとの問題認識のもと，2003 年にローマで合意された。2000 年のミレニアム開発目標によって援助の目標と量が決定されたことを受けて，援助の質的向上を目指した各国の援助政策の「調和化（harmonization）」の必要性が確認されている。詳細は，外務省　国際協力：政府開発援助 ODA ホームページ「調和化ハイレベルフォーラム（平成 15 年 3 月）」http://www.mofa.go.jp/mofaj/gaiko/ODA/doukou/dac/chowaka_gh.html, accessed on 29th September, 2016. ならびに国際協力 NGO センター『シナジー』vol.153（2012 April），6-17 頁を参照。

(82)　このモニタリング評価の結果については，以下で参照できる。OECD DAC "2011 Survey on Monitoring the Paris Declaration", http://www.oecd.org/dac/effectiveness/2011surveyonmonitoringtheparisdeclaration.htm, accessed on 29th September, 2016.

(83)　High Level Forum Paris, *Joint Progress Toward Enhanced Aid effectiveness,*" February 28- March 2, 2005. なお，翻訳にあたっては国際協力銀行（JBIC）作成の和訳分を参照した。

(84)　開発効果に関する近年の動向については，林明仁「アジアの NGO と開発効果」『国

際政治』169 号（2012 年），112-125 頁。
⑻5 Accra Agenda for Action. パリ宣言のフォローアップのために，2008 年にガーナのアクラ市で開催された閣僚級会議で採択された援助効果に関する政治文書。
⑻6 「平成 21 年度 NGO 外務省定期協議会全体会議議事録（2009 年 6 月 29 日）」29 頁。http://www.mofa.go.jp/mofaj/gaiko/oda/shimin/oda_ngo/taiwa/pdfs/ngo21_zen_gl.pdf, accessed on 29th September, 2016.
⑻7 同上議事録，34-35 頁。
⑻8 同上議事録，37 頁。
⑻9 平成 22 年度（2010 年度）NGO・外務省定期協議会「臨時全体会議：ODA のあり方に関する検討」議事録 http://www.mofa.go.jp/mofaj/gaiko/ODA/shimin/ODA_ngo/taiwa/pdfs/ngo22_zen_rg.pdf, accessed on 29th September, 2016.
⑼0 外務省国際協力局「ODA のあり方に関する検討：これまでの議論の概要」，2010 年 4 月，4 頁。
⑼1 同上資料，2-5 頁。
⑼2 大橋正明「ODA 見直しに際する要請」NGO・外務省定期協議会臨時全体会配布資料。
⑼3 高橋清貴「ODA 見直しに際する提案——意味ある『選択と集中』を具現化する改革に向けて」NGO・外務省定期協議臨時全体会配布資料。
⑼4 臨時全体会議議事録，10 頁。
⑼5 同上議事録，33 頁。
⑼6 外務省「開かれた国益の増進——世界の人々とともに生き，平和と繁栄をつくる」2010 年 6 月，16-17 頁。
⑼7 グローバル規範の「社会化」をめぐる課題は，2015 年 9 月に国連サミットで採択された「持続可能な開発目標」をめぐってさらに重要になりつつある。高橋良輔「新たな国際目標の光と影：持続可能な開発のための 2030 アジェンダの船出」『国際協力ニュース』(NGO 福岡ネットワーク機関誌），February 2016 (Vol.114)，2 ～ 3 頁を参照。

［付記］ 本章は，科学研究費助成事業　基盤研究 B「国際規範の競合と複合化」（課題番号 20330034）ならびに若手研究 B「グローバル・デモクラシー理論の〈熟議的転回〉の研究」（課題番号 24730121）の成果の一部である。

第9章　規範パワー EU の持続性
　　——政治の意思を支える制度の反復的実践——

臼井陽一郎

1　規範パワー論と国際規範研究の密な関係

危機の中の規範パワー論

　マーストリヒト条約により欧州連合（EU）が誕生し，10年ほど経った頃のことである。軍事ではなく経済でもない。規範こそがEUのパワーの源泉だとする議論がEU政治の研究で流行した。暴力ではなく貨幣でもない。文書に記された決まりごとの質が，EUにパワーを与えるのだという。世界がこぞってEUの規範をフォローしようとする事例がたしかにあって，その理由が威嚇ではなく札束でもないという。その何ものかを探り，実相を把握するため，"規範パワーとしてのヨーロッパ"（Normative Power Europe）なるバナーが立てられた。イアン・マナーズ（Ian Manners）が2002年にEU研究の老舗国際ジャーナルJCMS（Journal of Common Market Studies）に寄稿した論文によるものである。[1]

　この規範パワー論，一時の流行に終わることはなかった。いまだ関連論文がトップレベルのジャーナルに掲載される。ヨーロッパ建設の一定の達成がEUの価値をヨーロッパの外へ広める力を生み出し，域内の成果を域外へ投影する方向へヨーロッパ統合が発展していったプロセスが辿られ，グローバル社会におけるEU規範の強度が実証的に調べられ，世界各地へのEUの規範的影響力の度合いが探られていった。全面的で徹底的な批判に揺さぶられながらも，規範をパワーの源泉とみる理論的視座がEU研究から消えることはなかった。

　けれども，現在のEUの危機はこれまでとは異なる。それは決定的で，実存的でさえある。[2] ユーロの危機が巨大な格差を露わにし，難民とテロの危機がゼノフォビアを増幅している。連帯と社会的公正が損なわれ，人道と開放的社会

が否定されかねない状況にある。しかも Brexit（イギリスの EU 脱退）の危機が加盟国の EU 離脱を現実の選択肢にしてしまった。マーストリヒト条約による EU 建設は，ヨーロッパへの不信を膨らませるだけだったのだろうか。EU 誕生後 10 年の成果をもとに，一世を風靡した規範パワー論は，その登場から 10 余年が過ぎた現在でも，有効な視座であると言えるだろうか。本章でその批判的検証の糸口を探ってみたい。

規範パワーへの意思

　最初に規範パワー論の概略を示し，これを国際規範研究のコンテクストに位置づける。そのうえで，その現在的意義を再考するため，規範パワー論に向けられた批判（もしくは誤解）に応答する。

　批判は，一方でヨーロッパ中心主義イデオロギーに対するものがあり（普遍的でも共通善でもなく，ヨーロッパの利益の隠れ蓑にすぎないとみるもの），他方でパワーの強度に向けられてきた（ウクライナの失敗，中国・ロシアへの無力，アメリカの圧倒など）。一見，両者は別々の批判にみえるが，どちらも規範パワーの強度が問題にされていることに変わりはない。前者は規範パワーが真にパワーであると言い得るほどに強いことを（"偽りの"規範を貫徹する強さ），後者はパワーと言えるほど強くはないことを（"真の"規範を実現しきれない弱さ），それぞれ前提としている。

　本章はこれに対して，EU 規範の影響力の強さを推し量るのではなく，EU が実存的危機にあってなお，規範パワーであり続けようとしているのかどうかを問う。核保有 2 カ国を擁する 28 の先進国集団 EU が，拡大 NATO を目指して軍事的プレゼンスを拡張しようとしても，けっして不思議ではない。グローバル社会の秩序に重要なのは，EU の規範パワーとしての強さ弱さだけではない。むしろ EU の規範パワーとしての存在へ向けた集合的な政治意思の持続可能性こそが，いっそう重要になる。好戦的なハードパワー・ヨーロッパの復活は，荒唐無稽な空想ではない。現実のオプションになりうる。ただこうした規範パワー EU の持続可能性という問題意識をもつ場合，上述のヨーロッパ中心主義イデオロギーへの疑念については，いったんは脇に置くことになる。この点にはどこまでも自覚的でなければならない。

第9章　規範パワーEUの持続性

　EUが規範パワーであり続けようとする政治状況を把握する理論的概念枠組みを探究するには——実際のパワーの強度やその真の意図（イデオロギー上の思惑）はひとまずおくとして——EU域内の政治のありようにメスをいれておかねばならない。規範を志向するEUの政治は，実存的危機にあってもその基本において変わらない。ただ規範の内実は変容しうる。この継続と変化のダイナミズムをいかに把握するか。アンソニー・ギデンズ（Anthony Giddens）によるEU1／EU2の区分けと，ダニエル・ケルマン（R. Daniel Kelemen）のユーロリーガリズム（法第一主義）が参考になる。

　EU諸機関を指すEU1には，ユーロリーガリズムゆえの一貫した規範志向性がみられる。対して大国加盟国を指すEU2では，政治戦略が露骨になってもおかしくない。仮にEUが実存的危機にもかかわらず，これまで通り対外的に規範追求主体であり続けるとすれば，EU1とEU2の相互強化作用がみられるはずだ。これを突き止めるため，EU1の繰り返しプロセスに注目したい。EUには1つの政策プログラムを長期にわたって継続するという特徴がある。たとえば不安定の弧と呼ばれる近隣地域に対して実施してきた近隣クロスボーダー協力の持続性などがその典型である。(4) EU1には，ヨーロッパ価値言説をリピートし，それを法の形式で規範化し，グローバルに浸透させようとする意思がたしかに存在する。

　これがEU2の選好とズレるとき，EU1の政策繰り返しプロセスによる価値の法的規範化は，EU2の桎梏となる。この桎梏が力づくで除去されることはない。法治の共同体・EUの達成がここにある。EU2は先行して存在する法規範秩序のコンテクストの制約の中で，解釈調整を試みることになる。その調整が可能な限り裁量的でありえるような制度実行が目指される。このプロセスが全体としてEUの規範パワーとしての存在のありようを変質させていくのかどうか。そのせめぎ合いの様相を捉える概念枠組みを提示してみたい。そのうえで，最近の対外政策文書を概観しながら，規範を実現する制度実行のあり方に動きがみられないか，つまり，EUが規範パワーとして存在するための制度的条件に変化が見られないか——あくまでも概括的かつ試論的なものにとどまるものではあるが——探っていく。

　EUの規範パワー論は，規範をテーマにしたEU政治研究のオプションの1

つにすぎない。が，それは国際規範研究に独自の貢献をなしうる有力なオプションである。規範をパワーの源泉として捉えるという点では理論的に，また対外行動事例の豊富な存在という点では実証的に，独自の貢献を可能にする。そして同時に，28 カ国 5 億人の先進国集団 EU が規範パワーとして存在し続けているということそれ自体が，グローバル社会に国際規範研究を必要とする状況をもたらす一因になっているということにも，注意を引いておきたい。規範パワー論は以上のように研究方法と研究対象の二重の意味において，国際規範研究に寄与しうるのである。本章全体でこのことを示していきたい。

2 規範パワーとは——EU のアイデンティティをつかむ

規範パワーの定義

EU は危機にあるという。それもただの危機ではない。「実存的な」危機 (existential crises) だという[5]。ポピュリズムとテロリズムが吹き荒れ，難民と緊縮が亀裂を深めている。a more Europe（いっそう統合を進めるヨーロッパ）と a less Europe（できるだけ統合しないヨーロッパ）が対立し，a better Europe（健全なヨーロッパ）がレトリカルに唱えられるが[6]，no more Europe（統合しないヨーロッパ）も声高に主張される[7]。議論は錯綜している。Brexit の衝撃が追い打ちをかける。現状はこれまでになく厳しい。

しかし，危機が「実存的」だというのであれば，それは EU の存在そのものが揺さぶられることを意味しよう。正しく越えられなかった場合には，EU がもはや EU ではなくなってしまうという危機，そうした危機こそが，実存的だというべきであろう。とすれば，実存的危機にある EU を追うには，EU 本来のあり方を見定めておかなければならない。実存的危機にあって揺さぶられる EU の本来的存在とは，いかなるものであろうか。

本章で取り上げる規範パワー論は，こうした EU のアイデンティティにアプローチする理論上の概念でもある。まずはこの点に注意を引いておきたい。

2002 年にマナーズが JCMS 誌に発表して以来，規範パワー論は 1 つの研究潮流を創り上げてきた[8]。それはたしかに，ヨーロッパ統合論・EU 政治論のテキストに正しく記載されるべき大切な理論枠組みとして成長していった。その

内容について簡単に振り返っておこう。

　規範パワーとは，国際社会において何が規範であるかを定義する能力をいう。それは自らのスタンダードを国際ルールに仕立て上げる力であり，規範創造者として規範追随者（フォロワー）を増やしていく魅力でもある。シビリアン・パワーともミリタリー・パワーとも異質な独特のパワーであり，EUの国際アイデンティティを捉える概念だと主張される。国際社会と並んで市民社会が重視され，短期にダイレクトに影響するフィジカルな実力——軍事力や経済力——よりも，価値理念の長期で間接的な影響力が認識対象として重視される。

　研究課題が3つ提起されている。規範についての省察が1つ——何が正義だと考えられているのか，それは本当に正義なのか。次に，規範の形を取るパワーのありようについて——規範の主張・提示を通じて発揮される影響力の強さとはどのようなものか。そして，規範を重視するアクターのタイプについて——規範を志向する国際アイデンティティとはいかなるもので，それはどのように構築されてきたのか。以上3つの課題に取り組むことを通じて全体として探究することになるのが，規範を実現する政治と規範を利用する政治が分かちがたく結び付いた現実である。規範の実現を目指す政治アクターの行動スタイルについても，その当のアクター自身による規範の理解に関しても，規範を目的とする政治と規範を手段に使う政治の本来的一体性が想定されなければならない。規範パワー論はシンプルに理想状態を想定しているのではなく，政治による規範の手段性も論理的には含意していると，いうことができる。

　規範パワーEUの規範は，EUの基本条約に記されている。マナーズはこれを，5つのコア規範——平和・自由・デモクラシー・法の支配・人権——と4つのマイナー規範——社会連帯・差別禁止（とくにジェンダー平等）・持続可能な発展（とくに環境と社会）・グッドガバナンス——に区分けする。EUはこうした基本規範を広範囲の政策領域に具体化しながら，ときに感化力（意図しない伝播）もしくは文化の影響（学習による認識）によって，あるいは情報提供（戦略的なコミュニケーション）や所定の手続きを利用して（対話の制度形成），さらには直接の移転（貿易や食糧支援の条件）や場合によっては力づくの拡散（圧力の行使）を通じて，域外の多くの国々に浸透させようとしてきた。それはEUの対外行動の基本目的でもある。グローバル社会における自らの絶対的な

存在意義がまさにここにあると，EU自らが認識している。EU自身のこの認識の成立に注目することが，規範パワー論のポイントになる。加盟28カ国を擁する大所帯のEUが一体となって，自らの規範を対外的に実現していこうとする。マナーズはこの事実に注意を引き，個別具体の成功例を検証しながら，規範パワーの存在を推定するのである。

　事例として真っ先に選ばれたのは，死刑制度であった。元来が各国の主権による刑事司法上の事柄であったものを，EUはその対外行動を通じて，人権に関わる国際規範へと意味転換させ，死刑廃止へ向けた潮流を市民社会をも巻き込んでグローバルに生み出していったと，そうマナーズはみる。規範パワー論の事例研究はこれが起点となって，開発援助，労働基準，危機管理，貿易，環境，科学技術開発，加盟国拡大，グローバル・ガバナンス，国際刑事裁判所（ICC），外交政策へと拡がっていった。これらの実践を通じて，紛争防止・解決，紛争後和解，市民社会建設，民主化促進，法の支配，人権マイノリティ保護，環境保全，社会的保護といった多くの分野で，EUはリベラルな価値に依拠した対外行動方針を作り上げていったと指摘される。

背景となる研究潮流

　規範パワー論には2つの研究動向が流れ込んでいる。EUの対外行動研究が1つ，もう1つが国際規範研究である。

　EUの対外行動研究は2000年代に入って盛んになっていった。アメリカとは異なる非軍事のパワーが，グローバル・ガバナンスの担い手になろうとする動きを捉えること，それが主なねらいであった。EUの共通政策が国際レジームに与える影響や，国連とEUのコラボが事例に取り上げられ，グローバル・ガバナンスに貢献していくEUの姿がスケッチされた。

　それはヨーロッパ域内の統合からその域外への影響に研究関心が拡張していく動きでもあった。ヨーロッパの中のEUからヨーロッパの外のEUへ関心が広がっていった背景には，ガバナンス研究への転回（a governance turn）および規範研究への転回（a normative turn）と呼ばれる2つの認識関心の移行があった。

　いずれも古典的統合論──統合がそれ自体善であるとする想定をベースに加

盟国の主権の移譲の有無を問題にしていた——に別れを告げ，問題解決能力と民主的正統性の両面から EU のリアルな姿を摑み，今後の改革方向を示唆しようとする問題関心の高まりによるものであった。EU の存続が即，ヨーロッパ統合の継続を意味するわけもなく，EU の改革あって初めて，ヨーロッパ統合の終焉を回避できるとする認識が強まっていった。EU は輝かしい統合の成果ではなく，問題の塊としてイメージされていった。

　規範パワー論の流行は，こうした統合研究・EU 政治研究の転回と軌を一にする。それはいわば，EU が死んでいないことを明確に指し示そうとする研究であった。それゆえ EU のノーベル平和賞受賞は，規範パワー論を後押しすることにもなった。

　もう1つの国際規範研究は，冷戦崩壊後の 1990 年代に盛んになったもので，国際正義や価値理念の哲学的討究，さらにはマルクス主義的なイデオロギー批判とは明確に区別された形で，国際規範の動態——創出・定着・対抗・変容のプロセス——を実証的に明らかにしようとする研究であった。軍事や経済の影響力の強度はこれを否定しないものの，そうしたフィジカルな実力とは異なる社会的事実のインパクトを検証可能な形で捉えようとする研究プロジェクトである。それはコンストラクティヴィズムへの転回（a constructivist turn）と呼ばれる研究動向の変遷とともに生じてきた研究潮流でもあり，日本でも一定の研究蓄積がみられる[14]。

　こうした規範に着目して政治の動きを捉えようとするアプローチは，EU 研究にも影響を与えていった。規範の相互学習を通じた"アイデンティティ・チェンジ"をテーマとするコンストラクティヴィズムがベースとなって，フィネモアとシキンクの規範ライフサイクル論で提起された"規範起業家"や"内面化"，またマーチとオルセンによる"結果の論理"と"適切性の論理"といった概念が，EU 研究の論文を賑わせていった。また遠藤と鈴木による EU の規制力の研究——基準・スタンダード・ルール・規制を設定し広め貫徹させる EU の力およびそれを利用した戦略（とその失敗）を摑もうとした研究——は，日本発のオリジナルの貢献である[15]。

　本章の主題であるマナーズの規範パワー論は，以上のような EU の対外行動研究と国際規範研究の合流地点に成立している。規範パワー論は数ある国際規

範研究のアプローチの1つだと理解することができる。もちろん，規範の概念にこだわったからといって，それが必ずしも規範パワー論の研究になるというわけではない。規範パワー論のオリジナリティは，規範をパワーとして認識しようとした点にある。規範を定義しフォロワーを獲得し，国際正義・善を追求しようという"構え"を見せるEUの規範志向性に，軍事大国や経済大国とは明確に異なる規範大国としての姿が探究されていったのである。

規範パワー論への誤解

　規範パワー論それ自身への批判的評価や関連諸研究との関係，EU政治研究におけるその位置づけといった点については，日本でもすでにすぐれた先行業績がある[16]。本章でこれをトレースすることはしない。規範パワー論の基本の発想を再考し（埃をぬぐい油を差しネジを締め直し），危機のEUを分析する概念枠組みとして援用できないかどうか，それゆえ国際規範研究に持続的に貢献していくことができるリサーチ・デザインであると言えるかどうか，探ってみたい。その限りにおいて，規範パワー論に寄せられる誤解に触れておきたい。

　軍事パワーや経済パワーとは異なり，規範パワーは数量的に把握できない。影響力の増大・減少は記述を通じた直観的な把握による他はない。軍事パワーや経済パワーのようにダイレクトな影響力を期待されてしまうと，規範が本来的に有しているパワーが見えなくなってしまう。規範パワー論によれば，規範は長期にわたる不可視のプロセスをもって時間をかけて広く影響していく。短期の直接的なパワーがEUの規範から発せられるわけではない。アメリカや中国の軍事パワーや経済パワーと比較されてしまうと，EUの規範パワーとして存在意義は見通せなくなる。

　たとえばクリミアでロシアとウクライナの緊張が高まっても，EUがその規範パワーでもって戦争を防ぐことができるわけではない。ロシアにどこかで一線を引かせるためには，アメリカはもちろん，独仏英ビッグスリーのフィジカルな実力が必要になる。EUにできることは，価値と原則をリピートし，ベースとなる規範言説を構築していくことだけである。ただやがては法として実を結ぶことを見すえながらではあるが，規範パワー論の基本的想定からすると，これが長期的に大きな意味をもつことになる。アメリカや中国を短期に直接牛

耳るほどのパワーの存在が実証されないかぎり，意味のない議論だということにはなるまい。いくつかの政策領域で部分的にでも米中に貫徹しうる規範パワーの存在が実証されれば，それで十分である。そもそもグローバル秩序の形成に際して，アメリカに対抗できる国家集団が他に存在するだろうか。

　問うべきは，アメリカの軍事パワー並みの強さの有無ではない。そうではなく，なぜEUは規範パワーであろうとするのか，今後はどうなのかである。実存的危機にあるEUを前に問うべきは，EUの国際アイデンティティの追求方向である。なんといっても，EUは核保有2カ国を含む先進28カ国からなる巨大な組織である。その大規模な地域統合組織が規範パワーの追求を自らの国際アイデンティティとしなくなったとき，そのことが国際政治に与えるインパクトは計り知れない。ヨーロッパ統合の絶対の平和の追求が，終焉の時を迎えることになりかねない。

　以上の規範パワー過小評価に対して，もう1つ，過大評価にも注意しなければいけない。規範パワー論は，願望のEUを妄想する語彙の提供に堕してはいないだろうか。EUはけっして倫理的に優れた政体ではない。ましてやグローバル共通善のためのフォースなどではない。世界中の国家・地域がEUの規範を導入しているわけでもなければ，そもそもEUの規範を理想とあがめているわけでもない。域内でポスト国民国家の市民公共圏を育むEUが，域外でグローバルにリベラルな価値を追求し，規範パワーを発揮するという構図は，いうまでもなく安易な理想化以外のなにものでもない。

　もはや戦争しなくなった平和な地域・ヨーロッパには，市場経済競争の負け組に絶望的な格差社会が出現している。ギリシャのシンタグマ広場に集いトロイカ——EU・欧州中央銀行（ECB）・国際通貨基金（IMF）——と闘う多くの人々に，EUが普遍的価値の実現を目指す規範パワーだといっても，通用しないだろう。実際，規範パワー論が前提とするEUの価値規範は，ネオリベラル資本主義のイデオロギーにすぎず，新しい植民地主義を目立たないよう推進しているだけだとする強い批判もある。上述のヨーロッパ中心主義イデオロギーへの意識喚起がそれだ。[17]

　パワーとして利用され追求される価値規範の党派性について，規範パワー論はどこまでもオープンである。ここに注意しておきたい。この点，提唱者マナ

ーズ自身は EU の規範パワーがリベラルな価値規範を元にすることに共感を示し，その方向で政治に知的に介入していこうとした向きもある。が，純粋に論理の問題として，規範パワー論は特定のイデオロギーにのみあてはまる議論ではない。中国もロシアも一定の条件が揃えば，規範パワーをもちうる。規範パワーとはどこまでも，規範を定義しフォロワーを増やしていく力のことをいう。追求される価値規範の内容は問われない。

　したがって規範パワー論はまた，イデオロギー批判を準備するものでもある。実存的危機を招いたのが他ならぬ EU 自身であるとする批判的視点は，EU が"誤った"価値規範でもって規範パワーを遂行していることに起因するという主張に読み替えることもできる。本章では論じる余裕がないが，EU が冷戦後も基本的には NATO と組んで西側同盟にくみしてきた経緯を考えると，その規範パワーの本来的な姿に一定の党派性が帯びていてもおかしくはない。そもそもパワーなるもの，軍事だろうが経済だろうが本来的には支配被支配関係に帰結しうる。規範パワーも例外ではない。

規範パワー論の射程

　これまでみてきたように，規範パワー論は EU の政体としての性質を，グローバル社会を背景に描き出した議論である。EU のアイデンティティを認識するのに有効な理論的言説であり，EU がどのような自画像を描いているのかを把握するのに適した概念であり，したがって実存的危機にある EU の行方を見定めていくためにも，ぜひとも再考しておきたい理論枠組みである。

　規範パワー論からすると，EU の変容とはシンプルにいって，規範パワーとして存在しなくなることを意味する。しかし，危機にあっては規範など重要ではなく，規範パワーの追求というアイデンティティを捨てたとしても，それはごくあたりまえの動きかもしれない。ヨーロッパ統合は平和と和解のプロジェクトであり，それ自体が善であるとする想定は，もはや無条件に首肯しうるものではない。統合の成果・EU の正統性と問題解決能力がともに問われるようになって久しい。マーストリヒト条約から四半世紀が過ぎ，危機に直面する EU の強度が問題にされるだけでなく，EU 自身が問題の原因だとも指弾されている。しかも情況は深まりをみせる一方である。

しかし他方で，EU はけっして，危機の原因は外にありと説き，敵を作り世論を刺激し，批判の意識を外にそらそうとはしてこなかった。それはリベラル・デモクラシーの国であってさえ，よくみられる政治手法である。しかも EU そのものが加盟国の政治によってスケープゴートにされてしまっている。それでも EU は批判をそらすために代理の敵を創り上げようとはしなかった（たとえ個別のスピーチ・アクトに垣間みられたとしても，全体としては）。どこまでも普遍的価値規範を謳う規範パワーであることをやめようとしなかった。危機にあってなお，規範が重視されている。EU にとって規範とは，いったい何を意味するのだろうか。

　EU は核保有 2 カ国を含む 28 の先進国を擁する地域統合組織である。フィジカルな実力は巨大である。けれども，合同の軍事力によるプレゼンス増大という線は狙わず（あるいは狙えず），人権や開発や環境といった非伝統的安全保障の領域でひたすらに普遍的（だと主張し続ける）規範を追求する。過去の植民地支配のヨーロッパとも，現在のスーパー軍事パワー・アメリカとも質的に異なるパワーの存在を示唆した規範パワー論には，たしかに魅力が感じられる。規範重視の新たなパワー誕生を推定する研究プランが盛んになっていったことに，それほどの不思議さは感じられない。

　けれども，近代憲法を基礎とする文明国家であれば，対外行動の目的に規範の追求を盛り込んだとしても，それはごくあたりまえのことではないだろうか。EU 自体，近代憲法に立脚した法治国家による自発的な地域統合組織である。対外的な規範の追求に，なにか特別なものがあるわけではない。ただその一方で，国内統治体制の基本を法治とする国々が自発的に集い共同体を構築したとしても，その当の共同体組織が必然的に"法治を基本とする国際統治体制"になるかどうかは，まったくもって自明ではない。組織の外に対してはもちろん，組織の内においても，追求される規範は政治合意文書に止めておくことができる。あるいはソフトローの段階に放置しておくことも可能だ。EU は東南アジア諸国連合（ASEAN）であっても決しておかしくはなかったのである。政治合意をベースにする ASEAN の方がノーマルであり，どこまでもハードローにこだわる EU には逆に特異性が目立つ。域内の法治が対外的な法治の追求に必然的に移行するわけではない。

そこには政治の選択が介在する。EU加盟国はどこまでも，法の形式において規範を追求していくことを，その集合的政治意思として選択したのである。このことの意味は大きい。EUが規範を戦略的に使用するとき——つまり自己の支配的権力的意図をデコレートし覆い隠す正統化作用を狙うとき——自由に解釈を変えられるご都合主義的なものにはなりえない。それは同時に自己をも縛ることになる。これがEUを規範パワーとして見定めていくためのポイントになる。規範の戦略的使用にあたってその解釈を自由に変えられるようになるとき，あるいは，裁量的な解釈を可能にする権限関係が作り出されていくとき，EUは自らのアイデンティティを捨てにかかっていると，みなすことができる。なぜEUが規範パワーでありえるのかを突き詰めて考えていこうとするとき，EUにおける政治と法の，EUならではの関係が重要になってくる。

3 EUの政治とは——2つのEUとユーロリーガリズム

規範パワーを成立させるもの

EUはなぜ，規範パワーになりえるのだろうか。規範パワーとして存在しようとする政治の意思がまずもって必要になるが，マナーズはその意思を支えるものとして，3点指摘していた。恒久平和を追求してきたヨーロッパ統合の歴史が1つ。次にマルチレベル・ガバナンスと呼ばれるハイブリッドの政体であること。そして事実上の憲法秩序ともなる基本条約をベースにしたアキコミュノテールの存在である[20]。

こうした状況にあって，EU域内の国際政治にはもはやフィジカルな手段を使って暴力闘争を仕掛けていこうという傾向は完全に消え去り，非暴力の対話に基づく相互学習トレーニングが継続していて，そこには中央政府だけでなくサブナショナルやソーシャルのアクターも関与し，実に広範な人材交流が実現している。これがEUにリベラル・ビジョンを生み出していると論じられる[21]。このリベラル・ビジョンが国際アクターEUの対外的規範志向性を確固たるものとし，規範パワーとしての国際アイデンティティを形成していると想定される[22]。

けれども，EU政治はなにも公式に制度化された手続きのなかだけに存在す

るわけではない。EU の制度から離れて，クローズド・ドアに隠れ影響力を発揮する政治が，他のすべての政体と同様，重要になる。規範パワーの確立という観点からすると，加盟国と EU 機関の政治的相互作用をどうみればよいのだろうか。

二層の EU──ギデンズの見方

　古典的なヨーロッパ統合研究では，欧州委員会や欧州議会，EU 司法裁判所といった超国家主義の機関と，ヨーロッパ首脳理事会や閣僚理事会という政府間主義の機関の対抗関係が主題化されていた。政府間主義の機関から超国家主義の機関へと，権限が移譲されていく条件や政治プロセスの特徴が，主たる研究課題であった。その前提には，超国家主義の機関に権限を移譲していくことが統合の深化であり，政府間主義の機関はその意味での統合を抑制していくとする理解があった。EU 政治の研究がこうしたシンプルな二分法を反省し，EU 政治のより多面的な姿を描き出してすでに久しい。

　欧州首脳理事会が大きな方向性を打ち出し，それを欧州委員会が具体的な法案・政策プログラムにまとめ，欧州議会と閣僚理事会が共同決定し，成立した EU 法を EU 司法裁判所が一元的に解釈するという構図，この構図を通じて，EU はヨーロッパ統合を進めてきた。これが共同体方式 (the Community Method) と呼ばれるヨーロッパ統合の制度上の到達点である。中進国なみの予算をもって 28 カ国 5 億人を拘束する EU 法を策定するこの共同体方式に 1 つの政体の成立を読み込むことによって，EU 政治の研究は進展してきた。本章の主題，規範パワー論も，この共同体方式をハイブリッドの政体だと理解して，そこに通常の政府間関係とは異なる多様な人的ネットワークの形成を見出し，EU がリベラルな価値に基づく規範パワーとして自己規定しうる条件を発見した（と主張している）。

　しかしその一方で，共同体方式が加盟国間の政治的力関係や経済的格差を完全に解消したわけではない。事態はむしろ逆である。現在の実存的危機にあってこれを乗り越えるために期待されているのが（また同時にその影響力の増大によって不安をかき立てているのが），大国加盟国とりわけドイツのリーダーシップである。法や予算がどう決まるのかではなく，誰が何を意図して決めているの

か，これが問題になる。ドイツがEUのリーダーとなりスポンサーとなり，その首相アンゲラ・メルケル（Angela Merkel）が事実上のヨーロッパ大統領となって他の加盟国を引っ張っている構図に，リアリティを見出す論者も少なくない。

EUは，共同体方式のEUと，事実上の政治指導国・指導者によるEUの，2つの顔をもつ。これは上述の超国家主義の機関 vs 政府間主義の機関という二分法とは明確に異なる。両者とも共同体方式の中で一体となって，規範パワーEUを打ち立ててきたのである。EU政治の実相を見つめるのに適切な対抗関係ではない。

その点，ギデンズの見方が分かりやすくかつポイントを突いている[23]。彼はEUの統治構造をEU1とEU2の二層構造として描き出す。EUの規範パワーとしての存在を可能にする域内政治の条件を探っていくうえで，とても有用な概念枠組みである。ギデンズの見方を整理しておきたい[24]。

EU1はモネ方式のヨーロッパであり，欧州委員会，閣僚理事会，欧州議会がドライビング・シートに座る。上述の共同体方式という公式の決定手続きはあっても，実際には欧州首脳理事会と閣僚理事会で多くが決定される（とギデンズはみる）。一般有権者にとって可視性はきわめて低い。リーダーが不在である。決定には時間がかかり，変化の速度の速い現代世界では有効なガバナンス構造となっていない。そもそもEU1はペーパー・ヨーロッパを体現するものでもある。それは多くの将来計画・ロードマップに描かれるヨーロッパであり，欧州委員会や特別専門機関（エージェンシー）が採択する文書に構想されるヨーロッパである。たんにビューロクラシーの仕事だというのではなく，中身が空っぽであり，実現はもちろん実行もなかなか進まない。EU1の成長戦略がその典型例だという。

それに対して，EU2はリアル・パワーであり，インフォーマルな性質のものである。事実上ヨーロッパを動かしている力であり，ドイツでありフランスでありECBでありIMFである——非公式のヨーロッパ大統領アンゲラ・メルケル！ けれども，EU2のリーダーシップはあまりにも不確実で，一定期間継続する保証はない。EU2のリーダーの政治力は加盟国内の国政選挙や地方選挙さらには所属党内の情勢にも影響を受けてしまう。にもかかわらず，EUの

第9章　規範パワーEUの持続性

実力はEU2にかかってくる。金融危機はEU2が動いて初めて対応可能な問題である。ところが，小国はEU2に反発しがちである。EU2の存在感ゆえに，EUはなかなか透明性を実現できない。EU2の決定はクローズド・ドアの中で下される。EU1において規範化されている市民社会の参加など，ありえるものではない。EU2のリーダーは愛されない。南の諸国はEU2から緊縮財政のプレッシャーをかけられ，憎しみをもってEU2に反発している。しかし，EU2が動かない限り，ヨーロッパはペーパー・ヨーロッパのままである。そうギデンズは断言する。たしかに，EU2主導のギリシャ投資計画など，その典型である。

　ギデンズは，EUがEU1とEU2の弁証法——相互に対抗しつつ，相互に補完的でもある動態的関係——を通じて形成されてきたとみる。EUの存在はたえず両者のそうした関係において成立している。それゆえ，ここがギデンズのすぐれた洞察なのだが，EUの問題はEU2のドイツの支配にあるのではなく，EU1の政策形成実施能力の欠如にこそ，求められるべきだという。それはデモクラシーとリーダーシップの両面の欠損による。EU2の実力がEU1の能力の欠如を補完しなければならない。しかし，そのEU2のリーダーシップが上述のように不確実である。とすれば，EU2の実力が民主的なマンデートに根拠をもつ制度化されたリーダーシップに変換されなければならない。ギデンズにとってそれは，EU3を意味するフェデラル・ヨーロッパとなる。

　それはともかく，ギデンズによるEU1とEU2の区別は，一方が他方を全面的にコントロールするという見立てとは明確に異なる。それは間違いである。両者の関係のあり方がどのように変化してきているのか，それを摑んでいくことが重要になる。

　ギデンズの優れた見立ては，しかし踏み込みが足りない。ギデンズは誰が実質的にEUの共通政策を作っているのか，EU立法を本当にコントロールしているのは誰なのかを問うが，EU1は想定されているほどやわな存在ではない。EU2が政治力を発揮するにあたっては，先行して存在するアキコミュノテール——EU法規範の集積——の制約をたえず受けるのであるが，このアキコミュノテールこそ，EU1の基盤である。EU2はこのEU法規範システムの制約から逃れることはできない。EU2がEUを動かすことができるのは，ただ

349

第Ⅱ部　規範履行の複合過程

アキコミュノテールを通じてのみであって、それゆえ自らがアキコミュノテールに制約されなければ、EUを動かすことはできない。EU2には、EU基本条約に体現された法規範システムが立ちふさがる。このシステムでは、EU司法裁判所にのみ法解釈の自律性が保障され、日々、その判決を通じてEU派生法の巨大な構築物が増築され改築されている。これがアキコミュノテールを（再）構成し続ける。EU2にとって、この制約をいかに免れるかが大きな課題となる。

こうして、EU政治をみていくとき、かならずEU法が問題になってくる。これをどう捉えるか。次にケルマンの議論をおさえておきたい。

ユーロリーガリズム

EU政治の特徴を立法や司法の制度運用の観点から検討していこうとする研究は、すでに一定の蓄積をみせている。ケルマンはその研究蓄積の徹底的なレビューを通じて、EUが法の形にこだわり続けていることをユーロリーガリズムと名づけ、その特徴を網羅的に描き出している[25]。それは基本条約の憲法化をもたらす法を通じたヨーロッパ統合であり、アキコミュノテールの構築であり、EU司法と加盟国司法の協働であり、私人も含めた司法アクセスのチャンスの拡大である。こうした法を志向する動きにおいて、EU政治は司法化していくとみられる。このようなユーロリーガリズムの動態は、EU加盟国の政治にも影響を与えていったと、ケルマンはみる。加盟国レベルの、非公式で不透明な規制のあり方が、厳格な透明性と公開に基づき、公式の透明な規制へと、全体として変化しているという。また私人による司法アクセスが法執行の役割を頻繁に担うようになっていったことに、注意が引かれる。ヨーロッパ統合は、加盟国それぞれの伝統に基づく・身内で通じ合った・非公式の・不透明な規制を、アクティブな法執行や私人の訴訟を通じた公式の透明な規制運用に変化させていったと、そう観るのである。

問題は、いったいなぜ、ユーロリーガリズムが浸透していったのかである。ケルマンは2つの理由を挙げている。1つはEUのシングル・マーケット創設である。それはけっして規制撤廃によるものではない。ヨーロッパ次元で再規制された事例もいくつも存在する。シングル・マーケットの建設を通じて、

EU法が加盟国に浸透していき，これまでの総じて非公式で仲間内の信頼をベースにした規制者と市場参加者の関係が，共通のルールに基づく透明な関係に変化していき，公式の透明な規制がEU内に浸透していったのだと，そうケルマンは総括する。

　もう1つは政治の分断化である。EU政治は水平的にも垂直的にも分断されている。欧州委員会も欧州議会も政治力がないがゆえに，加盟国が決定事項を遵守するよう，司法によるルール解釈に頼ることになる。それゆえEU立法においては，司法が明確に判断できるような厳格さが追求される。実際，ヨーロッパ統合は欧州委員会がEU司法裁判所に提起する不履行確認訴訟や，私人の訴訟を通じたEU法の実現に大きく依存してきた。私人がEU法を通じて訴訟を起こせる制度にしておくことで，EU法の実現可能性が高まったのだと，ケルマンは主張する。また加盟国も相互に決定事項を遵守させられるように，EU司法にアクセスしやすい制度環境を受け入れていった。こうして実体的にも手続き的にも厳格な法の適用が求められる情況が，EUの中に生起していった。

　以上がケルマンの整理し主張するところである。彼自身はそこからEU政治の司法化がEUデモクラシーに与えるインパクトについて，あるいは司法重視のEU制度がデモクラシーと親和的かあるいは反発しあう関係かを問うていくのであるが，本章の主題にとっては，ユーロリーガリズムの概念が重要になる。

ユーロリーガリズムの対外的側面——規範パワーを成立させる4つの制度的条件

　EU1がEU2の行動を継続して安定的に予期可能な形で方向づけることを可能にしているのが，ユーロリーガリズムであり，これがEUの規範パワーとしての存在のベースにあるのだとすれば，危機のEUのアイデンティティの変容を見定めようとするとき，ユーロリーガリズムのゆらぎを観察すればよいということになる。ユーロリーガリズムの何をどう観察すると，規範パワーとしてのEUのゆらぎを見出すことができるのだろうか。

　後述の通り，自らを相手同様に拘束する規範を対外行動の手段として政治的に利用することで，域内規範を対外的に実現していこうとするEUの方針に，ゆらぎはみられない。EUの対外的な規範志向性は，たしかに反復的で一貫し

ている。危機にある EU の変容を見定めていくには，さらに立ち入ってユーロリーガリズムの対外的側面を詳細にみていく必要がある。それは，EU の規範パワーとしての存在のあり方が変質したと判断しうるための要件を明らかにしておくことでもある。

　ここでは規範パワーを成立させる制度的条件として，次の4つを提示してみたい。この4条件が規範にパワーを与え，かつ規範によるパワーを追求するよう EU を方向づけていくのである。

(1)　マルチアクターシップ：中央政府以外の主体の多角的参加。規範や政策の形成に際して，多国間の場で中央政府以外の様々な次元のアクターを参加させているかどうか。またバイラテラリズムの関係に閉じることなく，絶えず複数の政府間関係を構成するよう志向されているかどうか。そして複数の中央政府間関係が構成する国際交渉の場に，中央政府以外の主体がアクティブに参加しうるような仕組みが構築されているかどうか。換言すると，域内でマルチレベル・ガバナンスを推進し，域外ではマルチラテラリズムを追求し，両者が結び付けられようとしているかどうか。

(2)　シンクロナイゼーション：規範の対内的・対外的一貫性の担保。EU 域内で確立された規範や規制，基準と同等のものをグローバル社会にも浸透させようとしているかどうか，つまり EU 規制のグローバル化と国際協定の EU 法化をともに進めているかどうか。したがってダブルスタンダードがないかどうか。

(3)　リーガリゼーション：ハードロー・ベースの国際レジーム志向。多国間協議の結果はソフトローに止めずハードロー（域内批准手続きを要する国際協定や条約）の形をとるように交渉しているかどうか。このハードロー志向と並んで，EU 政治自身の域内の司法化が進行しているかどうか。

(4)　メインストリーミング：多政策領域の包括的整合的アプローチ。多領域のイシューリンケージを追求し，人権・環境・社会・ジェンダーのいずれかをコア規範として措定しているかどうか。つまり，包括的アプローチを実現する形で行動計画が採択され，包摂されたすべての領域を貫く共通規範が法規範として確立されているかどうか。

以上は要するに，中央政府以外の多くの主体の参加の下で，EU 規範と同等の規範を国際社会にも浸透させることを，ハードローとしての国際協定によって確実なものにしつつ，その際，できるだけ多くの政策領域を網羅する包括的アプローチの形をとることで，人権やジェンダー，環境や社会といった EU にとってのコア規範を中心に法規範システムを作り上げていくという，そういう方針である。これはまさに EU 域内で進められてきた実践である。いわば，ユーロリーガリズムの実際の姿だと言えるであろう。EU はこれを対外行動においても実践している。規範パワーのベースをここに見出すことができる。

　問題の1つは，規範の解釈を司法システムに一元化させられるかどうか，あるいはそれが無理な場合でも，加盟国がそれぞれに裁量的に解釈できる情況をできるだけ排除しておくことができるかどうか，である。対外的に同期させた域内規範は，ユーロリーガリズムが生きているかぎり，政治によるご都合主義的な解釈から免れる。そしてそれは，アキコミュノテールという巨大な EU 法規範システムをベースにしている。その強固さがあるからこそ，加盟国の裁量的行動はアキコミュノテールのコンテクストに制約されるようになる。

　しかし，加盟国が裁量的行動の余地を増やしていく方法はある。解釈変更である。変えた解釈を非 EU 法的な，つまり非公式の制度枠組を通じて実行していくというやり方が進めば進むほど，EU は規範パワーとしての性格を失っていく。アキコミュノテールの前段階として，アキポリティーク（政治合意規範の蓄積）が重視されているが，かりにこれがますます重宝され，アキコミュノテールに進まないようになると（ソフトローのままでハードロー化しないとなると），規範解釈の主体は EU2 へと移行してしまう。そうなると，EU の規範パワーとしてのアイデンティティは，場合によっては，内側から蝕まれることになりかねない。

　たとえばバイの，アドホックな合意で，EU 法の裏付けもなく，それゆえ欧州議会の権限外で，また EU 司法裁判所の管轄外となる形で，対外的な合意が追求されるとき，しかも，大国加盟国がリードする形で合意が取り付けられていくとき，そうした進め方が主流になっていけばいくほど，EU の規範追求主体としての性格は変容していくと言えるであろう。マルチの場で法の形式を備えた合意を求めようとしなくなるとき，EU の規範パワーとしての存在は変質

していく。

4 EUの対外行動——一見"変わらない"規範志向性

4つの戦略文書

　実存的危機の苦しみに呻きながらも，EUは危機以前から続く対外行動プランを引き継ぎ，2015年と16年に主要なものをリニューアルしている。一見したところ，対外的な規範志向性に乱れはない。実存的危機の最中に提起された対外行動戦略文書を選択的に取り上げ，規範パワーであるための4つの制度的条件を概括的にチェックしておきたい。取り上げた戦略文書は次の通りである。

(1) 2016年新安保世界戦略[26]。これは2004年のいわゆるソラナ・レポートを引き継ぐものである。ソラナ・レポート[27]は，EUが初めて対外行動の総合戦略を打ち出した文書として，当時注目を浴びていた。とくにジョージ・W・ブッシュ（George W. Bush）の対テロ戦争ハードパワー路線に対抗し，EUがリベラルな価値を重視するソフト・パワー路線を歩むことを強調していた点に，大西洋を分かつ価値の対立が指摘されていた。まさにEUの規範パワーとしての存在を証する文書であった。これを引き継いだのが，2016年新安保世界戦略である。Brexit国民投票が英離脱派の勝利に終わり，その衝撃がヨーロッパを圧倒していたまさにその時に採択されている。

(2) 2015年欧州近隣政策レビュー報告[28]。2004年に立ち上げられた欧州近隣政策（ENP）の見直し文書である。このレビューをもとに，あらためて次期政策が打ち出されるのだが，その基本方針はすでにこの文書に記されている。欧州近隣政策はEU対外関係費の30％近くを占める最重要政策分野であるが，対口境界領域の東から地中海の南までの不安定の弧と呼ばれるEU周辺地域に，EUの価値規範を浸透させようという野心的な狙いをもつ。まさにEU規範パワーの試金石となる政策である。

(3) 2015年人権デモクラシー行動計画[29]。EUの最重要行動目標である。あらゆる対外行動アジェンダの中心に据えるべき価値規範として，EUはどこまでも，人権とデモクラシーに——ただし自分たちが定義した限りでのそ

れに——こだわり続ける。5年計画の行動計画遂行のベースになる認識として，全世界の国々の人権・デモクラシーの状況認識も公表される。理事会として採択されるこの各国・地域別認識では，まずはEU加盟候補国，続いて潜在的候補国，そして上述の近隣政策対象国が取り上げられたうえで，その他の国々の——アメリカも含め！——人権とデモクラシーの情況が批判的に描写される。

(4) 2016年TTIPラウンド報告。アメリカとEUの世界最大の経済圏形成へ向けた，まさに双方の規制政策のぶつかり合いとなる場が，このTTIP（大西洋貿易投資パートナーシップ協定）交渉である。EUはカナダとのCETA（EUカナダ包括的経済貿易協定）を7年かけて交渉し，2016年に調印に漕ぎ着けたが，日本との日EU・FTAそしてアメリカとのTTIPが懸案のままである。包括的経済貿易投資協定は，たんにモノの自由移動の実現にとどまらない。交渉当事国どうしの，経済社会の作り方についての価値規範のせめぎ合いがそこに投影されていく。

　以上4つの文書をひもといてまっさきにみえてくるのが，EUの追求する基本的価値理念の徹底的な一貫性である。4つの領域それぞれの先行する文書と比較して，まったくもって変わるところがない。行動のあり方を示す政策プログラムについても，現行のリスボン条約体制以前からの継続がみられる。

　なかでもマルチアクターシップの強調が際立つ。また人権とジェンダーと環境をメインストリーミングしたうえで包括的アプローチを構築していこうという方針も，例外なく進められている。EUの絶対的なこだわりだとさえいえそうだ。

　ただし変化もみられる。ハードパワー路線に足を踏み出していこうという方針である。また共同体方式の枠外で実施される政策プログラムも徐々に目立ってきた。リーガリゼーションは必ずハードローで追求する——成功不成功は時々にあるとしても——という方針にしても，柔軟性が排除されない傾向が強まってきた。アキコミュノテール（法化された規範の蓄積）の質的発展ではなく，アキポリティーク（政治合意規範の蓄積）の量的充実にギアがシフトされ始めている印象を否定できない（ただし全面的なものではなく，例外的なものであるには違

いないが）。ただそれも，TTIP ラウンド報告ではいっさいみられない。徹底的な法志向，国際基準志向が顕著である。

EU トルコ・ステートメント

　法志向より政治合意，マルチよりバイの交渉，そういった変化の傾向が典型的に現れていたのが，2016 年 3 月の EU トルコ難民交換合意であった。違法移民をトルコに送還する代わりに，その送還者数と同数のシリア難民をトルコから EU 内に受け入れるとするこの合意は，たんにステートメントと呼ばれる。欧州委員会はどこまでも，この合意が人道目的によるものだという。国際法と EU 法に完全に則した措置であると，何度も強調する。国際組織犯罪が手引きする命を賭した渡航をなんとかやめさせて，通常の適切な難民認定手続きが実施できるようにするための方策であり，また同時にトルコの人権状況を改善するための人的金銭的支援であると，そう EU 側は自己規定する。規範志向性にいささかの揺らぎもみられない。実際，ギリシャとトルコに対して，EU は実に迅速に支援を送っている（量的不足が指摘されてはいるが）。

　けれども，このステートメント，上述の 4 つの制度的条件のうち，マルチアクターシップはまったく適用されていない。市民社会のコミットを EU 自ら喚起していくことはない。シンクロナイゼーションも，一応は EU 法に完全に則していくと謳われているものの，人道保護のスタンダードについて，メディアの報道や現地 NGO の報告には厳しいものがある。そしてリーガリゼーションが放棄され，メインストリーミングの対象となる人権もジェンダーも EU ブランドを傷つける惨状がギリシャで続いている。

　ただこのギリシャでの惨状があらためてマイグレーション一般に関する包括的アプローチを作り直す契機になっていること，ここには注意しておきたい。そのアプローチでは，マルチアクターシップの追求が全面的に強調される。また 4 つの制度的条件のすべてが EU トルコ合意のステートメントによって否定されているわけでもない。現行のマイグレーション・クライシスに対応しようとした 2 つの政策文書――「ヨーロッパ・マイグレーション・アジェンダ」と「ヨーロッパ・マイグレーション・アジェンダにおける EU 第三国間新パートナーシップ確立について」――からは，EU が実存的危機にあってなお，どの

ような存在であり続けたいと考えているのかを，読み取ることができる。

その文書は直接的には，政策の失敗の克服を主題とするもので，EUと加盟国，加盟国どうし，移民送り出し国とEU，そしてEU加盟国の間のコミュニケーションの欠如，連携の失敗を修復していくための方途を記すものであるが，そこには同時に，EUが普遍性を追求する規範パワーであり続けようとする意思の継続を垣間見ることができる。一部，引用しておきたい。

(この人道危機に対して)「ヨーロッパには問題に立ち向かう義務がある。移民・難民の運命に取り組まなければならない。EUの市民にも，また移動してくる人々（migration）にも——今日われわれが目前にしている規模であっても——ヨーロッパは持続可能な方法でマネージメントできるということを，示していかなくてはならない。」[35]

「…EUは目前のマイグレーション・クライシスに対して，あらゆる側面に対応していく。根本の原因を絶ち，地中海で生じている日々の悲劇を根絶する。この大いなる目標を達成するために，EUと加盟国は密に協力し合い，移民送り出し国と移動してくる人々の間で，密なパートナーシップを実現していかなければならない。」[36]

「すべてのアクターの参加が必要だ。加盟国，EU諸機関，国際機関，市民社会，地方自治体，そして第三国，以上すべてのアクターが協働し，共通ヨーロッパ・マイグレーション政策を現実のものとしなくてはならない。」[37]

こうした基本方針を強く意識していることは，政策文書のテキストだけでなく，EU関係者のプレスからもうかがい知ることができる。

しかし他方で，現実の激しい暴力はとどまることなく，たった一度の人生が過酷な情況下で次々と奪われている事態に変わりはなく，EUの対外行動が功を奏しているなどと，いかなるレトリックをもってしても言うことはできない。少なくともマイグレーション・クライシスの初期局面において，EUは完全に失敗している。

だが，この事実を前提にした上で，なお，次のように考えるべきであろう。EU自身が全力を挙げて移民・難民のヨーロッパ上陸を阻止すべく，加盟国の

軍事リソースを利用し，自ら人道危機をもたらすような行動に——結果としてもしくは突発的に——出てしまったとしても，それはけっしてありえないことではなかったと。なるほど，ハンガリーなどバルカンルートの加盟国は国境を閉じ，ギリシャに一部劣悪な難民キャンプが出現してしまった。収容施設もあるにはあるが，キャパシティが圧倒的に足りない。けれども，かつての2度の世界大戦時のように，ヨーロッパが自ら人道危機をもたらすような行動に出ることはなかった。ヨーロッパがかつてのように人道に牙を剥くようなことなどありえなかったと，断言することはできまい。確実に言えるのは，EUが自らを規範パワーであると定義し——政策的には数々の失敗を重ねながらも——そうあり続けようとする政治の意思を持ち続けていることである。政策の失敗は必ずしも基本方針の変質を意味するわけではない。自ら規範パワーであり続けようとするその政治の意思の持続可能性をこそ，問わなければならない。そのうえで，そうしたEUの規範志向性に向ける学術的眼差しを，研ぎ澄ませていく必要がある。本章が提起した4つの制度的条件は，EUの規範パワーとしての存在のゆらぎを把握する視座としても，利用することができよう。

その4つの制度的条件に戻ろう。現在のマイグレーション・クライシスに対して，EUはたしかに，包括的アプローチを構築しようとしているが，コア規範の設定によるメインストリーミングを見出すことはできない。マルチアクターシップは絶対的に全面的に強調されるものの，リーガリゼーションは脇に追いやられる。EUトルコ合意はどこまでもステートメントだと表現される。EU域内で批准手続きを要する制度が志向されているわけではない。EUとして達成すべき市民保護のスタンダードが，ギリシャやイタリアやトルコの難民保護に適用されるような制度実務が模索されているようにも見受けられない。

ただし，上述のように，EUが規範パワーであることから全面的に撤退しようとする動きを見出すこともできない。地中海を渡る難民への政策対応の失敗は，しかし必ずしも，基本方針の変質に帰結しているわけではない。上述のように，欧州委員会はEUがどこまでも国際スタンダードの人道支援を進めていくと明確に述べている。EUはぎりぎりのところで，自らの規範パワーとしての国際アイデンティティを持続させていこうと，踏ん張っている。それが現在のマイグレーション・クライシスからみえてくる情況である。

5　イデオロギー批判へ

　EUは国際社会に規範パワーが存在することを示す格好の実例である。それはEU政治の研究にとどまらず，広く国際規範研究一般に有意義な知見となるだろう。規範が軍事や経済と同じようにプレゼンスを発揮する手段になりうることを，EUの対外行動は明確に示している。

　本章で論じたことをまとめると，次のようになる。規範パワーは実存的危機にあって問われるEUの本来的な存在のあり方を把握する有効な概念になる。EU2（大国加盟国が引っ張るEU）の実力がたしかにEUにフィジカルなパワーを与えるのであるが，そのEU2はEU1（共同体方式のEU）のユーロリーガリズムに制約される。EUが規範パワーとして存在しうる条件がこのユーロリーガリズムである。それをEUの対外行動の側面からみてみると，次の4つの方針――マルチアクターシップ（中央政府以外の多様な参加），シンクロナイゼーション（EU域内外の規範の同一性），リーガリゼーション（法の形式を指向），メインストリーミング（全領域最優先規範の設定）――の反復的実践として現れてくる。危機にあるEUの直近の対外政策文書を検討すると，以上4つの制度的条件は基本的にはこれまで通りリピートされていて，危機にあってなお規範パワーとして存在し続けようとする政治の意思をEUに確認できるのではあるが，リーガリゼーションに関して一部，ユーロリーガリズムの枠を外す動き――規範は志向するものの，必ずしもEU法の形式は取ろうとしない動き――を見出すことができる。2016年3月のEUトルコ難民交換合意――正式名称EUトルコ・ステートメント――がその典型例である。注意すべきは，規範志向性はこれまで通りみられるものの，その規範の受容・創出・実施の方法に変化がみられる点である。これは共同体方式のアキコミュノテールから加盟国主導のアキポリティークへの重心の移動――EU法システムによるのではなく，加盟国自身によるEU規範の解釈・実施へ――として理解することができる。もちろんこれまでもアキポリティークをベースにEUとして行動することはあったのだが，今後この変化の流れが強まっていくのかどうか，いくとしてどの程度なのか。危機のEUをみる1つのポイントになるであろう。これが進んでいくとき，

EUの規範パワーとしての存在の基礎は，崩れていく。

最後に，今後の研究課題について，2つほど触れておきたい。

危機にあるEUの行方を見定めていく上で，規範パワー論にはもう1つ，問うべき問いがある。規範パワーであることそれ自体が，EUの危機の一因であると言えないだろうか。価値の権威的配分が総選挙なしに実現されてしまっていることの問題性，これが論点となる。価値規範の特定・解釈・義務化／実態化を域内で加盟国一体となって進めていく制度複合体がEUなのであるが，そうである以上，民主的統制の仕組みは必須の制度になるはずだ。しかし，EUが掲げる価値言説に対する民主的／熟議的コントロールは，EU1においてさえ弱い。規範パワーとデモクラシーの緊張関係について，危機のEUという視点から検討していく必要があるだろう。[38]

それからもう1つ，EU規範へのイデオロギー批判が求められる。EUはいかなる規範をベースにパワーであろうとしてきたのだろうか。EU規範の党派性に対する問いが問われなければならない。EUが域内で掲げ，域外で実現しようとしている規範は，誰のための規範なのか。そこに支配被支配関係の固定を正統化する政治性はみられないだろうか。ビジネスのためのネオリベラル資本主義をヨーロッパ内外で実現し，ソーシャル・ヨーロッパを損ない，新しい植民地主義をグローバルに展開しているのが規範パワーEUの実体であるとする強い批判に対しては，真正面から取り組んでいく必要があるだろう。[39]

注

(1) Ian Manners, "Normative Power Europe: A contradiction in Terms?", *Journal of Common Market Studies*, Vol.40:2 (2002), pp.235-258.

(2) European Union, *A Global Strategy for the European Union's Foreign and Security Policy: Shared Vision, Common Action: A Stronger Europe*. June 2016, p. 7, http://europa.eu/globalstrategy/en.

(3) 批判の概観は，Richard G. Whitman, "Norms, Power and Europe: A New Agenda for Study of the EU and International Relations", in Richard G. Whitman (ed) *Normative Power Europe: Empirical and Theoretical Perspectives*, (Palgrave Macmillan, 2011), pp.1-22を参照のこと。

(4) 臼井陽一郎「EUの対外行動にみる規範政治の諸相——近隣クロスボーダー協力

（ENI CBC）を事例に」『グローバル・ガバナンス』第2号（2015年），68-81頁．
(5) European Union, *op.cit.*, p. 7.
(6) Jean-Claude. Junker, *State of the Union 2016: Towards a Better Europe – A Europe that Protects, Empowers and Defends*, (European Commission, 2016) 14 September 2016.
(7) Duncan Robinson, "The EU: an Existential Crisis", *Financial Times*, September 14, 2016.
(8) Manners, *op.cit.*
(9) Ian Manners, "The European Union's Normative Power: Critical Perspectives and Perspectives on the Critical", in Richard G. Whitman（ed）*Normative Power Europe: Empirical and Theoretical Perspectives*, (Palgrave Macmillan, 2011) pp.226-247.
(10) Manners, "Normative Power Europe."
(11) *Ibid.*; Whitman, *op.cit.*
(12) Michael E. Smith, "A Liberal Grand Strategy in a Realist World?: Power, Purpose and EU" Changing Global Role', *Journal of European Public Policy*, Vol.182:2 (2011), pp.144-163.
(13) 以上を示す包括的な研究として，Astrid Boening, Jan-Frederik Kremer and Aukje van Loon（eds.）, *The Global Power Europe: Theoretical and Institutional Approaches to the EU's External Relations*, Vol.1, (Springer, 2013)；Astrid Boening, Jan-Frederik Kremer and Aukje van Loon（eds.）, *The Global Power Europe: Policies, Actions and Influence of the EU's External Relations*, Vol.2, (Springer, 2013) を参照のこと。
(14) たとえば最近のものでも，西谷真規子 "The Coordination of the Global Anti-Corruption Governance via Hybrid Polycentric Networks"『グローバル・ガバナンス』第2号（2015年），48-67頁；西谷真規子「規範カスケードにおける評判政治」上・中一・二・三・四・下『国際協力論集』第12巻第3号〜第16巻第2号（2005 〜 08年）；足立研機『国際政治と規範――国際社会の発展と兵器使用をめぐる規範の変容』有信堂，2015年；足立研機「毒禁止規範から化学兵器禁止規範へ――「変容しつづける」という分析視角による事例研究」『グローバル・ガバナンス』第2号（2015年），1-14頁；大矢根聡「国際規範と多国間交渉――GATT・WTOラウンド事例の比較分析」『グローバル・ガバナンス』第1号（2014年），19-44頁などが挙げられる。
(15) 遠藤乾・鈴木一人編『EUの規制力』日本経済評論社，2012年。
(16) とくに，東野篤子「EUは『規範パワー』か？」臼井陽一郎編『EUの規範政治』ナカニシヤ出版，2015年；東野篤子「『規範的パワー』としてのEUをめぐる研究動向についての一考察」森井裕一編『地域統合とグローバル秩序――ヨーロッパと日本・アジア』信山社，2010年を参照のこと。

(17) Manners, "The European Union's Normative Power".
(18) 東野「『規範的パワー』としての EU をめぐる研究動向についての一考察」。
(19) 同上。
(20) Manners, "Normative Power Europe".
(21) Zaki Laïdi, "European Preferences and their Reception", in Zaki Laïdi (ed), *EU Foreign Policy in a Globalized World: Normative Power and Social Preferences*, (Routledge, 2008).
(22) Smith, *op.cit.*; Manners, "The European Union's Normative Power"; Whitman, *op.cit.*
(23) Anthony Giddens, *Turbulent and Mighty Continent: What Future for Europe?* (Polity, 2015).
(24) ギデンズの同書にはすでに優れた翻訳があるが（脇阪紀行訳『揺れる大欧州——未来への変革の時』岩波書店, 2015 年), 本章では原著の Kindle バージョンを参照した。EU1 と EU2 に関する記述がみられるのは, 以下の通り。No.179, 191, 209, 222, 355, 370, 379, 395, 403, 449, 488, 531, 547, 587, 627, 635, 640, 786, 885, 895, 921, 996, 1069, 1083, 1833, 2707, 2833, 2849, 2850, 2952, 3116, 3144, 3146. なお, 原著のページは以下の通り。pp. 6-9, pp. 18-21, p. 25, pp. 29-30, pp. 31-32, pp. 34-35, p. 38, p. 48, pp. 55-56, p. 70, p. 120, p. 190, p. 197, p. 209。
(25) R. Daniel Kelemen, "Eurolegalism and Democracy", *Journal of Common Market Studies*, Vol.50:S1 (2012), pp. 55-71.
(26) European Union, *op.cit.*
(27) Council, *European Security Strategy: A Secure Europe in a Better World*. Council of European Union, 2009. (ISBN 978-92-824-2421-6).
(28) Council, *Council Conclusions on the Review of the European Neighbourhood Policy*, 14 December 2015, Press Release 926/15; Commission, *Review of the European Neighbourhood Policy*. JOIN (2015) 50 final, Brussels, 18 November 2015.
(29) Council, *EU Annual Report on Human Rights and Democracy in the World in 2015 – Thematic Part*. Brussels, 20 June 2016, 10255/16; Council, *EU Action Plan on Human Rights and Democracy*. The Council of the European Union. The Public Information Service of the General Secretariat of the Council, 2015.
(30) Council, *EU Annual Report on Human Rights and Democracy in the World in 2015– Country and Regional Issues*. Brussels, 20 September 2016, 12299/16.
(31) Commission, *Public Report of the 14th Round of Negotiations for the Transatlantic Trade and Investment Partnership*. July 2016. Date: 4/08/2016.
(32) 本章執筆時点での EU 側発表の最新情報は以下の文献から。Commission, *Second Report on the Progress made in the Implementation of the EU-Turkey Statement*. COM (2016)

349 final; Commission, *Annex to Second Report on the Progress made in the Implementation of the EU-Turkey Statement*. COM (2016) 349 final; Commission, *Managing the Refugee Crisis: EU Financial Support to Greece*, 1 September 2016; Commission, *Managing the Refugee Crisis: The Facility for Refugee in Turkey*, 2016; Commission, *A New Partnership Framework with Third Countries under the European Agenda on Migration*. COM (2016) 385 final, Strasbourg, 7 June 2016; Council, EU-Turkey Statement, 18 March 2016. PRESS RELEASE, 144/16 18 March 2016; Dimitris Avramopoulos, *Press Statement by Commissioner Avramopoulos at the Summit on Migration along the Balkan Route*, Vienna, 24 September 2016. 〈ec.europa.eu〉.

(33) Commission, *Annex to Second Report on the Progress made in the Implementation of the EU-Turkey Statement*. COM (2016) 349 final, p. 2.

(34) Commission, *A New Partnership Framework with Third Countries under the European Agenda on Migration*. COM (2016) 385 final, Strasbourg, 7 July 2016.

(35) *Ibid.*, p. 2.

(36) *Ibid.*, p. 17.

(37) Commission, *A European Agenda on Migration*. COM (2015) 240, p. 2.

(38) 先行研究の1つに，Chris J. Bickerton, (2011) "Legitimacy Through Norms: The Political Limits to Europe's Normative Power", in Richard G. Whitman ed., *Normative Power Europe: Empirical and Theoretical Perspective*, (Palgrave, 2011), pp.25-42 がある。

(39) Manners, "The European Union's Normative Power."

あとがき

　学問が予測に用いられるべきかどうかについては議論の分かれるところだが，主流の専門家達がブレグジットもトランプ氏当選も予測できなかった事実が，多くの研究者に衝撃を与えたのは間違いなかろう。混迷する現代の政治において，これまでの理論モデルやデータ解析法が説明力を失っていることをまざまざと見せつけたのである。

　複雑で錯綜した現状を過度に抽象化せず，いかにリアルに把握するか。本書は，コンストラクティヴィズムとグローバル・ガバナンス論を背景としながらも，方法論にこだわることなく，変転する現実を多角的かつシャープに捉えることを目指した。目的は理論の精緻化ではなく，現実の解明である。そのため，理論的には物足りないと思われる読者もおられるかと思うが，他方で，実務に携わる方々にも示唆を与えるようなものになっていれば幸いである。

　本書はもともと科学研究費の成果をベースに4年前の出版を目指して企画されたものの，執筆者・編者の疾病や家庭の事情等が重なり，なかなか予定通りに進まなかった。このため，執筆陣を大幅に入れ替え，全体構成も大きく変更して再出発したのが昨年のことである。難産の末にこうして出版に漕ぎ着けたことは，実に感に堪えない。出版まで辛抱強くお待ちくださった初期執筆陣の皆様，短期間で原稿を仕上げてくださった新規執筆陣の皆様に，心より御礼申し上げたい。皆様のご協力なくして本書は成立しませんでした。

　ミネルヴァ書房編集部の田引勝二氏は，卓越した編集作業をしてくださっただけでなく，これまでの経緯を踏まえて再出発を励ましてくださった恩人である。土壇場になって，書名が専門的すぎるとのことで再検討した際には，何度も意見交換させていただいた。本書が世に出ることができたのは，ひとえに田引氏のお蔭である。幾重にも御礼申し上げます。

　また，日本学術振興会特別研究員の赤星聖さんは，神戸大学博士後期課程修了後，原稿の形式面の統一作業を全面的に手伝ってくれた。神戸大学大学院国

際協力研究科の里脩三さん，須藤理江さん，安田英峻さん，大久保正太郎さん，中原雅人さんは，最終校正のお手伝いをしてくれた。皆さんの真摯な貢献に，感謝を伝えたい。

なお，本書は，科学研究費基盤研究B「国際規範の競合と複合化」(課題番号　20330034) および同「多中心化するグローバル・ガバナンスと国際機関によるオーケストレーションの可能性」(課題番号　15H03321) の成果の一部である。また，神戸大学六甲台後援会より出版助成をいただいた。記して感謝申し上げます。

本書が，不透明な国際関係の現在を分析する新たな視座を提供できれば，編者として望外の喜びである。

2017 年 2 月

西谷真規子

人名索引

あ 行

アヴァント, D.　6
芦田均　150
アトウッド, B.　170
アナン, K. A.　29, 100, 104, 106, 111, 129, 174
アボット, K. W.　6, 202-204, 208
荒木光弥　304
アリソン, J.　153
イウェアラ, N. O.　167, 185
池田勇人　148
石川一郎　153
石橋湛山　147, 153
一万田尚登　154
稲田十一　168
ヴィクター, D.　6, 201, 222
ウォルター－ドロップ, G.　295
エバンス, G.　100
オーバーチュア, S.　201
大橋正明　318-320
岡田克也　318, 321
小川裕子　168, 173
小田克起　317

か 行

カー, E. H.　285
カーン, H.　144
カウフマン, J. L.　144
カッツ, C.　256
カッツェンシュタイン, P. J.　299-301, 303
カトラー, C.　6
カマート, K. V.　167
カント, I.　283, 285, 288
キーン, J.　283, 284, 309

ギデンス, A.　337, 348, 349
キム, J. Y.　167
キレン, B.　180
クラズナー, S. D.　5, 285, 298
クリフォード, C.　143
クリントン, B.　46, 256, 270, 274
ゲーリング, T.　201
ケック, M. E.　291, 292, 301, 309-311, 318
ケナン, J.　142, 145, 150
ケルマン, R. D.　337, 350, 351
郷古潔　154
越田清和　301
コヘイン, R.　96, 97, 201, 222

さ 行

五月女光弘　302
サッチャー, M.　264
佐渡島志郎　322
サロウィワ, K.　24
シーボルド, W.　153
シキンク, K.　4, 252, 273, 291, 292, 294, 301, 309-311, 318
シメルフェニッヒ, F.　257
下澤嶽　317
下村恭民　186
シャノン, V.　255
周恩来　187
シュトッケ, O.　201
ジョンストン, P.　144
ストライク, C.　144
スナイダル, D.　6, 203, 204
セーレン, K.　265, 274
セル, S.　6

た 行

高碕達之助　153

367

高橋清貴　309, 316, 320, 321
高橋秀行　308
ダレス, J. F.　140, 151, 153
タロー, S.　293, 297
チュッケル, J.　257
チュルン, M.　240, 257, 295
辻中豊　299-301, 303
デクエヤル, J. P.　100, 124
デナルディス, L.　97
トゥープ, S.　258
ドッジ, J.　148, 149
トルーマン, H. S.　143, 146, 150
ドレーパー, W.　144

な 行

納家政嗣　166
ニクソン, R.　267
野村吉三郎　150, 151

は 行

ハース, E. B.　6
ハース, P. M.　6
ハーバーマス, J.　286, 288, 289
初瀬龍平　298
服部卓四郎　152
鳩山一郎　153
ハリマン, W. A.　144
潘基文（パンギムン）　111, 114, 119, 120, 129
パンク, D.　256
ピアソン, P.　264, 265
ピーターソン, U.　256
フィアリー, R.　149
フィネモア, M.　4, 6, 252, 273
フーヒ, L.　257
藤岡恵美子　301
ブッシュ, G. H. W.　270-272
ブッシュ, G. W.　256
ブトロス＝ガリ, B.　93, 94, 123
ブリュネ, J.　258

フレイザー, N.　286
ベイヤー, J.　257
ベーリング, K.　99
ヘール, T.　98
ベック, U.　292
ヘマティ, M.　98
ヘルド, D.　98
ポーター, T.　6
ホーフラー, V.　6
保科善四郎　153

ま 行

マーカット, W.　155
マーシャル, G.　145
マキオウン, R.　256
マクドナルド, T.　99
マッカーサー, D.　140, 144, 145, 150, 151
マナーズ, I.　335
マホニー, J.　265, 274
メルケル, A.　348
モーゲンソー, H.　285
モース, J.　97
モーズリー, E.　176, 180

や 行

山田彰　316
山本吉宣　1, 168
ヤング, O.　6, 11
吉田茂　140, 151, 154

ら 行

ラウスティアラ, K.　6, 201
ラギー, J. G.　6, 31, 32, 40-42, 44, 49, 51, 52, 96, 168
ラムズデイン, D. H.　168
ラモス・ホルタ, J.　120
ランゲンホフ, R. V.　96
リッセ, T.　258, 289, 294, 298, 300, 310, 311
リデルハート, B. H.　310

レイモン, M.　97
レーガン, R.　264, 274

ロイヤル, K.　150
ロジャーソン, A.　181

事項索引

あ 行

アカウンタビリティ　98
アジアインフラ投資銀行（AIIB）　167
アジア開発銀行（ADB）　167
アドボカシー・ネットワーク　291-293, 297
アドボカシー・モード　311, 313, 321, 321
アナーキー　3, 4, 204
アフリカ連合（AU）腐敗防止条約（AU条約）　216, 217, 221
アムネスティ・インターナショナル（AI）　32, 46, 284
アメリカ国際開発庁（USAID）　219, 224
アンブレラ・ネットワーク　212, 228
安保理決議　94, 95
域外請求権　38
イギリス贈収賄禁止法　217
異種混成の多頭制　97
一兆円予算　156
インター・アクション　269, 270
インプット面の正統性　240
ウェストファリア・システム　3
ウェストファリア・モデル　286
「内なる国際化」　298, 323
英国学派　4
援助協調　13, 170
援助効果に関するパリ宣言　16, 282, 314, 316, 323
援助のアンタイド化　13
援助の調和化　170
欧州委員会　42, 351
欧州近隣政策（ENP）　354
欧州通常戦略（CFE）条約　63
欧州評議会（CoE）　216, 220, 221, 234
欧州連合（EU）　17, 206, 216, 335-360

――司法裁判所　351
――トルコ難民交換合意　18, 356-359
――のノーベル平和賞受賞　341
オーケストレーション（論）　6, 14, 201-243
――の入れ子　210
共同――　211
協働型――　14, 15, 208, 211, 224, 240
促進的――　204
多重――　208, 211-213, 229, 240
二重――　212, 236, 238
マクロ・――　14, 15, 208, 209, 224, 232, 240
命令的――　204
オーケストレーター　10, 52, 203, 205, 208, 209, 211, 213
――能力仮説　204
『オーケストレーターとしての国際機関』　204
オーストラリアグループ（AG）　62
オーナーシップ　13, 176, 178, 180

か 行

海外腐敗行為防止法（FCPA）　215
改善提案（の政治）　17, 310, 311, 323
開発援助委員会（DAC）　167-172, 175, 180, 181, 184, 188, 189, 314
――新開発戦略　170, 184, 189, 189
開発援助規範　259, 262
開発協力適性会議　304
「顔の見える援助」　302, 303, 306
化学兵器禁止機関（OPCW）　70
核兵器　60, 61, 70
数の多数性　97
ガバナンス・ギャップ　49
加盟国による監督仮説　205

事項索引

環境と開発に関する国連会議（地球サミット）　302
関係構築（の政治）　17, 310, 311, 323
間接的なガバナンス　203, 204
機関調整　226
　　――グループ　210
起業家精神仮説　205
起業家的組織文化　226
企業と人権　9
企業による共謀　24, 44
企業の影響範囲　44
企業の社会的責任（CSR）　9, 10, 24, 45, 46, 48, 50, 204, 212, 215
　　――関連企業　47
　　――業界　47
　　――サービス　47
　　――戦略　47
　　――に関する通達　42
　　――報告書　47
　　――リスク　46
気候変動枠組み条約　282
規制力　341
北大西洋条約機構（NATO）　336
規範からの逸脱（行為）　255-257
規範起業家　4, 5, 9-11, 341
規範修正者　256
規範的補完性　3
規範の死　256
規範の消滅　256
規範の螺旋モデル　3, 294, 297, 301, 323
規範パワー　7, 12, 17, 18, 335-360
規範ライフサイクル　4, 9, 14, 15, 17, 252, 255-257, 273, 341
救済へのアクセス　37
教育協力NGOネットワーク　306
恐喝・贈賄防止のためのICC行動規範及び勧告（ICC行動規範）　218, 219
協調的安全保障　100
グッドガバナンス　339
国別連絡窓口　29

クラスター・アプローチ　210
クラスター弾　63, 64, 82
　　――条約　11, 59, 60, 64, 65, 68
グローバル・ガバナンス論　5, 7, 9, 10, 14
グローバル・リポーティング・イニシアティブ（GRI）　46
グローバル規範　289, 291-295, 297, 298, 314, 315, 317, 318, 323
グローバル公共政策ネットワーク　8
経済安定本部　146
経済協力開発機構（OECD）　27-29, 167, 181, 182, 215, 216, 220, 234
　　――贈賄作業部会（WGB）　216, 221, 226, 233
　　――贈賄防止条約（国際商取引における外国公務員に対する贈賄行為を防止するための国際条約）　216, 224
　　――多国籍企業行動指針　27, 40
経済のグローバル化　43
警察予備隊　139, 150
形式的内面化　15, 252, 253, 259, 261, 264, 266, 268, 274
結果の論理　254, 255, 275
原共同提案国　66, 71-74, 80, 81
原子力供給国グループ（NSG）　62
現地化　3, 17
合意可能な規範の外縁　10, 74, 76, 85
効果的開発協力のためのグローバル・パートナーシップ（GPEDC）　13, 173, 176-185, 187-190
公共圏　282, 286-290, 293, 295, 298, 323, 324
公正労働協会（FLA）　46
コーポラティズム　17, 301, 302, 306, 309-311, 313, 318, 323
小型武器　62
小型武器に関する国連事務総長報告　62
国際開発庁（USAID）　16, 262, 266-272, 274
国際協力NGOセンター　308, 315, 317,

371

318
国際協力局　302, 313, 316, 222
国際協力に関する有識者会議　304
国際刑事裁判所（ICC）　340
——設立規程　282
国際原子力機関（IAEA）　70
国際雇用者連盟（IOE）　30
国際商業会議所（ICC）　215, 220, 234
国際人権規約　34
国際組織犯罪防止条約（UNTOC）　216, 223
国際通貨基金（IMF）　167
国際通貨金融問題に関する全国諮問委員会（NAC）　147
国際的に認められた人権　34
国際腐敗防止アカデミー（IACA）　232, 234
国際腐敗防止会議（IACC）　221, 228, 233
国際ボランティア貯金　301
国際レジーム（論）　5, 6, 9
国際連合（国連）　93-130, 297
国際連盟　61
国際労働機関（ILO）　28
国際労働条約　258
国内不干渉原則　14, 15, 122, 124, 221, 241
国民国家　343
国連開発協力フォーラム（DCF）　13, 173-176, 178, 179, 181-185, 187-190
国連開発計画（UNDP）　172, 173, 180-183, 224, 226, 234
国連環境計画（UNEP）　206, 207, 211, 212
国連機関間調整　232
国連企業と人権に関する指導原則　10, 24-26, 33, 39, 43, 51
国連企業と人権に関する枠組み（ラギー・フレームワーク）　10, 25, 26, 33, 37, 39, 42, 43, 51
国連グローバルコンパクト（国連GC, UNGC）　29, 211, 215, 220
——第10原則　218
国連軍縮特別総会　61
国連軍備管理登録制度（UNRCA）　59, 60, 64, 70, 83, 85
国連軍備支出報告制度（UNMILEX）　61
国連小型武器行動計画（UNPOA）　59, 60, 64, 70, 73, 83, 85
国連事務総長報告書　94
国連人権委員会　31
国連人権委員会の人権保護促進小委員会　30
国連人権理事会　33
国連総会決議61/89　65, 66
国連総会決議67/234A　73
国連犯罪防止刑事司法プログラム研修所ネットワーク（PNI）　230
国連腐敗防止条約（UNCAC）　15, 214, 217, 221-223, 229, 233, 241
国連貿易開発会議（UNCTAD）　34
国連ミレニアム開発目標　170
国連薬物犯罪事務所（UNODC）　15, 220, 223-226, 228-232, 237, 238, 241
コスモポリタン・デモクラシー　282
国家の主体性の尊重　108, 122
国境を越える社会的アクター（TNA）　289-291, 293, 294, 297, 299, 300, 310, 323
コンストラクティヴィズム（構成主義）　3-7, 9, 11, 14, 341
コンディショナリティ　13, 123
再埋め込み　16, 289, 293, 294, 298
再軍備（日本）　12, 138-158

さ 行

採取産業透明性イニシアチブ（EITI）　220
再接合　17
財務・非財務統合報告書　36
債務帳消し運動　282

事項索引

サステナビリティ政策　41
サステナビリティ報告書　36
ザンガー委員会　62
三角協力　177, 189, 191
ジェンダー　60, 64, 65, 69, 77, 78, 82, 83
持続的開発　204, 215
実効性　252, 253, 257-259, 261-264, 266, 268, 271-274
　　──を伴う法制度（化）　253, 264, 267, 271, 274, 275
実質的内面化　275
実定国際法　95
私的権威　212
児童の権利条約　258
シニアの指導者チーム　112
自発的なイニシアティブ　48
司法の廉潔性　215, 232
市民社会組織（CSO）　105, 209
社会化　254, 255, 257
社会条項　44
社会的責任投資（SRI）　47
社会的なライセンス　35
ジャパン・プラットフォーム　306
ジャパン・ロビー　144
銃器議定書　64
囚人のジレンマ　217, 242
周旋　106, 109, 117
集団安全保障制度　94
重要な情報の開示　45
ジュネーブ諸条約　68, 78
ジュネーブ追加議定書　62
種類の多元性　97
遵守ギャップ　14, 201, 258, 259, 273
遵守への牽引力　31
象徴政治　291, 309, 311, 323
情報政治　291, 309, 311, 323
情報提供（の政治）　17, 310, 311, 323
消滅する媒介者　298
人権　339
人権デュー・ディリジェンス　35, 36, 42

人権と多国籍企業およびその他の企業の問題に関する事務総長特別代表　31
人権を尊重する責任　34
人権を保護する義務　36, 37
人材育成（支援）　15, 215, 222
新自由主義　28
新制度論　15, 253, 264, 265, 273
信頼醸成　11
水平的な政策統合　37
ステークホルダー　97-99, 109, 114, 124, 128
スループット正統性　31
成長規範　15, 259-263, 266-269, 274
制度間相互作用（論）　6, 201, 202
制度構築　15, 215, 222
制度進化　264-266, 269, 272-275
制度的空白　9, 10, 44, 49, 50
政府開発援助（ODA）　170, 171, 188
　　──改革懇談会　304, 305
　　──改革ネットワーク　316
　　──政策協議会　308, 309, 312, 317, 320, 321
　　──総合戦略会議　304
生物・化学兵器　60, 62, 70
世界銀行　166, 207, 220, 224, 226, 234
世界サミット成果文書　105
世界人権宣言　34
世界貿易機関（WTO）　297
責任ある投資原則（PRI）　211
石油食糧交換計画　223
説明責任の政治　292, 309, 311, 318, 323
全体会議　311-313, 316, 318, 319
早期警報　11, 100
相互的アカウンタビリティ　13
ソフト・パワー　291, 292
ソフトロー　2, 7, 8, 18, 203, 217-219, 222, 239, 352

た　行

対外援助法（1973年）　262, 263, 267

373

対共産国輸出統制委員会（ココム）　62
対抗レジーム　183, 185, 186
対象　203
対人地雷　63, 64, 82
　——禁止条約　11, 59, 60, 64, 65, 68, 282
ダウ・ジョーンズ・グローバル・インデックス　47
多国籍企業　27
　——と社会政策に関する原則の三者宣言　28
　——の責任についての国連規範案　30
多中心的グローバル・ガバナンス　3, 6, 15, 201, 202, 208, 239, 241
多目的性　207
断片化　14, 201, 207, 239
地球環境基金　302
仲介　119
中核的労働基準　29
中間組織　203-206, 210
　——可用性仮説　205, 213
中国—DAC研究グループ　172
中国モデル　13
中心性　14, 205, 206, 209, 224, 228, 240
　——仮説　205, 206, 209
朝鮮戦争　13, 150
重複レジーム　177, 186
通常兵器　60-64, 70
底辺への競争　28
適切性の論理　5, 7, 254, 255, 275
梃子作用の政治　292, 309, 311, 318, 323
デモクラシーの欠損　288
同形化　46
統合戦略　108, 112
統合的バーゲニング　11
同質的な多頭制　97
透明性　98
特定通常兵器使用禁止制限条約（CCW）　62, 64
特定非営利活動促進法（NPO法）　301
ドッジ・ライン　13, 139-141, 148, 149,

152, 155, 156, 157
トランスナショナル　94
　——・ネットワーク　4
トランスナショナル・リレーションズ　289, 297, 300
トランスペアレンター・インターナショナル（TI）　220, 224, 227, 228, 234, 235, 238
トリクルダウン仮説　321
トルーマン・ドクトリン　143

な 行

ナイキ社　23
内面化　252-275
「名指しで名誉を傷つける」　98
77 カ国グループ（G77）　187
南南協力　13, 172, 177, 187, 189, 191
難民議定書　258
難民条約　258
二層ゲーム　8
日米経済協力　152
日中韓3国協力事務局　191
日本NGO支援無償資金協力　308
日本NGO連携無償資金協力　310
日本国際ボランティアセンター　309
ニュー・ガバナンス　6, 203, 204
人間の安全保障　63, 320, 321
認識共同体　9
ネオリベラル制度主義　6
農業農村開発NGO協議会　306

は 行

パートナーシップ　99, 176, 178, 180, 186
ハードパワー　291, 292
パターナリズム　301-303, 306
パフォーマンス基準　41
パブリック・ディプロマシー　286
パブリック・レジーム　8, 10, 219
非国家市場主導型のガバナンス（NSMD）　45

事項索引

ヒューマン・ライツ・ウォッチ　284
評判政治　99
「開かれた国益」　16, 282, 319-323
貧困規範　15, 253, 259-263, 265-272, 274
ブーメラン・パターン　292, 297, 301, 323
フォーラム・ショッピング　177, 182, 201
不干渉原則　214
武器解除・動員解除・社会復帰（DDR）　11
武器貿易条約（ATT）　10, 11, 59-86
　──国連最終会議　73-75, 80
複合化　1
複合規範　8, 11
複合性　8
複合的過程　8
複合的グローバル・ガバナンス　1, 18
不正蓄財回収　215, 217
不正蓄財回収イニシアチブ（StAR）　230
復興金融公庫　147
腐敗防止規範　14, 15, 221, 241
腐敗防止調整グループ（IGAC）　232, 237, 242
腐敗防止締約国グループ（GRECO）　221
腐敗防止のためのビジネス原則　228
腐敗防止レジーム複合体　214, 241
プライスウォーターハウスクーパー（PwC）　47
プライベート・レジーム（論）　2, 6, 8-10, 26, 48, 51, 52, 217-219
ブラヒミ・レポート　93, 101, 102, 104
紛争の平和的解決　94
紛争予防（予防外交）　11, 12, 93-96, 100, 102-110, 114, 117, 119-130
平和維持（活動）　102, 104, 109
平和活動　102
平和構築（規範）　11, 12, 63, 93-96, 102-110, 112, 114-116, 121-130
　──アーキテクチュア　107, 108, 113, 114, 129

平和構築委員会（PBC）　93, 94, 105-116, 122, 123, 129
平和構築基金（PBF）　107
平和構築支援事務所（PBSO）　101, 106, 107, 122
『平和への課題』　93-95, 123
ヘゲモニー　138
保安庁　153
防衛生産委員会　154
包括的核実験禁止条約（CTBT）　74
法制度化　252, 253, 255-257, 259, 262, 263, 265, 267, 268, 273
包摂的パートナーシップ　13
法の支配　339
保護，尊重および救済の枠組み（ラギー・フレームワーク）報告書　32
ポスト・ウェストファリア　16
ポスト・ミレニアム開発目標　184
ポスト構造主義　4

ま 行

マーストリヒト条約　335, 336
マルチアクターシップ　18, 352
マルチステークホルダー・プロセス（MSP）　2, 8, 12, 94, 96-102, 104, 106, 107-109, 112, 113, 115, 116, 118, 128, 228
マルチラテラリズム　96, 97
マルチレベル・ガバナンス　2, 8
ミサイル技術管理レジーム（MTCR）　62
見せ掛けの基準　44
ミレニアム開発目標（MDGs）　29, 207, 182, 184
ミレニアム挑戦会計（MCA）　271, 272
ミレニアム挑戦公社（MCC）　262, 272
ミレニアム挑戦法（MCA）　262, 272
民間援助支援室　302, 303
民間援助連携室　302, 313
民間の腐敗　217
民間ボランティア組織（PVOs）　16,

375

266-272, 274
メインストリーミング　18, 352, 355, 358
目標相違仮説　205
目標の相違　206
モニタリング・デモクラシー　284, 309
問題発見（の政治）　17, 310, 311, 323

や　行

有効性　14, 241
有効性面での正統性　240
ユーロリーガリズム　17, 18, 337, 350-353, 359
ユニコーン　227, 235
ヨーロッパ統合　351
抑制された再軍備　13
吉田ドクトリン　141
予防外交　→紛争予防
予防の文化　103, 104, 105, 111, 129

ら・わ　行

ラギー・フレームワーク　→国連企業と人権に関する枠組み
リアリズム　3, 4
リーガリゼーション　17
立憲化　50
リベラリズム　3, 4
リベラル・デモクラシー　345
冷戦　60-63
レジーム・シフティング　201
レジーム複合体（レジーム・コンプレックス）　2, 5, 8, 9, 13, 14, 173, 201, 202, 207, 213-215, 222, 239
連携推進委員会　308-310, 312, 317, 319, 321
連合国軍総司令部（SCAP）　12, 139, 142, 144-146, 148, 149, 153, 157
ロイヤルダッチシェル社　23, 24
論争　8
ワッセナー・アレジメント　59

欧　文

AAA　316
AI　→アムネスティ・インターナショナル
ATT　→武器貿易条約
AU 条約　→アフリカ連合（AU）腐敗防止条約
BHN　266
BRICS　13, 166, 167, 171
CCW　特定通常兵器使用禁止制限条約
CoE　→欧州評議会
COP　48
CSR　→企業の社会的責任
DAC　→開発援助委員会
EU　→欧州連合
FCPA　→海外腐敗行為防止法
GII/IDI に関する外務省と NGO との懇談会　306
IACC　→国際腐敗防止会議
ICC　→国際商業会議所
IFC　41
IGAC　→腐敗防止調整グループ
ILO 宣言　29
ILO 中核的労働基準　34
ISO　41
ISO26000　41
MCC　→ミレニアム挑戦公社
MSP　→マルチステークホルダー・プロセス
NCP　38-40
NGO　282-324
　——JICA 協議会　304
　——大蔵省定期協議会　304
　——海外活動推進議員連盟　318
　——外務省定期協議会　16, 282, 303, 307, 322
　——研究会　306
　——財務省定期協議会　304
　——事業補助金　301

NSC13/2　146
ODA　→政府開発援助
OECD　→経済協力開発機構
OECD/DAC（レジーム）　13, 168, 183, 185, 186
O-I-T モデル　203, 207
PBC　→平和構築委員会
PBSO　→平和構築支援事務所
PPS28　145
PVOs　→民間ボランティア組織
SAI　46
SAM グループ　47
TI　→トランスペアレンター・インターナショナル
TNA　→国境を越える社会的アクター
UNCAC　→国連腐敗防止条約
UNCAC 連合　227, 228, 234, 235, 236, 237, 238
UNCTC　33
UNDP　→国連開発計画
UNEP　→国連環境計画
UNODC　→国連薬物犯罪事務所
UNTOC　→国際組織犯罪防止条約
USAID　→アメリカ国際開発庁
WGB　→経済協力開発機構贈賄作業部会

執筆者紹介 (執筆順，＊は編者)

＊**西谷真規子**（にしたに・まきこ）　はしがき，序章，第6章，あとがき
　　編著者紹介欄参照。

山田高敬（やまだ・たかひろ）　第1章
　1992年　カリフォルニア大学バークレー校政治学研究科博士後期課程修了（政治学 Ph. D 取得）。
　現　在　名古屋大学大学院環境学研究科教授。社会環境学専攻。
　著　作　『情報化時代の市場と国家』木鐸社，1997年。
　　　　　『グローバル社会の国際関係論』共編，有斐閣，2006年。
　　　　　"Corporate Water Stewardship: Lessons for Goal-based Hybrid Governance," Norichika Kanie and Frank Biermann eds., *Governance through Goals: New Strategies for Sustainable Development*, Chapter 8. MIT Press, 2017, ほか。

石垣友明（いしがき・ともあき）　第2章
　1994年　東京大学法学部中退（1997年米国アマースト大学卒業）。外務省入省。
　現　在　外務省国際協力局気候変動課長。慶應義塾大学法学部非常勤講師。
　著　作　「途上国と国連安保理制裁決議の正当性・実効性——カディ事件を素材として」『国際法研究』4：87-114，2016年。
　　　　　Negotiating the 2012 UNPoA Review Conference Outcome Document: the Future Work Schedule for the UN Program of Action Review Process, Anatomy of Consensus, Editors, U. Joy Ogwu, 72-90, Ben Bosah Books, 2015.
　　　　　"Defining the Future by Studying the Past: A Negotiator's Perspective on the Arms Trade Treaty," *Japanese Yearbook of International Law*, 57：371-414, 2014, ほか。

庄司真理子（しょうじ・まりこ）　第3章
　1985年　津田塾大学大学院博士後期課程。
　現　在　敬愛大学国際学部教授，早稲田大学大学院アジア太平洋研究科講師。
　著　作　『新グローバル公共政策』共編，晃洋書房，2016年。
　　　　　"Global Accountability and Transnational Corporations: The UN Global Compact as the Global Norm", Global Responsibility of Transnational Corporations, *Journal of East Asia & International Law*, Volume 7, Number 2, March 2015.
　　　　　「国際機構相互の協力関係」国際法学会編『国際機構と国際協力』三省堂，2001年，ほか。

杉田米行（すぎた・よねゆき）　第4章
　1999年　ウィスコンシン大学マディソン校歴史学研究科博士課程修了（Ph.D.）。
　現　在　大阪大学大学院言語文化研究科教授。アメリカ史専攻。
　著　作　*Pitfall or Panacea: The Irony of US Power in Occupied Japan 1945-1952*, Routledge, 2003.
　　　　　"The US Pivot to Asia and Japan's Development Cooperation Charter," in Andre Asplund and Marie Soderberg eds., *Japanese Development Cooperation*, Routledge, 2016.
　　　　　"Constrained Rearmament in Japan, 1945-1954," in Peter N. Stearns ed., *Demilitarization in the Contemporary World*, University of Illinois Press, 2013, ほか。

大平　剛（おおひら・つよし）　第5章
　　1998年　名古屋大学大学院国際開発研究科博士後期課程単位取得退学。名古屋大学助手。
　　現　在　北九州市立大学外国語学部教授。国際協力論専攻。
　　著　作　『国連開発援助の変容と国際政治』有信堂高文社，2008年。
　　　　　　「新興開発パートナーと国際開発レジーム」『国際政治』183：102-115，2016年。
　　　　　　「紛争予防と国連システムにおける援助の調和化――アナン改革の成果」『国連研究』8：205-227，2007年，ほか。

小川裕子（おがわ・ひろこ）　第7章
　　2007年　東京大学大学院総合文化研究科国際社会科学専攻国際関係論コース博士課程修了。博士号（学術）取得。
　　現　在　東海大学政治経済学部准教授。国際政治学専攻。
　　著　作　『国際開発協力の政治過程――国際規範の制度化とアメリカ対外援助政策の変容』東信堂，2011年。
　　　　　　「開発分野におけるレジームの動態――レジーム競合・調整の動因としてのアメリカ」『国際政治』153：122-139，2008年。
　　　　　　「国際開発協力進展における国際規範の役割――ニクソン政権期におけるアメリカ対外援助政策を事例として」『国際政治』143：45-60，2005年，ほか。

高橋良輔（たかはし・りょうすけ）　第8章
　　2006年　青山学院大学大学院国際政治経済学研究科一貫制博士課程修了。博士（国際政治学）。特定非営利活動法人国際協力NGOセンタースタッフ（調査研究・政策提言担当）。
　　現　在　青山学院大学地球社会共生学部教授。政治理論・国際関係論専攻。
　　著　作　「NGOと政府――ポスト・ナショナルなデモクラシーへの挑戦」菊池理夫・有賀誠・田上孝一編『政府と政治理論』晃洋書房，2017年。
　　　　　　「ポスト・グローバル時代の空間秩序像――古典地政学への回帰？」『青山地球社会共生論集』創刊号，2016年。
　　　　　　「国境を越える代表は可能か？」山崎望・山本圭編『ポスト代表制の政治学――デモクラシーの危機に抗して』ナカニシヤ出版，2015年，ほか。

臼井陽一郎（うすい・よういちろう）　第9章
　　1995年　早稲田大学経済学研究科博士後期課程単位取得退学。
　　現　在　新潟国際情報大学国際学部教授。EU政治論専攻。
　　著　作　『EUの規範政治――グローバルヨーロッパの理想と現実』編著，ナカニシヤ出版，2015年。
　　　　　　『環境のEU，規範の政治』ナカニシヤ出版，2013年。
　　　　　　'The Democratic Quality of Soft Governance in the EU Sustainable Development Strategy: A Deliberative Deficit', *Journal of European Integration,* Vol. 29（5），2007, pp.619-634，ほか。

《編著者紹介》

西谷真規子（にしたに・まきこ）

1998年　東京大学法学政治学研究科博士前期課程修了。東京大学助手。
現　在　神戸大学国際協力研究科准教授。国際関係論専攻。
著　作　"The Coordination of the Global Anti-Corruption Governance via Hybrid Polycentric Networks," *The Study of Global Governance*, 2：48-67, 2015.
　　　　"The EU as a Civilian Promoter in Asia: The Role of the ASEF and AEPF in the ASEM Process," in Hungdah Su ed., *Asian Countries' Strategies towards the European Union in an Inter-regionalist Context*, Taiwan University Press, 2015.
　　　　「グローバル規範形成のトランスナショナル──国際政治」大賀哲・杉田米行編『国際社会の意義と限界──理論・思想・歴史』国際書院，2008年。
　　　　「多国間条約形成におけるトランスナショナル社会運動の動的共振モデル」『国際政治』147：95-115，2007年。
　　　　「国際世論と国内世論の連関──米国の湾岸危機・戦争政策を事例として」『国際政治』128：115-29，2001年，ほか。

MINERVA 人文・社会科学叢書217
国際規範はどう実現されるか
──複合化するグローバル・ガバナンスの動態──

2017年3月30日　初版第1刷発行　　〈検印省略〉

定価はカバーに表示しています

編著者	西　谷　真規子	
発行者	杉　田　啓　三	
印刷者	藤　森　英　夫	

発行所　株式会社　ミネルヴァ書房
607-8494　京都市山科区日ノ岡堤谷町1
電話代表（075）581-5191
振替口座　01020-0-8076

ⓒ西谷真規子ほか，2017　　　亜細亜印刷・新生製本

ISBN978-4-623-08005-2
Printed in Japan

小野耕二 編著
構成主義政治理論と比較政治学
A5判・296頁
本体 5500円

R.D. パットナム編著／猪口孝訳
流動化する民主主義
A5判・466頁
本体 4800円

R. コヘイン・J. ナイ著／滝田賢治監訳
パワーと相互依存
A5判・504頁
本体 4800円

松下 冽 著
グローバル・サウスにおける重層的ガヴァナンス構築
A5判・356頁
本体 7000円

松下 冽・藤田憲 編著
グローバル・サウスとは何か
A5判・352頁
本体 3500円

川﨑 剛 著
社会科学としての日本外交研究
A5判・372頁
本体 6000円

大芝 亮 編著
国際政治理論
A5判・234頁
本体 2800円

石井貫太郎 著
21世紀の国際政治理論
A5判・224頁
本体 3000円

粕谷祐子 著
比較政治学
A5判・280頁
本体 2800円

猪口 孝 著
政治理論（MINERVA政治学叢書１）
A5判・304頁
本体 3200円

―― ミネルヴァ書房 ――
http://www.minervashobo.co.jp